CB031488

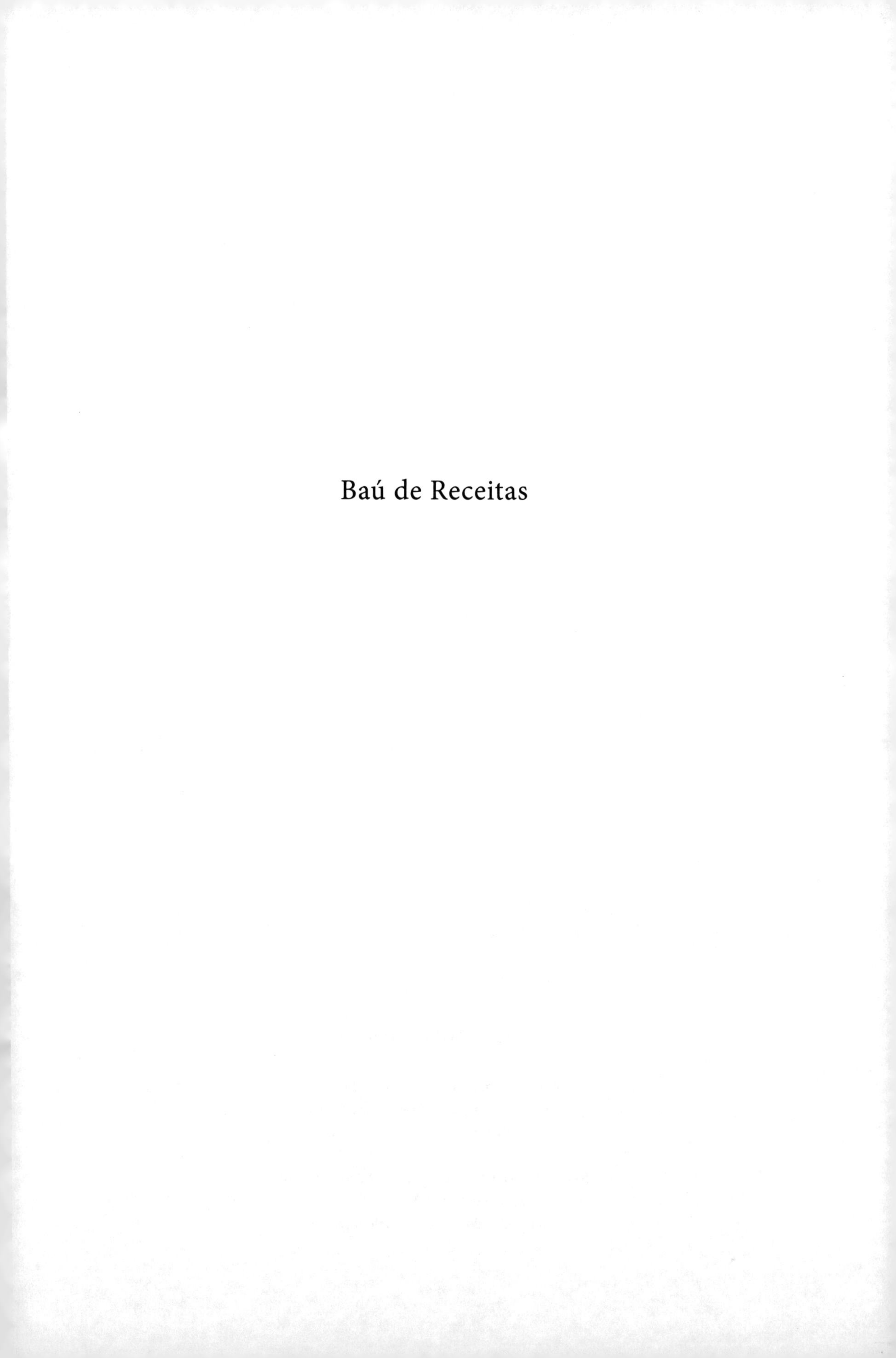

Baú de Receitas

Luciano Gomes Filippo

Baú de Receitas

HISTÓRIA, SOCIOLOGIA E ANTROPOLOGIA DA ALIMENTAÇÃO NA OBRA DE PEDRO NAVA

Ateliê Editorial

Dados Internacionais de Catalogação na Publicação (CIP)
(Câmara Brasileira do Livro, SP, Brasil)

Filippo, Luciano Gomes
Baú de Receitas: História, Sociologia e Antropologia da Alimentação na Obra de Pedro Nava / Luciano Gomes Filippo. – Cotia, SP: Ateliê Editorial, 2022.

ISBN 978-65-5580-053-1

1. Nava, Pedro, 1903-1984 2. Nava, Pedro, 1903-1984 – Crítica e interpretação 3. Receitas (Culinária) I. Título.

22-98245 CDD-641.5

Índices para catálogo sistemático:
1. Receitas culinárias: Gastronomia 641.5
Eliete Marques da Silva – Bibliotecária – CRB-8/9380

ATELIÊ EDITORIAL
Estrada da Aldeia de Carapicuíba, 897
06709-300 – Cotia – SP – Brasil
Tel.: (11) 4702-5915
www.atelie.com.br | contato@atelie.com.br
facebook.com/atelieeditorial | blog.atelie.com.br

2022
Impresso no Brasil
Foi feito o depósito legal

*Seuls de tels souvenirs font que chacun possède un goût personnel. Et même façonné par la géographie, la culture et les habitudes de la famille, le goût alimentaire ne peut être réduit à son seul aspect social. C'est un oeuvre qui se constitue en chacun de nous, avec tout l'amour, toute la haine et tout le désordre dont la vie est capable. Il ne s'agit ni de vivre pour manger ni de manger pour vivre, mais seulement de vivre en mangeant. Comment alors ne pas vouloir rendre compte par l'écriture d'un processus aussi complexe?**

Philippe Gillet

* “Somente lembranças como essas fazem com que todos tenham um gosto pessoal. E mesmo moldado pela geografia, cultura e hábitos da família, o gosto alimentar não pode ser reduzido ao seu único aspecto social. É uma obra que se constitui em cada um de nós, com todo o amor, todo o ódio e toda a desordem de que a vida é capaz. Não é uma questão de viver para comer ou comer para viver, mas apenas de viver comendo. Como, então, não desejar relatar pela escrita um processo tão complexo?” (Philippe Gillet, *Le Goût et les Mots. Littérature et Gastronomie* (XIVe – XXe *Siècles*), Paris, Payot et Rivages, 1993, p. 17).

À minha querida esposa, Natália do Nascimento Filippo;
e minha amada filha, Luciana do Nascimento Filippo.

L'amour d'une famille, le centre autour
duquel tout gravite et tout brille.*

Victor Hugo

* “O amor de uma família, o centro em torno do qual tudo gravita e tudo brilha.”

VICTOR HUGO

Sumário

Lista de Imagens 17
Agradecimentos 19
Prefácio – *Baú de Receitas ou Sabores do Sétimo Céu* 21
INTRODUÇÃO 23
O "Monumento Literário" de Pedro Nava 25
O Legado da História, Sociologia e Antropologia da Alimentação 31

I. COMIDAS: O TRIVIAL FINO

1. *A Cozinha da Dona Nanoca* 53
CUSCUZ 54
TAPIOCA, BEIJU 56
FAROFA 60
JENIPAPADA 62
CAJU 62
2. *Origem da Feijoada* 65
INVENÇÃO DA FEIJOADA 66
FEIJOADAS DO BRASIL 68
FEIJOADA SERTANEJA (AMAZÔNIA) 68
FEIJOADA BAIANA 70
FEIJOADA PERNAMBUCANA 70
3. *Receita da Feijoada Mineira* 71
FEIJOADA PREPARADA NA VÉSPERA 73

FARINHA DE MANDIOCA 73
PIMENTA-MALAGUETA 82
VINHA D'ALHO 83
4. *Feijoada Sem Heresia* 85
FEIJOADA COM LARANJA 86
5. *Feijoada Completa de G. Lobo* 89
RESTAURANTE G. LOBO 89
FEIJOADA É PRATO NACIONAL 90
6. *Adaptabilidade do Feijão* 93
COMIDA DE *SUSTANÇA* 94
RECEITAS DE FEIJÃO 96
7. *Cozinha Itinerante dos Tropeiros* 99
COMIDA DE FARNEL 100
8. *Feijão-de-Tropeiro, Obra-Prima de Simplicidade Romântica* 103
FEIJÃO-DE-TROPEIRO 104
ANGU 105
TORRESMO 108
QUEIJOS DE MINAS 110
9. *Mexidinho Mineiro* 111
TOUCINHO 112
QUIABO 114
10. *Acompanhamentos para o Café Mineiro* 115
PÃO ALEMÃO 115
PÃO DE PROVENÇA 116
PÃO DE QUEIJO 116
11. *Henrique Guilherme Fernando Halfeld, Alemão de Minas Gerais* 119
QUEIJO CURTIDO NA CERVEJA 121
INFLUÊNCIA ALEMÃ 121
12. *Batata-Doca e Abóbora no Forno de Terra* 125
DOMÍNIO DO FOGO 125
FORNOS ANCESTRAIS 127
13. *A Cozinha do 179* 131
A ORIGEM DO FOGÃO 132
PAÇOCA 134
CABIDELA DE GALINHA 136
INHAME 137
14. *Forno d'Antanho* 139

FORNO ANCESTRAL INDÍGENA ... 140
PERU ... 141
15. *A Ciência da Justina* ... 145
MANDIOCA VENENOSA ... 146
16. *Temperos da Inhá Luíza* ... 149
TEMPERO BRASILEIRO ... 149
17. *Craquenel* ... 155
SEQUILHO ... 155
18. *A Descoberta do Chouriço* ... 159
CHOURIÇO ... 159
19. *Comida de Internato* ... 163
ARROZ ... 164
COZIDO ... 171
CAMARÃO ... 173
20. *Os Jantares de Urso Branco, o Cozinheiro* ... 175
PIRÃO ... 176
EMPADA ... 178
ACARAJÉ ... 179
21. *A Cozinha na Casa dos Modesto* ... 183
MOQUECA ... 185
MOCOTÓ ... 187
22. *Casa de Ennes de Souza* ... 191
SALADA ... 191
23. *Paris* ... 197
A CIDADE *GOURMET* ... 197
24. *Bife a Cavalo para Repor as Energias* ... 201
COMIDA E SEXO ... 202
BIFE A CAVALO ... 205
25. *A Beleza do Trivial* ... 207
ÁGUA PURA ... 208
GOIABADA ... 210
QUEIJO MINAS ... 211
26. *A Cozinha da Dona Íris* ... 215
PATO ... 216
27. *Dona Diva Jaguaribe Nava* ... 219
GALINHA ... 220
OVO DE GALINHA (E DE TARTARUGA) ... 223

28. *Na Fazenda do Capitão* ... 225
CANJA DE GALINHA ... 226
29. *Cachorro-Quente na Padaria de Seu Menin* ... 229
PÃO ... 229
CACHORRO-QUENTE ... 232
30. *Cabeça de Porco* ... 235
CABEÇA DE ANIMAL ... 236
31. *Lombo de Gomo* ... 239
LOMBO DE PORCO ... 240
MOLHO DE PIMENTA ... 241
ALMOÇO FELIZ ... 242
32. *Pitu ao Dendê* ... 243
PITU ... 244
AZEITE DE DENDÊ ... 244
MANIÇOBA ... 247
33. *Cozinha Árabe* ... 249
INFLUÊNCIA ÁRABE ... 250
AZEITE DOCE ... 251
34. *Picadinho Trivial* ... 253
PICADINHO ... 254
35. *Intuição e Força Bruta na Cozinha do Guady* ... 257
PORCO ... 258
CARNE SECA ... 262
TUTU ... 271
DOBRADINHA ... 272
RABADA ... 273
36. *Comida Simples do Guady* ... 275
CALDO VERDE ... 275
RAHAT-UL HULKÜM ... 276

II. O MONARCA DOS LÍQUIDOS (E DEMAIS BEBIDAS)
1. *Cachaça de Aperitivo* ... 279
APERITIVO ... 279
CACHAÇA ... 281
2. *Dinamite Engarrafada* ... 289
HISTÓRIA DA CACHAÇA ... 290
3. *Crambambali* ... 301
CRAMBAMBALI ... 301

4. *A Garrafa de Chianti* 303
INFLUÊNCIA ITALIANA 304
CHIANTI 307
5. *Um Porto d'Honra* 309
VINHO DO PORTO 310
6. *Vinhos Vestidos com os Respectivos Queijos* 313
VINHOS 313
7. *Cerveja a Temperatura Ambiente* 317
CERVEJA 318
8. *Receita de Batida* 325
BATIDA 326
9. *Vinho Branco Seco* 327
VINHO SECO 328
10. *Chá-Mate* 331
CHÁ 331
ERVA-MATE 333
11. *Finas Bolhas de Aluá* 339
ALUÁ 340
12. *Café Ritual* 343
CAFÉ 344
13. *Café Mineiro, Sem Leite...* 349
CAFÉ MINEIRO 349
CAFÉ COM LEITE 350
14. *Gengibirra* 353
GENGIBIRRA 353
III. DOCE INFÂNCIA
1. *A Batida da Avó Nanoca* 357
RAPADURA 358
2. *Composição com o Açúcar* 363
AÇÚCAR 364
3. *Bonequinhos de Licor* 371
LICOR 372
4. *Os Doces do Convento da Ajuda* 375
PASTEL DE SANTA CLARA 376
MÃE-BENTA 376
MARMELADA 378

5. *Sobremesa e Bebida para a Feijoada* ... 381
DOCE DE COCO ... 381
BABA DE MOÇA ... 382
6. *As Sobremesas na Cozinha Mineira* ... 385
RIQUEZA DOS DOCES BRASILEIROS ... 387
COMPOTA ... 388
COCADA ... 389
FRUTA CRISTALIZADA ... 390
CANJICA DE MILHO VERDE ... 392
PAMONHA ... 392
QUINDIM ... 393
7. *Tabuleiro de Doces da Sabina* ... 395
DOCE DE TABULEIRO ... 396
PUNHETA ... 397
SABINADA ... 398
8. *Doceiros do Rio Comprido* ... 401
PÉ DE MOLEQUE ... 402
9. *Baleiros do Rio Comprido* ... 405
BALEIROS ... 406
PUXA-PUXA ... 407
10. *Sorvete Sem Igual* ... 409
GELO ... 410
SORVETE ... 411
11. *Bandejas de Doces e Bebidas* ... 415
SIRICAIA ... 415
TARECO ... 416
TOUCINHO DO CÉU ... 416
12. *As Frutas de Seu Carneiro* ... 419
FRUTAS BRASILEIRAS ... 420

REFERÊNCIAS BIBLIOGRÁFICAS
De Pedro Nava ... 425
Sobre Pedro Nava ... 425
Geral ... 426

ÍNDICE REMISSIVO ... 435

Lista de Imagens

Figura 1. *Sala de Comer em Manaus* 69
Figura 2. *Engenho de Mandioca* 76
Figura 3. *Alho* 84
Figura 4. *Negras Vendedoras de Angu* 107
Figura 5. *Negro Vendedor de Aves* 146
Figura 6. *Arroz* 164
Figura 7. *O Jantar* 172
Figura 8. *Camarão* 174
Figura 9. *Pato Assado no Espeto* 217
Figura 10. *Frango Assado no Borralho* 222
Figura 11. *As Tartarugas* 224
Figura 12. *Cabeça de Vitela* 236
Figura 13. *Lombo de Porco Assado* 240
Figura 14. *Leitão* 241
Figura 15. *Boutique de Carne Seca* 264
Figura 16. *Kaldi e suas Cabras Dançantes* 345
Figura 17. *Açúcar em Pó* 367
Figura 18. *Pequeno Moinho de Açúcar Portátil* 368
Figura 19. *Marmelo* 379
Figura 20. *Pêssegos* 421
Figura 21. *Bananas* 424

Agradecimentos

Em primeiro lugar, registro o agradecimento de sempre: aos meus pais, Maria Regina Coelho Gomes e Orlando Filippo; aos meus irmãos, Márcio Gomes Filippo, Fábio Filippo e Rosana Filippo. Constituem o núcleo familiar que dá suporte a qualquer empreendimento.

Na sequência, à Natália do Nascimento Filippo, pelo incentivo, admiração e amor que sempre me impulsionam, mesmo que esse tipo de trabalho represente muitas horas de ausência. Aos meus sogros, Lizaíldo Nascimento – pela releitura e revisão atenta – e Conceição Nascimento.

Aos novos amigos que adquiri durante a elaboração desse texto: Dr. Joaquim Jaguaribe Nava Ribeiro, sobrinho de Pedro Nava – médico reumatologista como ele – que me franqueou o acesso irrestrito aos documentos originais guardados em inventário; e sua esposa, Ieda Paim Nava Ribeiro.

Por fim, à Fundação Casa de Rui Barbosa, onde esse inventário encontra-se guardado, pelo profissionalismo com que fui recebido para realizar as pesquisas.

Prefácio

Baú de Receitas ou Sabores do Sétimo Céu

Ficou dito e consagrado que a obra de Pedro Nava é sinfônica, oceânica, monumental – uma corrente de adjetivos que aponta para o gigantismo. Tudo verdade: proporção, harmonia, transbordamentos.

Luciano Gomes Filippo, pelas mãos de Joaquim Jaguaribe Nava Ribeiro, ofereceu-me as primícias da navegação no mediterrâneo que apresenta ao cartografar no seu *Baú de Receitas* a história, sociologia e antropologia da alimentação na obra de Pedro Nava.

Considero que tenho sobrevivido regalando-me, sem medidas, com tudo aquilo a que tive acesso na obra e sobre a produção de Pedro Nava. Provei por anos – insuficientes – da casa, da família, do afeto do "bruxo da rua da Glória". Abusado, aceitei o desafio proposto por Luciano Filippo.

Nava demonstra grande apreço pela etimologia. Honrando seu gosto, comecemos por esmiuçar o significado de baú – peça de bagagem grande, rígida, de tampa, destinada a guardar ou transportar pertences. Está no título eleito para o primeiro volume de suas memórias – *Baú de Ossos*. Luciano parte, assim, do marco inaugural, assenhorando-se da mesma palavra e do legado ali encerrado que, generosamente, decide num segundo momento compartilhar.

Tarefa de Hércules. Sim, porque se o que nos chega pelos escritos de Nava tem proporções de oceanos empilhados, Luciano Filippo teve fôlego para atravessar esses mares com braçadas seguras, planejamento minucioso, guiando-se por bússolas e estrelas – pesquisa rigorosa e inspiração poética.

Os pertences contidos na caixa são receitas – instruções. Tomemos essa acepção. *Baú de Receitas*. Em mãos, portanto, um continente abrigando indicações precisas; mapas garantindo o acesso a tesouros da culinária que nos agasalha, dá prazer, enaltece e até pode humilhar, arrasar, destruir... (aqui a memória me conduz como se num raio para a cena em que dona Irifila dá por finalizada a carreira do marido, ao servir em seu banquete a terrível iguaria – para saber mais e melhor, só relendo Nava).

Voltemos. Luciano Gomes Filippo nos dá conta do universo primário, secundário, terciário, inferior, intermediário, superior, colateral, transversal, enfim de todos os cortes que permeiam a narrativa naviana, perfurando tudo aquilo que, em garimpo exaustivo, reuniu, transcreveu, analisou, com o objetivo primordial de conferir destaque irretocável ao que transborda de panelas, caçarolas, travessas, sopeiras, compoteiras, trens, guarnições, munindo-nos assim para o desfrute inefável da atmosfera de sabores, cheiros, calores, ardências, combustões, refrigérios e tudo mais que dá vida, sustento; provoca delírios, irradiações, tremores, diante do inventário épico das cozinhas herdadas de Pedro Nava.

LUIZ DOLINO

Introdução

"Escrito nos raros intervalos de folga de uma carreira fatigante."[1] Essa é a frase com que o repórter, engenheiro e professor Euclides da Cunha inicia seu descomunal livro *Os Sertões*, e que tomo de empréstimo. Naquele caso, a sentença passa a falsa a imagem de um livro sem rigor de estilo e técnica, preparado de improviso, o que não corresponde à realidade. Não é o que acontece com o presente estudo; portanto a frase me é mais útil que ao seu autor. Dedico-me integralmente à advocacia tributária privada há dezessete anos e o presente livro foi elaborado verdadeiramente nas horas vagas. A advertência é válida, pois o leitor não encontrará aqui os detalhes e o método que o profissional de literatura ou ciências sociais imprimiria a esse tipo de análise que ora me proponho a fazer.

Minha ideia original era escrever um pequeno estudo sobre a alimentação no Brasil em geral. Logo desisti desse propósito, porque percebi que não há estudo pequeno sobre esse assunto; que compor sobre a história da alimentação é registrar sobre a história do próprio homem.

A maioria dos estudos sobre a alimentação é interessante, principalmente por dois aspectos. Pode-se dizer do aspecto lúdico desse tipo de

1. Euclides da Cunha, "Nota Preliminar", *Os Sertões*, São Paulo, Abril Cultural, 1979, p. 7.

literatura "alimentar" ou "gastronômica", que, tal como a erótica, é sensorial. Não raras vezes, ao ler sobre a história da feijoada, receitas seculares de lombo de porco, a descrição de doces clássicos, o desejo de consumir esses pratos surge consciente ou inconscientemente.

Mas não só. O interesse na análise da cultura alimentar em geral reside também na importância das revelações pedagógicas que a história, a sociologia e a antropologia trazem tanto para as famílias[2] quanto para os governantes, como elemento, inclusive, que pode calibrar e direcionar a atuação política. E não há dúvida que políticas alimentares equivocadas – seja por imposições religiosas[3] ou desídia do Poder Público – geram reflexos que se manifestam ao longo dos séculos no *processo de eugenia*[4], tema que abordo em mais detalhes adiante.

Partindo da premissa de que eu não tinha condições de depreender o esforço que exige escrever sobre todos os aspectos da alimentação no Brasil, esse estudo é o resultado da interseção da obra memorialística de Pedro Nava com esses temas sociológicos. Não só porque a literatura naviana passou a fazer parte da minha vida, mas porque o autor faz um belíssimo passeio sobre a história da alimentação, mencionando a origem de pratos nacionais, o surgimento da indústria de charque, descrevendo preparações que não existem mais, hábitos alimentares etc. Foi a partir de trechos colhidos de sua obra que os assuntos sociológicos foram analisados sequencialmente.

2. A título de exemplo, veja-se o livro da escritora britânica Bee Wilson, *First Bite. How We Learn to Eat* (New York, Basic Books, 2015), que traz uma análise científica de nutrição e até psicologia e neurociência aplicados no processo de educação de crianças, como meio de trazer uma alimentação agradável e saudável ao mesmo tempo.
3. Gilberto Freyre, por exemplo, menciona os efeitos negativos, sobre a população em geral, do abuso dos jejuns (cf. Gilberto Freyre, *Casa-Grande & Senzala. Formação da Família Brasileira sob o Regime da Economia Patriarcal*, 48. ed., São Paulo, Global, 2003, p. 104). Segundo Euclides da Cunha, o mártir lunático pivô da Guerra de Canudos, conhecido como Antônio Conselheiro, impunha "os jejuns prolongados, as agonias da fome, a lenta exaustão da vida" (Euclides da Cunha, *Os Sertões*, p. 145). O jejum teve amplo impacto negativo sobre a população católica, que constituía antes grande parte da população até o século XIX.
4. O termo *eugenia* (*genius*) foi criado por Francis Galton, em seu livro *Hereditary Talent and Genius*, publicado em 1865. Galton assim define a eugenia: "O estudo dos agentes sob o controle social que podem melhorar ou empobrecer as qualidades raciais das futuras gerações seja física ou mentalmente" (Francis Galton, *Hereditary Genius. An Inquiry into its Laws and Consequences*, London, Macmillan and Co., 1869).

Passo então a abordar os dois pilares do presente livro: *1.* a obra de Pedro Nava e *2.* o legado da história, sociologia e antropologia da alimentação no Brasil.

O "MONUMENTO LITERÁRIO" DE PEDRO NAVA

Um livro se converte em parte da vida de uma pessoa
por uma soma de razões que dizem respeito
simultaneamente com o livro e a pessoa[5].

MARIO VARGAS LLOSA

Muitas são as razões que levam alguém a escrever sobre um determinado autor. Atribui-se a Oscar Wilde uma frase sobre personagem de Balzac, que revela o impacto que uma obra literária pode causar: "A morte de Lucien de Rubempré é o grande drama da minha vida"[6]. Há diversos casos em que um determinado livro ou obra marcam um indivíduo, como no caso de Mario Vargas Llosa – o texto da epígrafe acima se refere a outro monumento literário: *Madame Bovary*.

No meu caso, foram diversas características da obra de Nava que a ela me conectaram: o estilo literário pungente das histórias recriadas, as abordagens históricas de locais e personagens, o gênero literário híbrido – entre a ficção e o documento –, a profunda análise psicológica (de natureza nitidamente freudiana)[7] do ser humano e as descrições minuciosas, criativas e sensoriais de pratos, bebidas e hábitos alimentares, esta última a característica que mais importa para o presente livro.

Nava frequentou um grupo intelectual importantíssimo, denominado Grupo Estrela – nome do bar de Belo Horizonte (Café Estrela) em que o autor provou algumas delícias descritas nesse livro –, composto por Carlos Drummond de Andrade, Abgar Renault, Emílio Moura, Gustavo Capanema, Alberto Campos, Mário Álvares da Silva Campos, Gabriel

5. Mario Vargas Llosa, *A Orgia Perpétua. Flaubert e Madame Bovary*, Rio de Janeiro, Francisco Alves, 1979, p. 15.
6. *Apud* Mario Vargas Llosa, *op. cit.*
7. Nava escreveu a respeito de Iago Pimentel e seus ensinamentos sobre a psicanálise e Freud (Pedro Nava, *Beira-Mar. Memórias 4*, Rio de Janeiro, José Olympio, 1978, p. 220).

de Rezende Passos, Mário Casassanta, João Alphonsus de Guimaraens, dentre outros ilustres[8].

Esse grupo, que representava o Modernismo mineiro, reunia-se com frequência para conversas intelectuais regadas a bebidas, o que contribuiu para aumentar o interesse de Nava por certos autores e livros[9]. O grupo de amigos, sem dúvida, contribuiu para uma ampla e densa formação literária, que se manifesta na excelência de sua obra, conforme ressaltado por diversos autores especialistas na obra de Pedro Nava.

Para Francisco de Assis Barbosa, "estamos diante de um verdadeiro *monumento literário*, desses raros monumentos que se levantam de cem em cem anos". Barbosa também comentou que Pablo Neruda considerou Nava "um dos maiores de toda a nossa literatura hispano-luso-americana"[10]. O lançamento de seu primeiro livro, *Baú de Ossos*, gerou verdadeira agitação no meio literário. Eneida Maria de Souza assim se refere a esse lançamento: "Em plena década de 1970, o impacto causado pela publicação do primeiro volume das *Memórias* propiciou a releitura do cânone literário brasileiro"[11].

Segundo Maria Aparecida Santilli, "as memórias de Nava dilatam a História. São uma escala notável da caminhada da cultura brasileira"[12]. Para José Anderson Freire Sandes, trata-se de "uma obra que o coloca no patamar dos grandes explicadores do Brasil, como Gilberto Freyre, Caio Prado Jr., Euclides da Cunha, Sérgio Buarque de Holanda, Joaquim Nabuco, entre outros"[13].

Francisco Iglésias, no prefácio ao livro de Antônio Sérgio Bueno, utiliza expressões mais fortes. Diz que as memórias de Nava "sacudiram" a literatura da década de setenta; que o lançamento do primeiro volume foi

8. Edina Panichi e Miguel L. Contani, *Pedro Nava e a Construção do Texto*, Cotia, Ateliê Editorial, 2003, p. 10.
9 Joaquim Alves de Aguiar, *Espaços da Memória: Um Estudo sobre Pedro Nava*, São Paulo, Edusp, 1998, p. 15.
10. Francisco de Assis Barbosa, *Pedro Nava. Tempo, Vida e Obra*, Rio de Janeiro, Fundação Casa de Rui Barbosa, 1983, p. 8.
11. Maria Eneida de Souza, *Pedro Nava*, Rio de Janeiro, Agir, 2005, p. 16.
12. Maria Aparecida Santilli (org. e sel.), *Literatura Comentada. Pedro Nava*, São Paulo, Abril Educação, 1983, p. 98.
13. José Anderson Freire Sandes, *Diálogos com Pedro Nava. A Sedução da Palavra na Literatura, na História e no Jornalismo*, Fortaleza, Omni Editora, 2005, p. 8.

um "acontecimento nacional"; que sua obra constituiu a "maior afirmação literária" desde João Guimarães Rosa. Usa também expressões como "surpreendente", "revolução", "furacão", "grandioso" e "a mais importante da língua"[14].

Joaquim Alves de Aguiar diz que "ao lançar suas memórias, Nava logo se tornou um *best-seller*. A cada volume publicado, seu nome ia para a lista dos mais vendidos"[15]. *Baú de Ossos*, lançado em 1972, "estourou como um aneurisma", segundo o próprio Pedro Nava. Foi premiado pelo Pen Clube e Associação Paulista de Críticos de Arte. O último livro (*Círio Perfeito*) foi considerado o livro do ano pelo Museu de Literatura de São Paulo. Nava ganhou duas vezes o Prêmio Jabuti, em 1974 e 1983.

Afonso Arinos Filho disse, na introdução do livro de Jarbas Maranhão, que "Pedro Nava foi o Marcel Proust do Brasil"[16]. Pedro Nava representa para o Brasil, sem dúvida, o que Marcel Proust representa para a memorialística na França; naturalmente – assim como ocorreu com a obra do autor francês –, sua produção literária deu origem a diversos livros e artigos que a analisaram sob múltiplos aspectos, todos interessantes.

Maria do Carmo Savietto trata do processo de elaboração do texto, fazendo o cotejo da obra naviana com a de Marcel Proust[17]. Flora Süssekind cuidou do processo criativo do autor – que digitava em folhas duplas –, com foco na análise das anotações, desenhos e colagens que Nava fazia na página da direita[18]. Celina Fontenele Garcia também focaliza o processo de escrita do autor, trazendo uma análise interpretativa de seu princípio construtivo[19].

14. Antônio Sérgio Bueno, *Vísceras da Memória. Uma Leitura da Obra de Pedro Nava*, Belo Horizonte, Editora UFMG, 1997, pp. 14-15.
15. Joaquim Alves de Aguiar, *Espaços da Memória: Um Estudo sobre Pedro Nava*, pp. 13-14.
16. Jarbas Maranhão, *Pedro Nava. Médico, Escritor, Memorialista e Enigma*, Rio de Janeiro, Letra Capital, 2014, p. 8.
17. Maria do Carmo Savietto, *Baú de Madeleines. O Intertexto Proustiano nas Memórias de Pedro Nava*, São Paulo, Nankin Editorial, 2002.
18. Flora Süssekind, "A Página do Lado", em Marília Rothier Cardoso e Eliane Vasconcelos, *Pedro Nava. O Alquimista da Memória*, Rio de Janeiro, Fundação Casa de Rui Barbosa, 2003, pp. 57-62.
19. Celina Fontenele Garcia, *A Escrita Frankenstein de Pedro Nava*, Fortaleza, UFC Edições, 1997.

Rosângela Rossi analisou o autor e sua obra (ainda que de maneira superficial) sob o perfil psicológico[20]. Raimundo Nunes[21] e Monique Le Moing[22] oferecem duas interessantes biografias de Nava. Antônio Sérgio Bueno decompõe a estrutura da obra, analisando seus três eixos teóricos: *espaço*, *corpo* e *figuração*[23].

Há também uma análise de Agenor Soares dos Santos que aborda a estrutura da língua na obra de Pedro Nava, com um interessante estudo dos galicismos de que o autor abusava em sua redação[24]. Vale notar que, do ponto de vista da língua portuguesa, a obra não é notável apenas por esses galicismos (ou francesismos). Possuo até hoje um dos livros do autor, *Chão de Ferro*, que comprei em um sebo. O antigo dono marcou todos os neologismos criados pelo autor, todas as inovações em relação às regras de pontuação, facilitando o trabalho de uma possível análise desse rompante criador e inovador do autor.

Há outras criações mais lúdicas. Por exemplo, quando Nava aproxima a culinária da semântica, dando às palavras um sabor próprio, relacionado ao significado ou à fonética. Num trecho de seu terceiro livro, *Chão de Ferro*, assim descreve o paladar de alguns vocábulos:

> Palavras sápidas: com gosto de amêndoas, como Argólida; ácidas como Acaia; sabor como do estragão, dando a um tempo sensação olfativa e palatal – Ática. Paros e Naxos rebentando como bolhas de espuma mas deixando na boca que as pronunciou a impressão conjuntamente tátil e gustativa do algodão de açúcar comprimido pela língua e que vira em mel e calda[25].

Em outra passagem, Nava compara os vocábulos de pornografia aos temperos; considera a utilização daqueles, quando cabível no texto, no contexto adequado, como fazer alta cozinha:

> Considero tão inconcebível um livro de pornografia pura como o fato de comer cebola, alho e pimenta puros. Mas a expressão chula ou obscena tem va-

20. Rosângela Rossi, *Pedro Nava no Divã*, Juiz de Fora, Funalfa, 2014.
21. Raimundo Nunes, *Pedro Nava. Memória*, São Paulo, Ateniense, 1987.
22. Monique Le Moing, *A Solidão Povoada. Uma Biografia de Pedro Nava*, Rio de Janeiro, Nova Fronteira, 1996.
23. Antônio Sérgio Bueno, *Vísceras da Memória. Uma Leitura da Obra de Pedro Nava.*
24. Agenor Soares dos Santos, "Francês e Francesismos em Pedro Nava", *Suplemento Literário de Minas Gerais*, n. 728, 13.9.1980.
25. Pedro Nava, *Chão de Ferro. Memórias* 3, 2. ed., Rio de Janeiro, José Olympio, 1976, p. 49.

lor condimentar e tem de entrar num texto na hora e proporção certas – como o alho no arroz, a cebola no bife e a pimenta na muqueca. A palavra maldita também é tempero... Usá-la no momento adequado é fazer alta cozinha[26].

Todavia, não encontrei ainda um estudo mais profundo sobre essas questões semânticas e relacionadas à língua portuguesa em geral, para as quais Pedro Nava trouxe interessantes e valiosíssimas contribuições; mas esse também não é o objetivo desse pequeno livro.

Dentre as análises que mencionei acima – elas não são taxativas –, não há até o presente momento nenhuma que aborde, em mais detalhes, os trechos em que Nava trata de alimentação ou culinária, não obstante eles constituam parte relevante de sua obra. Há duas exceções, entretanto. No Inventário do Arquivo de Pedro Nava, mantido pela Fundação Casa de Rui Barbosa, encontra-se uma carta escrita por Maria Stella Libânio Christo em 2.10.1976, na qual pede autorização do autor para transcrever trechos da obra *Baú de Ossos*, em seu livro *Fogão de Lenha*, que contou com trechos gastronômicos de vários autores.

A segunda é o texto "A Fabulosa Cozinha de Dona Íris" – Íris Lobo Chagas, esposa do cientista Carlos Chagas –, publicado na coletânea *A Cozinha do Arco da Velha*. Nesse texto, Nava traz o conceito proustiano da memória involuntária que tem como gatilho lembranças sensoriais:

Tive ali um dos cafés mais suculentos que tenho tomado e uma amostra de todos os bolos, biscoitos, bolachas e sequilhos da fabulosa cozinha de Dona Íris. E mais café fraco à moda de Minas, café forte para tomar com leite ou com creme de leite batido em casa. Havia no ar um cheiro de fubá, de torrado, de crestado, de leite, de manteiga e de queijo que feito uma madeleine disparou os gatilhos que me levaram aos meus nove anos, a Juiz de Fora e ao sol de duas da tarde da casa de minha avó[27].

Possivelmente, boa parte das descrições culinárias de Nava teve como inspiração essa relíquia a que o autor teve acesso: o livro de receitas de Dona Íris. Vejam como o autor relata essa experiência:

Dona Íris dera-me acesso aos seus livros de receita de cozinha e neles eu podia penetrar os segredos e a teoria dos seus prodígios de culinária mineira.

26. Pedro Nava, *Beira-Mar. Memórias 4*, Rio de Janeiro, José Olympio, 1978, p. 200.
27. Pedro Nava, "A Fabulosa Cozinha de Dona Íris", original datilografado disponível no Arquivo de Pedro Nava, Fundação Casa de Rui Barbosa.

Essa culinária não é das mais variadas em pratos de sal, mas é milionária em bolos, pudins, biscoitos e tudo quanto é doce. Li como se preparavam seus fabulosos assados; sua carne com molho de ferrugem; suas batatas atufalhadas de paio, picadinho, fígado; seus suflês de galinha, seus recheios para papo de peru e pato desossado, seus cozidos onde cabia tudo da horta e mais toda variedade de carne verde, carne fresca, carne seca e mais as dos paios e das linguiças. O Evandro, o Jabour, o Tito e eu fazíamos misérias. Bolo de Mel, Croquete de Nozes, Bolo Ilheu, Bolo Inglês, Quadradinhos de Chocolate, seus quindins, sua baba de moça, seu doce de coco[28].

Joaquim Alves de Aguiar afirma que "um pronunciado sensualismo marca as ligações do narrador com as artes, com as comidas e com o sexo"[29]. Todavia, de acordo com Raimundo Nunes, não há nenhuma evidência que o autor tivesse sido bom cozinheiro[30]. Mas também não há dúvida de que ele era devoto da boa mesa:

Nava foi homem bastante ligado aos prazeres da mesa, de modo que em sua obra são fartas as descrições de almoços e jantares dos mais variados tipos, desde a comida caseira de todos os dias até os cardápios mais pomposos das ocasiões festivas[31].

Para Raimundo Nunes, Pedro Nava teria exagerado nas descrições culinárias; afirma ter ocorrido um "exagero sensorial"[32]; pessoalmente, considero que esses trechos tornam a obra muito mais interessante. Um dos principais objetivos do presente texto é colocar em destaque esses trechos gastronômicos que tratam de pratos simples e triviais da mesa brasileira, bebidas comuns e ordinárias, descritas com o perfeccionismo e detalhamento que constituem traço autêntico do autor e que inauguram uma verdadeira *literatura sensorial*, uma *literatura particular da gastronomia*. Ainda segundo Nunes, tem-se na obra de Nava um vigoroso capítulo da sociologia alimentar, que desperta "o apetite do leitor, chegando a estimular a gula"[33].

28. *Idem*.
29. Joaquim Alves de Aguiar, *Espaços da Memória: Um Estudo sobre Pedro Nava*, p. 124.
30. Raimundo Nunes, *Pedro Nava. Memória*, p. 76.
31. Joaquim Alves de Aguiar, *Espaços da Memória: Um Estudo sobre Pedro Nava*, 174.
32. Raimundo Nunes, *Pedro Nava. Memória*, p. 117.
33. *Idem, ibidem*.

Philippe Gillet, em seu livro sobre *O Sabor e as Palavras*, diz que, no processo de escrita, a simplicidade dos pratos paralisa o escritor; afirma ainda que nada há de inteligente que se possa escrever sobre pratos triviais[34]. Pedro Nava conseguiu provar, com amplo material descritivo, que o autor francês estava redondamente errado.

É nesse sentido que surpreende o leitor com a descrição de como se fazia, na sua época, o café preto (sem leite, no máximo com queijo de minas picado) ou da receita de um "autêntico e nômade feijão-de-tropeiro" de Minas, obra-prima de simplicidade romântica; ou ainda do "floreado gótico da sedentária feijoada completa – honra e glória da culinária do Rio de Janeiro". São trechos belíssimos.

Essas são as razões que me levaram a adotar a obra de Pedro Nava como base e fundamento para a elaboração de um pequeno estudo de história, sociologia e antropologia da alimentação no Brasil, cujo importante legado – não do estudo, mas das disciplinas indicadas – passo a tratar no item a seguir.

O LEGADO DA HISTÓRIA, SOCIOLOGIA E ANTROPOLOGIA DA ALIMENTAÇÃO

O alimento ficou à margem da Sociologia em sua expressão específica e manejado somente no plano econômico ou nutricional[35].

LUÍS DA CÂMARA CASCUDO

Não é mais novidade para ninguém que a história da alimentação no Brasil se apoia sobre um tripé multicultural: o indígena, o português e o africano, nesta linha cronológica: o índio nativo; o português invasor; o africano trazido. Foi assim que aconteceu. Portanto, parafraseando mais

34. "Mas quando se trata de descrever os prazeres de um prato simples, a pluma hesita e o espírito parece estúpido. O que se pode dizer de inteligente sobre um bife ou um feijão cozido à perfeição? Sua simplicidade paralisa a escrita" (Philippe Gillet, *Le Goût et les Mots. Littérature et Gastronomie (XIVe - XXe Siècles)*, Paris, Payot et Rivages, 1993, pp. 14-15).
35. Luís da Câmara Cascudo, *História da Alimentação no Brasil*, São Paulo, Global, 2011, p. 383.

uma vez Euclides da Cunha, nossa história alimentar replica os "três elementos constituintes de nossa raça em si mesmos"[36].

Inúmeros hábitos alimentares indígenas datam de muito tempo antes do descobrimento. Com a chegada dos portugueses, a cunhã – mulher indígena – incorporou ingredientes e técnicas vindas da Europa. O português trouxe o escravo, importando também seu regime alimentar, principalmente onde se verificava o uso ostensivo de sua mão de obra: o Nordeste do país. Tempos depois essa cultura se fundiu, mas não totalmente, pois é possível ainda identificar alguns locais e pratos típicos desses três povos[37].

Não foi pequena a contribuição do indígena para o fundamento de nossa alimentação atual.

> Herdamos do indígena a base da nutrição popular, os complexos alimentares da mandioca, do milho, da batata e do feijão, decisivos na predileção cotidiana brasileira. "Acompanhantes" indispensáveis. Ou constituindo, sozinhos, a refeição humilde[38].

Gilberto Freyre também fala dessa incorporação do hábito alimentar indígena pelo povo brasileiro.

> Quitutes e nomes de quitutes indígenas desmancham-se familiarmente na boca do brasileiro: um gosto de conhecidos velhos desfaz a primeira impressão de exóticos. É quando sentimos o muito que nos ficou de fundamentalmente agreste no paladar e no ritmo do idioma; o muito que nos ficou dos nossos antepassados tupis e tapuias[39].

É certo que essa incorporação não foi automática; os hábitos alimentares indígenas passaram por uma transformação, suavização, que os tornaram mais úteis ao povo em geral, conforme apontado também por Freyre:

> A culinária nacional – seja dito de passagem – ficaria empobrecida, e sua individualidade profundamente afetada, se se acabasse com os quitutes de origem indígena: eles dão um gosto à alimentação brasileira que nem os pratos de origem lusitana nem os manjares africanos jamais substituiriam. Mas deve-se

36. Euclides da Cunha, *Os Sertões*, p. 58.
37. Para Gilberto Freyre, na Bahia haveria predominância da tradição africana; no Pará e no Amazonas, da tradição indígena; e, em Pernambuco, uma presença das três tradições (Gilberto Freyre, *Açúcar. Uma Sociologia do Doce, com Receitas de Bolos e Doces do Nordeste do Brasil*, São Paulo, Global, 2007, p. 78).
38. Luís da Câmara Cascudo, *História da Alimentação no Brasil*, São Paulo, Global, 2011, p. 155.
39. Gilberto Freyre, *Casa-Grande & Senzala*, p. 192.

salientar que foi nas cozinhas das casas-grandes que muitos desses quitutes perderam o ranço regional, ou exclusivismo caboclo, para se abrasileirarem[40].

Quem quiser compreender a alimentação do indígena em mais detalhes pode consultar a obra de Gabriel Soares de Souza[41], que relata excursão realizada no ano de 1587, ou seja, pouco tempo depois do descobrimento do Brasil e antes da influência decisiva trazida pelo português e pelo africano. O autor relata amplamente os hábitos alimentares do nativo brasileiro, em seu estado (quase) puro.

Quanto à influência portuguesa, sua dimensão foi das mais amplas. Ao desembarcar no Brasil, quase não encontrou alimentos de seu costume. A solução foi a importação de matéria-prima: trigo, azeite doce, mel de abelha, vinho, sardinha, nozes, amêndoas, alho, salsa, cebolinha, cominho, coentro, agrião, ovos... O português também trouxe animais: vacas, bois, touros, ovelhas, cabras, carneiros, porcos, galinhas, galos, patos, gansos e outros. E não ficou ainda sem os utensílios de cozinha: nacionalizou o fogão de chapa de ferro, o forno abobadado, as panelas de metal etc.

Luís da Câmara Cascudo informa que o português prestou duas contribuições supremas no domínio do paladar: valorizou o sal e relevou o açúcar. "A população nascente criava-se no conhecimento das gamas gustativas, do doce ao salgado"[42]. Corroborando a tese de Gilberto Freyre, afirmou também que os quitutes indígenas foram melhorados pelas mãos das portuguesas, que afinaram a tapioca, acrescentaram-lhe traço de manteiga, molharam na no leite. Acrescentou açúcar ou mel no mingau de carimã, dando-lhe sabor de creme. A contribuição foi incalculável.

Introduziu ainda as festas tradicionais, com o amplo consumo alimentar: Quaresma, São João, Natal, cada uma com seu cardápio especial. A comida conservada também fez o paladar chegar a outro nível. Bacalhau, linguiça, paio, toucinho, com grande durabilidade, foram importantes no processo de aclimatação. Certamente, a descrição fiel da contribuição portuguesa não caberia nesta introdução.

40. *Idem*, p. 192.
41. Gabriel Soares de Souza, *Tratado Descriptivo do Brasil*, Rio de Janeiro, João Ignacio da Silva Ed., 1879 [1587].
42. Luís da Câmara Cascudo, *História da Alimentação no Brasil*, p. 239.

A influência africana, por seu turno, também não foi pequena, tendo sido mais intensa no litoral da Bahia e do Nordeste. Artur Ramos informa que essa tradição culinária foi incisiva principalmente na zona de afluência de populações de procedência sudanesa.

> Realmente os nomes da culinária africana, sobreviventes no Brasil, são de origem nagô ou jeje. Poucos vêm do quimbundo. De onde podemos concluir que foram os negros nagôs que introduziram no Brasil a arte da culinária que tanta influência exerceu no paladar brasileiro[43].

Em *Casa-Grande & Senzala*, Gilberto Freyre ressalta a participação do negro no processo de formação culinária do país:

> Um traço importante de infiltração da cultura negra na economia e na vida doméstica do brasileiro resta-nos acentuar: a culinária. O escravo africano dominou a cozinha colonial, enriquecendo-a de uma variedade de sabores novos. Da áspera cozinha do caboclo, escreve Luiz Edmundo: "ao passarmos à cozinha laudável do mezombo, veremos que ela nada mais era do que uma assimilação da do reinol, sujeito apenas às contingências ambientais". Palavras injustas em que vem esquecida, como sempre, a influência do negro sobre a vida e a cultura do brasileiro.
>
> No regime alimentar brasileiro, a contribuição africana afirmou-se principalmente pela introdução do azeite de dendê e da pimenta-malagueta, tão característicos da cozinha baiana; pela introdução do quiabo; pelo maior uso da banana; pela grande variedade na maneira de preparar a galinha e o peixe. Várias comidas portuguesas ou indígenas foram no Brasil modificadas pela condimentação ou pela técnica culinária do negro, alguns dos pratos mais caracteristicamente brasileiros são de técnica africana: a farofa, o quibebe, o vatapá[44].

Nina Rodrigues, antropólogo e médico maranhense, endossa a afirmação:

> A arte culinária no Brasil também recebeu e conserva dos hábitos africanos uma feição muito especial. É ainda na Bahia que mais acentuada ela se revela. Grande é o número dos pratos ou iguarias, de reputação feita, tomados aos Negros, embora hoje muito alterados da sua simplicidade primitiva[45].

43. Artur Ramos, "Notas sobre a Culinária Negro-Brasileira", em Luís da Câmara Cascudo (org.), *Antologia da Alimentação no Brasil*, São Paulo, Global, 2008, p. 109.
44. Gilberto Freyre, *Casa-Grande & Senzala*, p. 542.
45. Nina Rodrigues, *Os Africanos no Brasil*, 3. ed., Rio de Janeiro, Companhia Editora Nacional, 1945, p. 200. Na mesma página, Rodrigues enumera onze pratos tradicionais, de origem africana: vatapá, caruru, bobó, efó, acarajé, abará, mungunzá, acaçá, aberém, arroz de hauçá e cuscuz.

Com efeito, é na Bahia que essa tradição culinária se mantém mais forte nos dias de hoje.

Não obstante essa rica simbiose cultural, o tema da alimentação em geral não tem sido objeto da atenção merecida. Isso pode ser verificado em dois planos distintos, mas que se comunicam em certa medida: (*i*) a ausência de tradição culinária e (*ii*) baixo interesse por estudos científicos relacionados à cultura da alimentação.

A ausência de tradição culinária foi notável nos primeiros séculos da história do Brasil. Durante muito tempo, a alimentação foi tida como uma necessidade básica dos habitantes da colônia, sem cuidados com a preparação, com o paladar e até com a presença de elementos nutritivos essenciais para o homem, como vitaminas e sais minerais. Essa *ignorância gastronômica* foi notada, com espanto, por alguns brasilianistas estrangeiros em viagens realizadas a partir do século XIX. Em 1806, Thomas Lindley, por exemplo, anotou:

> Não se pode falar de cozinha; sua alimentação ordinária não o exige e até mesmo não o admite. Eles são de uma ignorância tão completa em relação a essa contribuição aos nossos prazeres, que não pude encontrar ninguém em toda a cidade que poderia fazer um pão com a farinha que eu tinha[46].

Quanto à ausência de interesse técnico, Vivaldo da Costa Lima afirma com razão que a alimentação é um assunto até então relegado às "categorias secundárias" da investigação científica[47]. Gilberto Freyre também chama a atenção para o fato de que, no Brasil, os estudiosos da sociologia sempre se preocuparam mais com as manchas da mestiçagem e os efeitos do clima do que com a influência que sobre as populações mestiças, principalmente as livres, teriam exercido não só a escassez de alimentos como a pobreza química daqueles tradicionais de que se servem todos os brasileiros há mais de três séculos, com uma ou outra exceção regional. A história da alimentação no Brasil foi marcada pela irregularidade no suprimento e má higiene na conservação e na distribuição de grande parte desses gêneros alimentícios[48].

46. Thomas Lindley, *Voyage au Brésil; où l'on Trouve la Déscription du Pays, de ses Productions, de ses Habitants, et de la Ville et des Provinces de San-Salvadore et Porto-Seguro*, trad. do inglês por François Soulés, Paris, Leopold-Collin, 1806, p. 142.
47. Vivaldo da Costa Lima, *A Anatomia do Acarajé e Outros Escritos*, Salvador, Corrupio, 2010, p. 22
48. Gilberto Freyre, *Casa-Grande & Senzala*, p. 97

Freyre também informa que esse não é um problema que cessou no passado, exclusivo da nossa época colonial; o problema persistia ainda no meio do século XX, quando foi escrito *Casa-Grande & Senzala*. O interior do país herdou essa agrura e sua alimentação ainda seria, na década de 1930, escassa e pobre:

> São populações ainda hoje, ou melhor, hoje mais do que nos tempos coloniais, pessimamente nutridas. Entre caboclos do Norte as pesquisas de Araújo Lima fizeram-no concluir que a maior parte desse elemento – liricamente considerado pelos ingênuos a grande reserva de vitalidade brasileira – vive reduzida a um "estado de inferioridade orgânica [...] às vezes de falência declarada". O caboclo, escreve esse higienista, "anula o seu valor econômico e social numa insuficiência nutritiva que, secundada pelo alcoolismo e pela dupla ação distrófica do impaludismo e das verminoses, tem de ser reconhecida como um dos fatores de sua inferioridade física e intelectual".
>
> E não só terá sido afetada pela má ou insuficiente alimentação a grande massa de gente livre, mas miserável, como também aqueles extremos da nossa população – as grandes famílias proprietárias e os escravos das senzalas – em que Couty foi encontrar, na falta de "povo", as únicas realidades sociais no Brasil. Senhores e escravos que se consideramos bem-alimentados – em certo sentido estes melhor que aqueles – é apenas em relação aos matutos, caipiras, caboclos, agregados e sertanejos pobres – os seis milhões de inúteis do cálculo de Couty para uma população de doze, o vácuo enorme que lhe pareceu haver no Brasil entre os senhores das casas-grandes e os negros das senzalas. "La situation fonctionnalle de cette population peut se résumer d'un mot: le Brésil n'a pas de peuple", escreveu Couty. Palavras que Joaquim Nabuco repetiria dois anos depois do cientista francês: "São milhões", escrevia Nabuco em 1883, "que se acham nessa condição intermédia, que não é o escravo, mas também não é o cidadão..." Párias inúteis vivendo em choças de palha, dormindo em rede ou estrado, a vasilha de água e a panela seus únicos utensílios, sua alimentação a farinha com bacalhau ou charque; e "a viola suspensa ao lado da imagem"[49].

Quem acredita que a disponibilidade financeira proporcionada pelos engenhos de açúcar chegava aos hábitos alimentares dos senhores proprietários – o que é comum –, está enganado. John Mawe diz que até as instalações físicas das cozinhas de pessoas abastadas eram péssimas: "A cozinha era um simples buraco sujo, enegrecido com fuligem e fumaça acima e ao

49. *Idem*, pp. 97-98.

redor, e coberto de lama e sujeira na parte de baixo"[50]. Nunca houve luxo ou fartura na mesa, salvo raras exceções, conforme explica ainda Freyre:

Os próprios senhores de engenho dos tempos coloniais que, através das crônicas de Cardim e de Soares, nos habituamos a imaginar uns regalões no meio de rica variedade de frutas maduras, verduras frescas e lombos de excelente carne de boi, gente de mesa farta comendo como uns desadorados – eles, suas famílias, seus aderentes, seus amigos, seus hóspedes; os próprios senhores de engenho de Pernambuco e da Bahia nutriam-se deficientemente: carne de boi má e só uma vez ou outra, os frutos poucos e bichados, os legumes raros. A abundância ou excelência de víveres que se surpreendesse seria por exceção e não geral entre aqueles grandes proprietários.

Grande parte de sua alimentação davam-se eles ao luxo tolo de mandar vir de Portugal e das ilhas; do que resultava consumirem víveres nem sempre bem conservados: carne, cereais e até frutos secos, depreciados nos seus princípios nutritivos, quando não deteriorados pelo mau acondicionamento ou pelas circunstâncias do transporte irregular e moroso. Por mais esquisito que pareça, faltavam à mesa da nossa aristocracia colonial legumes frescos, carne verde e leite. Daí, certamente, muitas das doenças do aparelho digestivo, comuns na época e por muito doutor caturra atribuídas aos "maus ares"[51].

Vale notar também que durante os séculos XVI, XVII e XVIII a alimentação em geral não era ruim apenas nos engenhos de açúcar; nas cidades, ela era de péssima qualidade e escassa:

O bispo de Tucumã, tendo visitado o Brasil no século XVII, observou que nas cidades "mandava comprar um frangão, quatro ovos e um peixe e nada lhe traziam, porque nada se achava na praça nem no açougue"; tinha que recorrer às casas particulares dos ricos. As cartas do padre Nóbrega falam-nos da "falta de mantimentos" e Anchieta refere nas suas que em Pernambuco não havia matadouro na vila, precisando os padres do colégio de criar algumas cabeças de bois e vacas para sustento seu e dos meninos: "se assim não o fizessem, não teria o que comer". E acrescenta: "Todos sustentam-se mediocremente ainda que com trabalho por as cousas valerem mui caras, e tresdobro do que em Portugal". Da carne de vaca informa não ser gorda: "não muito gorda por não ser a terra fertil de pastos". E quanto a legumes: "da terra há muito poucos". É ainda do padre Anchieta a informação: "Alguns ricos comem pão de

50. John Mawe, *Travels in the Interior of Brazil, Particulary in the Gold and Diamond Districts of that Country, by Authority of the Prince Regent of Portugal*, London, Longman, Hurst, Rees, Orme and Brown, 1812, p. 159.

51. Gilberto Freyre, *Casa-Grande & Senzala*, p. 98.

farinha de trigo de Portugal, máxime em Pernambuco e Bahia, e de Portugal também lhes vem vinho, azeite, vinagre, azeitona, queijo, conserva e outras cousas de comer"[52].

Há, no entanto, alguns autores que informam ter sido a alimentação da população livre pior que a dos escravos, em regra, bem-alimentados. "Estes porque precisavam de comida que desse para os fazer suportar o duro trabalho da bagaceira"[53]. Alguns ricos também tinham em geral alimentação mais abundante (embora deficiente e pobre, se comparados a padrões europeus):

Melhor alimentados, repetimos, eram na sociedade escravocrata os extremos: os brancos das casas-grandes e os negros das senzalas. Natural que dos escravos descendam elementos dos mais fortes e sadios da nossa população. Os atletas, os capoeiras, os cabras, os marujos. E que da população média, livre mas miserável, provenham muitos dos piores elementos; dos mais débeis e incapazes. É que sobre eles principalmente é que têm agido, aproveitando-se da sua fraqueza de gente mal-alimentada, a anemia palúdica, o beribéri, as verminoses, a sífilis, a bouba. E quando toda essa quase inútil população de caboclos e brancarões, mais valiosa como material clínico do que como força econômica, se apresenta no estado de miséria física e de inércia improdutiva em que a surpreenderam Miguel Pereira e Belisário Pena, os que lamentam não sermos puros de raça nem o Brasil região de clima temperado o que logo descobrem naquela miséria e naquela inércia é o resultado dos coitos para sempre danados, de brancos com pretas, de portugas com índias. É da raça a inércia ou a indolência. Ou então é do clima, que só serve para o negro. E sentencia-se de morte o brasileiro porque é mestiço e o Brasil porque está em grande parte em zona de clima quente[54].

Causando certo espanto, Theodoro Peckolt também compara a dieta do escravo africano do Brasil com a do trabalhador europeu, informando que aquele se alimentava bem melhor que este:

Assim o escravo no Brasil e o trabalhador da roça em geral recebe uma alimentação boa e nutritiva introduzida desde tempos antigos pela experiência e não por cálculo científico; os fatos vêm confirmar a teoria. Como veremos mais tarde nas tabelas comparativas do valor dos diferentes alimentos, o trabalhador europeu, cujo sustento principal consiste em batatas, é muito menos bem-ali-

52. *Idem*, p. 102.
53. *Idem*, p. 95.
54. *Idem*, pp. 96-97.

mentado do que o brasileiro, e o fazendeiro acertou com os meios próprios para a substituição do material gasto[55].

Embora equivocado quanto à alimentação do trabalhador em geral – como vimos acima, de acordo com as explanações de Freyre –, a comparação é pertinente quanto ao regime alimentar dos escravos. Eles tiveram, ainda segundo esse autor pernambucano, uma das dietas mais salutares que se verificou na sociedade patriarcal brasileira, o que teria repercutido até a época de Freyre. Para o autor, o negro possuía o vigor e a beleza física que o brasileiro médio descendente da população livre e mal-alimentada nunca exibiu:

Cremos poder-se afirmar que na formação do brasileiro – considerada sob o ponto de vista da nutrição – a influência mais salutar tem sido a do africano: quer através dos valiosos alimentos, principalmente vegetais, que por seu intermédio vieram-nos da África, quer através do seu regime alimentar, melhor equilibrado do que o do branco – pelo menos aqui, durante a escravidão. Dizemos aqui, como escravo, porque bem ou mal os senhores de engenho tiveram no Brasil o seu arremedo de taylorismo, procurando obter do escravo negro, comprado caro, o máximo de esforço útil e não simplesmente o máximo de rendimento.

Da energia africana ao seu serviço cedo aprenderam muitos dos grandes proprietários que, abusada ou esticada, rendia menos que bem-conservada: daí passarem a explorar o escravo no objetivo do maior rendimento mas sem prejuízo da sua normalidade de eficiência. A eficiência estava no interesse do senhor conservar no negro – seu capital, sua máquina de trabalho, alguma coisa de si mesmo: de onde a alimentação farta e reparadora que Peckolt observou dispensarem os senhores aos escravos no Bra sil. A alimentação do negro nos engenhos brasileiros podia não ser nenhum primor de culinária; mas faltar nunca faltava. E sua abundância de milho, toucinho e feijão recomenda-a como regime apropriado ao duro esforço exigido do escravo agrícola.

[...]

O escravo negro no Brasil parece-nos ter sido, com todas as deficiências do seu regime alimentar, o elemento melhor nutrido em nossa sociedade patriarcal, e dele parece que numerosos descendentes conservaram bons hábitos alimentares, explicando-se em grande parte pelo fator dieta – repetimos – serem em geral de ascendência africana muitas das melhores expressões de vigor ou de beleza física em nosso país: as mulatas, as baianas, as crioulas, as quadraronas, as oitavanas, os cabras de engenho, os fuzileiros navais, os capoeiras, os capangas, os atletas, os es-

55. Theodoro Peckholt, *História das Plantas Alimentares e de Gozo do Brasil*, Rio de Janeiro, Eduardo & Henrique Laemmert, 1871, vol. 1, p. 71.

tivadores no Recife e em Salvador, muitos dos jagunços dos sertões baianos e dos cangaceiros do Nordeste. A exaltação lírica que se faz entre nós do caboclo, isto é, do indígena tanto quanto do índio civilizado ou do mestiço de índio com branco, no qual alguns querem enxergar o expoente mais puro da capacidade física, da beleza e até da resistência moral da sub-raça brasileira, não corresponde senão superficialmente à realidade[56].

A superioridade da alimentação dos negros sobre a dos índios também teria repercutido na diferença que se verifica no plano da constituição física que os separa.

No caso dos negros, comparados com os indígenas do Brasil, pode-se talvez atribuir parte de sua superioridade de eficiência econômica e eugênica ao regime alimentar mais equilibrado e rico que o dos outros, povos ainda nômades, sem agricultura regular nem criação de gado[57].

As conclusões de Freyre são implacáveis. A histórica alimentação pobre e escassa da população em geral teve reflexos relevantíssimos para a constituição do povo brasileiro. Esse é o legado infeliz de parte de nossa tradição alimentar. A ausência de interesse culinário, desde sua dimensão gastronômica aos estudos científicos, aliada a uma pobreza crônica secular, se reflete nitidamente no nível de desenvolvimento social do país. Daí a importância da compreensão desses fenômenos. A relação do estudo da alimentação com disciplinas científicas é de notável interesse prático.

Notável também é o descaso dos estudiosos brasileiros. Louis-Vincent Thomas, por exemplo, fala do desinteresse de estudos etnográficos sobre a alimentação em geral:

Se existe um domínio da etnografia que só raramente tem sido objeto de pesquisas sistemáticas e profundas é o da culinária. Tal atitude nos parece inexplicável, pois a cozinha parece-nos um reativo de rara sensibilidade para avaliar a cultura de uma população; possui uma significação biológica (equilíbrio trófico, saúde geral, incidências sobre a fecundidade, a mortalidade, o comportamento biopsíquico); uma significação técnica (utilização do meio, tipo de cozimento, arte das acomodações); uma significação psicossocial (lugar e papel da refeição, níveis e gêneros de vida); uma significação religiosa (alimentos interditos, repastos comunais)... Re-

56 . Gilberto Freyre, *Casa-Grande & Senzala*, pp. 106-107.
57. *Idem*, p. 373.

sumindo, a cozinha é uma linguagem que se deve saber interpretar para melhor compreender os costumes de um povo[58].

Não se pode também descurar da importante relação da culinária com a *antropogeografia*. Estudos indicam que migrações e mesmo a ocupação de determinados espaços pelos homens devem-se a questões relacionadas, dentre vários aspectos, com sua manutenção física. Camille Vallaux e Jean Brunhes afirmam: "Por excelência, somos poderosos agentes geográficos porque somos 'seres que comem'"[59]. Sigaud também faz anotação em sentido semelhante: "Vemos na Europa a população aglomerada em solos férteis, enquanto o solo ingrato, estéril e exausto, repele o transbordamento de habitantes"[60].

É certo que a alimentação não explica tudo, conforme ressalvou Luís da Câmara Cascudo:

> A coesão ética duma raça revela-se principalmente por três coisas: literatura, história e comezainas: romances e poemas dando o caráter lírico e afetivo, história dando o caráter heroico, finalmente os pratos nacionais dando o caráter físico – este último, como se sabe, impulsionando os outros dois[61].

No entanto, pode-se verificar a abundância de estudos que atribuem à mistura de raças, ao clima tropical e outros fatores físicos e psicológicos um papel central na formação do povo brasileiro, colocando-se como coadjuvante aquele exercido pela alimentação. Mais uma vez é Gilberto Freyre quem ilustra o entendimento:

> Se a quantidade e a composição dos alimentos não determinam sozinhas como querem os extremistas [...] as diferenças de morfologia e de psicologia, o grau de capacidade econômica e de resistência às doenças entre as sociedades humanas, sua importância é entretanto considerável, como o vão revelando pesquisas e inquéritos nesse sentido. Já se tenta hoje retificar a antropogeografia dos que, esquecendo os regimes alimentares, tudo atribuem aos fatores raça e clima; nesse movimento de retificação deve ser incluída a sociedade brasileira, exemplo de que tanto se servem os alarmistas da mistura de raças ou da malignidade dos trópicos a favor da sua tese de degeneração do homem por efeito do clima ou da miscigenação. É uma socieda-

58. Louis-Vincent Thomas, "Essai d'Analyse Structurale Appliquée à la Cuisine Diola", *Bulletin de l'Institut Française d'Afrique Noire*, t. XXII, série B, n. 1/2, pp. 328-345, Dakar, 1960.
59. Jean Brunhes e Camille Vallaux, *La Géographie de L'Histoire*, Paris, Felix Alcan, 1921, p. 75.
60. J. F. X. Sigaud, *Du Climat et des Maladies du Brésil*, Paris, Fortin, Masson et C., 1844, p. 89.
61. Luís da Câmara Cascudo, *História da Alimentação no Brasil*, p. 883

de, a brasileira, que a indagação histórica revela ter sido em larga fase do seu desenvolvimento, mesmo entre as classes abastadas, um dos povos modernos mais desprestigiados na sua eugenia e mais comprometidos na sua capacidade econômica pela deficiência de alimento. Aliás, a indagação levada mais longe, aos antecedentes do colonizador europeu do Brasil, mesmo dos colonos de prol, revela-nos no peninsular dos séculos XV e XVI, como adiante veremos, um povo profundamente perturbado no seu vigor físico e na sua higiene por um pernicioso conjunto de influências econômicas e sociais. Uma delas, de natureza religiosa: o abuso dos jejuns[62].

Logo no início, falei sobre a influência da alimentação na eugenia[63]. Nesse ponto da introdução, já vai ficando clara a relevância do regime alimentar para determinação do nível social de um povo. Segundo Dante Costa, "é pela alimentação racional que se faz a valorização eugênica do homem"[64].

Quanto à alimentação no Brasil, a histórica falta de proteínas de origem animal, vitaminas, cálcio e outros sais minerais, e o excesso de toxinas como sal (*cloreto de sódio*) e o álcool da cachaça, não nos favoreceu no processo de formação de uma população forte e sadia, com todas as consequências que isso projeta no desenvolvimento econômico. Veja-se, por exemplo, uma comparação com o povo inglês:

> O brasileiro de boa estirpe rural dificilmente poderá, como o inglês, voltar-se para o longo passado de família na certeza de dez ou doze gerações de avós bem-alimentados de bifesteque e legumes, de leite e ovos, de aveia e frutas a lhe assegurarem de longe o desenvolvimento eugênico, a saúde sólida, a robustez física, tão difíceis de ser perturbadas ou afetadas por outras influências sociais quando predomina a da higiene de nutrição[65].

62. Gilberto Freyre, *Casa-Grande & Senzala*, p. 104.
63. Entendida como o estudo dos agentes sob o controle social que podem melhorar ou empobrecer as qualidades raciais das futuras gerações seja física ou mentalmente. Atribui-se a expressão *genius* a Francis Galton. Sobre a influência do mundo orgânico para a constituição do patrimônio genético: "*I propose to show in this book that a man's natural abilities are derived by inheritance, under exactly the same limitations as are the form and physical features of the whole organic world*" ["Proponho-me mostrar neste livro que as habilidades naturais de um homem são derivadas de uma herança, exatamente com as mesmas limitações da forma e das características físicas de todo o mundo orgânico", Francis Galton, *Hereditary Genius. An inquiry into its laws and consequences,* Londres, Macmillan and Co., 1869, p. B].
64. Dante Costa, *Bases da Alimentação Racional. Orientação para o Brasileiro*, São Paulo, Companhia Editora Nacional, 1938, p. 11.
65. Gilberto Freyre, *Casa-Grande & Senzala*, p. 104.

Dizia Neil Leitch que "o uso da carne fez da Inglaterra a governante do mundo durante cem anos, enquanto ruíam as dinastias que usavam arroz"[66]. Não é novidade para ninguém o fato de que poucos ingleses mantiveram sob o jugo toda uma população de indianos fracos que, por motivos religiosos, deixavam de consumir carne de vaca, para se entregarem ao consumo quase que exclusivo de arroz. "A conquista do poderio econômico, político, moral, material, está reservado aos povos que se nutrem melhor", disse Dante Costa[67]. O hábito alimentar ruim, repetido de geração em geração, ao longo dos séculos, traz consequências indeléveis para o padrão eugênico de um povo. Foi isso que aconteceu com o nosso país.

Mesmo sem ser estudioso da matéria, Brillat-Savarin, célebre *gourmet* francês, já dizia em seu terceiro aforisma: "O destino das Nações depende da maneira pela qual elas se alimentam"[68]. No caso do Brasil, o destino não lhe tem sido muito favorável em termos de desenvolvimento social de forma geral. E a má alimentação tem seu (alto) percentual de influência nisso.

Vejamos por exemplo o tipo de alimentação que predominou desde tempos remotos. Sabe-se que a base da alimentação em praticamente todo o território do Brasil colonial era a farinha de mandioca, com a qual se fabricava alimentos consumidos em qualquer refeição do dia. "Para as necessidades de alimentação foram-se cultivando de norte a sul, através dos primeiros séculos coloniais, quase que as mesmas plantas indígenas ou importadas. Na farinha de mandioca fixou-se a base do nosso sistema de alimentação"[69].

Vários estrangeiros que por aqui passaram para relatar nossos hábitos indicaram uma suposta superioridade da farinha de mandioca sobre a do trigo, como por exemplo Robert Southey[70] e F. Biard[71]. Essa constatação, no entanto, deve-se mais ao atrativo do novo do que a uma análise cien-

66. Neil Leitch, *Dietetics in Warm Climates*, London, Harrison and Sons Ltd., 1930, p. 13.
67. Dante Costa, *Bases da Alimentação Racional. Orientação para o Brasileiro*, p. 219.
68. Jean Anthelme Brillat-Savarin, *Physiologie du Gôut*, Paris, Flammarion, 1982, p. 19.
69. Gilberto Freyre, *Casa-Grande & Senzala*, p. 94.
70. Robert Southey, *História do Brazil*, trad. Luiz Joaquim de Oliveira e Castro, Rio de Janeiro, Livraria Garnier, 1862, t. 4, p. 421.
71. F. Biard, *Deux Années au Brésil*, Paris, L. Hachette, 1862, p. 177.

tífica, que quando realizada demonstrou a total inferioridade da farinha de mandioca em relação a de trigo.

No relatório técnico apresentado por Klein e Saks ao Ministro da Fazenda em 1956, no Brasil, eles afirmam que a mandioca é fundamentalmente "apenas um carboidrato, não contendo vitaminas nem minerais"; e apontam para a necessidade de enriquecimento da farinha de mandioca[72]. Gilberto Freyre menciona outro estudo, mais antigo, no mesmo sentido:

> A farinha – alimento hidrocarbonado, com proteína de segunda classe e pobre de vitaminas e de sais minerais – é considerada por vários especialistas em assuntos de nutrição alimento de fraco valor. Mesmo quando ingerida seca – observava pitorescamente em 1909 um estudioso do regime de alimentação na Bahia – "duplicando de volume, distende fortemente as paredes do estômago [...]" podendo dar lugar a "fermentações anormais". Além do que, pela "existência de fibras lenhosas da raiz de mandioca", contribui para "a formação de bolos fecais endurecidos, constituindo verdadeiros fecalomas, capazes de resistirem às mais fortes lavagens e aos mais enérgicos purgativos..." (Francisco Antônio dos Santos Sousa, *Alimentação na Bahia*, tese apresentada à Faculdade de Medicina da Bahia, 1909). Já houve no Brasil uma espécie de exaltação mística da farinha de mandioca, em parte baseada em conclusões parece que precipitadas de pesquisadores paulistas. Pesquisas realizadas posteriormente pelo Dr. Antenor Machado no Instituto de Química Agrícola do Ministério da Agricultura indicam que a farinha de mandioca comum não contém vitamina B e a farinha de raspa possui apenas vestígios da mesma vitamina[73].

Não se cultivava aqui o trigo, cuja farinha constituiu e constitui até hoje a base da alimentação de maior parte da população europeia e outras partes do planeta. A causa, no início, seria a inaptidão do solo brasileiro em geral para o cultivo dessa planta. Essa foi uma das razões da queda do padrão alimentar do português, conforme anotado por Gilberto Freyre:

> Adversas ao trigo as condições de clima e de solo quase que só insistiram em cultivá-lo os padres da S. J. para o preparo de hóstias. E a farinha de mandioca usada em lugar do trigo, abandonam os plantadores de cana a sua cultura aos caboclos instáveis. Daí: pela ausência quase completa do trigo entre os nossos recursos ou possibilidades naturais de nutrição, o rebaixamento do padrão ali-

72. Klein e Saks, *O Problema da Alimentação no Brasil* [Relatório], 2. ed., Rio de Janeiro, Departamento de Imprensa Nacional, 1956, pp. 226-227.
73. Gilberto Freyre, *Casa-Grande & Senzala*, pp. 148-149.

mentar do colonizador português; pela instabilidade na cultura da mandioca abandonada aos índios – agricultores irregulares – a consequente instabilidade do nosso regime de alimentação. Ao que deve acrescentar-se a falta de carne fresca, de leite e de ovos, e até de legumes, em várias das zonas de colonização agrária e escravocrata; talvez em todas elas com a só exceção, e essa mesma relativa, do planalto paulista[74].

O cultivo do trigo foi verificado em maior intensidade no planalto paulista, por duas razões diferentes. A primeira são as qualidades da terra roxa predominante na região; a segunda a sua inaptidão para o cultivo da cana, que dominou quase todas as regiões que lhe eram favoráveis. A policultura foi definitivamente um dos fatores que permitiu uma diversidade alimentar com reflexos positivos para a constituição física dos indivíduos. Nesse sentido:

No planalto paulista – onde o sucesso apenas compensador da cultura da cana, fez que se desviasse para outras culturas o esforço agrícola dos povoadores, esboçando-se assim como uma tendência salutar para a policultura – tentou-se no primeiro século de colonização e logrou relativo êxito o plantio regular do trigo. Tivesse sido o êxito completo e maior a policultura, apenas esboçada, e teriam resultado esses dois fatos em profunda diferenciação de vida e de tipo regional. Mesmo dentro de sua relatividade, tais fatos se fizeram sentir poderosamente na maior eficiência e na mais alta eugenia do paulista, comparado com os brasileiros de outras zonas, de formação escravocrata, agrária e híbrida tanto quanto a deles, porém menos beneficiados pelo equilíbrio de nutrição resultante em grande parte das condições referidas. "O regime nutritivo dos paulistas não teria sido, pois, dos fatores que menos concorreram para a prosperidade da gente do planalto", conclui Alfredo Ellis Júnior no sugestivo capítulo que em Raça de Gigantes dedica à influência do clima e da nutrição sobre o desenvolvimento eugênico dos paulistas. De modo geral, em toda parte onde vingou a agricultura, dominou no Brasil escravocrata o latifúndio, sistema que viria privar a população colonial do suprimento equilibrado e constante de alimentação sadia e fresca[75].

Inúmeros fatores colaboraram para a superioridade do Estado de São Paulo em termos econômicos e sociais, em relação ao resto do país. Dentre eles, o regime alimentar encontra lugar de destaque, não temos a me-

74. *Idem*, p. 95.
75. *Idem*, pp. 94-95.

nor dúvida. Ruy Coutinho, que analisou o regime alimentar nas diversas áreas do Brasil, diz que o contraste encontrado no tipo de alimentação do paulista, se comparado ao restante das regiões, é surpreendente. Aqui se encontra "maior consumo de alimentos protetores – leite, manteiga, legumes e verduras, e frutas"[76]. Do planalto paulista, essa cultura alimentar teria passado para Minas Gerais, onde segundo Gilberto Freyre se encontra a gente mais bem nutrida do país:

> "Muito equilibrada, além de farta, teria sido a nutrição nos primeiros séculos, quanto aos seus elementos químicos", escreve da alimentação dos povoadores paulistas Alfredo Ellis Júnior, que, para afirmá-lo, baseia-se em informações dos Inventários e Testamentos; "pois", acrescenta, "não só tinham eles em abundância a proteína da carne de seus rebanhos de bovinos como também lhes sobrava a carne de porco, que é rica em matérias gordurosas de grande valor, o que os fazia carnívoros, além de copiosa variedade na alimentação cerealífera, como o trigo, a mandioca, o milho, o feijão etc., cujas plantações semeavam às redondezas paulistanas e que contêm elevada percentagem de hidrocarbonatos, muito ricos em calorias". É ainda Alfredo Ellis Júnior que lembra esta observação de Martius sobre as populações paulistas: que o caráter das doenças em São Paulo diferia consideravelmente das condições patológicas observadas no Rio de Janeiro.
>
> Martius atribui o fato à diferença de clima – fator que estava então em moda exaltar-se – e, vagamente, a diferenças de constituição dos habitantes. Fosse mais longe no diagnóstico e chegaria sem dúvida a importante causa ou fato social determinante daquela diferença de condições patológicas entre populações tão próximas. Essa causa, a diferença nos dois sistemas de nutrição. Um, o deficiente, de populações sufocadas no seu desenvolvimento eugênico e econômico pela monocultura; o outro, equilibrado, em virtude da maior divisão de terras e melhor coordenação de atividades – a agrícola e a pastoril – entre os paulistas. Destes a saúde econômica se transmitiria mais tarde aos mineiros; os quais, passada a fase turbulenta do ouro e dos diamantes, se aquietariam na gente mais estável, mais equilibrada e, talvez, melhor nutrida do Brasil[77].

No sentido inverso, pode-se perquirir se há alguma razão alimentar para o subdesenvolvimento do Nordeste, com padrões econômicos e sociais preocupantes até os dias de hoje. E a resposta não poderia deixar de ser positiva. Sabe-se que no Nordeste é onde foi praticada com veemência e intensidade

76. Ruy Coutinho, *Valor Social da Alimentação*, Rio de Janeiro, Livraria Agir Editora, 1947, p. 70.
77. Gilberto Freyre, *Casa-Grande & Senzala*, p. 106.

a monocultura da cana-de-açúcar durante séculos, o que gerou um esgotamento fatal do solo. Josué de Castro apontou para esse gravíssimo problema:

> A monocultura intempestiva de cana, destruindo quase que inteiramente o revestimento florestal da região, subvertendo por completo o equilíbrio ecológico da paisagem e entravando todas as tentativas de cultivo de outras plantas alimentares no lugar, constituiu-se degradante da alimentação regional. [...] No Nordeste do Brasil os hábitos alimentares prejudiciais à saúde foram consequência quase que exclusiva da monocultura e do latifundismo[78].

Freyre também fala da inexistência de alimentos frescos nas áreas dominadas pelo latifúndio preenchido com a monocultura da cana:

> [...] a monocultura sempre dificultou entre nós a cultura de vegetais destinados à alimentação. Do que ainda hoje se sente o efeito na dieta do brasileiro – na do rico e especialmente na do pobre. Nesta o legume entra raramente; uma fruta ou outra, a rapadura ou o mel de furo, um peixinho fresco ou a carne de caça, quebra, quando Deus é servido, a rigidez do regime alimentar do brasileiro pobre: farinha, charque e bacalhau. O próprio feijão já é luxo. E a farinha tem faltado várias vezes. Nos tempos coloniais sucederam-se crises de farinha que também têm se verificado no período da independência[79].

As consequências dessa destruição da terra foram sentidas em escala inimaginável pela população sofredora que ocupa as terras áridas do Nordeste; fizeram-se sentir também no regime alimentar, criando deficiências crônicas. "Era a sombra da monocultura projetando-se por léguas e léguas em volta das fábricas de açúcar e a tudo esterilizando ou sufocando, menos os canaviais e os homens e bois a seu serviço"[80]. De acordo com o professor Konrad Guenther, nada perturba mais o equilíbrio da natureza que a monocultura, principalmente quando é de fora a planta que vem dominar a região[81]. Para Freyre:

> Na formação da nossa sociedade, o mau regime alimentar decorrente da monocultura, por um lado, e por outro da inadaptação ao clima, agiu sobre o desen-

78. Josué de Castro, "Áreas Alimentares do Brasil", *Resenha Clínico-Científica*, ano XIV, n. 4, p. 155, abr. 1945.
79. Gilberto Freyre, *Casa-Grande & Senzala*, p. 149.
80. *Idem*, p. 103.
81. Konrad Guenther, *apud* Gilberto Freyre, *Casa-Grande & Senzala*, p. 96.

volvimento físico e sobre a eficiência econômica do brasileiro no mesmo mau sentido do clima deprimente e do solo quimicamente pobre. A mesma economia latifundiária e escravocrata que tornou possível o desenvolvimento econômico do Brasil sua relativa estabilidade em contraste com as turbulências nos países vizinhos, envenenou-o e perverteu-o nas suas fontes de nutrição e de vida[82].

Vale apenas ressaltar que a monocultura da cana não é o fator único de devastação do solo. O clima quase desértico do local, proporcionado por condições naturais contra as quais a luta é dificílima, aliado ao hábito índigena – bem anterior ao descobrimento – de preparar a terra para cultivo com fogo, favoreceram a tragédia. Euclides da Cunha, profundo conhecedor da região, disse, em relação à terra, que o nativo "dilacerou-a golpeando-a de chamas"[83]. O resultado foi a esterilização de boa porção da terra para o plantio de gêneros alimentícios.

A partir desse infortúnio natural, junto com os erros praticados no passado pelos nativos e também pelos colonizadores, o sertanejo padece de uma alimentação das mais pobres que se encontra no Brasil, inaugurando o que Luís da Câmara Cascudo chamou de *cardápio famélico*, o menu do desespero, com "invenções e novidades trágicas"[84].

Inclui-se na alimentação do sertanejo do Polígono das Secas[85] comidas mais conhecidas, como a maniçoba[86] e a umbuzada[87], até alimentos que alguns jamais ouviram falar, como o mingau de palmatória (*Cactacea opuntia*), pão de ouricuri (*Cocos coronata* Mart.), farinha de pau-serrote ou pau-pedra (*Hoffemanuseggia petra* Wild), diversas espécies de cactos, preparadas de diferentes maneiras, todas consumidas na lógica da fome. Essa é a parte triste de nossa história da alimentação, de que nos dá notícia o conhecido folclorista.

* * *

82. Gilberto Freyre, *Casa-Grande & Senzala*, p. 96.
83. Euclides da Cunha, *Os Sertões*, p. 49.
84. Luís da Câmara Cascudo, *História da Alimentação no Brasil*, p. 811.
85. Trecho que abrange território do Piauí ao Noroeste de Minas Gerais, incluindo o Ceará, Rio Grande do Norte, Paraíba, Pernambuco, Alagoas, Sergipe e Bahia.
86. Prato preparado a partir da folha da mandioca. Cf. "Maniçoba".
87. Bebida preparada a partir do umbuzeiro, cujas raízes são constituídas de concentrações aquosas. Para mais informações, cf. "A Batida da Avó Nanoca", pp. 359 e ss.

Essa pequena introdução serve para colocar em evidência a relevância do estudo científico da alimentação, que pode trazer explicações para fenômenos antes explicados somente sob as perspectivas clássicas da psicologia social, clima etc. O presente livro, no entanto, não tem como foco questões científicas que relacionam a cultura alimentar à etnografia, antropogeografia etc.

O objetivo principal é mostrar ao leitor a origem de pratos nacionais, alguns hábitos alimentares ancestrais e outros mais recentes; explicar o que são algumas iguarias históricas (comidas e bebidas) que já não se encontram mais nos dias de hoje; e, principalmente, exaltar o valor da cozinha brasileira.

Quanto ao aspecto mais histórico que busquei apresentar nesta introdução, trata-se de um apontamento para a relevância desse assunto, que deve ficar entendido para aqueles que detêm o poder de modificar a vida das pessoas: políticos e legisladores, pois, lembrando o que Gilberto Freyre, mais uma vez, disse no prefácio do livro de Ruy Coutinho: "O homem de ciência está hoje apto a colaborar efetiva e concretamente com o político na solução de problemas que sendo de fisiologia são também de economia; que sendo de sociologia são também de alimentação"[88].

88. Gilberto Freyre, "Prefácio", em Ruy Coutinho, *Valor Social da Alimentação*, p. 39.

I

COMIDAS: O TRIVIAL FINO

1

A Cozinha de Dona Nanoca

Sua cozinha de sal com sabores de Portugal, da Espanha, da França, da Itália, do mundo e mais particular do Ceará, com os peixes no coco, cominho e pimenta; com a carne que ela curtia ao sol e que, velha de dias e semanas, sabia a carne viva e macia, servida com o cuscuz de fubá ou com o de arroz, com o pirão de farinha de aipim ou com a dita em farofa embolada na hora, com água fervendo e sal grosso. Suas sobremesas: beijus birorós de macaxeira e beijus sarapós de tapioca; banana seca da cor do ouro e com gosto de sol concentrado; caju seco, caju em calda, caju em pasta com fiapos da polpa e com as castanhas torradas; as jenipapadas a frio; as batidas[1].

Nascida em 6 de setembro de 1853, Dona Nanoca era a avó paterna de Pedro Nava, a quem o autor devotava uma grande admiração. Além da beleza destacada (era morena com "olhos de esmeralda"), era trabalhadora, bem-humorada, e adquiriu o talento de cozinheira exímia, fabricando e reproduzindo receitas descritas pelo autor.

A arte era praticada numa cozinha cearense, com todos os utensílios da época – alguidares, vasilhas de barro, pedra, vidro, ferro, louça, bandejas e tachos –, onde Dona Nanoca procedia suas operações químicas (filtragens, decantações, pulverizações, espoamentos etc.), das quais resultaram receitas imortalizadas por Pedro Nava.

1. Pedro Nava, *Baú de Ossos. Memórias 1*, São Paulo, Círculo do Livro, 1983, p. 38.

CUSCUZ

Palavra de origem árabe (*kuskus, kuskusūn*), surgida no início do século XVI. "O cuscuz, *kuz-kuz, alcuzcuz*, é prato nacional dos mouros na África Setentrional, do Egito a Marrocos. Inicialmente feito com arroz, farinha de trigo, milheto, sorgo, passou a ser de milho americano quando o *Zea mayz* irradiou-se pelo mundo ao correr do século XVI"[2]. De acordo com Câmara Cascudo "parece certo que os berberes foram os criadores do cuscuz, como crê Karl Lokotsch, e o trouxeram para África, Ocidental, Central, Atlântica, quando desceram nas campanhas invasoras pelo Níger e Congo, há quase doze séculos"[3].

O prato é servido muito frequentemente com um *ragu de legumes*, não obstante a imensa variedade de receitas que com ele se pode fazer, inclusive com proteína animal. Mas o cuscuz também é servido doce, com manteiga, leite e açúcar, ou frutas cristalizadas, como ensina ainda, Câmara Cascudo: "Servem-no de milho e mel [...], molhado na manteiga, com leite e açúcar, com passas de uvas, tâmaras, acompanhando carne ou pescado, ou valendo sozinho, o almoço árabe"[4].

Da África foi para Portugal, de onde chegou no Brasil. "Certo é que portugueses e africanos vieram para o Brasil conhecendo o cuscuz"[5]. Na África, o cuscuz é feito tradicionalmente de trigo, sorgo (também conhecido como *milho-zaburro*), sêmola de arroz e milheto (*Pennisetum americanum*). Cuscuz de milho foi uma adaptação brasileira, por conta do domínio do *Zea mayz*.

No Brasil, encontra-se em casas mais privilegiadas – principalmente na região Sul e Sudeste –, o cuscuz de trigo importado, preparado com água fervendo que se coloca sobre os grãos. Há também receitas com caldo de carne ou simples suco de laranja; sempre na proporação de 1 para 1 (uma xícara do trigo para uma de líquido); rapidamente o grão amolece e incha, ganhando volume.

Mas no Nordeste o cuscuz é de flocos de milho, preparado na tradicional *cuscuzeira*, servido com tantos complementos quanto a criativida-

2. Luís da Câmara Cascudo, *História da Alimentação no Brasil*, p. 188.
3. *Idem, ibidem*.
4. *Idem, ibidem*.
5. *Idem*, p. 190.

de permita. O dicionário da língua portuguesa já indica se tratar de uma "iguaria feita de farinha de milho ou de farinha de arroz, cozida no vapor"[6].

Come-se em qualquer hora do dia, valendo refeição energética. No passado, era associado a comida de pobre ou de escravo, pois o alimento é simples de ser fabricado e consumido por gente humilde.

Claudia Lima nos oferece duas receitas clássicas de cuscuz, uma do Maranhão, outra de São Paulo:

> CUSCUZ DO MARANHÃO. Prato típico nordestino. Consiste na farinha do Maranhão ou farinha de tapioca misturada a um coco raspado e colocado em uma tigela à parte. Com outro coco, retira-se o leite e leva-se a ferver com sal e açúcar a gosto. Quanto estiver fervendo, despeja-se sobre a farinha e cobre-se para crescer. Essa comida é muito popular, na Bahia, com cuscuz e tapioca.
>
> CUSCUZ À PAULISTA. Prato da culinária brasileira. Consiste em um refogado de camarão e peixe com bastante caldo concentrado. À parte, mistura-se a farinha de milho em flocos e a farinha de mandioca. Em uma panela, juntam-se ervilhas, salsa e cebolinha e vai acrescentando, aos poucos, ao caldo as farinhas, mexendo em fogo brando. Em uma fôrma untada com azeite, enfeitam-se o fundo e as laterais com rodelas de ovos cozidos, azeitonas, sardinhas e pimentão, preenchendo-se a fôrma com a massa de cuscuz. Alisa-se bem a superfície, apertando com a mão e vira-se, imediatamente, numa travessa[7].

Há também outro tipo de cuscuz doce, servido como sobremesa, feito com a tapioca molhada no leite de coco e com flocos de coco ralado por cima, de cor branca, muitas vezes finalizado com um fio de leite condensado. Hildegardes Vianna relata essa variedade, bem como a queda verificada no plano de seu consumo:

> O cuscuz, típico dos negros, só é encontrado com facilidade nas feiras. Todos eles com coco. Aliás o cuscuz de tapioca inchada em forminhas é também encontrado em outros tabuleiros. Nas casas de família, porém, a não ser nas de hábitos patriarcais, o cuscuz raramente é feito. A causa é o vício de comer pão. Fora das regiões de coqueiros, o cuscuz é feito sem coco, com milho verde, temperado com amendoim e servido quente em talhadas amanteigadas. Muitos preferem este cuscuz sem o amendoim[8].

6. Antônio Geraldo da Cunha, *Dicionário Etimológico Nova Fronteira da Língua Portuguesa*, Rio de Janeiro, Nova Fronteira, 1982, p. 236.
7. Claudia Lima, *Tachos e Panelas*, 2. ed., Recife, Comunicarte, 1999, p. 256.
8. Hildegardes Vianna, "Breve Notícia sobre a Cozinha Baiana", em Luís da Câmara Cascudo (org.), *Antologia da Alimentação no Brasil*, pp. 48-49.

O cuscuz no Brasil também é preparado com diversos outros ingredientes, conforme relata Vianna, através de receitas em processo de extinção "[...] ainda encontramos para comprar, com relativa facilidade, cuscuz de milho, de carimã, de tapioca, de flor de arroz, de arroz pisado [...]. O cuscuz de inhame ou de aipim é atualmente quase que uma curiosidade histórica"[9].

TAPIOCA, BEIJU

Há quem diga que o beiju difere da tapioca. Não encontrei, todavia, nenhum relato científico ou convincente nesse sentido. No relatório preparado pelo Comissão Central do Ceará, elaborado em 1893, encontra-se uma tentativa de diferenciação:

> A tapioca nada mais é do que o próprio polvilho ou goma de mandioca seca sobre chapas quentes e reduzido à forma granulosa. É alimento muito sadio e que o estômago digere com grande facilidade [...].
>
> Os beijus de mandioca são feitos com a massa ou com a goma respectivas. Depois de convenientemente umedecida a mesma massa, coze-se sobre chapas aquecidas, dando-se-lhe a forma que se quiser[10].

Não obstante o esforço conceitual, pode-se notar que estamos diante da mesma iguaria. Em outro trecho, o relatório aborda o polvilho:

> O polvilho é saudável, saboroso e substancial. Com ele, previamente umedecido e aquecido em chapas quentes, prepara-se as *tapiocas*, que se comem com manteiga, ou temperadas com leite de coco e açúcar, ficando assim assaz saborosas[11].

O polvilho, portanto, nada mais seria que a goma de mandioca seca. Ambos são produtos da fécula da mandioca, produzidos da seguinte forma: ao se espremer pedaços de mandioca, separa-se um líquido da massa prensada. Essa massa seca é utilizada para fazer a farinha. O líquido é posto para decantar, pois no processo de prensagem o líquido sai mistu-

9. *Idem*, p. 49.
10. Comissão Central do Ceará, *Catalogo dos Productos do Ceará, Remetidos a Exposição Preparatoria do Rio de Janeiro*, Ceará, Typographia Economica, 1893, pp. 12, 14.
11. *Idem*, p. 10.

rado com muito amido. O processo de decantação separa o líquido branco levemente amarelado – chamado *tucupi* – da fécula (massa branca), que é utilizada para fabricar a goma.

Esse processo foi desenvolvido pelos indígenas, muito antes do descobrimento do Brasil, pois quando aqui chegaram os europeus a técnica já era difundida por boa parte do território. De acordo com o relatório da Comissão Central do Ceará, dada a versatilidade do produto, a goma da mandioca passou a ser utilizada não apenas com fins culinários – como faziam os índios –, mas em tarefas domésticas e comerciais:

> Agitando-se em água pura, a massa da mandioca, abandona esta a parte *amylacea*, que se deposita no fundo do vaso ou vasilha que contém o caldo, o qual deve ficar em repouso por algum tempo. A fécula depositada é o *amido*, *goma* ou polvilho (como chamam nos Estados do Sul) o qual é lavado duas ou três vezes, para depois ser seco ao sol. Neste estado, levam-na ao mercado com o nome vulgar de *goma de mandioca*, e presta-se a ser empregado no preparo de algumas comidas, bem assim de grude para colar papelão e outros objetos e *goma* para engomar a roupa[12].

O tucupi é um líquido limpo, levemente amarelado, usado na preparação de pratos típicos da culinária nortista, como o *pato no tucupi* e o *tacacá*. O líquido é cozido com pimenta e outros temperos, tornando-se esse caldo usado nos referidos pratos. Relatos históricos demonstram a utilização secular do tucupi pelos indígenas: "Usavam também do *tucupi*, que era a água da mandioca (*maniba*), a qual, sendo cozida, deixava de ser venenosa"[13].

O tucupi natural é um veneno fortíssimo, cujo princípio ativo é o ácido cianídrico, conforme notou Frederico José de Santa-Anna Nery, mas que é volátil e após alguma fervura pode se transformar em molhos deliciosos:

> O molho, que é colocado em tudo, é chamado de tucupi. É um líquido extraído da mandioca, ralada e comprimida no tipiti, tubo elástico feito com as hastes de jacitara (*desmonchus*) ou guarumá (*maranta arouma*, de Aublet). Este suco leitoso é

12. *Idem*, pp. 9-10.
13. Francisco Adolfo de Varnhagen [Visconde de Porto Seguro], *História Geral do Brazil Antes da sua Separação e Independência de Portugal*, 2. ed., Rio de Janeiro, E. & H. Laemmert, t. 1, p. 51.

um violento veneno vegetal, cujo ingrediente ativo é o ácido cianídrico. Mas o suco é volátil, e, após ebulição, forma um excelente molho para peixe e outros pratos[14].

O líquido, antes da devida preparação, possui gosto adocicado, mas a ingestão por homens ou animais pode ser fatal:

O suco Mandiga ou Manipuera tem um sabor adocicado, razão pela qual os animais o procuram, mas geralmente morrem logo após beberem, sendo pernicioso, ou mortal, tanto para o homem quanto para o animal[15].

O processo de fabricação da goma de mandioca foi relatado por muitos estrangeiros que estiveram no Brasil. Tratava-se de um produto novo, de sabor agradável, fácil digestão e extremamente versátil. Louis Agassiz e Elizabeth Cary Agassiz, por exemplo, assim descreveram a produção:

A massa é fortemente pressionada e o suco que escapa flui para um vaso colocado por baixo. Este suco é inicialmente venenoso, mas, depois da fermentação, torna-se inofensivo o suficiente para servir de bebida: é o tucupi. Para fazer tapioca, a mandioca ralada é misturada com água e comprimida em uma câmara de ar. O líquido que flui é deixado para decantar; rapidamente se forma um depósito, parecido com o amido, o qual deixa-se endurecer, e do qual um tipo de sopa é então feito; é a comida favorita dos índios[16].

Para formar os grãos, os índios cozinhavam essa massa de amido, chamada fécula. "A tapioca é o suco da raiz tirado da raspagem [da mandioca], que se granula em fogo lento"[17]. O produto também pode ser obtido mediante o processo de secagem ao sol. "Do sumo destas raízes quando se espremem, fica no fundo um como pó, ou polme, do qual, tirado, & seco ao sol, fazem farinha alvíssima, mui mimosa, chamada tipioca"[18].

14. Frederico José de Santa-Anna Nery [Barão de Santa-Anna Nery], *Le Pays des Amazones*, Paris, Guillaumin et Cia, 1899, p. 169.
15. John Nieuhof, *Voyages and Travels into Brasil ant the East-Indies*, London, Golden-Ball, 1647, p. 121.
16. Louis Agassiz & Elizabeth Cary Agassiz, *Voyage au Brésil*, trad. do inglês por Felix Vogeli, Paris, Hachette, 1869, p. 188.
17. Thomas Lindley, *Voyage au Brésil; où l'on Trouve la Déscription du Pays, de ses Productions, de ses Habitants, et de la Ville et des Provinces de San-Salvadore et Porto-Seguro*, Trad. do inglês por François Soulés, Paris, Leopold-Collin, 1806, p. 39.
18. [Padre] Simam de Vasconcellos, *Notícias Curiosas e Necessárias das Cousas do Brasil*, Lisboa, Ioam da Costa, 1668, pp. 247-248.

A tapioca é um dos produtos mais típicos do Brasil que se enquadra na ampla gama de itens alimentares provenientes da mandioca. Constituía uma das bases de alimentação do indígena, substituindo o pão. "De mandioca, ou pau, de que se faz a farinha, que serve de pão; os brazilienses geralmente, se estrai além daquela uns pós, ou massa, que se chama goma"[19]. Nieuhoff também anotou esse método:

> O caldo que escorre da mandioca prensada, deixado a decantar, produz, dentro de duas horas, um depósito a que os brasileiros chamam *Tipioja, Tipiaka* e *Tipiabika*. Posto a secar, esse resíduo constitui uma farinha muito alva chamada *Tipiocui* com a qual preparam um bolo assado a que chamam *Tipiacika* e que tem tão bom paladar quanto o pão branco. Esse caldo pode ser cozido até adquirir a consistência de uma papa que se pode comer ou usar para goma[20].

Paul Walle, por sua vez, indica o valor nutritivo da tapioca que se prepara com a flor dessa fécula de mandioca: "Sabemos sem dúvida que é por meio da flor deste amido que se prepara a tapioca, cujo valor nutricional é universalmente apreciado"[21].

Da alimentação do indígena para a mesa do brasileiro em geral; a tapioca conquistou paladares, aliando versatilidade com uma tranquila digestão. Entrou para a tradição alimentar brasileira. Gilberto Freyre não deixou de observar algumas dessas receitas tradicionais de tapioca com variações exóticas e outras mais conhecidas:

> Do beiju cita Araújo Lima uma variedade de modernas especializações amazonenses. Além do beiju simples, conhecido de todo brasileiro por esse nome ou pelo de tapioca – "bolo de massa fresca, ainda úmida, ou de polvilho (tapioca), passada pela urupema, de modo a formar grumos, que pela ação do calor ficam ligados pelo glúten próprio da massa" – o beijuaçu, "redondo, feito da mesma massa que o beiju-ticanga, e cozido no forno"; o beijucica, "feito de massa de macaxeira, em grumos bem finos"; o de tapioca, "feito de tapioca umedecida, de maneira a cair da urupema em grumos pequeninos e, quando pronto, enrolado sobre si mesmo depois de se lhe pôr manteiga na face exterior"; o beiju-ticanga, "feito da massa da mandioca mole e seca (ticanga) ao sol"; o caribé – "o beijuaçu posto de molho e reduzido a uma massa, a que se

19. Affonso de Beauchamp, *História do Brazil*, Lisboa, J. B. Morando Ed., 1820, vol. 7, p. 107.
20. John Nieuhof, *Memorável Viagem Marítima e Terrestre ao Brasil*, trad. Moacir N. Vasconcelos, São Paulo, Livraria Martins, 1966 [1682], p. 286.
21. Paul Walle, *Au Brésil. Du Rio São Francisco à l'Amazonie*, Paris, Guilmoto, 1910, p. 194.

acrescenta mais água, morna ou fria, formando uma espécie de mingau, mais ou menos ralo, conforme o gosto" – mingau que se toma de manhã com água morna, e no andar do dia, com água fria; o curadá, "beiju grande e bastante espesso, feito de tapioca umedecida, de grumos maiores que o enrolado, e levando castanha crua em pequenos fragmentos". Tudo comida de índio adotada pelo brasileiro do extremo-norte[22].

Jorge Marcgrave relata que os índios também fabricavam bebidas alcoólicas a partir da farinha de mandioca, chamadas *Ianipaba* e *Tipiacî*, "ambas feitas de farinha de mandioca, isto é, de *Beiú* e da *Tepioia*"[23]. John Luccock, ao descrever o processo de fabricação da farinha e do beiju, compara a textura deste último a um tipo de bolo inglês, chamado *Yorkshire oat cake*[24], que parece não ser mais comum nos dias de hoje.

O biroró – mencionado no texto de Nava – tem duas receitas diferentes. Muito frequentemente é mencionado como um pãozinho de batata-doce em formato de meia lua. Mas também se encontra a receita de um tipo de beiju com açúcar e erva-doce. Já o sarapó, no Nordeste, é um tipo de beiju que leva coco ralado ou leite de coco, conhecido em outros locais como cuscuz doce.

FAROFA

Tradicional acompanhamento de pratos à base de feijão, de carne, frango etc. Extremamente versátil. Preparado a partir da farinha de mandioca, que se coloca para torrar junto com óleo ou manteiga. Pode-se acrescentar um infinito de ingredientes de origem animal (linguiça, bacon, ovos) ou vegetal (alho, cebola, passas, azeitona). Daniel P. Kidder relata um prato de farofa na Paraíba: "A farinha de mandioca foi muito utilizada, com uma preparação de azeite, pimenta e vinagre, chamada *farofa*"[25]. Fez sucesso.

22. Gilberto Freyre, *Casa-Grande & Senzala*, p. 192.
23. Jorge Marcgrave, "Cardápio do Indígena Nordestino", em Luís da Câmara Cascudo (org.), *Antologia da Alimentação no Brasil*, p. 286 (trecho de *História Natural do Brasil*, trad. de João Procópio de Magalhães, São Paulo, 1942 [1648]).
24. John Luccock, *Notes on Rio de Janeiro, and the Southern Parts of Brazil; Taken During a Residence of Ten Years in that Country, from 1808 to 1818*, London, Samuel Leigh, in the Strand, 1820, p. 359.
25. Daniel P. Kidder, *Sketches of Residence and Travels in Brazil, Embracing Historical and Geographical Notices ot the Empire*, London, Wilet & Putnam, 1845, vol. 2, p. 193.

A menção que Nava faz de "farofa embolada na hora" diz respeito à preparação da farofa na hora; mas o prato a que o autor se refere é a *farofa d'água*, também conhecida como *farofa de bolão*, dado o tamanho dos grãos. Além da farinha de mandioca e dos ingredientes que se pretende usar (e que podem ser variados), utiliza-se água fervendo (ou quase). Nesse ponto, acrescenta-se a farinha, sem parar de mexer, até a farinha ficar "embolada". Daí o segundo nome referido, farofa de bolão. É um prato muito conhecido no Nordeste, muito utilizado para acompanhar frutos do mar. Claudia Lima fornece uma receita tradicional:

> FAROFA DE BOLÃO – Ou farofa de água quente ou escaldada. Prato nordestino, consiste em colocar a farinha de mandioca em uma vasilha funda, formando uma cova no centro. Temperada com cebola picada, coentro e cebolinha. Despeja-se devagar água fervente com sal, mexendo com um garfo até conseguir uma farofa úmida, com pequenos bolõezinhos. É acompanhamento para carne de sol ou carne de charque[26].

Para Francisco da Silveira Bueno, a farofa é um "mexido de farinha com carne. Lat. *far*, tema de *farinha*, e *offa*, que indicava uma espécie de enfarinhado, de bolo arúspices que davam a comer aos frangos antes de observar-lhes o voo, as entranhas etc. A origem de *offa*, em latim, é desconhecida, talvez do etrusco, pois quase todo o culto romano era desta origem"[27]. Prato também conhecido pelo nome de *farófia*.

A farofa é prato tipicamente nacional que arrebata paladares estrangeiros, dada justamente sua consistência granulosa diferente. Diz-se que foi inventada pelos índios tupis-guaranis, antes mesmo da colonização portuguesa. Há notícias de que os nativos colocavam farinha na carapaça vazia da tartaruga e assavam, fazendo com que a gordura do animal se misturasse à farinha, dando-lhe excelente sabor.

Não há, contudo, confirmação dessa origem. A farinha da mandioca tem grãos pequenos e caráter aglutinador tendo em vista a facilidade de absorver líquidos, o que resulta na capacidade de reunir alimentos, especialmente aqueles cozidos em molhos, como *v.g.* a moqueca. A farinha

26. Claudia Lima, *Tachos e Panelas*, p. 258.

27 Francisco da Silveira Bueno, *Grande Dicionário Etimológico-Prosódico da Língua Portuguesa*, São Paulo, Saraiva, 1967, p. 1348.

pode muito bem ter sido utilizada, nos primórdios, para juntar ingredientes ou absorver caldos, o que supre de certa forma a necessidade da colher, utensílio que passou a ser utilizado séculos depois. Por aí já se vê que o surgimento da farofa, tal como conhecemos hoje em dia, pode muito bem ter sido por acaso ou necessidade instrumental.

JENIPAPADA

A jenipapada a frio é um doce cada vez mais raro de se encontrar, que consiste no doce de jenipapo cortado em pequenos pedaços e misturado, a frio (sem ir ao fogo), com açúcar. Daí a expressão utilizada pelo autor. É uma receita diferente, pois na maioria das receitas de doces à base de frutas, o açúcar é acrescentado no fogo, transformando-se em calda de caramelo que se mistura com a fruta cozida.

CAJU

Forma todo um complexo alimentar, junto com a farinha, a carne seca, a tartaruga e diversos outros itens, tamanha sua importância na história da alimentação no Brasil. "Era a soberana das frutas indígenas."[28] Constituía ao mesmo tempo alimento e bebida, motivo pelo qual era bastante solicitada. "Nada é tão procurado entre os brasileiros como o caju, espécie de maçã selvagem que lhes proporciona ao mesmo tempo alimento e bebida, pois que é muito suculento"[29], anotou Nieuhoff. A fruta era até mesmo disputada, por conta da ampla aceitação da qual gozava entre os nativos. "Os brasileiros gostam tanto dessa fruta, que chegam a brigar por sua causa"[30]. Robert Southey chega a afirmar que o seria o cajueiro a "árvore mais útil da América"[31].

Já em 1682, John Nieuhoff descreveu os aspectos dessa fruta tão importante na dieta indígena, bem como as características sápidas tanto da polpa quanto da castanha, cuja popularidade se mantém até os dias de hoje:

28. Luís da Câmara Cascudo, *História da Alimentação no Brasil*, p. 137.
29. John Nieuhof, *Memorável Viagem Marítima e Terrestre ao Brasil*, p. 299.
30. *Idem*, p. 300.
31. Robert Southey, *História do Brazil*, t. 1, p. 330.

Por todo o território brasileiro, mas especialmente na Ilha de Itamaracá, floresce uma árvore chamada *Cajuí* ou *Caju*, que produz um fruto do mesmo nome. Suas folhas são verde-escuro, largas, redondas e cortadas por numerosas nervuras. Esse vegetal dá duas qualidades de flores e de frutos: a flor branca que surge dos ramos inferiores produz um fruto esponjoso, rico em sumo, que se assemelha à maçã e tem qualidades altamente refrigerantes e adstringentes. Entretanto, a flor vermelha do topo dá uma espécie de castanha. Os nativos tiram largo proveito dessa árvore. Das maçãs, fazem uma excelente bebida denominada *Kasjouvi*, de paladar um tanto acre; entretanto, adicionando-se-lhe açúcar, assemelha-se a um agradável vinho do Reno; embebeda rapidamente, mas o efeito é passageiro e não deixa consequências. O outro fruto come-se da mesma forma que a nossa castanha[32].

A castanha de caju também foi objeto de atenção desse mesmo viajante, que logo identificou uma sugestão de consumo que acabou sendo definitivamente implementada pelo brasileiro: para se comer tomando vinho (mas também servido de aperitivo para qualquer bebida alcoólica). "Se consumidos crus com vinho e sal, têm gosto de nozes, mas se assados ou conservados com açúcar, têm um sabor delicioso"[33].

Em outro texto, Nieuhoff chama mais a atenção para a polpa da fruta e afirma que a castanha é amarga e – ao contrário da fruta – não serve para refrescar:

Eles têm aqui uma espécie de pera selvagem, chamada *kajous*, que é muito suculenta e saborosa; dentro dela há um tipo de grão ou amêndoa, cuja casca é amarga, mas o grão doce, se torrado nas cinzas. A pera é muito refrescante, mas a castanha não[34].

Southey diz que "a fruta é esponjosa e cheia de um sumo delicioso, de qualquer forma é excelente; tanto no seu estado natural, como seca e posta de conserva"[35].

Há também um tipo de bebida alcoólica que o índio produzia com o caju, relatada por muitos viajantes pelo Brasil em épocas remotas:

32. John Nieuhof, *Memorável Viagem Marítima e Terrestre ao Brasil*, p. 291.
33. John Nieuhof, *Voyages and Travels into Brasil ant the East-Indies*, p. 126.
33. *Idem*, p. 22.
35. Robert Southey, *História do Brazil*, t. 1, p. 331.

Quando maduros expremem os Índios o suco, especialmente do *Cajú-piran* para fazer vinho, a que dão o nome de – *Acaiu-cauin*, branco e saboroso, e também outro, já de segunda qualidade porém azedo[36].

A *cajuína* é uma bebida refrescante tipicamente nordestina. Possui cor amarelo-âmbar devido à caramelização dos açúcares naturais do suco. Muito consumida no Ceará, Maranhão e, principalmente, no Piauí, onde é considerada patrimônio cultural do Estado. Nava menciona a "cajuína fresca" que se encontrava na casa importadora que a família Albano mantinha em Fortaleza[37]. Havia também o *caju ao éter* ou à cachaça, preparado por Francisco Martins de Almeida, que o preparava "estufando a polpa da fruta com agulha de injeção e seringa carregada de um ou doutro daqueles inebriantes"[38]. Servido bem gelado.

Era o caju muito presente na cultura do indígena de maneira geral; conta Southey que "muitas tribos contavam os seus anos pela frutificação do cajueiro, pondo de cada vez uma castanha de parte. A época da colheita era um tempo de folgança e alegria como a vindima em outros climas"[39].

Segundo Gilberto Freyre, o caju foi "europeizado" pela senhora de engenho, que o transformou em doce, em vinho mais fino, em licor, em remédio. Da castanha preparou todas as conservas doces que se costumava fazer com as amêndoas. Do sumo, de cheiro e sabor agradáveis, preparou o vinho adocicado que se tornou o vinho oficial das casas-grandes, quase símbolo de sua hospitalidade; preparou também o licor açucarado e o refresco. Da polpa, fez doces em calda, doces secos, conservas e o famoso *caju doce*. A senhora da casa-grande ainda utilizava o caju "para lavar a boca de manhã"[40].

36. [Padre] Cláudio d'Abbeville, *História da Missão dos Padres Capuchinhos da Ilha do Maranhão e Circumvizinhanças*, trad. Cezar Augusto Marques, São Luís, Frias Ed., 1874 [1613], p. 253.
37. Pedro Nava, *Baú de Ossos*, p. 64.
38. Pedro Nava, *Galo-das-Trevas. Memórias* 5, Rio de Janeiro, José Olympio, 1981, p. 324.
39. Robert Southey, *História do Brazil*, t. 1, p. 331.
40. Gilberto Freyre, *Sobrados e Mucambos*, 13. ed., Rio de Janeiro, Record, 2002, p. 67.

2

Origem da Feijoada

Por isso, o que chamamos de "feijoada" é uma solução europeia elaborada no Brasil. Técnica portuguesa com o material brasileiro[1].

LUÍS DA CÂMARA CASCUDO

Com licença, em parêntese. No meu *Baú de Ossos* referi, repetindo Noronha dos Santos, que a feijoada completa é prato legitimamente carioca. Foi inventado na velha Rua General Câmara, no restaurante famoso de G. Lobo, cujo nome se dizia contraído em Globo. Grifei, agora, o inventado, para marcar bem marcado seu significado de achado. Realmente não se pode dizer que ele tenha sido criação espontânea. É antes a evolução venerável de pratos latinos como o *cassoulet* francês que é um *ragout* de feijão-branco com carne de ganso, de pato ou de carneiro – que pede a panela de *grés* – *cassolle* – para ser preparado. Passando os Pirineus, é ainda com o feijão-branco, com um toucinho imaculado e com ebúrnea pele de porco que os castelhanos urdem suas judias-à-la-bretona. O nome mesmo mostra que o acepipe veio de fora e das Gálias. Seguindo o caminho das invasões ele atravessa Tui, Ciudad Rodrigo, Badajos, Heulva – ganha Tavira, Elvas, Guarda e Valença do Minho para esparralhar-se em Portugal na forma do guando cozido com porco e paio. Mestre Lobo da Rua General Câmara tomou dessa muda europeia, plantou e ela pegou aqui, no tronco da feijoada-completa-hino-nacional. Suas variantes brasileiras radicam principalmente em usar o feijão mais comum na região e em juntar ao porco ritual outras carnes, miúdos ou os legumes encontradiços nos locais[2].

No primeiro capítulo do terceiro livro de memórias, Nava relata histórias do tempo em que frequentou o internato do Colégio Pedro II, até hoje em São Cristóvão. Logo passa a descrever a sala de refeições e inicia

1. Luís da Câmara Cascudo, *História da Alimentação no Brasil*, p. 446.
2. Pedro Nava, *Chão de Ferro*, pp. 18-19.

a descrição da comida servida na casa, "que não era lá grande coisa". Em seguida faz um parêntese para falar da origem da feijoada.

No trecho acima, Pedro Nava traçou o nascimento desse prato nacional – cujo embrião foi trazido da Europa para o Brasil – que de fato teve como ponto de partida o cozido português. Afirma que a feijoada completa teria sido criação do restaurante G. Lobo, que ficava no centro do Rio de Janeiro.

INVENÇÃO DA FEIJOADA

Câmara Cascudo nos ensina que a feijoada foi, na realidade, uma invenção portuguesa, derivada do casamento entre o pujante *cozido* e o "triste feijão na água e sal", com o que alargou as fronteiras da feijoada magra e pobre[3], consumida entre os escravos e as famílias menos abastadas. "Desse cozido veio a ideia de incluir o feijão, os mais populares, preto ou mulatinho"[4]. No mesmo sentido: "Do cozido português provirá a feijoada, prato nacional no Brasil, pela inclusão do feijão, preferencialmente preto; obra-prima que se completou lentamente pelos processos das adições sucessivas"[5].

O cozido português, assim como a feijoada, é refeição única composta com diversas carnes (de vaca, fresca ou seca, paio, salsicha, presunto, toucinho, lombo de porco etc.) e variados legumes e verduras (couve, repolho, rábano, cenoura, batata, nabo, vagem, abóbora, feijão-branco etc.). Ou seja, é um prato que acompanha o rigoroso inverno europeu e que encontra semelhantes em outros países, como no *olla podrida* espanhol e o *cassoulet* servido na França – como indicado pelo próprio Pedro Nava.

No início, a feijoada era sempre preparada com legumes e verduras. Esse hábito foi sendo deixado de lado em algumas regiões do Brasil e hoje se mantém apenas em alguns Estados do Norte e Nordeste. No Maranhão, por exemplo, a feijoada é servida com maxixe e abóbora, podendo vir com outros legumes. Por outro lado, nunca comi no Rio de Janeiro uma feijoada típica com qualquer tipo de legume ou verdura.

Câmara Cascudo menciona duas receitas de feijoada sem legumes e verduras[6]. A primeira, descrita apenas como "feijoada", leva feijão-mulati-

3. Luís da Câmara Cascudo, *História da Alimentação no Brasil*, p. 449.
4. *Idem*, p. 448.
5. *Idem*, p. 521.
6. *Idem*, p. 450.

nho, carne verde (fresca) ou moqueada, carne do sertão sem sal, toucinho e linguiça; temperada com coentro, hortelã, louro, cebola, alho, pimenta--do-reino, cominho, tomate, pimentão e vinagre. A segunda, batizada de "feijoada bordada", vai com feijão-mulatinho, carne verde ou moqueada, carne do sertão, xebê (tipo de toucinho menos nobre), carne de porco salpresa, linguiça, beiço, pé, miúdos de porco e toucinho.

Apesar de Pedro Nava indicar que a feijoada foi *inventada* no restaurante G. Lobo, que funcionou no Rio de Janeiro entre 1884 e 1905 (no Hotel Lobo), Câmara Cascudo indicou que o médico Dr. José Maria Rodrigues Regadas registrou a feijoada já em 1852, em seu estudo *Alimentação das Classes Pobres do Rio de Janeiro*. No registro, já não havia verduras e legumes[7].

Todavia, para Câmara Cascudo:

> Só se diz feijoada quando há carne e verduras. O feijão com carne, água e sal, é apenas feijão. Feijão ralo, de pobre. Feijão-todo-dia. Há distância entre feijoada e feijão. Aquela subentende o cortejo das carnes, legumes, hortaliças[8].

Na obra *Cozinheiro Nacional* – com primeira edição publicada entre 1860 e 1870 – encontra-se receita antiga de feijoada:

> FEIJOADA. Deita-se o feijão escolhido e lavado numa panela com água, sal, um pedaço de toucinho, umas linguiças, carne de porco, carne seca, carne de colônia, duas cebolas partidas, e um dente de alho; deixa-se ferver quatro a cinco vezes, e estando cozido e a água reduzida, serve-se[9].

Jean de Bonnefous experimentou com regalo a feijoada no serviço realizado dentro do trem Alagoas, que o transportou durante grande parte de sua visita ao Brasil. "Meu primeiro almoço foi suculento e rompeu [*sic*] bem com a feijoada e carne seca do Alagoas"[10].

Claudia Lima informa também que a feijoada "é oferenda do orixá Ogum, em muitos candomblés do Brasil e faz parte, ainda, das oferendas aos pretos-velhos, nos cultos afro-brasileiros, da mesa de jurema ou linha dos pretos-velhos"[11]. É prato tradicional de eventos religiosos do candomblé.

7. *Idem, ibidem.*
8. *Idem, ibidem.*
9. *Cozinheiro Nacional*, Rio de Janeiro, Livraria Garnier, 1860-1870, p. 370. Atualmente foi publicado pela Ateliê Editorial.
10. Jean de Bonnefous, *En Amazonie*, Paris, Kugelmann, 1898, p. 118.
11. Claudia Lima, *Tachos e Panelas*, p. 260.

FEIJOADAS DO BRASIL

A maranhense e piauiense que saboreei na casa de tio Ennes e de tia Eugênia e que reencontro na fabulosa cozinha de Nazaré e Odylo Costa, filho. A cearense, de minhas tias paternas e de minha prima Rachel de Queiroz. A pernambucana, de dona Maria Augusta e do seu José Peregrino Wanderley Cavalcanti – pais de meu irmão Joaquim Nunes Coutinho Cavalcanti – o sempre bem lembrado. A baiana, da tia de minha mulher, Dona Elvira Couto Maia Penido, com a suntuosidade de sua rabada; dos anteparos de sua costela de vaca; do seu arco-íris de louro, açafrão, gengibre, cravo, coentro, cebola, salsalho; e com seu fogo de artifício pimenta-malagueta curtida no dendê. A mineira, de minha Mãe; a paulista, de Dona Luísa Novo Rodrigues. As ecléticas, fazendo aliança Pernambuco-Minas-Rio, como a de Maria do Carmo e José Nabuco, ou só Minas-Rio, como a de minha casa, na Glória, por obra e graça de artistas exímias, como Adélia Maria da Conceição e Rosalina Ribeiro; ou como novamente a da casa de minha Mãe, já no Rio, quando ela abjurou o feijão-mulatinho para converter-se ao preto, ao bom, feijão de Uberaba. Louvo a todas, louvo essa irmandade toda, saravá! mas peço perdão de dizer que a melhor – mas a melhor mesmo! Ainda é a ortodoxa, católica-apostólica-romana, a carioca de Gêlobo-Globo – sacramento que comunguei na cozinha egrégia de meu tio Heitor Modesto de Almeida! Na cozinha insigne de Seu Maneco e Dona Isaura – respectivamente seu pai e sua madrasta[12].

Seu Maneco – Manoel Almeida dos Guimarães – era pai de Heitor Modesto de Almeida, que sabia preparar a melhor feijoada de todas, no julgamento de Pedro Nava. Essa feijoada vem descrita no próximo capítulo, "Receita de Feijoada Mineira".

A feijoada é o prato mais nacional que temos; conquistou seu espaço dentro das culinárias regionais – que constituem verdadeiras ilhas de influência – e é apreciada desde os Estados que mais sofreram com internacionalização do paladar (Rio de Janeiro e São Paulo), aos Estados onde prevalecem a culinária africana (Bahia e Pernambuco), até àqueles onde prevalece a influência indígena (Pará e Amazônia).

FEIJOADA SERTANEJA (AMAZÔNIA)

Antônio José de Sampaio relata também – para completar a unificação nacional que Pedro Nava menciona – a feijoada preparada pelo sertanejo do Amazonas:

12. Pedro Nava, *Chão de Ferro*, p. 19.

Às 9 ou 10 horas, o de "comê", o seu almoço: feijão (prato principal), preparado em água com sal, gordura e tempero (alho e cebola), às vezes com torresmos, couve rasgada, couro de porco, ou misturado com farinha de milho "virado"; arroz quebrado ou quirera de milho, cozido pelo mesmo processo; couve cozida, taioba ou caruru. Farinha de milho ou de mandioca e torresmo; por último, que diz ser "pra caldeá", junta farinha de mandioca ao caldo de feijão, restante no caldeirão, e remata com isso a refeição[13].

Figura 1. *Sala de Comer em Manaus* (F. Biard, *Deux Années au Brésil*, p. 423).

13. Antônio José de Sampaio, *A Alimentação Sertaneja e do Interior da Amazônia. Onomástica da Alimentação Rural*, São Paulo, Companhia Editora Nacional, 1944, p. 154.

FEIJOADA BAIANA

Manuel Querino registra receita da feijoada baiana em seu livro *A Arte da Culinária na Bahia*:

Feijoada. É condição essencial que o feijão seja novo para que a feijoada se torne apetitosa, preferindo-se o denominado – *mulatinho*, se bem que outros deem mais valor ao feijão-preto.

Isto posto, separam-se os grãos de todos os resíduos estranhos ou danificados pelo gorgulho ou caruncho e finalmente são lavados em água fria.

Enquanto isto se faz, leva-se ao fogo a carne de charque para escaldar e por fim lavada com água e assim limpá-la de qualquer impureza, com o auxílio da faca de cozinha ou instrumento cortante.

O feijão, a carne de charque, a carne verde ou moqueada e o toucinho são postos ao fogo e depois de tudo bem fervido, adicionam-se linguiça, carne de porco salpresada, que é lavada para retirar o sal, e finalmente moem-se a cebola, pimenta-do-reino, tomate e alho em um pouco de vinagre e com essa mistura tempera-se a panelada.

Além desses temperos costumam adicionar uma ou meia folha de louro, conforme a quantidade da feijoada. Para torná-la mais agradável ao paladar, ainda se junta a chouriça portuguesa e no ato de retirar a panela do fogo deita-se um pouco do azeite ou graxa que envolve a chouriça do Reino. Se a feijoada é de feijão-preto, neste caso, depois de catado, é aferventado, escorrido, e lavado ainda depois com água quente. O mais como ficou explicado acima, em relação ao Feijão-*mulatinho*. Pode-se finalmente deitar o feijão em um vaso com água, de véspera, depois de catado, e levá-lo ao forno no dia seguinte. As pessoas que padecem do estômago ou do fígado costumam mandar pisar o feijão, depois de aferventado, e passá-lo na urupema para retirar a casca ou película exterior.

O mesmo regime deverá ser seguido pelas pessoas idosas[14]

FEIJOADA PERNAMBUCANA

É o próprio Pedro Nava quem fala da feijoada pernambucana:

É a mesma do Rio de Janeiro de sua origem mas adicionada do jerimum cozido de mistura com jiló, cará, macaxeira e quibombó-da-terra e muito mais pimenta. Obra-prima de se lamber os beiços[15].

14. Manuel Querino, *A Arte Culinária na Bahia*, Salvador, Livraria Progresso Editora, 1957, pp. 59-61.
15. Pedro Nava, *O Círio Perfeito. Memórias 6*, 3. ed., Rio de Janeiro, Nova Fronteira, 1983, p. 137.

3

Receita da Feijoada Mineira

A feijoada não constitui um acepipe mas um cardápio inteiro. Ali se condensam fauna e flora num plano de seleção e resultados inestimáveis de pressão atmosférica e graduação calorífica de alta precisão sensível[1].

Luís da Câmara Cascudo

Ninguém para preparar o grande prato como meu citado tio Heitor. Ele próprio ia escolher o feijão mais igual, mais preto, mais no ponto, grãos do mesmo tamanho e do mesmo ônix. Ele mesmo é que comprava o lombo, a carne de peito, a linguiça e os ingredientes de fumeiro com que ia compor e orquestrar. A couve mais verde, a farinha mais fresca e o torresmo mais escorregadio. Seu grande truque era cozinhar sem esmagar um só grão e depois de pronto, dividir em dois lotes. Tomava de dois terços e tirava seu caldo, peneirando. Um terço, esse sim! era amassado, passado, livrado de cascas, apurado e esse caldo grosso é que ia ser novamente misturado aos grãos inteiros. Era assim que em sua casa não se via a desonra da feijoada aguada. Toda a carne fresca, a seca e a fumeiro, eram cozidas no caldo mais ralo tirado da primeira porção. Só o lombo era sem contato, desobrigado de outro gosto senão o de sua natureza, o da vinha d'alho em que dormira e o das rodelas de limão que o guarneciam. Quando havia enfiada de feriados, o Modesto preferia preparar de véspera porque, sustentava, a feijoada dormida e entranhada era mais saborosa. Foi ao estro de sua mesa que eu pus em dia a melhor maneira de degustar a imensa iguaria. Prato fundo, já se vê, de sopa. Nele se esmagam quatro a cinco (mais, menos) pimentas-malaguetas entre verdes e maduras, frescas ou danadas no vinagre. Tiram-se-lhe carocinhos e cascas, deixa-se só a linfa viva que é diluída no caldo dum limão. Esse corrosivo é espalhado em toda a extensão do prato. Então, farinha em quantidade, para deixar embeber. Retira-se

1. Luís da Câmara Cascudo, *História da Alimentação no Brasil*, p. 447.

o seu excesso que volta para a farinheira. Sobre a crosta que ficou, vai a primeira camada de feijão e mais uma de pouca farinha. Edifica-se com superposições de couve, de farinha, de feijão, de farinha, das carnes e gorduras, e do respaldo mais espesso cobertura final de farinha. Espera-se um pouco para os líquidos serem chupados, aspirados, mata-borrados e come-se sem misturar. Sobre o fundo musical e uniforme do feijão, sente-se os graves do fumeiro, o majestoso do lombo, as harmonias do toucinho e os agudos, os álacres, os relâmpagos, os inesperados do subsolo de pimenta. E só. Um prato só. É de boa regra não repetir a feijoada completa. Um prato. Um só porque o bis, como o deboche – é reprovável[2].

Heitor Modesto de Almeida foi tio de consideração de Pedro Nava; era filho de Manoel Almeida dos Guimarães – Seu Maneco –, por sua vez, filho de mãe viúva, Dona Henriqueta Salles Tomé Rodrigues. Pedro Nava lembra que Heitor contribuiu, a pedido de Gilberto Freyre, para a elaboração de *Ordem e Progresso*, o terceiro livro da trilogia (precedido de *Casa-Grande & Senzala* e *Sobrados e Mucambos*) que consagrou este autor pernambucano. Para tanto, teria preparado quase um livro respondendo às indagações de Freyre, que o menciona numerosas vezes na referida obra[3].

Jean-Baptiste Debret, em sua viagem a Minas Gerais, indicou, em 1834, que os mineiros aderiam à cultura do feijão-preto:

> Os mineiros costumam comer um bolo de farinha de trigo turco no lugar do pão. Eles também consomem um tipo de caldo preparado de maneiras diferentes. Eles vivem de farinha; também cultivam o milho e o feijão-preto[4].

Esse mesmo autor francês indicou, de certa forma surpreso, durante essa viagem, o preço módico dos ingredientes necessários para se preparar uma feijoada: seriam quatro *vinténs*: "1 vintém de feijãos-pretos (*petits haricots noirs*), 1 vintém de toucinho (*lard gras*), et 2 vinténs de farinha (*farine de manioc*)"[5]. Certamente, essa acessibilidade foi contundente para a disseminação do prato, não só em Minas Gerais, mas por todo o território nacional. Até hoje pode-se preparar uma feijoada com ingredientes baratos e fáceis de se achar.

2. Pedro Nava, *Chão de Ferro*, pp. 19-20.
3. Gilberto Freyre, *Ordem e Progresso*, Rio de Janeiro, Record, 2000, pp. 746 e ss.
4. Jean-Baptiste Debret, *Voyage Pittoresque et Historique au Brésil*, Paris, Firmin Didot Frères, Imprimeurs de l'Institut de France, 1834, t. 2, p. 69.
5. *Idem*, p. 108.

FEIJOADA PREPARADA NA VÉSPERA

Há quem diga que a feijoada preparada na véspera tem mais gosto. Faz sentido, porque o tempo apura o paladar de todos os ingredientes que se misturam. Essa técnica, em alguns casos, integrou a receita de feijoada, como se nota da descrição feita por Antônio José de Sampaio:

> Na Baía, a feijoada, segundo Sodré Viana: feijão-mulatinho, carne de vaca (peito), linguiça, charque, toucinho, orelhas de porco, sal: ferve-se à noite durante três horas; na manhã seguinte, vai novamente ao fogo até a hora do almoço, acrescentando duas ou três folhas de louro[6].

FARINHA DE MANDIOCA

Apareceu grávida a filha de um chefe indígena cuja tribo ficava perto de Santarém do Pará. Com o orgulho ferido e alegando a desonra de sua filha, ele quis punir o autor dessa insanidade. A índia lhe disse que aquele filho não tinha pai, pois não tivera relação com nenhum homem. O pai decidiu então matá-la, mas foi dissuadido por um sonho que teve, no qual um homem branco afirmou que a filha estava correta; ela não mentia e era inocente.

Nasceu então uma criança branca, causando espanto para todos naquela e em outras tribos, que vinham para ver o bebê de outra raça. Recebeu o nome de *Mani*. Andava e falava precocemente. Por um infortúnio, Mani veio a falecer ao término de um ano, sem ter adoecido e sem sofrimento. Ela foi enterrada na própria casa, onde era descoberta diariamente, sendo também diariamente regada a sua sepultura, conforme costume do povo.

Depois de algum tempo, nasceu uma planta inteiramente desconhecida, que cresceu e deu frutos. Os pássaros que comeram esses frutos embriagaram-se, o que aumentou a superstição dos índios em relação a essa planta nova. A terra fendeu-se após algum tempo e os índios julgaram reconhecer no fruto que encontraram o corpo de Mani. Esse fruto recebeu o nome *Mani-oca*, que significa casa ou transformação da Mani.

Esse é o relato que José Vieira do Couto de Magalhães alega ter escutado diretamente da mãe do Coronel Miranda, ex-tesoureiro da Tesou-

6. Antônio José de Sampaio, *A Alimentação Sertaneja e do Interior da Amazônia*, p. 255.

raria da Fazenda do Pará[7]. A mandioca (*Manihot utilissima*) assumiu importância sem igual na dieta dos indígenas, dando origem a um grande número de alimentos e bebidas. Não por outro motivo, Câmara Cascudo a ela se refere como a "Rainha do Brasil"[8].

Em relatos históricos já a partir de meados do século XVI, estrangeiros descreveram a cultura, preparação, rituais e atividades relacionadas à mandioca, e ainda alegam ter gostado de vários pratos diferentes. Robert Southey – em expedição realizada pela Bahia, mais precisamente Salvador e arredores – descreve longamente a cultura da mandioca: fala do líquido mortal que se transforma em *tapioca*; dos meios de se preparar a farinha; sobre a cultura da planta; a bebida (ou licor) dela preparada; das festas regadas a bebida de mandioca fermentada[9].

Pedro José de Figueiredo diz que se parece com a cenoura ou nabo e acrescenta que contou nove tipos de mandioca: *mandiibumana*, *mandiibabaará*, *mandiibuçu*, *mandiibptarati*, *arpipoca*, *tapecima*, *manajupeba*, *aipiy* e *macaxera*, sendo estas duas últimas as únicas que não seriam venenosas[10]. Relatou as diversas preparações que os tupinambás fazem com a mandioca, incluindo bebidas e comidas.

No Rio de Janeiro, Daniel P. Kidder também faz extenso relato sobre a cultura da mandioca, seu processo produtivo, tratamento das raízes venenosas, bebidas alcoólicas, festas, consumo nas aldeias etc.[11] O autor é um grande entusiasta do complexo da mandioca, ressaltando sua (suposta) primazia sobre a farinha de trigo, citando a beleza e a brancura de uma farinha de mandioca bem-preparada, bem como a varidade de pratos saúdáveis que com ela se prepara. Essas são qualidades que a tornam presente na mesa de todos os brasileiros, não só da época, mas até hoje.

A farinha, sem dúvida, é o ingrediente feito da mandioca que mais se popularizou. Uma das razões é a saciedade obtida com sua ingestão. "É

7. José Vieira do Couto de Magalhães, *O Selvagem*, Rio de Janeiro, Typ. da Reforma, 1876, pp. 153-154.
8. Luís da Câmara Cascudo, *História da Alimentação no Brasil*, p. 90.
9. Robert Southey, *História do Brazil*, t. 1, p. 328.
10. Pedro José de Figueiredo, *História do Brasil Desde Seu Descobrimento em 1500 Até 1810*, Lisboa, Typ. De Desiderio Marques Leão, 1822, p. 179.
11. Daniel P. Kidder, *Sketches of Residence and Travels in Brazil*, vol. 1, pp. 240-244.

comida volume, comida que enche, sacia, faz bucha, satisfaz", dizia Câmara Cascudo[12]. Além disso, tem boa durabilidade e é fácil de transportar. "A farinha é a camada primitiva, o basalto fundamental na alimentação brasileira." Segundo informa Robert Southey, "preferiam os soldados a mandioca ao trigo, reputando-a alimento mais forte"[13]. F. Biard disse que a mandioca é o "Alimento que, em toda a América do Sul, substitui o pão, não somente para as classes mais pobres, mas também para os mais ricos"[14].

Não há unanimidade, entretanto, em relação à superioridade nutritiva da mandioca em relação ao trigo. Gilberto Freyre aponta para a ausência de valor alimentar da mandioca.

> A deficiência pela qualidade e pela quantidade é e tem sido desde o primeiro século o estado de parcimônia alimentar de grande parte da população. Parcimônia às vezes disfarçada pela ilusão da fartura que dá a farinha de mandioca intumescida pela água[15].

O colonizador também teria sofrido com essa brusca alteração na dieta. "O português no Brasil teve de mudar quase radicalmente o seu sistema de alimentação, cuja base se deslocou, com sensível déficit, do trigo para a mandioca."[16] A ausência do pão de trigo – comum na Europa – no Brasil colonial foi notada por Frederico José de Santa-Anna Nery: "Pensamos, como Michel Chevalier, que as pessoas civilizadas comem pão e que o trigo é um indício de civilização. O Brasil dos tempos coloniais tinha apenas farinha de mandioca, um alimento pobre, que não tem a força nutritiva do trigo"[17].

Mesmo após, até meados do século XIX, o consumo da farinha de trigo era restrito, conforme explica Robert Southey: "os ricos comiam pão, mas o artigo de lei era a farinha de mandioca"[18].

Santa-Anna Nery prenunciou o dia em que o Brasil seria um país de pão e vinho, tal qual França e Itália; mas a previsão, até hoje, não se concretizou.

12. Luís da Câmara Cascudo, *História da Alimentação no Brasil*, p. 92.
13. Robert Southey, *História do Brazil*, t. 4, p. 421.
14. F. Biard, *Deux Années au Brésil*, p. 177.
15. Gilberto Freyre, *Casa-Grande & Senzala*, p. 105.
16. *Idem*, p. 76.
17. Frederico José de Santa-Anna Nery, *Le Brésil en 1889*, Paris, Charles Delagrave, 1889, p. 265.
18. Robert Southey, *História do Brazil*, t. 6, p. 517.

Esperamos poder anunciar, em três ou quatro anos, aos emigrantes e às belas raças do Mediterrâneo que o Brasil é um país de pão e vinho, e que eles estarão lá também, confortavelmente, como na França e na Itália. A mandioca servirá à fabricação de tapioca para os doentes e convalescentes ou para sobremesa e sopas[19].

Mesmo sendo um alimento fraco – conforme sugerido acima –, a mandioca vingou no Brasil como um dos principais alimentos, até porque durante muito tempo a plantação de trigo foi um fracasso.

Foi completa a vitória do complexo indígena da mandioca sobre o trigo: tornou-se a base do regime alimentar do colonizador. [...] Ainda hoje a mandioca é o alimento fundamental do brasileiro e a técnica do seu fabrico permanece, entre grande parte da população, quase que a mesma dos indígenas[20].

Figura 2. *Engenho de Mandioca* (Daniel P. Kidder, *Sketches of Residence and Travels in Brazil,* vol. 1, p. 242v).

Para nós brasileiros, na alimentação, a farinha de mandioca substituiu o trigo, como apontou corretamente o relatório da Comissão Central do Ceará: "A *farinha de mandioca* ou *de pau,* como alguns a denominam, é a base da alimentação das populações do Estado do Ceará e de todo o Brasil em geral.

19. Frederico José de Santa-Anna Nery, *Le Brésil en 1889*, p. 265.
20. Gilberto Freyre, *Casa-Grande & Senzala*, p. 191.

A mandioca é para os brasileiros, o mesmo que o trigo para os norte-americanos e europeus"[21]. J. I. de Abreu e Lima informa que a mandioca "é o sustento diário destes selavagens". Com sua farinha preparam bebidas e alimentos[22].

Sem dúvidas a mandioca constitui um dos principais complexos alimentares do país, com a profusão de itens incorporados definitivamente no hábito alimentar de todas as refeições. A anotação é de Câmara Cascudo:

> Na geografia da alimentação brasileira o "complexo" da mandioca, farinhas, gomas, tapioca, polvilhos, constitui uma permanente para 95% dos oitenta milhões nacionais, em todas as direções demográficas. Acompanha o churrasco gaúcho como a caça no Brasil Central e no mundo amazônico. Para o brasileiro do povo "comer sem farinha não é comer!"[23]

Segundo Freyre, se a mandioca nasceu da mão indígena, outras a aperfeiçoaram, espalhando seu uso por todo o território nacional:

> Variado era o uso da mandioca na culinária indígena; e muitos dos produtos preparados outrora pelas mãos avermelhadas da cunhã, preparam-nos hoje as mãos brancas, pardas, pretas e morenas da brasileira de todas as origens e de todos os sangues. Da índia a brasileira aprendeu a fazer de mandioca uma série de delicados quitutes[24].

Vale ainda mencionar que os índios comiam a farinha de um modo particular, que chamou a atenção de todo o estrangeiro que aqui chegou e viu seus rituais de alimentação. O nativo lançava a farinha à boca de tal maneira que nenhum grão caía fora. Segundo Daniel P. Kidder:

> Comeram a farinha seca de uma maneira que frustrou todas as tentativas de imitação. Eles pegavam-na entre os dedos e a jogavam na boca com tanta perfeição que nem um grão caía ao lado. Nenhum europeu jamais tentou realizar essa proeza sem pulverizar seu rosto ou suas roupas, para a diversão dos selvagens[25].

O uso da farinha é versátil, havendo um sem-número de variações. Hildegardes Vianna, por exemplo, menciona o hábito de se "molhar" a fruta

21. Comissão Central do Ceará, *Catálogo dos Productos do Ceará*, p. 8.
22. J. I. de Abreu e Lima, *Compêndio da História do Brasil*, Rio de Janeiro, Eduardo e Henrique Laemmert, 1843, t. 1, p. 33.
23. Luís da Câmara Cascudo, *História da Alimentação no Brasil*, pp. 100-101.
24. Gilberto Freyre, *Casa-Grande & Senzala*, p. 191.
25. Daniel P. Kidder, *Sketches of Residence and Travels in Brazil*, vol. 1, p. 242.

na farinha, o que se fazia com a manga, banana, melancia, abacaxi, laranja etc.[26]. No Pará bebe-se até hoje o açaí (*Futerpe oleracea*, Mart.) "engrossado pela farinha de mandioca"[27]. John Luccock relata que era comum o consumo de um prato de farinha, sem nenhum tipo de preparação, apenas com suco de laranja por cima. "Um prato de farinha, com suco de laranja espremida, forma um jantar frequente para os comerciantes e artesãos inferiores"[28].

No entanto, a mistura mais disseminada é a da farinha com feijão, o que é encontrado com facilidade na mesa do povo brasileiro: "O prato de farinha seca está em todas as mesas brasileiras e é comido habitualmente misturado com feijão-preto cozido"[29]. Há muito tempo, a farinha se tornou acompanhamento indispensável também para a feijoada e ingrediente fundamental para o feijão-de-tropeiro[30]. Constitui alimento presente na mesa do rico e do pobre:

> A comida do negro, na casa de um rico fazendeiro, consiste de canjica (trigo turco esmagado e cozido em água), feijão-preto, bacon, carne seca, laranjas, bananas e farinha de mandioca. Na casa dos mais pobres, por outro lado, o escravo se alimenta apenas de farinha de mandioca misturada com água, laranjas e bananas[31].

Em relação ao modo de preparação, Paul Walle descreve como os índios da Amazônia faziam:

> A farinha de mandioca é obtida ralando os tubérculos sobre uma água bem renovada; a pasta assim obtida é deixada em água corrente e depois comprimida em cubos perfurados. Todos os animais domésticos devem ser removidos para evitar que bebam o suco que resulta do processo, o que levaria à sua morte. Uma vez que a massa é bem espremida, ela é peneirada e assada em um forno, agitan-

26. Hildegardes Vianna, "Breve Notícia sobre a Cozinha Baiana", pp. 52-53.
27. Luís da Câmara Cascudo, "Açaí, a Bebida do Pará", em Luís da Câmara Cascudo (org.), *Antologia da Alimentação no Brasil*, p. 221.
28. John Luccock, *Notes on Rio de Janeiro, and the Southern Parts of Brazil*, p. 46.
29. C. C. Andrews, *Brazil. Its Conditions and Prospects*, New York, D. Appleton and Company, 1887, p. 253.
30. Cf. "Feijão-de-Tropeiro, Obra-Prima de Simplicidade Romântica".
31. Jean-Baptiste Debret, *Voyage Pittoresque et Historique au Brésil*, p. 84.

do-a constantemente. A mandioca, que assim consegue perder seus princípios prejudiciais, fica reduzida a uma farinha mais ou menos fina[32].

A farinha também participa das bebidas. No Maranhão, Pará e Amazonas bebe-se o açaí com farinha d'água[33]. As cunhãs também conseguiam obter vinho de mandioca, acelerando a fermentação com a mastigação da raiz. "Na diástase da saliva a ptialina transforma o amido das raízes e dos frutos em maltose e dextrina, provocando a sacarificação, resultante dos ácidos orgânicos sobre os açucares", explicou Luís da Câmara Cascudo[34]. A. da Silva Mello, simplificando, aduz: "Pela ação da saliva o amido da mandioca transforma-se em açúcar que, pela fermentação, produz álcool"[35]. Hans Staden traz mais detalhes sobre o processo de produção dessa bebida:

> Para fazer essas bebidas, as mulheres pegam raízes de mandioca e as cozem em panelas. Quando estão bem fervidas, elas colocam a água em outro vaso e deixam as raízes esfriarem um pouco. As jovens moças vêm em seguida e começam a mastigar essas raízes, tomando cuidado para jogar a massa mastigada em um terceiro vaso. Quando todas as raízes foram esmagadas dessa maneira, elas enchem o vaso com água, misturam tudo e aquecem novamente.
>
> Em seguida, despejam tudo em vasos exclusivamente para esse fim, como nos barris de nosso país, e que estão meio enterrados. O licor começa a fermentar e fica pronto para beber depois de dois dias: é espesso, muito inebriante e muito nutritivo.
>
> Cada cabana fabrica sua bebida; mas quando uma aldeia quer fazer uma festa, o que geralmente acontece todos os meses, eles se reúnem em uma cabana, bebem o que está lá, depois vão para outra e fazem isso em toda a vila até que toda bebida fabricada seja consumida[36].

32. Paul Walle, *Au Brésil*, p. 194.
33. Farinha d'água é a preparada com a mandioca amolecida em água, o que facilita o processo de prensagem. Farinha seca, também conhecida como *de guerra*, é macerada sem esse recurso, ou seja, a seco. O resultado de ambos os processos é uma farinha com características organolépticas e granulometria diferentes entre si. A farinha d'água é preferida em regiões do Nordeste, principalmente no Pará.
34. Luís da Câmara Cascudo, *História da Alimentação no Brasil*, p. 130.
35. A. da Silva Mello, *Alimentação, Instinto, Cultura. Perspectivas para uma Vida Mais Feliz*, 2. ed., Rio de Janeiro, José Olímpio, 1943, p. 117.
36. Hans Staden, *D'un Pays Situé dans le Nouveau Monde, Nommé Amérique*, Paris, Arthus Bertrand Librairie-éditeur, 1837 [1557], pp. 263-264.

O mesmo método de fermentação a partir da mastigação é empregado com milho, no território do Pará e Amazonas, dando a *catimpueira*; também utilizado no Peru (*chicha*). Na Samoa fabrica-se um vinho quase sagrado – chamado *kawa* – com a raiz de uma pimenta (*Piper methysticum*). Na Austrália, na região do Arizona, em vários outros lugares tem-se relatos desse tipo de fabrico.

No Maranhão, a farinha de mandioca é utilizada também para fabricação do vinho doce chamado caracu, misturada com farinha de milho, colocadas para ferver juntas em água, até se tornarem um caldo espesso, parecido com sopa de leite ou arroz. Em seguida, mastigam milho assado e jogam direto no caldo, tornando-o mais claro e fluido, quando inicia o processo de fermentação[37]. A bebida já era relatada em 1668 pelo padre Simão de Vasconcellos. "Mastigam as fêmeas a mandioca, & lançada em água assim mastigada, fazem outra espécie de vinho *cauícaraixù*"[38].

Em viagem pelo Estado do Maranhão, outro eclesiástico – padre Claude Abbeville – também relata o processo de produção da bebida *karacu*:

> Fabricam também uma qualidade de vinho doce, a que chamam *karacu*. É também preparado com raízes de mandioca, e mastigado como o antecedente. Juntam-lhe farinha de milho e água, e deitam-no ao fogo, para ferver em grandes panelas de barro. Quando cozida esta bebida, é como caldo de leite ou de arroz. Lançam dentro milho de várias espigas que assam, e mastigam, a fim de clarificá-la, e torná-la mais líquida, ficando com tudo com espessura bastante para não poder derramar-se e nem passar através dos poros das vasilhas[39].

Uns relatam que a mandioca era mastigada pelas índias mais idosas da tribo:

> As velhas mastigam as raízes picadas de *Aipimacaxeira*, depois a cospem na panela e a denominam suco de caraçu. Em seguida deitam-lhe água e aquecem em fogo lento, movendo continuamente a panela; espremendo depois separam o licor que denominam *Caviracaru*. Esta bebida é tomada morna[40].

37. Luís da Câmara Cascudo, *História da Alimentação no Brasil*, p. 134.
38. [Padre] Simam de Vasconcellos, *Notícias Curiosas e Necessárias das Cousas do Brasil*, p. 249.
39. [Padre] Cláudio d'Abbeville, *História da Missão dos Padres Capuchinhos da Ilha do Maranhão e Circunvizinhanças*, p. 350.
40. Jorge Marcgrave, "Cardápio do Indígena Nordestino", p. 286.

Outros dizem que a mastigação era feita pelas mais formosas moças da aldeia:

Este gentio é muito amigo de vinho, assim machos como fêmeas, o qual fazem de todos os seus legumes, até da farinha que colhem; mas o seu vinho principal é de uma raiz a que chamam aipim, que se coze, e depois pisam-na e tornam-na a cozer, e como é bem cozida, buscam as mais formosas moças da aldeia para espremer estes aipins com as mãos, e algum mastigado com a boca, e depois espremido na vasilha, que é o que dizem que lhe põem a virtude, segundo a sua gentilidade[41].

Nieuhof também relata a produção: "A mesma raiz, mastigada e misturada com água, fornece outro licor que eles chamam de *Kaon Karaxu*"[42]. E indica que a raiz era mastigada pelas mais idosas, mas afirma que o nome *karaku* era atribuído à papa mastigada e não à bebida final:

Em primeiro lugar, as fatias da raiz *Aipimakakara*, uma espécie de *Mandioka*, são mastigadas pelas Mulheres mais velhas até ficarem tão fluidas quanto uma papa, que eles chamam de *Karaku*; em seguida, eles colocam essa papa em uma panela para ferver com uma boa quantidade de água, mexendo-a continuamente até o ponto que eles acham correto, o que eles chamam de *Kaviaraku*, e o bebem morno[43].

A bebida fazia parte de um ritual festivo dos indígenas, que a compartilhavam entre si e raramente brigavam:

Eles passam a noite bebendo, dançando em intervalos, gritando e soando trombetas. Quando estão bêbados, fazem um barulho terrível; mas eles raramente brigam. Eles vivem em geral muito bem juntos; e quando alguém tem a comida que outros não têm, estão sempre prontos para compartilhar[44].

41. Gabriel Soares de Souza, *Tratado Descriptivo do Brasil*, p. 289.
42. John Nieuhof, *Voyages and Travels into Brasil ant the East-Indies*, p. 121.
43. *Idem*, p. 128.
44. Hans Staden, *D'un Pays Situé dans le Nouveau Monde*, p. 265.

PIMENTA-MALAGUETA

A navegação negreira trouxe a pimenta-malagueta (*Capiscum frutescens*), que traz o nome da região geográfica originária: Costa da Malagueta (ou da Pimenta). Localizada entre a Serra Leoa e a atual Libéria. Fala-se também no *complexo da pimenta,* tamanha a importância que o condimento adquiriu na refeição indígena: "O complexo da pimenta aguçou-se no Brasil pela influência da culinária africana, ainda mais amiga que a indígena dos requeimes e excitantes do paladar: é a cozinha afro-baiana que mais se salienta pelo abuso da pimenta"[45].

Desde então, até hoje, a pimenta é uma constante nos pratos nacionais, de norte a sul do país. "O condimento incomparável para o brasileiro é a pimenta, *a pimentinha,* companheira sem rival, transformando o peixe cozido em obra-prima, ressaltando os valores sápidos de todas as iguarias, aceleradora digestiva, masculinizando o sabor"[46]. Há, no entanto, quem diga que a nossa pimenta não é a malagueta de verdade, conforme insistiu Câmara Cascudo:

> Permito-me insistir que a pimenta-malagueta brasileira, tão falada (*Capsicum frutescens* Linn.), é a mesma *piripiri* de Moçambique, o *gindungo* de Angola, *uziza* da Nigéria, *atará* de Gana, enviada para a África no século XVI, arrebatando da verdadeira malagueta (*Aframomum malagueta* Rosc., K. Schumann), fama e nome. Na Guiné dizem "malagueta" a nossa. A nossa malagueta é uma solanácea, e a malagueta africana, derrotada pela brasileira, uma zingiberácea. Bem diversas, não é verdade? Mas a pimenta conterrânea alega usucapião de quatro séculos. O molho comum e banal, mais pobre e simples, encontrado nas garrafas de todos os restaurantes e pensões humildes, é a pimenta com vinagre, ao alcance do gosto do freguês, que poderá mastigá-las, esmigalhando-as com o garfo, ou degluti-las inteiras. Pelo que se vê, segue qualquer comida e aparecendo em toda parte atesta a popularidade inconstestável[47].

Seja ela de origem nacional ou não, fato é que a pimenta se faz presente em quase todas as refeições do brasileiro, conforme relatou Henry Koster[48]:

45. Gilberto Freyre, *Casa-Grande & Senzala*, pp. 195-196.
46. Luís da Câmara Cascudo, *História da Alimentação no Brasil*, p. 478.
47. *Idem*, p. 585.
48. Henry Koster era português de Lisboa, filho de ingleses. Veio para o Brasil em 7.9.1809. Tornou-se dono do Engenho Jaguaribe, na Ilha de Itamaracá, que fica em Pernambuco.

Pessoas de todas as classes são quase que incapazes de comer sua comida sem a malagueta. As vagens são amassadas quando prestes a serem utilizadas, e ainda constituem ingrediente de todos os pratos, ou servidas em todos os molhos[49].

M. Eyriès também relatou esse hábito: "A pimenta é colhida em qualquer lugar, porque o seu uso é universal, vai para o tempero da maioria dos pratos"[50].

Pedro Nava menciona muito frequentemente a pimenta-malagueta em suas reminiscências gastronômicas. Uma delas é a cena de Eugênia Sales Rodrigues (Tia Eugênia) devorando "um grandioso sanduíche de pão atufalhado de pimenta-malagueta no azeite e duas cervejotas geladas para apagar esse incêndio"[51].

VINHA D'ALHO

Consiste, na maior parte das vezes, em tempero e amaciante para a carne. Também pode ser tomado puro. Câmara Cascudo relata como se fazia e as utilizações referidas: "O alho, pisado em vinho, *vinha-d'alhos*, era a salmoura consagrada para a carne de porco, dois dias de infusão. Puro, valia substância inapreciável, com alto rendimento calorífico"[52].

Ademais, o alho era condimento universal, tal qual a pimenta. "O alho constituiu um ingrediente usado em quase todos os pratos"[53]. O brasileiro herdou do português a utilização exagerada do alho. Theodoro Peckolt, em sua *História das Plantas Alimentares e de Gozo do Brasil*, afirma também o uso medicinal do alho:

Como medicamento teve o alho antigamente fama de milagroso, tanto para os egípcios como para os gregos e europeus, que usavam o bulbo contra muitas

49. Henry Koster, *Travels in Brazil*, London, Longman, Hust, Reens, Orme & Brown Ed., 1816, p. 21.
50. M. Eyriès, *Abrégé des Voyages Modernes, Depuis 1780 jusqu'a nos Jours*, Paris, Étienne Ledoux, 1825, t. 9, p. 310.
51. Pedro Nava, *Chão de Ferro*, p. 177.
52. Luís da Câmara Cascudo, *História da Alimentação no Brasil*, p. 246.
53. Henry Koster, *Travels in Brazil*, p. 24.

moléstias, e na África é o antelmintico de mais confiança, fazendo-se dele bolos com arruda, e em clísteres contra os ascárides[54].

Para George Gardner, o uso de alho era excessivo em todo o Brasil. Num jantar oferecido na casa de Joaquim Paulo – na Serra dos Órgãos –, o autor relata o abuso. "O jantar foi substancial e limpo, mas cada prato foi, de acordo com o costume do país, altamente temperado com alho"[55].

Figura 3. *Alho* (*Cozinheiro Nacional*, p. 377).

54. Theodoro Peckolt, *História das Plantas Alimentares e de Gozo do Brasil*, p. 52.
55. George Gardner, *Travels in the Interior of Brazil, Principally Through the Northern Provinces and the Gold and Diamonds Districts, During the Years 1836-1841*, 2. ed. London, Reeve, Benham and Reeve, 1849, p. 44.

4

Feijoada Sem Heresia...

A emoção do gourmet *que degusta um prato bem elaborado, emoção que tem muito pouco a ver com a simples satisfação de um estômago bem cheio, pode ser legitimamente comparada ao prazer sentido pelo melômano ouvindo um concerto, ou por um expectador diante de um prato?*[1]

Vivaldo da Costa Lima

Isso de feijoada completa com arroz ou com laranja é heresia: o primeiro abranda e o segundo corta o gosto. E este deve ser conservado dentro da exuberância e do exagero da sua natureza barroca. Barroco – eis o termo. Porque como obra de arte (e levando em conta que "*...Baudelaire avait bien dit que les odeurs, les couleurs et les sons se répondent...*") a feijoada completa nacional está para o gosto como os redondos de São Francisco de São João del Rey, a imobilidade tumulatuária dos Profetas de Congonhas do Campo e a Ceia de Ataíde, no Caraça, estão para os olhos. Ainda barroco e mais, orquestral e sinfônico, o rei dos pratos brasileiros está para a boca e a língua como, para o ouvido – as ondulações, os flamboiantes, os deslumbramentos, os adejamentos, a ourivesaria de chuva e o plataresco dos mestres mineiros de música sacra e do *Trio em Dó Maior* para dois oboés e corninglês – *Opus 87* de Ludwig van Beethoven. Filosófica, a feijoada completa pelo luto de sua cor e pelos restos mortais que são seus ingredientes é também memento. Depois dela, como depois da orgia, a carne é triste. Não a do prato, a nossa, a pecadora. Patriótica, ela serve tanto à Unidade Nacional como essa língua assim "dulcíssima e canora" que Portugal nos ofertou. É por estas razões que me excedi falando da feijoada. Todas as vezes que dela como – volto à que nos era servida uma vez por semana no Internato do Colégio Pedro II, volto a minha adolescência e ao mundo mágico que a cercou. Devo esse traço de cultura (que ficou sendo escravo de minha memória involuntária), à virtuosidade culinária do nosso *Urso-Branco*[2].

1. Vivaldo da Costa Lima, *A Anatomia do Acarajé e Outros Escritos*, p. 81.
2. Pedro Nava, *Chão de Ferro*, p. 21.

FEIJOADA COM LARANJA

Pedro Nava indica que feijoada com arroz e laranja seria uma heresia. Há, no entanto, relatos no sentido de que era comum, mesmo em Minas Gerais, servir-se laranja com diversos pratos salgados, inclusive o feijão, conforme indicou Auguste de Saint-Hilaire:

> Seja como for, os mineiros têm o costume de servir as laranjas cortadas em quatro, ao mesmo tempo em que outros pratos são servidos: come-se feijão, arroz ou qualquer outra coisa comendo ao mesmo tempo o pedaço de laranja que fica num prato cheio delas. Essa mistura pareceria bizarra aos que não a experimentaram, mas é realmente muito saborosa[3].

Câmara Cascudo também traz relato no mesmo sentido, destacando para a bizarrice de se comer feijoada com laranja:

> Comentava-se ferozmente no Rio de Janeiro, setembro de 1922, uma feijoada oferecida aos reis da Bélgica, Alberto I e a rainha Elisabeth, contendo laranja ao lado, explicando-se fazer parte do quitute. No mais, homenagem dispensável, falso folclore, pilhéria atentatória do bom-tom tradicional em matéria de feijoadas. Foi assim há pouco mais de quarenta anos. Laranja com feijão!...
>
> Hoje é uma característica. Os lombos de porco e de vaca, com molho de ferrugem, aparecem ladeados das talhadas de abacaxis e laranja ao natural e de bananas cozidas[4].

Não se trata, contudo, de uma combinação de paladar, harmonização, ou algo do tipo. A finalidade da laranja nesse tipo de comida foi apontada por Jean-Baptiste Debret, como um neutralizador do poder da pimenta, servida em quase todos os pratos – conforme relatado acima:

> Logo em seguida, uma resplandecente pirâmide de laranjas perfumadas, logo cortadas em quatro e distribuídas a todos os convivas para acalmar a irritação da boca já cauterizada pela pimenta. Felizmente esse suco balsâmico, acrescido ao novo alimento, refresca a mucosa, provoca a salivação e permite apreciar-se com o devido valor a natural suculência do assado[5].

3. Auguste de Saint-Hilaire, *Voyage dans les Provinces de Rio de Janeiro e de Minas Geraes*, Paris, Grimbert et Dorez Librairies, 1850, t. 2, pp. 280-281.
4. Luís da Câmara Cascudo, *História da Alimentação no Brasil*, p. 627.
5. Jean-Baptiste Debret, *Voyage Pittoresque et Historique au Brésil*, p. 40.

O hábito também foi influência do povo indígena, que se valia de frutas em geral com essa finalidade de afastar a cauterização da pimenta. "As frutas neutralizando o ardor da pimenta parecem-me uso indígena que delas se servem comumente depois do repasto"[6].

Mas não só; a laranja sempre foi tida como um neutralizador do excesso de gordura. O inglês Charles B. Mansfield conta que se valeu da fruta após um jantar excessivo: "Ceei laranjas e doce de laranja – iguarias que entoarão o meu estômago, depois de um jantar muito gorduroso"[7]. Até hoje a feijoada é servida com laranja.

6. Luís da Câmara Cascudo, *História da Alimentação no Brasil*, p. 628.
7. A. D. Pascual, *Ensaio Crítico sobre a Viagem ao Brasil em 1852 de Carlos B. Mansfield*, Rio de Janeiro, Typographia Universal de Laemmert, 1864, t. 2, p. 98.

5

A Feijoada Completa de G. Lobo

O que é um prato nacional? Uma composição culinária rebelde à escrita dos manuais, característica, inconfundível, incapaz de se exprimir em quantidades de ingredientes, frações de tempo, e ação rápida ou lenta do frio, do calor, da água, do gelo, do uso da peneira, do passador, da faca, ou da colher. [...] O prato nacional é, como o romanceiro nacional, um produto do gênio coletivo: ninguém o inventou e inventaram-no todos[1].

FIALHO DE ALMEIDA

Lá ficava o restaurante famoso de G. Lobo, contraído em Globo – de onde saiu e vulgarizou-se no Brasil esse prodígio de culinária que é a *feijoada completa* –, prato alto como as sinfonias, como o verso alexandrino, prato glorioso, untuoso, prato de luto e veludo – prato da significação mesma e do valor da língua, da religião e da estrutura jurídica, no milagre da unidade nacional[2].

RESTAURANTE G. LOBO

Conhecido como uma tradicional *casa de pasto*[3], o restaurante G. Lobo funcionou no Rio de Janeiro entre 1884 e 1905 no Hotel Lobo, à extinta Rua General Câmara, n. 135, no centro da cidade. De acordo com o autor, foi aqui que o prato teria sido inventado, conforme alega no terceiro volume de suas memórias[4].

1. Fialho de Almeida, "A Cozinha Portuguesa" [1891], *Os Gatos*, Seleção e Prefácio de José Lins do Rego, Rio de Janeiro, Edições Livros de Portugal, 1942.
2. Pedro Nava, *Baú de Ossos*, pp. 77-78.
3. "Casa de pasto" era um nome comum, tanto em Portugal quanto no Brasil, aos estabelecimentos que serviam almoço e jantar. A expressão *pasto* advém do francês *repas* (refeição) e do latim *pastus*, que significa alimento de maneira geral.
4. Pedro Nava, *Chão de Ferro*, pp. 19-20. Ver acima "Origem da Feijoada", pp. 65 e s.

Com o alargamento da rua Uruguaiana, que fez parte das reformas urbanísticas realizadas pelo prefeito Pereira Passos no centro do Rio, a *casa de pasto* deixou de existir em 1905. Todavia, de acordo com Luiz Gonçalves dos Santos, o restaurante G. Lobo teria servido suas porções generosas a preços baixos por mais algum tempo após se transferir para local próximo, Rua do Hospício, n. 137, quando foi adquirido por José Gomes Valente[5].

Antes de se chamar General Câmara, a rua que abrigava o restaurante que produzia a iguaria teve outras seis denominações, como explicado pelo próprio Pedro Nava. Caminho de Gonçalo Gonçalves foi o primeiro nome. Depois passou a se chamar de Rua do Azeite de Peixe, porque nela era negociado o azeite, geralmente de baleia, usado para acender as luzes do Rio antigo; em seguida, recebeu o nome de Rua do Sabão, onde ficavam os armazéns do monopólio colonial desse produto; Rua Bom Jesus, quando nela se erguia a Igreja do Senhor Bom Jesus do Calvário; na sequência, Rua dos Escrivães, quando passou a concentrar os cartórios da cidade; depois voltou para Rua do Sabão, incluindo-se, "da Cidade Velha" (Rua do Sabão da Cidade Velha), para distinguir de um prolongamento, Rua do Sabão da Cidade Nova. A partir de 2.4.1870, passou a exibir a denominação Rua General Câmara.

FEIJOADA É PRATO NACIONAL

Pedro Nava diz que a feijoada possui o mesmo valor da língua, da religião, da estrutura jurídica e da unidade nacional. Quis dizer que, em todos os cantos onde se fala a língua portuguesa, onde existe uma igreja ou capela, em que as pessoas e instituições devem respeito à mesma Constituição, serve-se a feijoada nacional. Essa ideia da feijoada como "fator de unificação" aparece também na obra de Ruy Coutinho[6]. No mesmo sentido, já em 1914 Paul Adam dizia que a feijoada era o prato nacional[7]. Antônio José de Sampaio se refere aos hábitos alimentares que se encontram mesmo em regiões afastadas, indicando a feijoada entre eles:

> Convém lembrar, no entanto, que os hábitos alimentares, mesmo em regiões afastadas, vão desde as comidas muito complexas até refeições muito simples, des-

5. Luiz Gonçalves dos Santos, *Memórias para Servir a História do Reino do Brasil*, Rio de Janeiro, Itatiaia, 1981, p. 130.
6. Ruy Coutinho, *Valor Social da Alimentação*, p. 61.
7. Paul Adam, *Les Visages du Brésil*, Paris, Pierre Lafitte et Cie, 1914, p. 250.

de a maniçoba, a feijoada completa e numerosos cozidos até a simples paçoca, ou a farofa, quando não apenas farinha e rapadura[8].

Além de ser prato nacional, Câmara Cascudo afirma que a feijoada constitui prato intransmissível ao estrangeiro, porque exige a capacidade conterrânea de consumo:

> A feijoada, simples ou "completa" (sempre incompleta, no julgamento dos entendidos), é o primeiro prato brasileiro em geral. Inútil tentar divulgá-la como atração turística. Será mesmo que oferecer caracóis e rãs a um sertanejo velho. Demasiadamente nutritiva, indigesta, estarrecedora. Certos alimentos exigem a capacidade conterrânea do consumo e do gosto, intransmissível ao estrangeiro, mesmo curioso de originalidades anômalas[9].

O mesmo ocorre ao se tentar se reproduzir a feijoada fora de seu ambiente original, o que ocorre também com outros pratos nacionais. O resultado nunca é bom, conforme também explica Câmara Cascudo:

> Há certas iguarias intransportáveis, intransmissíveis, irrepetíveis, fora do clima natural de sua criação. Não haverá livro, curso, olho direto no mestre, com possibilidade de captação total. Doces simplíssimos como os ovos moles de Aveiro, pratos banalíssimos como sardinha assada com salada de pimentos ou uma caldeirada à fragateira, voam acima de qualquer plágio, insistência, repetência noutras paragens. Uma feijoada completa é tão local quanto a Baía de Guanabara. Uma moqueca de peixe é privilégio da cidade do Salvador. Inútil a memória para reconstruí-las, distantes da paisagem telúrica do seu feitio tradicional[10].

No Brasil do século XIX, Freyre relata que "nas feijoadas, o feijão aparecia com lombo, carne salgada, toucinho, cabeça de porco, linguiça. Misturava-se com a farinha até formar uma papa que se regava com molho de pimenta"[11]. Nos dias de hoje, há a feijoada completa, que leva, além da carne, as chamadas partes moles (cartilagem), que dão consistência ao prato. No entanto, é mais comum encontrar a feijoada apenas com carne (costela, carne seca, lombo, paio, linguiça etc.).

8. Antônio José de Sampaio, *A Alimentação Sertaneja e do Interior da Amazônia*, p. 77.
9. Luís da Câmara Cascudo, *História da Alimentação no Brasil*, p. 446.
10. *Idem*, p. 304.
11. Gilberto Freyre, *Sobrados e Mucambos*, p. 247.

6

Adaptabilidade do Feijão

A polivalência, a adaptabilidade do feijão permitem sua combinação com tudo quanto é legume, com todas as carnes, todos os peixes, mariscos, crustáceos e até as massas como provou Joaquim Nunes Coutinho Cavalcanti, com suas famosas macarronadas-ao-feijão, que deitaram raiz nas cozinhas ítalo-brasileiras do Oeste Paulista. Essa versatilidade dos feijões é que permite a combinação das feijoadas regionais brasileiras a qualquer farinha. A grossa, *farinha de pau do Maranhão*. A fresca ou a torrada. Simples ou com farofa de ovo ou de torresmo, ou dos dois. A farinha de milho seca, na sua pasta de angu, ou na pulvurência úmida do cuscuz de sal. Meu tio Modesto aconselhava a de mandioca, simples, sem torrar ou então a de sal-grosso, folha e cebola miúda, embolada na hora com água fervendo[1].

Pedro Nava se mudou para o Oeste Paulista, mais especificamente em Monte Aprazível no início da década de 1930. Aqui e em outras oportunidades o autor ressalta as qualidades da comida dessa região. No sexto livro de memórias (*O Círio Perfeito*), o amigo Joaquim Nunes Coutinho Cavalcanti faz uma pequena explicação dessa cozinha:

O povo daqui, Gonzinho, do mesmo jeito que não tem nenhum preconceito sexual de cor, não possui os de comida. De modo que assim como a Alta Araraquarense é o *melting-pot* mais extraordinário do nosso elemento com as outras raças

1. Pedro Nava, *Chão de Ferro*, pp. 20-21.

humanas, é também a zona de uma surpreendente experiência culinária – pela sua cozinha mulata, ou seja, a que resulta do baralhamento da cozinha brasileira com as das nacionalidades que cá estão se aglutinando. Delas, principalmente duas, as cozinhas italianas com suas massas ricas e seus molhos féericos e a árabe, uma das mais saudáveis e lisas na maneira de preparar as carnes, o leite e as dádivas da terra[2].

COMIDA DE *SUSTANÇA*

O feijão é considerado uma comida forte, nutritiva, tendo conquistado a predileção do brasileiro. Hoje em dia constitui, junto com o arroz, refeição diária das classes majoritárias do Brasil. Tornou-se prato insubstituível, conforme salienta Antônio José de Sampaio:

> Considerado "comida de sustança", pelo povo, e muito estimado principalmente pelas crianças, por adolescentes e trabalhadores em geral, não é facil substituir o feijão, se é que tenha de o ser, por outro alimento; informa Pompeo do Amaral que uma tentativa de suprimi-lo em uma escola de Jacareí, quase motivou uma greve dos alunos[3].

Corroborando a incapacidade de compreensão do estrangeiro – salientada acima –, Debret afirma, injustamente, que a feijoada, tanto do rico quanto do pobre, constitui refeição sem valor; e que ao final de uma refeição como essa, não se ingeriu nada além de água:

> Voltando ao humilde jantar do artesão e de sua família reunida, veremos, com espanto, que consiste apenas de um pequeno pedacinho de carne seca, com espessura de, no máximo, meio dedo e três a quatro polegadas quadradas; é cozido com um punhado de pequenos feijões-pretos, cuja farinha acinzentada, muito substancial, tem a propriedade de não fermentar no estômago. Com o prato cheio deste caldo, no qual cerca de vinte pequenos grãos nadam, ele joga uma pitada forte de farinha de mandioca, e amassando-a com o feijão esmagado, na forma de uma mistura bastante consistente, que ele come no final de uma faca com uma lâmina larga, arredondada no final. [...] Um pouco mais rico, ele adiciona um pequeno pedaço de lombo de porco assado, ou um peixe cozido na água com um pouco de salsa, um quarto de cebola e três ou quatro tomates; mas para torná-lo mais apetitoso, ele mergulha cada bocada no molho picante mencionado acima; uma banana ou uma laranja completam a refeição, durante a qual toda a família tomou nada mais que água[4].

2. Pedro Nava, *O Círio Perfeito*, p. 170.
3. Antônio José de Sampaio, *A Alimentação Sertaneja e do Interior da Amazônia*, p. 180.
4. Jean-Baptiste Debret, *Voyage Pittoresque et Historique au Brésil*, t. 2, p. 40.

Em outro trecho de sua obra, Debret ressalta – contraditoriamente – que feijão com toucinho e farinha é refeição suficiente para a alimentação diária de um negro, em plena escravidão, ou seja, não era apenas água, mas um alimento consistente e bastante nutritivo:

> Perto dela [uma escrava], algumas pedras enegrecidas do dia anterior são o forno improvisado de uma cozinha de mercado, que não requer outro utensílio que um tipo de sopeira, um pouco maior que a cavidade da mão, na qual são cozidos um punhado de feijão-preto e um pequeno pedaço de toucinho. Este cozido modesto, bastante suculento, polvilhado com uma boa dose de farinha de mandioca, bem quente, forma uma massa substancial suficiente para a alimentação diária de um negro[5].

Dada sua capacidade alimentícia, o feijão se tornou prato indispensável e nacional. "O século XIX revela que o ecúmeno feijoeiro se alargara, tornado indispensável, acompanhando o desenvolvimento da população, já um prato nacional, inseparável da farinha, inevitável em todas as mesas"[6]. Auguste de Saint-Hilaire afirma que: "O feijão-preto forma prato indispensável na mesa do rico, e esse legume constitui quase que a única iguaria do pobre"[7]. Robert Southey diz que o "feijão-preto, quer simples quer com farinha de mandioca, era o almoço ordinário" dos paulistas[8]. Louis Agassiz e Elizabeth Cary Agassiz se referem ao feijão como o prato fundamental em todas as refeições:

> Farei, portanto, como desejaria que me fizessem; transcreverei o nosso menu e aproveitarei a ocasião para dizer uma palavra sobre os hábitos gastronômicos dos brasileiros. Serviram-nos para começar feijão-preto preparado com carne seca (carne secada ao sol e salgada). É o prato fundamental em todas as refeições brasileiras. Não há casa por mais pobre que não tenha a sua feijoada, nem há por mais rica que exclua de sua mesa esse prato por excelência, pelo qual as pessoas de todas as classes manifestam um gosto igualmente pronunciado[9].

5. *Idem*, p. 71.
6. Luís da Câmara Cascudo, *História da Alimentação no Brasil*, pp. 443-444.
7. Auguste de Saint-Hilaire, *Voyage dans les Provinces de Rio de Janeiro e de Minas Geraes*, p. 210.
8. Robert Southey, *História do Brazil*, t. 6, p. 502.
9. Luís Agassiz & Elizabeth Cary Agassiz, *Viagem ao Brasil. 1865-1866*, Brasília, Senado Federal, 2000 [1869], p. 91.

O fato de o feijão ser de fácil cultivo e encontrado em muitos lugares contribuiu para sua disseminação. "O feijão-preto é cultivado em quase toda parte e, juntamente com a farinha de mandioca, o toucinho e a carne seca, formam a base da dieta das classes mais pobres"[10]. Hippolyte Taunay e Ferdinand Denis informam que a refeição do dia a dia do brasileiro "geralmente consiste de feijão vermelho temperado com toucinho ou carne seca"[11].

O feijão é servido numa crescente, que varia desde o mais simples – cozido na água e sal – até o mais complexo, sob a forma da feijoada completa, a depender sempre dos ingredientes disponíveis. Antônio José de Sampaio reporta essa variação, que se pratica nos diversos cantos do Brasil:

> Feijoada. Na forma mais simples, feijão cozido em água e sal; frequentemente leva vários temperos e gordura ou azeite; não raro também, carne seca, e assim crescendo o número de ingredientes (linguiça, verduras etc.), chega-se ao máximo de complexidade, a "feijoada completa" com cabeça de porco, paio, língua, linguiça, hortaliças etc. O chamado "feijão virado paulista" e a "feijoada à carioca" são afamados. Cumpre verificar a composição. No sertão do Nordeste: feijão d'agua e sal, ou feijão preparado com queijo, para comer com angú de milho e carne de sol[12].

RECEITAS DE FEIJÃO

No *Cozinheiro Nacional* constam algumas receitas diferentes de feijão (não feijoada):

17. Feijão-branco ensopado. Coze-se uma porção de feijão-branco, estando cozido, frige-se, por outra parte, uma colher de gordura, deita-se-lhe o feijão escorrido, mexe-se, acrescentam-se o caldo reduzido, sal, salsa, e folhas de cebola; deixa-se ferver um pouco e serve-se.

18. Feijão-branco guisado. Coze-se uma porção de feijão-branco; frigem-se, por outra parte, duas colheres de manteiga, duas de farinha de trigo e uma cebola picada; ajuntam-se duas colheres de vinagre, mexe-se e ajuntam-se o feijão cozido, o caldo, sal e salsa; deixa-se ferver e serve-se.

10. E. Levasseur, *Le Brésil*, 2. ed., Paris, H. Lamirault et Cie., 1889, p. 64.

11. Hippolyte Taunay & Ferdinand Denis, *Le Brésil ou Historie, Moeurs, Usages et Coutumes des Habitants de ce Royaume*, Paris, Nepveu, 1822, t. 3, p. 76.

12. Antônio José de Sampaio, *A Alimentação Sertaneja e do Interior da Amazônia*, p. 256.

19. FEIJÃO-BRANCO GUISADO COM OVOS. Frigem-se duas colheres de gordura com uma colher de fubá mimoso, e uma cebola cortada; ajunta-se o feijão cozido em água e sal, e escorrido; mexe-se e ajunta-se o caldo do feijão; estando fervendo, quebram-se uns ovos dentro, de maneira que fiquem inteiros, e querendo-se, ajunta-se um cálice de sumo de laranja-da-terra, e serve-se.

20. FEIJÃO-MARUMBÉ REFOGADO. Refoga-se uma cebola cortada em rodelas, em duas colheres de gordura; ajuntam-se uma garrafa de água e o feijão lavado; deixa-se ferver até o feijão estar cozido, e serve-se.

21. FEIJÃO-MARUMBÉ À MINEIRA. Coze-se uma porção de feijão-marumbé em água e sal; estando cozido, escorre-se a água, e tendo aquecido um pouco de gordura com salsa e folhas de cebolas, deita-se o feijão; mexe-se, e ajunta-se o caldo; deixa-se ferver, e serve-se.

22. FEIJÃO-PRETO À MODA BRASILEIRA. Escolhe-se e lava-se uma porção de feijão-preto; escorre-se e põe-se a ferver em água durante seis a oito horas, ajuntando de vez em quando um pouco de água quente, à proporção que seca; estando cozido, escorre-se a água. Derretem-se, por outra parte, duas colheres de gordura, deitam-se-lhes umas folhas de cebola, um dente de alho, e sal; em seguida, ajunta-se o feijão; mexe-se com uma colher de pau, machuca-se bem o feijão, e ajunta-se o caldo que se escorrer, ferve-se até quase secar a água, e serve-se.

23. FEIJÃO-PRETO À MODA DOS COLONOS. Tendo cozido o feijão, escorre-se a água; por outra parte, frige-se uma cebola picada em manteiga, com salsa, sal, e deita-se o feijão sem esmagá-lo e serve-se.

24. FEIJÃO-PRETO EM TUTU. Coze-se uma porção de feijão, escorre-se e tempera-se com bastante gordura, sal, alho, cebola, pimenta-da-índia; ajuntam-se o caldo do feijão, e uma porção de farinha de milho ou mandioca; mexe-se bem sobre o fogo até a farinha ficar cozida e serve-se, deitando em cima uma roda de linguiças fritas ou assadas e umas rodelas de batatinhas.

25. FEIJÃO-PRETO EM TUTU À BAIANA. Coze-se uma porção de feijão em água e sal; estando cozido, escorre-se o caldo; frige-se um pedaço de toucinho picado com salsa, cebola, pimentas-cumaris, sal e um dente de alho; deita-se o feijão, e mexe-se machucando; acrescenta-se uma porção de água quente e farinha de mandioca, mexendo até formar uma pasta meio dura; põe-se no prato, cobrindo com um ramo de salsa e folhas de cebolas picadas, e deitando por cima uma meia porção de gordura; serve-se com lombos de porco, leitão assado ou linguiças fritas[13].

13. *Cozinheiro Nacional*, pp. 363-364.

Há uma sopa mencionada por Pedro Nava, servida na casa de Eliezer Magalhães, "que era um caldo de feijão-preto engrossado a fogo brando com leite de coco"[14]. A dona da casa disse ser um prato cearense. Nava comenta também sobre um *sanduíche de feijão*, preparado por Mary Lee da Rocha, esposa do médico José Martinho: "Ela era a inventora de uma receita de sanduichinhos de massa de feijão-preto amassado e passado em peneira fina que, com os temperos, ficava que nem *paté de foie gras...*"[15].

Relatos históricos e literários indicam para uma grande variedade de receitas e preparações que se pode fazer com o feijão – pratos doces e salgados, refeição propriamente dita e até sanduíche – e isso decorre do uso ostensivo que o brasileiro dele tem feito ao longo do tempo. A criatividade, tanto a decorrente da necessidade, quanto a advinda da gula, cuidou do resto, trazendo as incontáveis maneiras pelas quais o produto pode ser consumido.

14. Pedro Nava, *O Círio Perfeito*, p. 255.
15. *Idem*, p. 284.

7

Cozinha Itinerante dos Tropeiros

Vinham as frigideiras, os caldeirões, as panelas de ferro e as panelas de pedra, os ganchos, as trempes, as colheres de metal e as colheres de pau, os garfos e os espetos, as facas e os trinchantes, as cafeteiras, as chaleiras, os sacos de fubá, de feijão, de farinha, os amarrados da linguiça, do porco salgado, do toucinho, os embornais com temperos, queijos, rapaduras e o milho das bestas[1].

Esses eram os utensílios e ingredientes carregados pelos desbravadores do Estado de Minas Gerais, aqueles que abriram passagens na Serra da Mantiqueira, construíram o Caminho Novo das Minas, também conhecido como Caminho Garcia Rodrigues Paes, que era uma das estradas reais que levavam até a região das Minas Gerais na época do Brasil Colônia. Pedro Nava relata a importância comercial, econômica, estratégica e política dessa estrada, bem como as dificuldades dos tropeiros.

Mas – segundo o próprio autor – era quando "boas sombras se juntavam a boas águas" que eles paravam para fazer as "refeições estradeiras", sempre constituídas de angu, feijão-de-tropeiro, queijo e café e preparados pelas mulheres e escravos, enquanto os "homens descansavam pitando". Daqui saíram receitas clássicas da gastronomia nacional, comidas de improviso que conquistaram o paladar do brasileiro.

1. Pedro Nava, *Baú de Ossos*, p. 135.

COMIDA DE FARNEL

Farnel significa o saco ou a bolsa em que se colocam mantimentos para uma jornada. Os grandes deslocamentos, numa época em que o transporte era lento e demorado, contribuíram para a formação de um tipo específico de *culinária dos desbravadores*, a *cozinha de improviso*. Esse é um processo de adaptação verificado na história alimentar de muitos povos.

Ocorreu, por exemplo, com os portugueses, grandes navegadores, o que Câmara Cascudo denominou de *dieta embarcada*, que é aquela que provém do cardápio preparado com alimentos cuidadosamente escolhidos para durar muitos meses ou até mesmo anos nas embarcações utilizadas para atravessar oceanos e descobrir novos continentes.

O pão, por exemplo, logo estragava. Idem para frutas e legumes. Aprenderam que a carne salgada, peixes em salmoura, tinham grande durabilidade no mar. Daqui vem o hábito português de comer grande quantidade de embutidos. Usavam também muitos temperos, principalmente sal, cebola, alho e pimenta moída. Naturalmente, essa dieta trouxe uma falta de vitaminas essenciais para o homem e logo os portugueses conheceram o escorbuto, a ascite, úlceras pelo corpo, vermes e parasitas.

O cardápio mudou e se desenvolveu ao longo dos séculos; passaram a consumir, na viagem marítima, cereais, frutas secas, azeitonas, castanhas, sardinhas, embarcavam até mesmo animais vivos (galinha, porco, vitela, carneiro etc.) para o abate na hora. As embarcações passaram a dispor de locais para armazenar água com mais segurança, cozinha equipada e até uma sala para comer. Das naus portuguesas, seguiu para o Brasil o uso ostensivo das carnes defumadas e salgadas (toucinho, linguiça etc.), uma contribuição valiosíssima que foi massificada pelo improviso.

O mesmo tipo de dificuldade foi verificado no Brasil, no transporte terrestre que ligava comerciantes e suas tropas (por isso chamados de *tropeiros*) de um lado a outro do país, abrindo caminhos e estradas; fundando vilarejos e cidades. Isso não aconteceu apenas em Minas, mas em todo o país, de Norte a Sul.

Tropeiros, bandeirantes, sertanistas e viajantes em geral desenvolveram, paralelamente às suas atividades principais, um tipo de culinária improvisada que usava mantimentos que podiam ser carregados em suas *diligências*. Levavam também todos os utensílios que Pedro Nava indica acima e outros mais. Naturalmente, os ingredientes tinham por característica a resistência e durabilidade; não se via muito alimentos frescos, pois essas viagens duravam até meses e longos eram os períodos em que ficavam sem reabastecimento. Refrigeração na época não havia.

Desse farnel saíram preparações e verdadeiras iguarias, como o *feijão-de-tropeiro* – que será abordado no capítulo seguinte – e a *paçoca* (de carne e de peixe), dois fundamentos da cozinha brasileira que serão analisados com mais detalhes. Há também o camboeiro (carne assada cortada em pedaços pequenos e misturados com farinha), dentre vários outros.

8

Feijão-de-Tropeiro, Obra-Prima de Simplicidade Romântica

Nas paradas os homens descansavam pitando, a negrada ajuntava lenha e acendia o fogo, as mulheres e as escravas preparavam a comida. O angu, mole ou duro, combina-se com o feijão, com o arroz, com a carne e cujo único tempero deve ser o sal, assim mesmo pouco, para não alterar o gosto do que vai acompanhar. O que sobra é cortado em fatias que, fritas, são o pão mineiro de cada dia. O feijão fervido com bastante sal durante as paradas é levado em caixetas atulhadas e em cujos intervalos se escorreu a banha derretida que endurece e não deixa azedar a massa cozida. Na hora, vai tudo para a frigideira, a banha derrete-se, solta e refoga as pevides com mais a cebola, o alho, o cheiro-verde, a salsa e muita pimenta. Rola-se na farinha que se embebe de gordura, mas que não pode ficar empapada – antes móvel, toda untada e toda desgrudada. Come-se com o ovo frito, a linguiça frita, o lombo frito e o torresmo totêmico. Repete-se antes de acabar. Parece fuga de Bach. É de chorar... Obra-prima de simplicidade romântica, o nômade feijão-de-tropeiro das Minas rivaliza com o floreado gótico da sedentária feijoada completa – honra e glória da culinária do Rio de Janeiro. E os queijos? Moles, escorrendo soro, curados, escorrendo manteiga, os pastosos, do Serro, os duros, do Araçuaí. Todos ficam elásticos e dão turvações de sépia ao café forte fervido com rapadura e que deixa nas tigelas em relevo lustroso, como as lacas de uma pintura japonesa. Uma lambada de pinga de Januária e pronto! vamos, tudo a cavalo, cinturas no molejo e bunda de ferro para as léguas e léguas de campo e mata e várzea e monte...[1]

1. Pedro Nava, *Baú de Ossos*, pp. 135-136.

Na minha opinião, esse é um dos mais belos trechos da literatura *gourmet* de Nava; são "páginas sensoriais", segundo descrição de Dílton Luís de Araújo – em carta enviada ao poeta –, "que se colocam melhor como arte desde que recriam a experiência gastronômica do ponto de vista da sensibilidade do paladar, como uma experiência dos sentidos que é recriada através da linguagem"[2].

Seguindo a descrição dos hábitos dos tropeiros no século XIX – dentre os quais incluiu seu bisavô materno, Luís da Cunha –, Pedro Nava retrata algumas dessas refeições estradeiras. Como nessa época o autor sequer era nascido, evidentemente são páginas de imaginação pura, mas com receitas praticadas até os dias de hoje.

FEIJÃO-DE-TROPEIRO

É muito antigo o hábito de se cozinhar feijão nas paragens dos tropeiros. Com o acréscimo de alguns ingredientes, logo fazia refeição apreciada que tomou o nome desses viajantes. Auguste de Saint-Hilaire, tendo participado de uma dessas viagens, relata como a tropa preparava a refeição, de improviso, sem necessidade de aparato de cozinha:

> Enquanto isso, o mais jovem da tropa vai buscar água e lenha, acende o fogo, arma em redor três bastões que se unem em cima, amarra-os, e suspende um caldeirão no tripé, onde põe a cozinhar o feijão-preto destinado ao jantar do dia e ao almoço do seguinte[3].

O feijão-de-tropeiro é um carro-chefe da gastronomia mineira. É um prato à base de feijão que não tem caldo; sua consistência e textura são mais sólidas, devido à junção de farinha de mandioca durante o preparo. Isso o diferencia dos demais preparos com feijão, servidos com caldo grosso. Serve de acompanhamento ou pode ser degustado sem mais nada, dada sua completude de ingredientes.

A receita original contemplava aquilo que se tinha na empreitada. Atualmente, as receitas encontradas levam o feijão obrigatório, ovos fri-

2. Dílton Luís de Araújo, "Carta a Pedro Nava", Diamantina, 28.2.1984, Arquivo de Pedro Nava, Fundação Casa de Rui Barbosa.
3. Auguste de Saint-Hilaire, *Voyage dans les Provinces de Rio de Janeiro e de Minas Geraes*, p. 66.

tos ou cozidos e cortados em rodelas, farinha de mandioca, carnes de fumeiro (bacon, linguiça etc.), couve rasgada ou cortada e temperos diversos (sal, pimenta, cheiro verde, alho etc.). Frequentemente coloca-se um pouco de torresminho por cima, para finalizar este prato que em nada fica devendo para a típica feijoada na dimensão calórica.

ANGU

É o prato tradicional que se faz com farinha de milho e água quente, sem sal. Também pode ser preparado com caldo de carne ou leite. Antônio Geraldo da Cunha ensina que o nome é africano, de origem iorubá, *a'ṇu*[4]. Segundo Silveira Bueno, o angu é "uma papa de farinha de milho. De origem africana. Tomou também o significado de cousa complicada, confusa, que não se entende bem. Sinônimo de cousa malfeita"[5].

Na Itália o prato é conhecido como *polenta*, nome que passou a ser usado também no Brasil em locais mais nobres. Não é a substância ou o prato que distingue o rico do pobre, é o nome que lhe é dado: enquanto este se farta do *angu*, aquele degusta a *polenta*.

Prato calorífico e de resistência – principalmente se acompanhado de alguma proteína animal –, motivo pelo qual teria sido consumido em larga escala pelos escravos. Auguste de Saint-Hilaire descreve a preparação desse prato simples:

> Sua farinha simplesmente moída e separada dos resíduos, com ajuda de uma peneira de bambu, leva o nome de fubá. Fervendo o fubá na água, sem adição de sal, prepara-se um tipo de polenta grosseira que se chama, como eu disse, angu, e que constitui a principal comida dos escravos[6].

As receitas anotadas indicavam sempre a ausência do sal. "Fervido em água, sem sal, prepara-se o angu, que é o principal alimento dos escra-

4. Antônio Geraldo da Cunha, *Dicionário Etimológico Nova Fronteira da Língua Portuguesa*, p. 49.
5. Francisco da Silveira Bueno, *Grande Dicionário Etimológico-Prosódico da Língua Portuguesa*, São Paulo, Saraiva, 1967, p. 247.
6. Auguste de Saint-Hilaire, *Voyage dans les Provinces de Rio de Janeiro e de Minas Geraes*, p. 235.

vos"[7]. Formava o principal alimento não só dos escravos, mas também dos cães de caça[8]. Pessoas livres também o consumiam, em menor escala. Robert Walsh encontrou o angu no Rio de Janeiro de 1828/1829, com a farinha do mesmo milho servido aos cavalos. "Muitas vezes é cozido inteiro com açúcar ou melado e chamado angu de milho: é um bom pudim"[9].

Ainda no tempo da escravidão, os negros livres preparavam e vendiam angu nas ruas. Esse comércio chamou a atenção de Jean-Baptiste Debret, que a ele dedicou todo um pequeno capítulo de seu livro *Voyage Pittoresque et Historique au Brésil*. No trecho abaixo, Debret descreve os utensílios de preparação e consumo do angu, bem como o local onde o preparavam:

> As cozinheiras de angu são encontradas na classe dos negros livres. Para esse comércio, bastam dois enormes potes de ferro batido colocados em fogões portáteis; um pedaço de lã ou de pano de algodão, colocado na tampa de cada um, finaliza este aparato culinário, ao qual eles acrescentam duas grandes colheres de pau com um longo cabo. Além disso, algumas conchas grandes e planas e alguns fragmentos de louça de barro ou de terra compõem os pratos oferecidos aos consumidores que desejam ali parar, e uma concha de molde grande se presta a cada um deles como uma colher. [...]
>
> As vendedoras de angu são encontradas nas praças, perto dos mercados, ou em suas lojas, guarnecidas com legumes e frutas. A venda deste prato, mantido quente, começa pela manhã das 6 às 10 horas e continua do meio-dia às 2 horas, quando todos os trabalhadores escravos que não são alimentados por seus mestres se reúnem em torno deles. Também se encontra escravos, mais ou menos malvestidos, de famílias pobres, às vezes numerosas, que ganham uma porção de quatro vinténs (dez *sous*), tirada de uma sopeira tampada pela metade ou coberta apenas por uma folha de mamona ou repolho; e esse alimento substancial, ao qual são adicionadas algumas bananas ou laranjas, basta para a existência de cinco ou seis indivíduos no Rio de Janeiro[10].

No que diz respeito ao modo de preparação, ingredientes, aspecto, sabor e consumo, Debret informa:

7. Jean-Baptiste Debret, *Voyage Pittoresque et Historique au Brésil*, p. 70.
8. Auguste de Saint-Hilaire, *Voyage dans les Provinces de Rio de Janeiro e de Minas Geraes*, p. 336.
9. Robert Walsh, *Notices of Brazil in 1828 and 1829*, London, Frederick Westley And A. H. Davis, 1830, vol. 1, p. 513.
10. Jean-Baptiste Debret, *Voyage Pittoresque et Historique au Brésil*, t. 2, p. 110.

O angu, ensopado universal no Brasil, e cujo nome genérico é até usado para a farinha de mandioca diluída em água quente, é composto, em seu mais alto grau de refinamento, de vários pedaços de carne, como o coração, fígado, língua, amígdalas e algumas outras partes carnudas da cabeça, exceto o cérebro; tudo cortado em pedaços pequenos, adiciona-se água, gordura de porco, óleo de coco-da-índia de cor dourada e gosto de manteiga fresca, um tipo de vegetal mucilaginoso e levemente ácido, folhas de rabanete (chamadas de nabos), pimentão verde e amarelo, salsa, cebola, folhas de louro, sálvia pequena e tomates; tudo reduzido à consistência de um molho bem consistente. A vendedora sempre coloca ao lado da panela desse ensopado uma outra apenas com farinha misturada com água. Esta mistura, servida cuidadosamente, parece, à primeira vista, como um prato de arroz gelado com um caldo dourado-marrom cobrindo alguns pequenos pedaços de carne.

Assim é o prato, bastante suculento e de bom gosto, que às vezes aparece na mesa das velhas brasileiras da classe abastada, e da qual se regalam, como uma brincadeira, para salvar sua autoestima comprometida[11].

Figura 4. *Negras Vendedoras de Angu* (*Négresses Marchandes d'Angou*, Jean-Baptiste Debret, *Voyage Pittoresque et Historique au Brésil*, t. 2, p. 111).

11. *Idem*, p. 110.

O angu é um prato mineiro tradicional (*angu à mineira*), mas há também o *angu à baiana*. O de Minas é mais consistente, valendo mais como acompanhamento, por exemplo, ao frango com quiabo ou costela assada. O baiano, um pouco mais líquido, constitui a base que recebe o molho de miúdos ou carne moída. Na casa de Inhá Luísa – avó de Pedro Nava –, servia-se o angu "vazado no meio da massa dourada e pegando fogo para receber, nesse côncavo, o picadinho de miúdo de porco"[12].

Muitas vezes, a sobra do angu é servida também no café da manhã do dia seguinte. Nava descreve um desses desjejuns calóricos, servido na fazenda do Capitão: "Xicrão da bebida rala e pegando fogo. Queijo escorrendo soro. Angu dormido, frito na banha de porco"[13]. Quando feito dessa forma, fica crocante por fora, com a consistência de batata frita.

TORRESMO

São pequenos pedaços de toucinho fritos até ficarem bem crocantes. Servem como acompanhamento – por exemplo, no feijão-tropeiro, como Nava menciona no trecho – ou petisco que acompanha a cerveja gelada ou a cachaça. Geralmente o torresmo é feito de uma parte da barriga do porco e deve ter quatro centímetros de espessura, o que garante a presença de gordura e também de carne.

O torresmo tem sua origem em Portugal, constituindo um prato tradicional do Açores, onde é tradicional também o *bolo de pé de torresmo*, um tipo de pãozinho preparado com a gordura que sobra na panela, da preparação do torresmo (conhecida como *pé de torresmo*), que se solidifica após esfriar. Há ainda o *torresmo de vinha de alhos*, cuja preparação requer a marinada com pimenta, alho e vinho de cheiro. Encontram-se muitas outras receitas, não só na referida ilha, mas em outros locais.

Por conta da quantidade de gordura na preparação do torresmo, muitos médicos e nutricionistas passaram a investir contra o seu consumo, o que levou Carlos Alberto Dória a escrever um artigo que ele denominou "Elogio do Torresminho", indicando para o exagero dessa proibição com erudição e humor:

12. Pedro Nava, *Balão Cativo. Memórias 2*, Rio de Janeiro, José Olympio, 1973, p. 8.
13. Pedro Nava, *Galo-das-Trevas*, p. 137.

Há alguns anos, sem que seja possível precisar essa normose, a palavra "porco" foi substituída nos açougues, supermercados e restaurantes pelo anódino "suíno". A tradicional bisteca de porco tornou-se bisteca suína. Só o torresmo parece resistir como a última cidadela do porco. Torresminho com feijoada, com cachaça, remetendo aos grotões de Minas, parecem nos ligar a um passado que é abertamente combatido. [...]

Os argumentos de um importante antropólogo da alimentação, Claude Fischler, é que a incorporação está fundada em mecanismos mentais gerais e interfere na vida, vez por outra, resolvendo problemas da vida cotidiana e, por isso, nos ajuda a entender a relação da própria alimentação com a cultura, o tempo, a religião, a medicina.

Extremamente crítico em relação à dieta mediterrânea, ele mostrou como essa utopia alimentar - que pouco tem de correspondência com a realidade histórica - se firma numa perspectiva de "imortalidade" ou longevidade em continuação ao moralismo higienista dos *health reformers* americanos do século XIX.

Para esses missionários americanos da alimentação, a "vida saudável" guardava distância das carnes e, para Kellogg, o mais famoso deles (até pelos seus matinais de origem vegetal), "o declínio de uma sociedade começa com a *gourmandise*".

Como animal transgressor, o porco, de "regra", se confina na exceção. Na feijoada dos sábados, na *happy hour* que quebra a monotonia do dia. No torresminho, como a exaltação da gordura, que é onde verdadeiramente se transgride a "cientificidade" que preside a vida.

A indústria - com quem a medicina colabora ou para quem uma certa medicina é feita - cuidou de sanitizar geneticamente o porco, selecionando as raças que fornecem proporcionalmente mais carne do que gordura. As raças brasileiras, desenvolvidas desde a colonização visando a produção de gordura - como a moura, o monteiro, o tatu, o casco-de-mula, o canastra, o carunho, o piau, o pirapitinga e o Nilo - praticamente só existem nos bancos genéticos da Embrapa.

Assim temos que, "perseguido durante décadas por dietistas primários e inquisidores (ele) foi reabilitado como a sardinha e ainda que acrescente mais colesterol que o devido, não complica as calorias ao se comer com prudência; e engorda a alma mais que o colesterol e o ácido úrico, em tempos onde a alma está tão anorética que seria crueldade proibi-lo".

No caso do Brasil, e do apreço culinário pelo torresmo ou pelo toucinho, trata-se de uma condenação cultural quase insuportável, sendo que o primeiro passo para essa deculturação é a condenação à "vida breve" a que nos destinam os *health reformers* modernos. Assim, transformaram o prosaico hábito de comer torresmo num ato de resistência cultural[14].

QUEIJOS DE MINAS

O queijo também é mencionado em diversos trechos da obra de Pedro Nava; sempre esteve amplamente presente nas refeições descritas pelo autor. Sem a menor dúvida, o Estado de Minas Gerais é o que produz a maior variedade de queijos no Brasil, muitos deles de altíssima qualidade. É o caso, por exemplo, do queijo canastra, produzido há mais de duzentos anos na região da Serra da Canastra. Dos mais frescos aos mais maturados, todos são excelentes.

O queijo canastra, assim como o do Serro, possuem *indicação de procedência*, desde 13.12.2011 e 13.3.2012, respectivamente. A indicação de procedência é um instituto do direito de marcas e patentes e constitui uma forma de proteção e valorização da origem dos produtos.

O maravilhoso queijo pastoso do Serro, da cidade e região que levam esse nome, herança dos portugueses que trouxeram, no século XVII, a receita do monumental queijo da Serra da Estrela. Ou o queijo de Araçuaí, no vale do Jequitinhonha.

Luís da Câmara Cascudo diz que "o queijo nasceu de um estado superior da domesticação de animais"[15]. O insumo mais frequentemente utilizado é o leite de vaca, de cabra e de ovelha, mas o autor relata a utilização do leite de renas – pelos lapões, que ocupavam o território atual da Noruega, Suécia e Finlândia. Os mongóis usavam leite de éguas e de dromedárias.

Sem sombra de dúvida, o queijo mineiro mais conhecido é o *queijo minas,* consumido hoje em dias em todos os Estados, fresco ou curado. Esse, no entanto, é tratado neste livro em outro tópico ("Queijo Minas").

14. Carlos Alberto Dória, "Elogio do Torresminho", *Lusofonias*, 12.8.2013.
15. Luís da Câmara Cascudo, *História da Alimentação no Brasil*, p. 27.

9

Mexidinho Mineiro

E Laura levantava, atiçava o fogo, fervia a banha onde refogava os restos do feijão, do angu, do arroz, da carne seca, do cará, punha mais sal, misturava um ovo, nacos de toucinho, rodelas de linguiça e de banana-ouro. Depois ia jogando a farinha aos poucos e num instante o *mexidinho* estava pronto. Antes, uma lambada de cachaça[1].

Laura era a amante que Luís da Cunha – bisavô de Pedro Nava, pai da Inhá Luísa, sua avó – arrumou, depois que ficou viúvo, já velho. O mexidinho mineiro é preparado e servido após uma cena de sexo descrita pelo autor. Laura, que era nova, "tinha a ciência do amor paciente, da carícia oportuna". Luís "se aplicava no coito difícil, sagaz, adolescente e perigoso dos velhos". No final dava tudo certo. Para repor as proteínas, o mexidinho.

O mexidinho mineiro também aparece em outro trecho da obra, no quinto livro de memórias. O autor relata um dos melhores mexidinhos que seu primo – José Egon de Barros da Cunha, que é um personagem fictício, na verdade seu *alter ego* – degustou em sua vida:

Nunca ele [José Egon de Barros da Cunha] comeria outra vez mexidinho mais gostoso que o que se lhe oferecera. Feijão-mulatinho, arroz, quiabo, rodelas de linguiça, nacos de toucinho. Ao ponto, tudo passado na banha de porco e aguentado

1. Pedro Nava, *Baú de Ossos*, pp. 179-180.

de farinha de fubá. Como tomado por onda atávica ele achou natural que a mesa fosse servida pela mulher e pelas filhas do dono do boteco. Silenciosas, cabeça baixa. Naquelas alturas e naqueles cafundós o sexo feminino ainda não tinha lugar à mesa das refeições. Só os machos. Depois doce de leite e queijo curado. Café com rapadura[2].

Noutro trecho, Nava traz a evocação de Minas Gerais pelos seus hábitos alimentares, incluindo os ingredientes que se usa para fazer o mexidinho:

O que ele viu! de Minas Gerais nestas viagens. Minas, como Deus, presente em tudo. [...] Na fruta do mato colhida no galho de cima do cavalo, no gole de pinga, no café ralo, na rapadura, no angu frito, na couve, no feijão, arroz pacho, arroz solto, farinha de mandioca, de fubá, carne de capado, couve, torresmo, couve, miúdo de porco, couve. No melado com farinha ou queijo curado. Nos doces cristalizados traçados com golinhos de licor de pequi[3].

TOUCINHO

Também conhecido como *toicinho*. "Gordura dos porcos, subjacente à pele, com o respectivo couro. 1813, *toucio* XIII. Provavelmente do lat. *uccīnum* (*lardum*), deriv. do célt. *tūcca*, suco manteigoso"[4]. Serve como petisco (torresminho), como tempero e coadjuvante (feijoada) e ainda como proteína principal (grelhado).

Câmara Cascudo informa que índios e escravos não conheciam a iguaria. "O indígena não conheceu o toucinho, especificamente, como alimento ou adubo culinário antes do século XVI. Nem o africano o empregava na diuturnidade de sua alimentação. Foi um sabor imposto pela predileção portuguesa"[5]. A utilização do toucinho no Brasil foi mais uma influência portuguesa:

O toucinho comumente encontrado nas comidas negras do Rio de Janeiro, Minas Gerais, Goiás, Mato Grosso, cidade do Salvador, desde princípios do século XIX

2. Pedro Nava, *Galo-das-Trevas*, p. 133.
3. *Idem*, p. 155.
4. Antônio Geraldo da Cunha, *Dicionário Etimológico Nova Fronteira da Língua Portuguesa*, p. 773.
5. Luís da Câmara Cascudo, *História da Alimentação no Brasil*, p. 217.

mas certamente vulgarizado na centúria anterior, foi uma influência portuguesa. Para o português *não há sermão sem Santo Agostinho, nem panela sem toucinho*. O espanhol não é menos explícito: *El tocino hace la olla; el hombre, la plaza, y la mujer, la casa*. Era um constante na comida lusitana do século XVI, vinda imemorialmente dos povos germânicos povoadores da Península Ibérica e resistindo ao domínio proibitivo dos mouros. Não apenas condimenta mas constitui, isoladamente, uma iguaria: *toucinho e pão fazem almoço são*. Toucinho fumado, denunciando a reserva para o inverno europeu[6].

Uma vez introduzido no regime alimentar do brasileiro, o toucinho foi muito bem recebido e vem sendo amplamente utilizado, há séculos, como condimento para o feijão. Muitas vezes constitui a única proteína do prato, ainda que no toucinho barato se encontre pequena quantidade de carne: o percentual de gordura é muito maior.

Logo o toucinho passou a ser fabricado no Brasil, não se sabe exatamente quando, posto que é uma preparação que pode ser feita dentro de casa. Daniel P. Kidder, em sua viagem pelo Rio de Janeiro, relata um modo de fabricação do toucinho mais rudimentar:

> Os brasileiros têm um método análogo de preparar carne de porco. Eles retiram toda a porção gorda, deixando a carne magra para uso fresco, e jogam fora os ossos. A parte gorda é enrolada e amontoada em uma cesta, com alguns grãos de sal espalhados e ao redor dela. Depois dessa preparação, é chamado toucinho. São transportadas por grandes distâncias até o mercado, e apesar da exposição à atmosfera sob um Sol tropical, mantêm-se em boa preservação por muitos meses[7].

Pedro Nava revela ser um grande apreciador de embutidos – como de resto são os brasileiros em geral –, mencionando-os diversas vezes em sua obra. O autor dá uma receita que leva o toucinho ou outros enchidos: "A ceia, pedaços de linguiça, ou de salame ou de toucinho tostados dentro de frigideira cheia de pinga a que se ateava fogo. Era tudo mastigado com farofa"[8]. Farofa com embutidos é um clássico até os dias de hoje.

6. *Idem*, p. 216.
7. Daniel P. Kidder, *Sketches of Residence and Travels in Brazil*, p. 274.
8. Pedro Nava, *Beira-Mar*, p. 90.

QUIABO

A intensificação do uso do quiabo também se deve aos africanos, como explica Câmara Cascudo. "Dos adubos o essencial é o quiabo, gostosura africana, por toda orla do poente e oriente negros"[9]. O quiabo era desprezado pelo senhor de engenho, segundo Gilberto Freyre[10]; os escravos podiam então dele fazer uso ostensivo, daí a utilização abundante que fizeram em suas receitas.

Encontrou ampla utilização na culinária mineira, constituindo insumo principal para o tradicional prato de frango com quiabo; ou ainda angu com quiabo. Essa preferência não passou desapercebida pelo botanista francês Auguste de Saint-Hilaire, que anotou durante sua expedição em Minas Gerais, embora de certa forma injusto com a descrição de nosso angu:

> Um dos pratos favoritos dos mineiros é um frango cozido com quiabo (*hibiscus esculentus*), do qual escapa uma mucilagem espessa como cola; mas não comeríamos quiabos com prazer se não estivessem acompanhados de angu, uma espécie de polenta sem sabor[11].

Outro prato tradicionalíssimo da culinária brasileira – mais para o Norte e Nordeste – é o caruru, que leva quiabo cozido e camarão seco. Também costuma ser servido com acarajé ou abará, pedaços de carne, frango ou peixe. Faz parte da denominada comida de candomblé, constituindo oferenda.

9. Luís da Câmara Cascudo, *História da Alimentação no Brasil*, p. 827.
10. Gilberto Freyre, *Sobrados e Mucambos*, p. 308.
11. Auguste de Saint-Hilaire, *Voyage dans les Provinces de Rio de Janeiro e de Minas Geraes*, t. 1, p. 211.

10

Acompanhamentos para o Café Mineiro

Pão alemão fofo e macio, cheiroso, ao partir, como um trigal. Pão de provença, em forma exata de bundinhas e que se dividia arreganhando as duas nádegas. E o cuscuz de fubá doce. Feito em metades das latas do queijo do reino furadas a prego e onde a mistura cozia em cima do vapor de uma panela. Já do jardim se sentia o cheiro do café, do pão, do fubá, do açúcar mulatinho[1].

Esses eram os acompanhamentos que Inhá Luísa – avó de Pedro – servia com o tradicional cafezinho mineiro, símbolo da hospitalidade. Antônio Sérgio Bueno chama a atenção para o erotismo do trecho, por conta da descrição do formato do pão e de como era partido[2]. Não só nesse, mas em muitos outros trechos o autor relaciona pratos e receitas com itens eróticos ou pornografia, o que constituiu, inclusive, um de seus traços autênticos.

PÃO ALEMÃO

Excelente acompanhamento para o café. Consiste basicamente numa mistura de farinha com centeio e água; é assado lentamente, geralmente durante a noite, no calor que os fornos de cerâmica liberam. Daí a cor

1. Pedro Nava, *Baú de Ossos*, p. 265.
2. Antônio Sérgio Bueno, *Vísceras da Memória. Uma Leitura da Obra de Pedro Nava*, p. 89.

escura que apresenta. É conhecido como *pumpernickel* na Alemanha, onde surgiu a partir do século XV, segundo alguns registros, na região da Westphalia.

PÃO DE PROVENÇA

Como o próprio nome indica, seria de origem supostamente francesa, o que é difícil de ser confirmado. Também é conhecido como *pão sovado* (pelo fato de sua massa ser bastante amassada), *pão tatu* (por causa de seu formato) ou *pão de São José*. É um pão retangular de massa fina e macio (sem casca grossa) que se abre no meio enquanto é assado, formando as "bundinhas" a que Nava se refere.

Não encontramos registros sobre a origem desse pão, mas dificilmente é de origem francesa. O mesmo acontece com o tradicional "pão francês" bastante consumido por aqui e que não tem nada de francês. Muito dificilmente se encontra na França e na Europa de maneira geral um pão salgado com massa fina e sem casca, como é o caso do pão sovado. Além disso, usa-se na França uma farinha diferente (*Type 65* ou *T65*), que dá textura e sabor bem diferenciados.

PÃO DE QUEIJO

Embora o autor não mencione no trecho epigrafado o pão de queijo, impossível não considerá-lo como um dos mais perfeitos acompanhamentos para o café mineiro. Na casa de um amigo da faculdade chamado Pedro Sales, Nava comia o "pão de queijo que era uma das especialidades da Neneca que o trazia para os dois oloroso, pegando fogo, acabadinho de fazer, com aquele gosto e cheiro bons de quitanda mineira"[3].

Esse tradicional pão mineiro é mencionado em diversas passagens. Era vendido na Confeitaria Colombo de Belo Horizonte[4]. Também servido nas casas da capital mineira que visitava com sua mãe[5]. Nava fala tam-

3. Pedro Nava, *Galo-das-Trevas*, p. 107.
4. Pedro Nava, *Beira-Mar*, p. 100.
5. Pedro Nava, *Chão de Ferro*, p. 306.

bém da goma de polvilho azedo usado para fazer, dentre outros quitutes, o pão de queijo tradicional[6].

O pão de queijo é tradicional de Minas Gerais. Possui consistência macia e elástica, devido ao queijo utilizado na receita. A coloração amarela deve-se à adição de ovo e do queijo, a depender do tipo utilizado. Os melhores são crocantes por fora, o que se consegue com o uso do polvilho azedo (que é um subproduto da mandioca) na massa. A receita também leva algum tipo de gordura, que pode ser óleo vegetal ou banha de porco, usada nas casas mais tradicionais.

É acepipe bastante versátil, pois pode ser consumido com café, de manhã e de tarde; não raro também é servido como aperitivo antes do almoço e até depois da refeição. Receber alguém com café e pão de queijo é prova da cordialidade e da hospitalidade mineira, tendo o hábito hoje em dia se espalhado para as grandes capitais do país.

6. *Idem*, p. 293.

11

Henrique Guilherme Fernando Halfeld, Alemão de Minas Gerais

J'avais déjà pensé que la gastronomie pouvait être conçue comme une oeuvre de justice, consistant à rétlabir les mangeurs dans leur droit à la satisfaction[1].

PHILIPPE GILLET

Merecia descansar e tomar em paz a cerveja que lhe vinha da Baviera e que ele gostava de acompanhar do queijo do reino a seu modo. Tirava um tampo. Furava fundo a massa macia em todas as direções e enchia esses orifícios de cerveja. Repunha o tampo e deixava o tempo, as moscas e os fungos trabalharem. Quando o queijo escorria e fedia, empestava e quase mexia, ele ia abrindo e tirando os saltões. Misturava a parte ardida com sal e mostarda e passava-a sobre o pão, sobre as salsichas, remexia da mesma no repolho cozido com cebola, pimentão e malagueta. Mastigava e bochechava com a pomada urente. Lentamente. Lavava a goela de couro com canjirões da espumosa, da espessa, da atávica, da racial cerveja. Alemão. Mineirão. Mas esse ano de 1858 não ia ser só das rosas da ordem da dita e nem das libações repousantes, depois das glórias dos seus relatórios, dos seus mapas do rio marroeiro, mastigando queijo danado e evocando seus cursos. Ele nas barcaças... "Na proa, o olhar..." E as paisagens desfilando aos olhos que a cerveja fechava mansamente...[2]

Heinrich Wilhelm Ferdinand Halfeld, também conhecido pelo nome brasileiro que consta no título, era natural de Klausthal, no reino de Hanôver. Foi importante personagem da história de Minas Gerais, consi-

1. "Eu já pensara que a gastronomia poderia ser concebida como uma obra de justiça, consistindo em restabelecer os comedores ao seu direito à satisfação" (Philippe Gillet, *Le Goût et les Mots*, p. 118).
2. Pedro Nava, *Baú de Ossos*, p. 151.

derado um dos fundadores da cidade de Juiz de Fora. No Brasil, foi nomeado "Engenheiro da Província de Minas Gerais" e foi responsável pela construção de diversas estradas importantes.

Também foi contratado pelo governo imperial para estudar o Rio São Francisco, desde a Cachoeira de Pirapora até o desaguar no oceano, o que foi feito dos seus 53 aos 57 anos. Editou em 1860 o *Atlas e Relatório* em três volumes: o primeiro, o *Relatório Descritivo*, légua por légua; o seguinte, o *Perfil Longitudinal* e o terceiro, *Cartas Topográficas*, traçando minúcias do canal de navegação, o preferido pelas barcas que trafegavam na região. Esse relatório lhe rendeu certa "glória", conforme relatado por Pedro Nava.

Além de engenheiro, Halfeld foi capitão do exército alemão, tendo lutado contra as tropas de Napoleão; também se divertia "fazendo joias, móveis, dava-se a observações astronômicas, meteorológicas e investigações naturais". Era um intelectual que falava vários idiomas e possuía importante biblioteca pessoal.

Durante uma passagem pela Fazenda do Juiz de Fora, o então Comendador Halfeld se encantou pela ainda menina Maria Luísa (Inhá Luísa, avó de Pedro), que o achou um "velho simpático". Mesmo assim, recusou cinco vezes o pedido de casamento desse velho que acumulava uma imensa fortuna, para tristeza de Luís da Cunha, pai da moça, que queria vê-la casada com o Comendador. Insistente, o velho não desanimou; na sexta vez, Maria Luísa aceitou o pedido de casamento, em 1866.

Já era o terceiro casamento de Halfeld, que tinha nessa época setenta anos. Maria Luísa tinha dezenove. Aos 26 anos ficou viúva de um velho apaixonado. E riquíssima. Pouco tempo depois, ela casa com o Major da Briosa Joaquim José Nogueira Jaguaribe, avô de Pedro. Nava traça uma minibiografia bastante interessante de Halfeld, demonstrando grande admiração por esse importante personagem da história de Minas Gerais.

O alemão virou mineiro, disse Pedro Nava. Adquiriu os hábitos alimentares e paladar do mineiro típico:

> Quedê o alemão? Virou mineiro, mais que mineiro, se acostumando a nossas frutas do campo, aprendendo a cozinhar no campo, a moquear no campo o porco, o toucinho, a linguiça, a carne seca, a carne de espeto, os nossos peixes que têm gosto de barro e de limo e de vida – bagres, dourados, traíras, lambaris, piabas. Aprenden-

do a tirar banana, da farinha, da mandioca sinfônicas – as notas todas de sua música. A rasgar a couve (jamais cortá-la), a comungar no feijão-de-tropeiro. A começar com a pinga, a entremear com a pinga, a respaldar com a pinga. A forte pinga que pega pelos peitos, suspende o coração, levanta o sangue, acende as guelras, esquenta os miolos e incendeia os machos[3].

QUEIJO CURTIDO NA CERVEJA

A citação da iguaria preferida de Halfeld não é das mais agradáveis na obra de Pedro Nava, pelo contrário, causa até certa repulsa. Mas ela se insere num contexto em que o autor descreve a incrível adaptação que o alemão passou para se adequar ao território brasileiro de meados do século XIX, acostumando-se à dureza de uma vida sem muitos confortos, principalmente durante a preparação do *Relatório*. Aos 71 anos, Halfeld já tinha adquirido o direito à satisfação, como mencionou Philippe Gillet em trecho reproduzido acima.

INFLUÊNCIA ALEMÃ

Os alemães, assim como outros povos que buscaram casa no Brasil, trouxeram seus hábitos alimentares. A cozinha alemã foi bem aceita entre os brasileiros, principalmente do Sul e Sudeste. Câmara Cascudo menciona os pratos típicos trazidos pelos alemães:

O alemão não trouxe para o Brasil influência na alimentação, mas reforço ao consumo de certas espécies utilizadas pelos portugueses desde o século XVI. A cerveja, as carnes salgadas ou fumadas, batatinha, ficam nessa classe. As comidas alemãs mais típicas não se espalharam: – salada de batatas, *Kartoffelsalat;* salada de beterrabas, *Zuckerruebesalat;* a linguiça de fígado, *Leberwurst;* o arenque defumado, *Bücklinger;* o arenque enrolado em escabeche, *Rollmops;* o toucinho de vitela ou carneiro, assado ou frito, *Cassler Rippchen;* o mocotó de porco, *Eissbein;* a linguiça de sangue, *Blutwurst;* o queijo de porco, *Schwartemagen;* chucrute, *Sauerkraut;* o pão negro, *Schwarzbrot* etc.[4].

3. *Idem*, pp. 150-151.
4. Luís da Câmara Cascudo, *História da Alimentação no Brasil*, p. 619.

Há um prato típico alemão que não se vê muito por aqui e que Câmara Cascudo também não menciona: trata-se da *sopa de cerveja*. André Castelot explica a iguaria:

> Esta sopa é bastante estranha e não tem nada de sopa. Nem legumes nem carne! Ela é até mesmo doce. Na verdade, é um litro de cerveja cozido com canela, limão, gengibre. Para que não pareça uma simples cerveja, é adicionado leite com uma mistura ovos, farinha e rum[5].

Historicamente, os alemães sempre apreciaram muito o porco. Daí sua charcutaria desenvolvida. Veja-se por exemplo o presunto de Mayence, célebre desde fins do século XVIII. Também apreciam muito o repolho, do qual se prepara o chucrute, que é o vegetal finamente cortado, submetido à lactofermentação em uma salmoura. É um acompanhamento bastante presente na mesa alemã.

Não há que se deixar de lado a batata, escolta igualmente tradicional (por exemplo, a clássica salada de batatas), a cerveja (o rigor na produção da bebida decorre da Lei da Pureza, chamada *Reinheitsgebot*, de 1516) e a mostarda (molho nacional), completando os fundamentos basais da cozinha germânica.

Todavia, apesar de todos esses sabores e diversidade, a cozinha alemã típica não conseguiu o renome de outras mundialmente conhecidas, como a francesa, a italiana, a portuguesa ou a árabe. Julio Camba aponta que teriam sido os franceses quem caluniaram contra a culinária alemã, não por motivos gastronômicos, mas por razões políticas. Nesse sentido:

> Assim, por exemplo, antes de reconquistar a Alsácia, falavam horrores da chucrute e depois, atribuindo a esse produto uma origem alsaciana, serviam-na como um manjar delicioso em todas as *brasseries* de Paris. A mesma coisa acontece com os fígados de ganso e de pato. Até o término da Guerra Mundial, não havia em parte alguma fígados tão bons quanto os de Landas. Posteriormente, ao contrário, os melhores eram os de Estrasburgo. E já era bastante deplorável que os franceses fossem atribuindo, cada vez mais, um caráter literário à sua cozinha; entretanto, se ao caráter literário aditam o caráter político, aonde vão parar?[6]

5. André Castelot, *L'Histoire à la Table. Si la Cuisine m'Était Contée*, Paris, Perrin, 2015, p. 16.
6. Julio Camba, *La Casa de Lúculo o El Arte de Comer (Nueva Fisiología del Gusto)*, Brasília, Consejería de Educación de la Embajada de España, Secretaría General Técnica, 2013, p. 52.

Camba também adverte para o erro da palavra *chucrute*, de origem francesa. Esse erro teria sido disseminado pelos próprios franceses. O tradicional acompanhamento recebe, em sua língua original, o nome de *Sauerkraut*. Ora, *Kraut* significa repolho; *sauer* quer dizer azedo. No entanto, o francês, ignorando o significado original da palavra, deu à iguaria o nome de *choucroute*, de *chou+crôute*, que significa *casca de repolho*[7]. E o autor espanhol não perdoou esse erro.

7. *Idem*, p. 52.

12

Batata-Doce e Abóbora no Forno de Terra

A Rua Direita não era calçada, era ensaibrada ou macadamizada, de modo que não houve dificuldade em fazer buraco para assar as batatas sob as fogueiras. Na nossa, além das batatas-doces, havia uma imensa abóbora que a Rosa abrira, esvaziara dos caroços, enchera com pedaços de rapadura e com um copo de vinho do porto. Tornara a tampar, envolvera em folhas de banana e enterrara sob as achas. Depois que a fogueira desabou, as negrinhas pularam como sacis, por cima das brasas e das últimas chamas. Quando tudo virou cinza, tiraram-se as batatas e a abóbora. Esta, aberta, cheirava a melaço. A rapadura derretera, penetrara, a polpa amarela e tudo aquilo estava mole, cozido, oloroso e doce, dando à língua a sensação macia de uma pasta de castanhas. Tal e qual, como gosto[1].

A Rua Direita – hoje conhecida como Avenida Rio Branco – era onde ficava o velho casarão (Casa Velha) habitado pela família de Pedro Nava em Juiz de Fora. Projetada pelo engenheiro Halfeld em 1836, era e ainda é a principal rua de circulação na cidade.

DOMÍNIO DO FOGO

No início, surgiu da necessidade de aquecimento, na época das glaciações; também servia como fonte de luz na escuridão e para afugentar as

1. Pedro Nava, *Baú de Ossos*, p. 280.

feras. O homem o descobriu na pré-história, mas o dominou no período paleolítico inferior, conseguindo-o a partir da fricção entre duas pedras (entre 1,8 milhão e trezentos mil anos atrás). Passou a assar a caça, surgindo daí o emprego na culinária, que teve um desenvolvimento exponencial com o domínio do fogo.

Inicialmente, a carne era assada de modo semelhante, mas não igual, ao que fazemos hoje em dia com o churrasco: direto sobre a chama, o que lhe dá um sabor não muito agradável. Não havia carvão. A carne cozida surgiu na época da cerâmica, muito mais recente, especificamente no período neolítico (25 mil a.C.), após um longo período de desenvolvimento. Cláudia Lima informa que a descoberta da cerâmica constitui a segunda revolução culinária – após a descoberta do fogo –, porque permitiu a descoberta do cozimento em líquidos, o que trouxe novos sabores e texturas[2].

No que diz respeito ao cozimento em água, Franz Boas afirma que é difícil de explicá-lo do ponto de vista antropológico, uma vez que apenas raramente é que se encontra o fenômeno da água fervente na natureza:

> A descoberta de comida cozida também é difícil de entender. Água fervente é raramente observada. Se ocorresse depois de uma grande conflagração, o homem dificilmente se aproximaria até que a água tivesse cessado de ferver. Pode ser visto quando uma corrente de lava alcança uma lagoa, ou em gêiseres. Por mais raras que sejam essas duas experiências, elas podem ter sido elementos importantes na invenção da culinária, uma vez que o método mais antigo de cozimento emprega pedras incandescentes jogadas na água. É difícil conceber como o uso do fogo poderia ter levado à observação da fervura e à experiência de que a comida fervida é palatável. Além disso, toda a fervura requer vasos, e estes teriam que ser inventados antes da arte de preparar a comida cozida, sendo que as tribos que adotavam essa prática possuiam cultura muito simples para fabricá-los[3].

Há muito tempo o homem descobriu os fundamentos do preparo alimentar: primeiro, os métodos para assar (sobre a chama ou em fornos) e, mais tarde, cozinhar. "Tornamo-nos cozinheiros, mas nascemos assadores", disse Brillat-Savarin no 15º aforisma de seu livro[4].

2. Claudia Lima, *Tachos e Panelas*, p. 11.
3. Franz Boas (ed.), "Invention", *General Anthropology*, Boston, New York d.c. Heath and Company, 1938, p. 241.
4. Jean Anthelme Brillat-Savarin, *Physiologie du Goût*, p. 20.

FORNOS ANCESTRAIS

Enterrar a comida sob a fogueira para cozinhá-la é um hábito antigo, que se mantém até os dias de hoje em alguns lugares. É um tipo de forno ancestral, cuja origem é desconhecida. Robert Harry Lowie, antropólogo austríaco, relata uma série de fornos subterrâneos (*earth oven*) bem antigos em locais diversos e distantes, como Nova Zelândia, Samoa, Califórnia e até no Brasil. Segundo Lowie, "os fornos de terra apareceram no Neolítico"[5].

Em outro artigo, sobre um tribo indígena no Brasil, Lowie afirma que: "Assar em fornos subterrâneos tem sido mencionado como característica do processo de cozimento"[6]. O historiador inglês Robert Southey relata o uso da técnica, ainda em finais do século XIX, na Bahia: "A comida que se queria preparar, metia-se num poço ou forno de terra forrado de folhas; cobria-se depois de outras folhas de terra, e por cima se lhe acendia fogo, excelente e não desusado modo de assar"[7].

O cozimento pode se dar mediante a preparação da fogueira em cima da comida enterrada (carnes, peixes, frangos, raízes, frutas etc.); ou ainda com a utilização de pedras incandescentes (*stone boiling* ou *stone cooking*), deixadas direto sobre o fogo e enterradas junto com a comida, sempre envoltas em folhas[8] ou colocadas em panelas de barro. No primeiro caso, tem-se o cozimento por irradiação do calor de cima para baixo; no segundo, pela concentração do calor. O forno subterrâneo é conhecido pelos etnógrafos alemães como *Erdofen*[9].

Para Franz Boas, é difícil explicar o surgimento desse método de cozimento, pois os efeitos do vapor, assim como a água fervente, raramente são perceptíveis na natureza:

> Supostamente, o fogo era usado desde cedo para assar comida, seja em espetos ao lado do fogo ou em cinzas quentes. Muito mais difícil de explicar é a origem do vapor e da fervura. As condições sob as quais o efeito do vapor pode ser observado

5. Robert H. Lowie, "Subsistence", em Franz Boas (ed.), *General Anthropology*, p. 259.
6. Robert H. Lowie, "A Note on the Northern Gê Tribes of Brazil", *American Anthropologist*, n. 43, 1941, pp. 189-190.
7. Robert Southey, *História do Brazil*, t. 2, p. 330.
8. Robert H. Lowie, "A Note on the Northern Gê Tribes of Brazil", p. 190
9. Luís da Câmara Cascudo, *História da Alimentação no Brasil*, p. 88.

raramente são percebidas na natureza. Ainda encontramos em quase toda parte a arte de fazer fornos subterrâneos. Pedras incandescentes são colocadas no fundo de um poço e cobertas com folhas ou galhos. O alimento a ser cozido no vapor é colocado em cima, coberto com uma nova camada de folhas e, finalmente, fechado com uma camada de solo. A água é despejada e o vapor gerado quando a água atinge as pedras incandescentes é mantido em tempo suficiente para cozinhar os alimentos[10].

No Brasil, há relatos sobre índios do Tocantins (xerentes) que enterravam a cabeça de boi inteira e a deixavam sob a brasa de um dia. Atualmente, é uma tradição regional, conhecida como "Festa do *Berarubu*", que significa "comida enterrada", técnica conhecida também como *biaribi* ou *biarubu*, praticada há séculos no Brasil, ainda pelos índios. "Biaribi. - De *bia*, encontrar, *hallar* e *ibi*, sepultura"[11].

Alguns observadores estrangeiros indicaram que o paladar da comida preparada nesse tipo de forno subterrâneo é espetacular. "Se acertam o ponto, a carne fica excelente, melhor que a preparada por qualquer outro processo"[12], disse Johannes Nieuhof em 1682. Simão de Vasconcellos em 1864 também fala das características sápidas proporcionadas pelo *biaribi*:

> Outros, basta tostar a carne, ou peixe ao sol, e da-lá-a por cozida, e assada, e pasto saboroso. Outros usam de melhor artifício, e que em verdade torna a carne (e ainda o peixe) saborosíssimo: fazem na terra uma cova, cobrem-lhe o fundo com folhas de árvores, e logo lançam sobre estas a carne, ou peixe, que querem cozer, ou assar, cobrem-na de folhas, e depois de terra: feito isto, fazem fogo sobre a cova, até que se dão por satisfeitos, e então a comem: e chamam a este modo *Biaribi*. Os peixes miúdos embrulham em folhas, e metidos debaixo do borralho, em breve tempo ficão cozidos, ou assados[13].

De acordo com relatos também de Jorge Marcgrave, o sabor da comida assada no *biaribi* era inigualável:

10. Franz Boas, "Invention", pp. 240-241.
11. Rafael Schiaffino, "Guaranismos. Ensayo Etimológico", *Revista Histórica*, t. XXV, n. 73/75, p. 258, Montevidéu, mar. 1956.
12. John Nieuhof, *Memorável Viagem Marítima e Terrestre ao Brasil*, p. 303.
13. Simão de Vasconcellos, *Chronica da Companhia de Jesus do Estado do Brasil*, 2. ed., Rio de Janeiro, A. J. Fernandes Lopes, 1864, vol. 1, p. LXXXV.

> Com o processo seguinte (chamam-no biaribi) preparam a carne assada, que excede em sabor a qualquer uma preparada de outro modo. Praticam um buraco, na terra, e no fundo põem folhas grandes de árvores; superpõem a carne assada; cobrem-na de folhas e, enfim, de terra. Sobre esta ateiam uma fogueira, que vão alimentando até que a carne fique assada[14].

Luís da Câmara Cascudo relata que essa tradição também sobrevive no Paraná, sob influência indígena[15]. Lá se faz o *barreado,* que consiste em enterrar a comida dentro de uma panela de barro sob a fogueira. "Os indígenas usavam o estufado autêntico, dizendo-o *biaribi* ou *biarubu*, sobrevivendo no *barreado* do Paraná, a comida num panelão de barro enterrado debaixo da fogueira"[16]. O barreado, tido como "símbolo de festa e fartura no litoral paranaense", foi extensamente analisado por Maria Henriqueta Sperandio Garcia Gimenes em tese de doutorado apresentada em 2008, na Universidade Federal do Paraná[17].

Mariza Lira define o barreado como o prato tradicional do Estado do Paraná e assim descreve a tradição:

> É feito só de carne, que fica a cozinhar durante mais de doze horas, dentro de um panelão de barro, hermeticamente fechado, que se enterra e sobre o qual se acende uma fogueira. O cozimento se faz com o próprio vapor, sem que seja adicionada água alguma. A carne fica tão cozida que se desfia à toa, tomando o aspecto de um pirão. Conta-se que no litoral, os caboclos que se alimentam somente de peixe abusam do *barreado* no Carnaval e morrem de *estupor*, com o ventre inchado e empedrado. Manda a tradição que não se beba água, nem durante a ingestão do "barreado" nem mesmo até duas horas depois da refeição. A única bebida permitida é a cachaça. O "barreado" é comido com acompanhamento de banana e farinha de goma (mandioca)[18].

Câmara Cascudo também menciona a fórmula do *clambake,* praticado em locais diversos, como Cabo Cod (Massachusetts), Nova Inglaterra, Ilha de Chiloé (Chile) e Sardenha e mais utilizado para cozinhar frutos do mar.

14. Jorge Marcgrave, "Cardápio do Indígena Nordestino", p. 284.
15. Luís da Câmara Cascudo, *História da Alimentação no Brasil*, p. 32.
16. *Idem*, p. 523
17. Maria Henriqueta Sperandio Garcia Gimenes, *Cozinhando a Tradição: Festa, Cultura e História no Litoral Paranaense*, Tese de doutorado em História, Universidade Federal do Paraná, 2008.
18. Mariza Lira, "Nove Sopas. Barreado. A Origem da Mãe-Benta", em Luís da Câmara Cascudo (org.), *Antologia da Alimentação no Brasil*, p. 102.

No Rio Grande do Sul, até há pouco tempo, fazia-se o "assado no barro". Hoje em dia é mais difícil de se encontrar. Essa técnica surgiu na Argentina, de onde o gaúcho se inspirou, e lá existe até hoje. Consiste em envolver a carne em barro fresco; em seguida enterrá-la sob fogo. Após o tempo de cozimento, o barro endurece e deve ser quebrado para se tirar a carne, que é cozida no próprio vapor, pois a vedação do barro impede qualquer saída de ar e água.

Encontram-se com muita facilidade receitas de carne, frango e peixe preparadas com essa técnica de cozimento. Mesmo em churrascos, é muito comum enterrar costela e outras carnes que exigem mais tempo para ficarem prontas sob a fogueira ou brasa em que as demais carnes são preparadas. Mas não é tão comum encontrar receita de legumes ou doces com essa técnica de cozimento.

Em *Baú de Ossos*, Pedro Nava menciona mais uma vez a abóbora enterrada e assada sob fogueira. As receitas são quase iguais, a única diferença na primeira é a ausência do copo de vinho do Porto. Coloco aqui as duas receitas para fins de comparação:

> [...] uma imensa abóbora que a Rosa abrira, esvaziara dos caroços, enchera com pedaços de rapadura e com um copo de vinho do Porto. Tornara a tampar, envolvera em folhas de banana e enterrara sob as achas[19].

> E a abóbora da noite de São João? Era aberta por cima, esvaziada dos fiapos e caroços, cheia de rapadura partida, novamente tampada, embrulhada em folhas de bananeira e enterrada a dois palmos de fundo, debaixo das grandes fogueiras[20].

19. Pedro Nava, *Baú de Ossos*, p. 280.
20. *Idem*, p. 173.

13

A Cozinha do 179

A cozinha do 179 era negra e encardida como convinha a uma boa cozinha de Minas. Tinha um teto alto e incerto, de cujos barrotes algodoados de picumã desciam, em cima do fogão, as serpentes mosqueadas e lustrosas das linguiças em carne viva; as mantas de pele de porco escorrendo gordura; e as espirais das cascas de laranja que ali ficavam defumando e secando. As cascas de laranja serviam para ajudar a acender o fogo, pela manhã. Primeiro elas, palha de milho e jornal velho. Depois gravetos secos, sabugos, tranças de cebola. Logo as achas miúdas e por fim, as toras de lenha de que o fogo se levantava vermelho impetuoso como o pescoço dum galo cantando de madrugada. Essa chama, para ser alta ou baixa, abundante ou diminuta, para cozinhar depressa ou mijotar devagarinho, era feita à custa de diferentes paus. Lenha de goiaba, de pé de pêssego, de candeia, de jaqueira, de pinho, de mangueira, de árvore do mato. Seca ou verde – segundo se queria labareda violenta e súbita para as omeletes e as fritadas ou lume mais cativo e concentrado para os molhos pardos e os cozidos. Graduava-se ainda o calor, abrindo ou fechando a manivela da tiragem da chaminé que subia como um grosso cilindro caliginoso para as negruras dos cúmulos-nimbos do picumã – bom para segurar sangria de corte. Ao seu lado e mais finos, os canos das serpentinas que esquentavam a água da caixa para o chuveiro e as torneiras da banheira de latão. O fogão, como ser vivo, tinha um cheiro diferente em cada parte. O fuliginoso e duro das trempes, cujos buracos redondos se abriam primeiro, pequenos, com a retirada do tucho e depois, maiores, com a de um anel de ferro que lembrava os de Saturno. O resinoso e tremulante das lenhas variáveis, queimando na fornalha. O calcário e morno do borralho, onde brasas cintilavam e morriam sobre a cinza. O nauseante e gorduroso da caldeira cheia de água choca. Dominando todos esses, o olor peculiar da comida-nossa-de-cada-dia. Do arroz, nadando em banha de porco. Do feijão, cheio de lombo de porco, de orelha de porco, de focinho de porco, de pistola de porco, de rabo de porco, de pé de porco. Do tutu, com carne de porco. Do angu vazado no meio da massa dourada e pegando fogo para receber, nesse côncavo, o picadinho de miúdo de porco. O porco. O porco iniciático dos congoleses e sacrificial dos egípcios – grato à Lua e a Osíris. O porco sacrílego e imundo em cujas varas Nosso Senhor fez entrar um bando de demônios. "O mineiro planta o milho. O mineiro cria o porco. O porco come o milho. O mineiro come o porco." O porco também fossa e come a merda do mineiro que cai das latrinas das fazendas – especadas sobre os chiqueiros. Espírito de porco, círculo vicioso, meio antropofágico... Porco nosso, imenso totêmico... Cozido, frito, assado, recheado... Almoçado, jantado, ceado, comungado, incorporado, consubstanciado... Outros cheiros. O acídulo do molho pardo dos *judeus* noturnos. Não sabem? *Judeu* em culinária mineira é, em geral, nome da boia de ceia e mais particularmente da cabidela de galinha para depois das procissões e para depois das coroações da Nossa Senhora, nas noites de seu mês de maio. O cheiro das paçocas. Farinha torrada socada com carne seca frita num banho de banha. Depois de tudo bem batido no pilão, uma passada na frigideira para tornar a esquentar na chama viva. Boas de comer antecedidas de uma lambada de pinga e acompanhadas do café aguado e quente que acabou de ser pulverizado no outro lado do pilão. Cheiro de abóbora, inhame, abobrinha, cará, quiabo e de couve cortada fino (como o queira a Lúcia) ou de couve só *rasgada* (como o preferia a Justina) e estão aí os cheiros da cozinha de Inhá Luíza[1].

Rua Direita, n. 179, Juiz de Fora, era casa de Inhá Luísa, cenário de lanches, refeições e banquetes registrados por Pedro Nava. No final do trecho, o autor menciona a Justina, uma das criadas de sua avó, que aparecerá em outras oportunidades, principalmente no segundo livro de suas memórias, *Balão Cativo*.

A ORIGEM DO FOGÃO

O primeiro aparato utilizado para alterar o estado inicial da carne foi o espeto[2]. De acordo com Luís da Câmara Cascudo:

1. Pedro Nava, *Balão Cativo*, pp. 7-8.
2. "Assar carne no espeto não é invenção local. Conhecemos os vestígios paleolíticos. É uma técnica instintiva, natural, de lógica primária. Todos os povos caçadores a praticaram. E mesmo quando o homem não existia e sim o primo hirsuto de Neandertal, este espetava, assava, comia carne ao lume que já sabia acender" (Luís da Câmara Cascudo, *História da Alimentação no Brasil*, p. 86)

> A comida paleolítica era assada na chama ou nas brasas e seria presa a um assador, espeto. No Neolítico aparecem assadores dentados, fixando melhor a carne ou peixe. No Congresso de Estocolmo em 1874, Desor fala nos fumeiros (*fumier*) deparados nas palafitas suíças. Seria a primeira forma de conservar a peça de caça durante o inverno ou para as épocas difíceis. [...] O fogão primitivo seria desta temporada no epipaleolítico, com disposição sustentadora das panelas de barro. Mas a carne continua assada no espeto porque sabe bem, mesmo trazendo cinza e carvão das achas[3].

Em seguida, veio o *moquém*, espécie de grelha elaborada com pedaços de madeira, colocados sobre o fogo. "O moquém era aparato regular na parafernália doméstica do litoral atlântico, bem posterior ao espeto", afirmou Câmara Cascudo[4]. Jorge Marcgrave, que esteve no Brasil de 1638 a 1644, assim descreve o aparelho: "A quatro esteios de madeira, fincados em terra, assentam uma grade de travessas de madeira, chamada *Mocae*"[5].

Inicialmente, a carne era *moqueada* para que durasse mais. "O moquém destina-se à conservação do alimento e não ao seu preparo para consumo imediato. Equipara-se ao fumeiro europeu"[6]. O autor francês Jean de Léry, no ensaio denominado *Viagem à Terra do Brasil* – traduzido por Sérgio Milliet –, escrito em 1576, explicou como o moquém era utilizado:

> A carne do tapirussu tem quase o mesmo gosto da do boi; os selvagens a preparam à sua moda, moqueando-a. Consiste esse sistema, que pretendo desde já descrever, para que não fique suspenso à curiosidade do leitor, no seguinte: os americanos enterram profundamente no chão quatro forquilhas de pau, enquadradas à distância de três pés e à altura de dois pés e meio; sobre elas assentam varas com uma polegada ou dois dedos de distância uma da outra, formando uma grelha de madeira a que chamam *boucan*. Têm-no todos em suas casas e nele colocam a carne cortada em pedaços, acendendo um fogo lento por baixo, com lenha seca que não faça muita fumaça, voltando a carne e revirando de quarto em quarto de hora até que esteja bem assada. Como não salgam suas viandas para guardá-las, como nós fazemos, esse é o único meio de conservá-las. Se em um dia apanham trinta animais ferozes ou outros dos que aqui descrevemos, para evitar a putrefação, cortam-no logo em pedaços e os moqueiam durante mais de vinte e quatro horas às vezes até que as partes internas fiquem tão assadas quanto as externas[7].

3. *Idem*, p. 31.
4. *Idem*, p. 86.
5. Jorge Marcgrave, "Cardápio do Indígena Nordestino", p. 284.
6. Luís da Câmara Cascudo, *História da Alimentação no Brasil*, p. 86.
7. Jean de Léry, *Viagem à Terra do Brasil*, [s. l.], Editora Biblioteca do Exército, 1961, p. 12.

Ao passo que a carne no espeto tornava o alimento queimado, a utilização do moquém trouxe outro sabor, a do alimento cozido interna e externamente. De acordo com Gilberto Freyre, esse era o método de preparo mais característico utilizado pelas índias:

> [...] o processo mais característico de prepararem as cunhãs peixe ou a carne de caça era o de *mokaen*, que nos ficou sob o nome de moquém – isto é, o peixe ou a carne assada sobre brasas; "ou então sobre um gradeado de madeira", esclarece Teodoro Sampaio[8].

Hans Staden relatou que, em 1557, não só a carne era moqueada, mas tudo que serviam aos índios de alimento:

> Eles têm o hábito de suspender por algum tempo acima do fogo qualquer coisa que lhes sirva de comida, carne ou peixe, e assim deixar que fume e seque; quando querem comer, fervem. Eles nomeiam a carne assim preparada *muekaien*[9].

PAÇOCA

Pó-çoka quer dizer pilado à mão ou esmigalhado à mão[10]. Há a paçoca tradicional de carne pilada com farinha – que é comida de farnel – e a paçoca doce, de farinha de castanha ou amendoim. Câmara Cascudo explica essa diferença:

> A paçoca, de *paçoc*, esmigalhar, desfiar, esfarinhar, é o alimento preparado com carne assada e farinha de mandioca, piladas conjuntamente, constituindo uma espécie de conserva mui própria para as viagens do sertão, define Teodoro Sampaio, concluindo: *Era farnel dos bandeirantes*. No Nordeste, acompanha bananas. Café, na Bahia. Em Minas Gerais a farinha é de milho. As paçocas de farinha com castanhas (de-caju ou do-pará, *Bertholletia excelsa* H. B. K.), com açúcar, dizemos no Nordeste "farinha de castanha ou de milho". São guloseimas e não alimentos do trivial, como a verdadeira paçoca, carne e farinha socadas em pilão[11].

8. Gilberto Freyre, *Casa-Grande & Senzala*, p. 194.
9. Hans Staden, *D'un Pays Situé dans le Nouveau Monde*, pp. 256-257.
10. Newton Navarro, "Cantiga para Fazer Paçoca", em Luís da Câmara Cascudo (org.), *Antologia da Alimentação no Brasil*, p. 129.
11. Luís da Câmara Cascudo, *História da Alimentação no Brasil*, pp. 149-150.

A diferença maior reside na relevância que o alimento possui no dia a dia da alimentação. Ao passo que a paçoca salgada constitui prato de resistência, a doce é passatempo, guloseima. Aquela é uma das comidas de farnel mais relevantes para os tropeiros e sertanejos em geral, dada sua durabilidade e aceitação. Sua origem e relevância é assim destacada por Câmara Cascudo:

> No Nordeste, a paçoca legítima é a carne seca pisada ao pilão com farinha. A rapadura é comida de fora parte. Alguns naturalmente temperam com cebola e coentro, reduzidos a pó no pilão. A companheira tradicional é a banana.
>
> Seria a paçoca, pelo nome nheengatu, solução do grupo étnico que se estendeu do Rio Grande do Sul ao Amazonas, derramando-se pelo litoral de onde expulsara o cariri. A paçoca é uma permanente alimentar e, no tempo e no espaço, um farnel de viagem com os valores da antiguidade funcional[12].

Mas há também variações regionais relatadas por Antônio José de Sampaio. A paçoca é sinônimo de alimento principalmente no Nordeste; mais ao Sul, significa o doce consumido por crianças e adultos, preparados não só com a farinha de castanha, mas de amendoim também:

> PAÇOCA. carne fresca ou seca, assada ou frita, desfiada ou cortada em pedaços pequenos e socada ao pilão, ou passada à máquina, com farinha de mandioca. Na Amazônia, paçoca de castanha-do-pará ou de caju (Raimundo Morais 1c. p. 73); no Ceará, paçoca com banana é afamada (Leonardo Mota 1c. p. 194). A paçoca distingue-se de "farofa ou farofa de carne", por ser socada em pilão ou passada na máquina; por outro lado, farofa é apenas a farinha de mandioca, ligeiramente tostada, com ou sem gordura ou manteiga, pra comer com churrasco ou rechear peru, frango, leitoa assada etc. No Vale do Paraíba, e no Estado de São Paulo, usam-se a paçoca de carne e a de amendoin (Gentil de Camargo). É também mistura de farinha d'água ou seca, com a castanha de caju assada e pulverizada, com o gergelim, na Amazônia e Nordeste. Na Amazônia há também paçoca de castanha-do-pará, assada e socada com pilão, a que juntam açúcar e sal; é assim vendida em cartuchos, segundo A. da Mata[13].

"Do peixe ou da carne pilada e misturada com farinha faziam a *paçoka* ou paçoca, ainda tão usada no Norte"[14]. No entanto, ao passo que a paçoca

12. *Idem*, p. 744.
13. Antônio José de Sampaio, *A Alimentação Sertaneja e do Interior da Amazônia*, p. 296.
14. Gilberto Freyre, *Casa-Grande & Senzala*, p. 194.

de carne ganhou popularidade no Norte e Nordeste, a de peixe não teve a mesma sorte. "Lembre-se a paçoca de peixe pilado e misturado com farinha, comida que não conquistou a popularidade"[15].

Hippolyte Taunay e Ferdinand Denis, em viagem realizada a Minas Gerais, mencionaram que a paçoca constitui comida de farnel, não só pela durabilidade da carne pilada, mas pela facilidade de seu preparo:

> A *passoca*, que é consumida principalmente em viagem, é um prato muito popular para viajantes, pois sua preparação requer pouco cuidado: trata-se de carne bem gorda, seca por um meio particular, que é prensada e esmagada com farinha até que a gordura seja completamente absorvida[16].

O prato esteve presente na obra de Nava em mais de uma oportunidade. Noutro trecho, o autor evoca o *cheiro das paçocas* e dá sua receita: "Farinha torrada socada com carne seca frita num banho de banha. Depois de tudo bem batido no pilão, uma passada na frigideira para tornar a esquentar na chama viva"[17].

CABIDELA DE GALINHA

"Um dos mais afamados pratos de aves é a Cabidela, *cabadela*, *cabedela*, do século XVI, citada em Fernão Mendes Pinto e Luís de Camões"[18]. Também conhecida como galinha ao molho pardo. Câmara Cascudo fala sobre a origem, a aceitação e o preparo desse prato:

> Diz-se também o sinônimo mais fidalgo, "galinha ao molho pardo". Come-se com arroz, garfo e faca, com farinha e à mão, na livre eleição democrática.
>
> É a galinha de molho mais gostoso. Esteve nas mesas de todo o Brasil. Indispensável para os vice-reis da Bahia e no Rio de Janeiro. Nas casas fidalgas. Consagrou-a a predileção de D. João V, atravessou todas as guerras e vicissitudes de Portugal, na louça azul dos duques de Bragança em Vila Viçosa à prataria Germain de Ajuda e Necessidades, sem abandonar as terrinas e travessas de

15. Luís da Câmara Cascudo, *História da Alimentação no Brasil*, p. 744.
16. Hippolyte Taunay & Ferdinand Denis, *Le Brésil ou Historie, Moeurs, Usages et Coutumes des Habitants de ce Royaume*, t. 3, p. 35.
17. Pedro Nava, *Balão Cativo*, p. 8.
18. Luís da Câmara Cascudo, *História da Alimentação no Brasil*, p. 570.

porcelana onde nadava seu molho ouro-cendrado. Por ela, em 1842, o príncipe Felix de Linchnowski dizia a cozinha portuguesa *pesada e gordurosa*, o ingrato.

É uma galinha digna do almanaque de Gotha culinário. O sábio Pereira Barreto lamentava o general Rondon não haver presenteado uma receita a Teodoro Roosevelt, quando este viajou pelo Brasil, novembro de 1913 a maio de 1914.

Cabidela ou galinha ao molho pardo. Ao matar a galinha recebe-se o sangue vivo num prato fundo, onde se põe uma colher de vinagre. Com um garfo vai-se batendo na proporção em que o sangue se deposita, tendo o cuidado de uni-lo ao vinagre, evitando a coagulação. Prepara-se a galinha separadamente, cortando-a em pedaços, temperando-a e deixando que fique bem guisada, mexendo-se para que tome todos os temperos. Quando estiver bem cozida e branda, a carne cedendo ao toque do garfo, deita-se o sangue e mexe-se, deixando-se ferver, continuamente por uns vinte minutos ou pouco mais. Serve-se em travessa, sobre folhas de alface e com orla de ovos duros e batatas em rodelas. O perigo é o molho pardo ficar meio ácido. Não ficando, *nemine discrepante*, para quem o fez. Acompanha arroz cozido, bem solto, com leve toque de boa manteiga[19].

Pedro Nava lembra que cabidela de galinha é também conhecida como *judeu*. "O acídulo do molho pardo dos *judeus* noturnos. Não sabem? *Judeu* em culinária mineira é, em geral, nome da boia de ceia e mais particularmente da cabidela de galinha para depois das procissões e para depois das coroações de Nossa Senhora"[20]. A expressão, no entanto, não é muito comum; não a vi em nenhum outro texto.

Mais uma vez, seu amigo cozinheiro Guady era o artista que preparava o prato memorável. "A galinha desfazia-se num caldo dum marrom suntuoso, tão grosso, tão macio, tão escorregadio, tão fácil como se cada um estivesse enchendo a boca, mastigando, engolindo veludo em estado pastoso"[21].

INHAME

"O inhame é africano, sem nenhuma dúvida, mas era conhecido em Portugal, citado em maio de 1500 pelo escrivão Pero Vaz de Caminha"[22]. Segundo Artur Ramos, "o complexo do inhame vem realmente dos povos da Nigéria ou do Daomé"[23]. Parece não haver dúvida sobre a origem do referido tubérculo:

19. *Idem*, pp. 571-572.
20. Pedro Nava, *Balão Cativo*, p. 8.
21. Pedro Nava, *O Círio Perfeito*, p. 117.
22. Luís da Câmara Cascudo, *História da Alimentação no Brasil*, p. 827.
23. Artur Ramos, "Notas sobre a Culinária Negro-Brasileira", p. 109.

O inhame, é uma túbera oriunda da África e transplantada para o Brasil, e suas hastes são trepadeiras. Esta túbera, que adquire grande desenvolvimento, atingindo, às vezes, mais de quarenta centímetros de diâmetro, é coberta de uma casca delgada, áspera e de cor parda-escura. Dentro acha-se uma substância compacta, úmida, macia, de textura pulverulenta, doce, suculenta e um tanto resinosa. Come-se o inhame cozido com couve ou em água e sal e constitui um alimento sadio, saboroso, nutriente e de fácil digestão, preparando-se com a sua massa bolos, pudins etc. e podendo-se com ela fabricar farinha e extrair-se fécula, que servem de nutrição ao povo[24].

Constitui a base para alguns pratos de candomblé. "No 1º Congresso Afro-brasileiro de Recife, alguns *pais* e *mães de santo* apresentaram receitas de quitutes afro-brasileiros, preparados com inhame, como o *eôfufá,* o *eôfunfum,* e *beiinham*"[25]. Artur Ramos também explica que "os melhores pratos, de legítima tradição africana, são preparados e servidos nos candomblés"[26].

Esse mesmo autor relata como os africanos preparavam o inhame, da seguinte forma:

Os negros africanos introduziram ainda no Brasil os pratos e guisados de *inhame,* chamado "inhame-da-costa" ou "de-são-tomé" (*Discorea sativa*). As bolas de inhame são preparadas com o inhame descascado, lavado com limão e cozido com sal; em seguida, é pilado no pilão e da massa se fazem bolas grandes que são servidas com *caruru* ou *efó.* O *bobó de inhame* é preparado com o inhame cortado em pedaços e preparado da mesma forma que o efó. O *ipetê* é outro prato africano de inhame, muito semelhante ao bobó[27].

Auguste de Saint-Hilaire não deixou de relatar o *pão de inhame* que encontrou na cidade de Barbacena:

Dois dias depois de sair de Barbacena, paramos na casa do Padre Anastácio, onde comemos uns pãezinhos muito bons, feitos com raízes de inhame (*Arum esculentum*) que haviam sido ralados e depois amassados. Estas raízes formam um legume que, sem ter um sabor delicado, é também saudável e nutritivo[28].

24. Comissão Central do Ceará, *Catálogo dos Produtos do Ceará, Remetidos a Exposição Preparatória do Rio de Janeiro*, p. 20.
25. Artur Ramos, "Notas sobre a Culinária Negro-Brasileira", p. 109.
26. *Idem, ibidem.*
27. *Idem*, p. 108.
28. Auguste de Saint-Hilaire, *Voyage dans les Provinces de Rio de Janeiro e de Minas Geraes*, pp. 125-126.

14

Forno d'Antanho

O forno do fogão de ferro de minha avó seria só para pequenas obras. Para suspiro, bolo de fubá, biscoito de polvilho, assar galinha, no máximo. Quando se exigiam as grandes virtuosidades da carne inteira dum leitão de casamento, dum peru de aniversário, ou dum pato de batizado – funcionava o forno de barro do terreiro. Quem os conhece hoje? Quem? Onde estão? Onde? os fornos d'antanho... Sumiram de todo o litoral, sumiram das grandes cidades, recuaram para o interior, como índios selvagens acossados pelo invasor. No caso, a indignidades dos fogões elétricos, a infâmia dos fogões a gás. O velho forno-lar, o verdadeiro, o genuíno, autêntico – era autônomo, não podia ficar dentro da cozinha, ou da casa. Era um templo à parte, construído fora, no terreiro. Tem base quadrada, de metro, metro e pouco de cada lado. Sobre esse nível, constrói-se, com tijolo, uma espécie de zimbório de mesquita, circular, oco, com boca embaixo e, por cima, um respiradouro que tem forma de chaminé alentejana. Quando vão servir, esses fornos são atulhados de lenha que se queima até às brasas, até às cinzas. E está pronto: virou na fornalha que conservará, durante horas, seu calor e que, varrida das achas recebe o porco, o cabrito, o peru, o lombo, os patos, os pernis, as galinhas que vão assar. Não esturrica nunca: é só fiscalizar e ir experimentando a maciez das carnes com palito, com ponto de espinho de laranjeira; é só tirar na hora adequada – cheirando e chiando. Tirar – mas tendo o cuidado de não se expor de frente, de cara, de ficar um pouco de banda para não pegar estupor.

Diante do fogão de dentro ou da boca de fora, a Justina parecia oficiar. Resmungava sílabas imperceptíveis, pigarreava – hum! hum! – tirava de saquinhos que tinha pendurados entre as anáguas ou tafulhados entre as maminhas, pós secretos e verde-negros. Espalhava esses temperos sobre o que preparava, com gestos do esconjuro, do encantamento, de passe, de imposição – o que sei é que sua comida era inigualável[1].

Surge aqui mais uma vez a figura da Justina, ex-escrava, conhecedora da arte, que usava o forno externo (de barro) da casa 179 da Rua Direita, de Inhá Luísa, no preparo de pratos que marcaram o autor. Nava a ela se refere como um tipo de cozinheira mágica, que usava pós secretos e cozinhava com gestos do candomblé (esconjuro, encantamento, passe, imposição). A ela voltaremos mais adiante[2]. A cozinha de candomblé era muito comum entre os escravos, tendo ficado na tradição culinária da cozinha regional de influência negra, principalmente na Bahia.

FORNO ANCESTRAL INDÍGENA

Chamava-se *iapuna* o forno de barro utilizado pelos indígenas ancestrais do Brasil para fabricar a farinha de mandioca. "Esses [tupiniquins paulistas] empregavam uma vasilha de barro cozido a quem chamam *Yneppaun*, identificada por Teodoro Sampaio como a *nhaen-puna* ou *ya-puna*, que significa *forno*, ainda usado para cozer farinha de mandioca"[3].

Ermano Stradelli, conhecedor da língua nheengatu, relata o uso desse aparelho, bem como o ofício das *forneiras* de antigamente:

> Iapuna. Forno para torrar a farinha de mandioca. É uma vasilha de barro de forma redonda, que varia de um a dois palmos até mais de metro de diâmetro, com um rebordo que, de acordo com a largura, também varia de três a sete ou oito dedos, sem testo. Os pequenos, que mais propriamente serve para preparar o beiju de uso diário, são aquentados montados pura e simplesmente na *itá curua*, a trempe indígena; os maiores sobre uma armação também de barro, feita de modo a formar fornalha e permitir que embaixo se acenda o fogo necessário para aquentá-los. Para operar, depois de convenientemente aquecido o forno, a forneira vai pondo a pouco e pouco a massa de mandioca ralada e expremida no tipiti, destendendo-a e remexendo-a rapidamente com a pá para impedir que se agrume, e obter que cozinhe toda por igual. Nisso está a habilidade da forneira, que deve saber moderar

1. Pedro Nava, *Balão Cativo*, pp. 9-10.
2. Cf. "A Ciência da Justina", pp. 145 e ss.
3. Luís da Câmara Cascudo, *História da Alimentação no Brasil*, p. 87.

o fogo para impedir que a fornada queime, e conservá-lo bastante ativo para, secando ligeiro, evitar os grumos e conseguir uma farinha fina, dura e convenientemente torrada para poder durar muito tempo empaneirada. Hoje o *iapuna* de barro é substituído em muitos lugares por fornos de ferro ou de cobre. As forneiras que já usaram dos fornos de barro, todavia, não gostam da substituição, porque além do maior incômodo que lhe dá durante a torração o maior calor, acontece que nos fornos de ferro ou cobre a menor desatenção pode fazer queimar a fornada, e porque nunca dão, afirmam elas, uma farinha tão bem torrada, solta e gostosa como a que se obtém nos fornos de barro[4].

O forno *iapuna* também era utilizado para fazer farinha de carne ou de peixe, conforme relatou Hans Staden:

Eles têm uma espécie de farinha de carne ou de peixe. Para prepará-la, eles a secam em fogo ou fumaça, partem-na em pedaços pequenos e colocam sobre o fogo dentro de vasos destinados a esse fim, e chamam-lhe *ynnepaun*; então eles são reduzidos a pó em um pilão de madeira e passam este pó em uma peneira. Com isso, eles conservam peixe e carne por muito tempo, porque não sabem como salgá-los; eles misturam este pó com farinha de mandioca e o resultado não tem gosto ruim[5].

PERU

Segundo André Castelot, essa ave antiga e exótica teria sua origem na Macedônia. Segundo algumas fontes, foi Meleagro – rei desse país – quem a levou para a Grécia. Outros afirmam que seria originária da América, onde os espanhóis de Henán Cortés a encontraram em 1519. Daí o nome latino usado em lugares como Catalunha e França (*dinde*), que seria a abreviação de *poulet d'Inde* ou galinha-da-índia[6].

Brillat-Savarin, um grande entusiasta do peru, chegou a afirmar que: "O peru é certamente um dos maiores presentes que o novo mundo deu

4. Ermano Stradelli, "Vocabulários da Lingua Geral Português-Nheêngatú e Nheêngatú-Português, Precedidos de um Esboço de Grammatica Nheênga-Umbuê-Sáua Mirî e Seguidos de Contos em Língua Geral Nheêngatú Poranduua", *Revista do Instituto Historico e Geographico Brasileiro*, t. 104, vol. 158, 1929, p. 457 [*Vocabulário Português-Nheengatu Nheengatu-Português*, São Paulo, Ateliê Editorial, 2014].
5. Hans Staden, *D'un Pays Situé dans le Nouveau Monde*, p. 253.
6. André Castelot, *L'Histoire à la Table*, p. 215.

ao velho"[7]. Partilha, portanto, da tese que a ave teria surgido na América – único local onde o animal foi encontrado em seu estado selvagem –, tendo sido importado para a Europa pelos jesuítas, em finais do século XVII. Segundo o autor, "O peru é o maior, senão o mais fino, pelo menos o mais saboroso dos nossos pássaros domésticos"[8].

O peru é muito presente nas mesas da Europa em geral, principalmente na França, onde surgem inúmeras receitas com a ave. Castelot diz ainda que o peru já era largamente apreciado no século XVII, ou seja, assim que aterrissou na Europa; assado, quente ou frio, grelhado com molho Robert (mostarda, sal, pimenta, vinho branco ou vinagre e cebola picada).

Émile Zola cita o peru em vários trechos de seu romance *gourmet*. "No topo, um peru grande mostrava o peito branco, marmorizado, sob a pele, manchas negras de trufas"[9]. O peru trufado seria a ave em seu estado de arte *gourmet*. Para Brillat-Savarin, quando em jantares a conversa cede lugar para as dissertações do paladar, o que se espera é o peru trufado...

No Rio de Janeiro do início do século passado, reproduzia-se incessantemente a cultura francesa, o que aliás ocorria nos maiores centros do país. Muito provavelmente por essa razão o peru passou a ser tido como um prato "chique". Gilberto Freyre conta que não era elegante em polos aristocráticos do início do século XX, tais como Rio de Janeiro, São Paulo e Santos, gostar de pratos do Norte, do lombo de porco mineiro, do cuscuz paulista ou do churrasco do Rio Grande do Sul. A "concessão máxima à culinária nacional" era apreciar o "peru à carioca", uma vez que os franceses repugnavam a feijoada, o caruru, o vatapá, o tutu[10].

O peru era também muito consumido em dias festivos. Conforme relata Freyre, havia os vendedores ambulantes de peru no Rio de Janeiro, que iam de casa em casa, vendendo a mercadoria sempre que calhava de haver alguma festa na família visitada:

> Era o vendedor de perus, trazendo suas aves sobre enormes varas de bambu: "perus de boa roda", se apregoava naqueles dias; e como as famílias patriarcais eram ainda numerosas nos sobrados e chalés de Botafogo, de São Cristóvão, de Santa

7. Jean Anthelme Brillat-Savarin, *Physiologie du Gôut*, p. 84.
8. *Idem*, p. 85.
9. Émile Zola, *Le Ventre de Paris*, Paris, Gallimard, 2016, p. 296.
10. Gilberto Freyre, *Ordem e Progresso*, p. 674.

Teresa, havia sempre um aniversário a comemorar, uma batizado a festejar; e não se comemorava então festa da família sem faltar à mesa um peru gordo para ser saboreado com farofa à carioca. Carioquismo, o dessa farofa, que se espalhou por meio Brasil[11].

O peru com farofa é prato tradicional mesmo nos dias atuais, principalmente em festas de fim de ano, Natal e Ano Novo. Mas o hábito teria surgido nos Estados Unidos, especificamente em Massachusetts, no ano de 1621, onde a ave teria sido servida - sem farofa, claro - no Dia de Ação de Graças, posto que era mais barata e engordava com mais facilidade.

11. *Idem*, p. 267.

15

A Ciência da Justina

Além das virtuosidades da sua cozinha mágica, a Justina era perita em diferençar das ervas, galhos, ramos, frutas, raízes, bulbos, tubérculos, rizomas, e batatas *mansas* – as, em Minas, chamadas *bravas*. Pegava num apanhado de couve, nuns carás, nuns inhames, ou numas mandiocas e logo apartava o *malino* – o que só ela tinha a arte de distinguir. Era, também, frequentemente consultada pelas patroas sobre a natureza *quente* ou *fria* do que se ia comer – para não deixar assanhar as entranhas ou encher a pele de urticária e de espinhas[1].

Justina era uma das criadas pagas ou "negrinhas" de Inhá Luísa, que oficiavam na casa 179 da Rua Direita. Junto com a Lúcia, pertencia a um escalão maior na hierarquia entre elas. Havia também Rosa e Deolinda, a quem Nava considerava como irmãs mais velhas. O próprio autor confessa que uma das cenas que presenciou e que aborrece a memória de sua avó materna foi a Deolinda – doente e corcunda – sendo espancada e tendo suas costas aleijadas esfregadas com vara de marmelo pela Inhá Luísa.

Havia também Jacinta, Clarinda, Emilieta e Catita, cujo nome verdadeiro era Evangelina Berta, mas que passou a responder por nome diferente, pois tinha o mesmo sobrenome da filha de Inhá Luísa. O autor relata cenas de maus tratos a todas as criadas, com palmatórias e espancamentos, às vezes em meninas de quatorze ou quinze anos, como no caso

1. Pedro Nava, *Balão Cativo*, p. 23.

da Clarinda, de quem a avó tirava violentamente as cravinas e folhas de manjericão com os quais a criada enfeitava os cabelos.

Justina era uma feiticeira, mágica e bruxa, que Pedro Nava descreve girando "o tridente nos macarrões da sua panela que nem feiticeira remexendo víboras no caldeirão de mijo dum sabá".

MANDIOCA VENENOSA

Franz Boas relata a existência de raízes venenosas, destacando as que foram encontradas por aqui. "A mais conhecida entre as plantas venenosas é a mandioca da América do Sul"[2]. Na mesma obra, Robert Lowie indica que alguns tipos de mandioca somente podem ser consumidos depois de serem devidamente tratados. "Depois, há a mandioca, cuja variedade mais comum se torna uma planta alimentícia somente após a eliminação do mortal ácido prússico de suas raízes"[3].

Figura 5. *Negro Vendedor de Aves* (*Negre Vendeur de Volaille*, Jean-Baptiste Debret, *Voyage Pittoresque et Historique au Brésil*, t. 2, p. 57).

2. Franz Boas, "Invention", p. 254.
3. Robert H. Lowie, "Subsistence", p. 296.

Essa variedade mais comum mencionada por Lowie é conhecida como *mandioca-brava,* cujo veneno é capaz de matar o ser humano. John Luccock relata ter visto animais morrerem quase que instantaneamente após terem ingerido o líquido extraído desse tipo de mandioca[4]. O outro tipo – a *mandioca-doce* – não inspira esse cuidado, podendo ser consumido sem problema. A utilização de uma raiz cujo veneno é tão violento para consumo humano chamou a atenção de Paul Walle:

> Existem duas espécies de mandioca: a doce (*aipim*) e a amarga (*brava*). A primeira é imediatamente comestível e consumida fervida, cozida sob as cinzas ou preparada de outra maneira; é usada para fazer bolos e biscoitos, mas sua farinha é menos apreciada do que a da mandioca amarga. A última é venenosa em seu estado natural, e é espantoso que os índios tenham conseguido obter um bom alimento de uma raiz que constitui um veneno violento, caso seja usado sem o cuidado devido. Estas duas espécies de mandioca têm muitas variedades[5].

Para Frederico José de Santa-Anna Nery, a mandioca-brava contém um dos mais violentos venenos vegetais que se conhece:

> Há duas maneiras de se preparar a raiz espessa e carnuda da mandioca. A primeira, chamada *moussache*, é um pó fino, de um branco encardido, obtida por simples lavagem e secagem ao ar livre; a segunda, a tapioca, é obtida em seu estado de granulação por uma espécie de cocção em placas quentes. A raiz da mandioca-doce pode ser comida como a batata; não é venenosa, pelo contrário; o da mandioca amarga contém, independentemente do amido, um suco leitoso que é um dos venenos vegetais mais violentos conhecidos pelo homem[6].

O domínio dos tipos venenosos e inofensivos da raiz é verificado de longa data, como comprova a descrição feita por Jean de Léry em meados do século XVI, que distinguiu a primeira espécie (*mandioca*) da segunda (*aipim*):

> Além disso, a raiz de *Aypi* não é apenas boa como farinha, mas também quando é cozida inteira nas cinzas ou na frente do fogo, amaciando, rachando e fazendo farinha como uma castanha assada na brasa (o paladar é, inclusive, semelhante),

4. John Luccock, *Notes on Rio de Janeiro, and the Southern Parts of Brazil*, p. 359.
5. Paul Walle, *Au Brésil*, p. 193.
6. Frederico José de Santa-Anna Nery [Barão de Santa-Anna Nery], *Le Pays des Amazones*, p. 101.

pode-se comê-la dessa forma. No entanto, não se pode fazer o mesmo com a raiz da *Maniot*, que é boa somente como farinha bem cozida, sendo venenosa se consumida de qualquer outra maneira[7].

Daniel P. Kidder destaca que a mandioca venenosa é um verdadeiro paradoxo, pois consiste em um alimento extremamente venenoso, mas altamente nutritivo ao mesmo tempo. "Sua peculiaridade é a união de um veneno mortal com qualidades altamente nutritivas"[8]. Relata ainda que a substância mortal é considerada excelente antídoto para mordida de cobra.

7. Jean de Léry, *Histoire d'un Voyage Faict en la Terre du Brésil*, Paris, Alphonse Lemerre, 1880 [1557-1558], vol. 1, p. 144.
8. Daniel P. Kidder, *Sketches of Residence and Travels in Brazil*, vol. 1, p. 240.

16

Temperos da Inhá Luíza

Falando em cebola, lembro dos temperos da casa da Inhá Luíza. Eram simples. Poucas vezes ali se via pimenta. A comida era avivada com uma mistura de sal, cebola e alho, preparada num almofariz de madeira preta, em quantidades que davam quase sempre para mês inteiro. Tudo bem socado, ia para um vidro de boca larga (sobra do *Horlick's malted milk* das crianças) donde era tirado na medida das necessidades. Em dias de fantasia, devaneio e libações, a Justina juntava a isto o pimentão, o cheiro-verde, o coentro, cravo, louro, cominho, mostarda...[1]

Justina oficiava na cozinha com perfeição, conforme já relatado pelo autor, no entanto, quem determinava os temperos era Inhá Luísa, com certeza. Nava não esconde suas reservas quanto à avó materna, mas também não poupa elogios a suas habilidades de forno e fogão.

TEMPERO BRASILEIRO

O tempero – tratado como *adubo culinário* por Luís da Câmara Cascudo[2] – surgiu no Brasil pela mão do português, que passou o hábito ao indígena. "Ao correr dos séculos XVI e XVII as cunhãs, cozinheiras natas,

1. Pedro Nava, *Balão Cativo*, pp. 11-12.
2. Luís da Câmara Cascudo, *História da Alimentação no Brasil*, p. 119.

começaram a copiar a mulher portuguesa e usar os temperos que cresciam nas hortas dos colonizadores"[3].

É difícil dizer exatamente quando os índios passaram a usar sal como tempero. "A maior parte da gente, porém, não come sal. Quando cozinham alguma coisa, seja peixe ou carne, põem-lhe em geral pimenta verde"[4], anotou Hans Staden. O sal era malvisto por alguns povos indígenas, conforme relatado por André Thevet, em 1558:

> Eles também não querem comer coisas salgadas e proíbem seus filhos de fazê-lo. E quando eles veem os cristãos comer carne salgada, eles tomam como algo impertinente, dizendo que tais carnes abreviarão suas vidas[5].

Câmara Cascudo diz que o hábito de usar o sal veio com os colonizadores. "Mesmo assim o sal foi popularizado pelo uso intensivo do português e parcamente imitado pelo ameríndio no Brasil"[6]. Maximilien diz o mesmo, apontando que não encontrou sequer um prato salgado dentre os alimentos consumidos pelos índios:

> Os tapuias aprenderam com os europeus o uso do sal: no Brasil, asseguraram-me que o uso do sal reduziu muito o número de nativos. Azara acha que os índios que não usam sal o complementam com outros alimentos salgados, por exemplo, o barro ou a argila salgada que eles comem em abundância: mas o do Brasil não tem gosto salgado, e eu não encontrei nos habitantes nativos deste país nenhum alimento salgado[7].

Todavia, há relatos de que os índios produziam sal a partir da água salgada ou da cinza de algumas plantas, o que coloca em dúvida a tese de que o sal teria sido trazido pelos portugueses. Francisco Adolfo de Varnhagem assim descreve o uso do sal pelos nativos:

> Alguns dos que viviam pela costa conheciam o uso do sal, e fabricavam um bastante escuro, apurando ao fogo a água salgada. Nos afluentes do Amazonas, povos

3. *Idem, ibidem.*
4. Hans Staden, *Viagem ao Brasil*, Rio de Janeiro, Officina Industrial Graphica, 1930 [1557], p. 143.
5. André Thevet, *Les Singularitez de la France Antarctique*, Paris, Maisonneuve & Cia, 1878 [1558], pp. 147-148.
6. Luís da Câmara Cascudo, *História da Alimentação no Brasil*, p. 122.
7. S. A. S. Maximilien, *Voyage au Brésil*, Trad. do Alemão de J. B. B. Eyriès, Paris, Arthus Bertrand Ed., 1821, vol. 2, p. 257.

havia e há ainda, que das cinzas de certas plantas, conseguiam até fazer apurar e cristalizar uma espécie de salino, que empregavam como sal[8].

Na falta de água, Robert Southey relata o uso da cinza de uma espécie de palmeira, que era "boa para dar gosto à comida, mas incapaz de curá-la"[9]. Daniel P. Kidder também fala sobre a utilização, pelos nativos da Amazônia, dessa cinza de palmeira. "Para o tempero eles usaram as cinzas de uma espécie de palmeira"[10].

Em todo caso, parece certo que os índios utilizavam bem menos o sal, em comparação com os colonizadores, o que gerou certa perplexidade, principalmente se for considerado que o sal é elemento fundamental para o organismo dos homens e animais de maneira geral, em especial os que regulam a temperatura corporal pela sudorese. Dada sua importância para a humanidade, Câmara Cascudo chama a atenção para o fato de que as jazidas de sal constituíram elemento fixador de sociedades. "O sal é um fixador e denuncia a tendência sedentária dos grupos, rodeando os pontos de sua produção, jazida ou mar, tornada insuperável"[11]. No entanto, esse mesmo autor possuía outra explicação para o desinteresse pelo sal, no caso dos indígenas:

> A epiderme nativa protegia o indígena contra o excesso das perdas de sais minerais pela exsudação. Transpirando pouco, a pele ainda defendida pelas tintas ornamentais, jenipapo (*Genipa americana* L.), urucu (*Bixa orellana* L.), argilas, pó de carvão, o xantodermo, relativamente não suava. Quase não perdia sal. Teria menor necessidade de recuperá-lo através da alimentação. A mesma situação do negro com sua proteção funcional na *melanina* que lhe coloria a pele, favorecendo reduzida transudação resguardadora da desmineralização orgânica[12].

Apesar de aparentemente não agradar a Inhá Luísa, a pimenta (*Capsicum*), verde ou madura, fez sucesso na mesa do brasileiro. Costumavam misturá-la pilada com o sal fabricado a partir da água do mar, fazendo uma mistura chamada *ijuqui*, *juquitaia*, *inquitaia* ou *ionquet*, que constitui o *primeiro tempero brasileiro*. Não o usavam no cozimento; quando o ali-

8. Francisco Adolfo de Varnhagen [Visconde de Porto Seguro], *História Geral do Brazil Antes da sua Separação e Independência de Portugal*, t. 1, p. 51.
9. Robert Southey, *História do Brazil*, t. 2, p. 469.
10. Daniel P. Kidder, *Sketches of Residence and Travels in Brazil*, vol. 2, p. 398.
11. Luís da Câmara Cascudo, *História da Alimentação no Brasil*, p. 125.
12. *Idem*, p. 127.

mento era ingerido, colocavam em seguida um pouco da mistura na boca para dar sabor. "Examinando tudo quanto os cronistas disseram, não podemos falar em temperos nas panelas indígenas. Os condimentos decisivos eram posteriores à cocção ou assamento"[13].

Jean de Léry, no longínquo ano de 1558, anotou que a mistura não era colocada diretamente no alimento cru, para temperá-lo, como se faz hoje em dia; os índios a passavam na comida já pronta, antes de o levarem à boca:

> Mas, quanto aos nossos selvagens, eles pilam e trituram essa pimenta com sal, que (expressamente retendo a água do mar em poços) eles sabem fazer bem, e chamam essa mistura de *Ionquet*, eles usam como tempero de sal na mesa: nem sempre tão bem quanto nós, em carne, peixe e outros, eles salgam suas peças antes de colocá-las na boca[14].

A *inquitaia* ou *ionquet* funcionava como um molho de pimenta ancestral. "Mas o tempero estimulante mais geral era certa massa, feita com pimenta, a que chamavam *jukiray*, da qual tinham sempre as cuias cheias, e com uma pinga d'água estava feito o molho"[15]. E se colocava o molho em tudo. "Os pratos, assados ou cozidos, eles comem com *Inquitaia*, isto é, sal e pimenta"[16].

Gabriel Soares de Souza relatou que o molho também agradou aos colonizadores europeus.

> Costumam os portugueses, imitando o costume dos índios, secarem esta pimenta, e depois de estar bem seca a pisam de mistura com sal, ao que chamam *juquiray*, em a qual molham o peixe e a carne, e entre os brancos se traz no saleiro, e não descontenta a ninguém[17].

O uso da *inquitaia* era amplamente disseminado, conforme anotou também Jorge Marcgrave.

> Comem peixe assado ou cozido com *inquitaya*. Quando assam caranguejos ou lagostins não lhe adicionam sal, como os nossos costumam fazer, mas os comem, depois de assados, com simples sal ou *inquitaya* (em português sal-pimenta) porque assim lhes parecem mais agradáveis[18].

13. *Idem*, p. 123.
14. Jean de Léry, *Histoire d'un Voyage Faict en la Terre du Brésil*, vol. 2, p. 26.
15. Francisco Adolfo de Varnhagen [Visconde de Porto Seguro], *História Geral do Brazil Antes da sua Separação e Independência de Portugal*, t. 1, p. 51.
16. John Nieuhof, *Voyages and Travels into Brasil ant the East-Indies*, p. 127.
17. Gabriel Soares de Souza, *Tratado Descritivo do Brasil*, p. 165.
18. Jorge Marcgrave, "Cardápio do Indígena Nordestino", p. 285.

O uso da pimenta se alastrou pelo país, ganhando *status* de tempero nacional; fundamental nos pratos da cozinha baiana, também não pode faltar na mesa de Minas Gerais. Não há feijoada sem as gotinhas do molho ou a pimenta amassada para os mais corajosos. Da Amazônia ao Rio Grande do Sul, a pimenta integrou o hábito alimentar do brasileiro, desde os primórdios. Sobre essa predileção Gilberto Freyre pontuou:

> Sabe-se o abuso que faziam os indígenas da pimenta: abuso que se prolonga na culinária brasileira de hoje. No extremo-norte existe o juquitaia – condimento híbrido, feito de malagueta e sal: depois de seca a malagueta, nos próprios ramos quebrados da pimenteira e pendurados na cozinha, é passada no forno e levada ao pilão para ser socada com sal[19].

Daniel P. Kidder também informa sobre o uso excessivo da pimenta, considerado um molho essencial para os brasileiros:

> A principal peculiaridade que observei na mesa dessas regiões era o gosto por pimentas, que, mesmo no Brasil, poderia ser considerado exagerado. Além de ser generosamente servida em cada prato, uma decocção pura deste vegetal, em forma de molho, contendo picância suficiente para consumir um paladar não habituado, era considerada um molho essencial[20].

No entanto, esse excesso não passou despercebido por José Francisco Xavier Sigaud[21], médico responsável pela saúde de ninguém menos que D. Pedro II, que apontou para os malefícios gerados para o funcionamento do estômago e dos intestinos, bem como para o fato de que a pimenta atrapalhava a degustação do alimento (muito embora essa última opinião não seja unânime entre os brasileiros):

> O uso da pimenta para eliminar a insipidez dos alimentos virou, desde então, um hábito, a ponto de ser hoje o tempero essencial de todos os banquetes; a excitação que proporciona aos órgãos palatáveis é tida como favorável por alguns, prejudicial para os outros; essa última opinião, por mais dura que possa parecer, baseia-se em fatos numerosos demais para não adotá-la como verdadeira; a pimenta

19. Gilberto Freyre, *Casa-Grande & Senzala*, p. 195.
20. Daniel P. Kidder, *Sketches of Residence and Travels in Brazil*, vol. 2, p. 193.
21. Pedro Nava relata, inclusive, ter conhecido dois bisnetos de Sigaud, médico ilustre, um dos fundadores da Academia Imperial de Medicina: Eugênio Cortes Sigaud e seu irmão César Cortes Sigaud, ambos estudantes de medicina da Faculdade de Belo Horizonte.

produz um excesso de irritação salivar, destrói o sabor e, após dificultar a degustação, perverte as funções do estômago e dos intestinos[22].

Há que destacar ainda o uso do coentro na preparação culinária indígena. Conhecido como nhambi (ya-mbi), a erva era usada na preparação do alimento e também consumida crua. "Há uma erva que se chama nhamby, que se parece na folha com coentro e queima como mastruços; a qual comem os índios e os mestiços crua, e temperam as panelas dos seus manjares com ela, de quem é muito estimada"[23]. Esse relato de Gabriel Soares de Souza é de 1587 e constitui indício de que os índios já utilizavam o coentro antes do desembarque dos portugueses.

Câmara Cascudo, citando Teodoro Sampaio, ensina que *ya-mbi* significa erva ou planta de comer, utilizado pelos índios há muito tempo. "Quinhentos anos de uso são credenciais inigualáveis"[24]. Mas é o próprio autor que levanta a dúvida, informando que

> [...] o coentro verdadeiro (*Coriandrum sativum* L.) já desembarcara e verdejava nas hortas da cidade do Salvador e Recôncavo quando Gabriel Soares de Souza escrevia sobre a nhambi. Creio que a erva fora aproveitada pela sugestão do coentro na mão da mestra portuguesa[25].

O argumento final é convincente:

> Se na panela não caberia o indispensável sal, como o humilde nhambi imporia presença? Não havia necessidade do nhambi acidulador quando se possuía a pimenta queimante, excitante digestivo, provocador de ptialina. Creio que o nhambi foi usado depois da cunhã conhecer o coentro, seus efeitos e perfume[26].

Quanto às espécies, usava-se no Brasil um tipo de coentro (conhecido como coentro-de-caboclo, coentro-do-maranhão, coentro-de-pasto, coentro ou salsa-do-pará). Em Portugal já se usava o coentro verdadeiro (*Coriandrum sativum*), esse que teria sido levado ao Brasil.

22. J. F. X. Sigaud, *Du Climat et des Maladies du Brésil*, pp. 90-91.
23. Gabriel Soares de Souza, *Tratado Descritivo do Brasil*, p. 180.
24. Luís da Câmara Cascudo, *História da Alimentação no Brasil*, p. 124.
25. *Idem, ibidem.*
26. *Idem, ibidem.*

17

Craquenel

Eu batia o trecho de Haddock Lobo, entre o 252 e Matoso várias vezes ao dia. Fazia o trajeto ora com tia Alice, ora com tio Salles, com os dois, sozinho, até a esquina deste logradouro onde havia uma padaria, que frequentávamos e onde nos sortíamos de biscoitos, bolachas e craquenéis. Lembram? Craquenel era um sequilho torrado por fora, pulverulento por dentro que o calor do fogo arredondava em corola, avivava a cor das pétalas e transformava num pequeno girassol. Era duro à dentada e de gosto neutro logo que posto na boca. Um gole de café com leite, um gole de chá ou a saliva, amoleciam-no e logo sua consistência hostil transforma-se em carícia para a língua. Ficava fino, difusível e deixava um resíduo de gosto e de cheiro que era como se a gente ainda o estivesse ruminando, meia hora depois de engolido[1].

SEQUILHO

O craquenel, também conhecido como *craknel*, é um tipo de sequilho (igualmente denominado *isca*), que por sua vez é um biscoito feito a partir da goma seca de mandioca ou polvilho, possivelmente com ajuda da mão portuguesa, dada sua influência na doçaria geral no Brasil.

Compreende-se que essa tradição boleira e doceira em Portugal replantou-se imediata e profundamente no Brasil, servindo-se dos elementos locais, reunindo-se

1. Pedro Nava, *Balão Cativo*, p. 194.

aos recursos trazidos da Europa, farinha de trigo, ovos, especiarias. Desde o primeiro século da colonização a doçaria portuguesa estava aclimatada e pujante em todos os centros de povoamento[2].

É o que ensina Maria Isabel Dantas:

> Os mais conhecidos são as raivas e os sequilhos ou iscas, os quais estamos denominando aqui de "biscoitos de goma", pelo fato de todos eles terem em suas receitas, como matéria-prima, a goma seca de mandioca[3].

Como se nota, trata-se de mais um subproduto da mandioca.

Gilberto Freyre, no entanto, relata duas receitas de sequilho, uma com a goma de mandioca, outra sem. A primeira (*sequilhos de coco*) leva 2 cocos, 1 quilo de açúcar, 3 litros de goma, 2 ovos, sendo 1 sem clara, 1 colher de manteiga[4]; a segunda (*sequilhos à moda de Sobral*) se faz com 10 ovos, ½ quilo de açucar refinado, 1 quilo de farinha de trigo, 1 quarta de manteiga[5].

O etimólogo Francisco da Silveira Bueno indica que o sequilho é "biscoito feito de araruta, polvilho, de natureza muito seco, próprio para o café, chá, leite etc. De *seco* e o suf. *ilho*, diminutivo"[6]. Sequilho é uma palavra *transparente* da língua portuguesa, indicando não o significado, mas a textura que o doce vai apresentar na boca. Ninguém espera encontrar no *sequilho* um doce macio e suculento. O mesmo acontece com *craquenel*, palavra que revela a "consistência hostil", como disse o autor.

A guloseima aparece em mais de uma oportunidade na obra de Nava, que menciona, no terceiro volume de suas memórias (*Chão de Ferro*), um episódio que envolvia a degustação de sequilhos preparados pela tia Quetinha (Henriqueta Sales Rodrigues), ressaltando, mais uma vez, a rigidez do biscoito:

> Esses sequilhos eram duros como peças de cimento armado e modelado como lagartixas, jacarés, passarinhos, caranguejos, borboletas, boizinhos, linda-pastora, co-

2. Luís da Câmara Cascudo, *História da Alimentação no Brasil*, p. 307.
3. Maria Isabel Dantas, "Biscoitos de Goma: Um Patrimônio da Doçaria Seridoense", *v Congresso de Pesquisa e Inovação da Rede Norte Nordeste de Educação Tecnológica*, 2010.
4. Gilberto Freyre, *Açúcar. Uma Sociologia do Doce*, p. 168.
5. *Idem*, p. 162.
6. Francisco da Silveira Bueno, *Grande Dicionário Etimológico-Prosódico da Língua Portuguesa*, p. 3711.

bras, gatos, beija-flor, cachorros, lebres, pombinhas, calungas e ratazanas. Brincava-se com essas peças como com bonecos dos mestres escultores populares gênero Vitalino do Pernambuco, e depois de brincar passava-se à diversão antropofágica e totêmica de degluti-los. Era uma luta para os dentes, uma surpresa para a língua. Vencida a dureza pelas mandíbulas, a secura pela saliva, aquilo esfarelava-se e desmanchava na boca com um gosto compósito onde se distinguiam os graves do açúcar preto, as levezas do fubá mimoso, fisgadas de hortelã e agudos longínquos de limão[7].

Na casa de Olímpio Moreira, funcionário público e pai de um colega do colégio Anglo-Mineiro, o Olimpinho, Nava apreciava os sequilhos da D. Cocota – esposa daquele –, servidos com "café ralo e cheiroso, à moda mineira"[8]. Os sequilhos eram até objeto de comércio, vendido em bandejas, segundo consta no livro de contas do velho Halfeld[9].

Também estavam no lanche que a mãe do autor comprava nas paradas do trem que levou a família do Rio de Janeiro para Minas Gerais, depois da morte do pai[10]. Comprava-se sequilhos ainda na Zona do Mangue, que ficava no Centro do Rio, em quiosques de diferentes formatos e cores[11]. Os sequilhos também acompanhavam o moscatel, vinho do Porto e cafezinho que se servia em velórios[12].

7. Pedro Nava, *Chão de Ferro*, p. 174.
8. Pedro Nava, *Balão Cativo*, p. 154.
9. Pedro Nava, *Baú de Ossos*, p. 154.
10. *Idem*, p. 413.
11. *Idem*, p. 394.
12. Pedro Nava, *Chão de Ferro*, p. 311.

18

A Descoberta do Chouriço

Lembro a ceia e o chouriço da ceia. Era a primeira vez que eu via semelhante iguaria e comecei a comer com engulhos, pensando que aquilo era tripa de porco sem limpar e atochada de bosta! Ainda mais com açúcar! Quando eu estava para perder os sentidos é que o Modesto esclareceu que a poia escura não era o que eu pensava, homessa! mas sangue coalhado e temperado com cebola, alho, louro, cominho e pimenta-do-reino. Tranquilizado, devorei – apesar da consciência de que por timidez, moralmente, comera da dita[1].

CHOURIÇO

Há diferença entre o brasileiro e o português.

O chouriço brasileiro é a morcela portuguesa sem a tripa envolvedora e defensiva. Fica uma massa negra, doce, picante, comida a colher, com farinha seca. Nunca ouvi dizer "chouriça", mas sempre "chouriço". Não corresponde ao chouriço lusitano que se aproxima da linguiça, servida sempre assada ou cozida. Na Roma imperial, havia o *botulus*, um chouriço de sangue de porco, mencionado por Petrônio[2].

Câmara Cascudo se refere ao problema do nome como uma sinonímia desordenada.

1. Pedro Nava, *Balão Cativo*, p. 225.
2. Luís da Câmara Cascudo, *História da Alimentação no Brasil*, p. 566.

Os franceses têm o *boudin*, o *Wurst* alemão, *sausage* inglesa. O chouriço brasileiro padece da moléstia da sinonímia desordenada. Para todo o Nordeste e Norte significa o chouriço de sangue, sem carne alguma, com uma consistência de papa. [...] A chouriça portuguesa, como leio no dicionário de frei Domingos Vieira, é um "pedaço de tripa de porco ou de boi com carne magra e gordura de porco, com temperos – cheia de sangue com farinha ou sem ela e às vezes com o açúcar". Não há, evidentemente, semelhança alguma[3].

Francisco da Silveira Bueno informa que não há uma etimologia conhecida para a palavra chouriço, mas que há várias hipóteses. Uma delas é *chorume*, que significa gordura. Outra relaciona a palavra com a cor da iguaria:

A base desta última hipótese foi a cor do chourinho, cor parda, pardacenta. Em português, isto é, em Portugal e certamente no Brasil, o chouriço, feito de sangue de porco, nunca foi pardo, mas sempre vermelho, vermelho-escuro. Com esta base na cor do produto, apresentamos nossa hipótese: *coloriceus*, do lat. *Color*, mas no significado de vermelho, corado, como *coloratus*, corado, encarnado. As diversas foram estas: *coloriceus/cloriceus/choriço* que corresponde ao esp. *chorizo*[4].

Não é comida popular, ficando mais restrita aos mais abastados:

Esse chouriço "comida de Noite de Festa", no ciclo do Natal, muito legado aos usos da comezaine sertaneja e dos regabofes da aristocracia rural. Não aparecia comumente nas cidades, exceto nas famílias vindas do interior e que costumavam presentear os vizinhos com as terrinas dessa truculenta papazana[5].

Não se trata apenas de comida salgada, havendo também o doce de chouriço, conforme receita trazida por Gilberto Freyre:

2 tigelas de sangue de porco, 2 tigelas (1 quilo) de farinha de mandioca pisada e peneirada, calda de 6 rapaduras, 2 quilos de banha derretida, 2 colhe-

3. *Idem, ibidem.*
4. Francisco da Silveira Bueno, *Grande Dicionário Etimológico-Prosódico da Língua Portuguesa*, p. 703.
5. Luís da Câmara Cascudo, *História da Alimentação no Brasil*, p. 567.

rinhas de pimenta, 2 de canela, 2 de erva-doce, 2 de cravo, um pedacinho de gengibre e 1 xícara de castanhas piladas. Pisam-se os temperos e peneira-se e mistura-se tudo com a farinha e o sangue; leva-se ao fogo com uma porção de calda para cozinhar. Depois dos temperos cozidos na calda vai-se pondo uma vez calda, outra vez banha. Quando estiver quase cozido põe-se leite de 1 coco. Quando estiver soltando a banha, está cozido. Depois que estiver no prato, cobre-se com castanhas assadas[6].

6. Gilberto Freyre, *Açúcar. Uma Sociologia do Doce*, p. 140.

19

Comida de Internato

Nas priscas eras dos meninos pobres de São Pedro e de São Joaquim a comida da casa não era lá grande coisa. Os cronistas registraram menus coloniais tornados famosos pela má qualidade. Havia certa carne ensopada conhecida como *serra-bode*; havia a assada, dita a *esbofeteada*; um camarão com arroz chamado *ponto-e-vírgula* e uma triste canjica denominada *lágrimas de Caim*. Já nos tempos imperiais tudo melhora e Vieira Fazenda recorda as feijoadas das quintas-feiras, os picadinhos com batata e azeitona dos sábados e o *cozido suculento* servido nos domingos sem saída (estas eram quinzenais, no Internato do século passado). No meu tempo a boia era excelente. Lembro com saudade [...] o arroz solto, macio, lépido e dourado de nossos almoços, arroz base, alicerce, arroz fundo musical para o picadinho ou o bife de panela com quiabo, ou batata, ou cenoura, sempre com azeitona, sempre avivado pelo pimentão; para os bolinhos de bacalhau escorrendo banha, para as postas de peixe frito, para os grelhados com as rodelinhas de cebola ainda cruas dum lado e já torradas do outro[1].

Na época em que Pedro Nava o frequentou – nos primeiros anos do século XX –, o Colégio Pedro II tinha um regime de internato. A sala de refeições, onde se servia almoço e jantar (este muito melhor que aquele, segundo o autor) foi descrita como uma peça vasta e clara, de cor verde-gaio, com quatro enormes mesas de mármore branco e bancos sem encosto para os alunos.

1. Pedro Nava, *Chão de Ferro*, p. 6.

O trecho relata os pratos servidos durante o almoço, antes das aulas das dez horas. Para evitar o atraso, o autor informa que em algumas ocasiões a comida era engolida às pressas. "Almoço, de *al-morsus, ad-morsus*, à dentada, isto é, rápida, sumariamente consumida, colação pela manhã"[2].

ARROZ

Trata-se de um suplemento popular, mas não indispensável, como disse Câmara Cascudo[3]. Não chega a competir com a farinha de mandioca e com o milho na alimentação do povo em geral, mas sua presença é mais notada nas mesas de melhores condições. A tradicional mistura *arroz com feijão* compõe a base da refeição diária da população que dispõe já de certa renda. É o fundamento que recebe os complementos de proteína (carnes, peixes etc.), vitamina (saladas, legumes) etc.

Segundo Gilberto Freyre, o arroz foi introduzido na colônia pelo Marquês de Lavradio, que administrou o Brasil de 1769 a 1779. Substituiu o pão na mesa patriarcal dos sobrados velhos, antes da europeização pela qual passou a cozinha brasileira. Comia-se arroz com camarão, com cabeça de peixe; arroz com carne, também com sardinha. Na sobremesa, arroz doce[4].

Figura 6. *Arroz* (*Cozinheiro Nacional*, p. 34).

2. Luís da Câmara Cascudo, *História da Alimentação no Brasil*, p. 25.
3. *Idem*, p. 454.
4. Gilberto Freyre, *Sobrados e Mucambos*, p. 247.

O arroz tornou-se o insumo para diversos pratos populares no Brasil. O baião de dois, prato em que o arroz é cozido junto com o feijão – de preferência o verde ou o novo, servido no Norte e Nordeste do país, mas principalmente no Ceará. Em alguns lugares adiciona-se queijo coalho e/ou carne seca. Prato semelhante recebe o nome de *moro* na República Dominicana.

O baião de dois é um prato completo que dispensa acompanhamento, mas ao qual pode-se adicionar paçoca, por exemplo. Surgiu da necessidade de evitar o desperdício de alimento no sertão áspero, com a junção de sobras de arroz e feijão com o que se tinha de carne seca e queijo coalho. Humberto Teixeira, compositor cearense, e Luís Gonzaga compuseram música que leva o nome do prato, que diz o seguinte:

> Capitão que moda é essa? Deixe a trempe e a cuié
> Homem não vai pra cozinha, que é lugar só de mulé.
> Vou juntar feijão de corda numa panela de arroz
> Capitão vá lá pra sala que hoje tem baião de dois
> Ó baião que bom que sois
> Se o baião é bom sozinho, que dirá baião de dois[5].

Outro prato típico que se estabeleceu por aqui foi o *arroz de hauçá* (fala-se também de *haussá* e *auçá*), assim descrito por Gilberto Freyre:

> O arroz de hauçá é outro quitute afro-baiano que se prepara mexendo com colher de pau o arroz cozido na água sem sal. Mistura-se depois com o molho em que entram pimenta-malagueta, cebola e camarão: tudo ralado na pedra[6].

Manuel Querino oferece uma receita mais completa:

> ARROZ DE HAUÇÁ. Cozido o arroz na água sem sal, mexe-se com a colher de madeira até que se torne delido, formando um só corpo e, em seguida, adiciona-se um pouco de pó de arroz para assegurar a consistência. Prepara-se, depois, o molho em que entram como substâncias a pimenta-malagueta seca, cebola e camarões, tudo ralado na pedra. Leva-se o molho ao fogo com azeite de cheiro e um pouco

5. Humberto Teixeira & Luiz Gonzaga, "Baião de Dois".
6. Gilberto Freyre, *Casa-Grande & Senzala*, p. 545.

d'água, até que esta se evapore. Como complemento ao arroz de hauçá, o africano frigia pequenos pedaços de carne de charque que eram espalhados sobre o arroz juntamente com o molho[7].

Veja-se que ambos os autores mencionam duas etapas na preparação da receita: na primeira faz-se o arroz; na segunda, o molho é acrescentado, formando o prato. Esse é o mesmo molho, sem o arroz, com o qual também se prepara o acarajé, conforme observado por Câmara Cascudo[8].

Ainda segundo Câmara Cascudo, "os hauçás, sudaneses muçulmanos da Nigéria, deixaram na cidade do Salvador um prato de arroz que lhes recorda o nome valoroso, arroz de haussá, mantido pelos baianos da capital"[9]. Hauçá é também o nome de uma língua do Sudão, conforme ensina Renato Mendonça:

Hauçá: adj. pátrio: nome de um povo negro importado que falava a língua hauçá.

Etim.: de hauçá, língua do Sudão.

Abon.: Conservou-se a palavra na expressão "arroz de hauçá", guisado ainda hoje apreciado na Bahia[10].

De origem africana temos também o famoso *arroz de cuxá* do Maranhão, cuja base, além do grão, é uma planta chamada *vinagreira*[11] – também conhecida como caruru-azedo ou azedinha –, gergelim e camarão seco. É tido por Manoel Nunes Pereira como o "orgulho da culinária maranhense"[12].

Câmara Cascudo cita Jacques Raimundo para dizer que a expressão é da Guiné Superior[13]. Para Matthias Rohrig Assunção, o cuxá é

7. Manuel Querino, *A Arte Culinária na Bahia*, pp. 55-56.
8. Luís da Câmara Cascudo, *História da Alimentação no Brasil*, p. 463.
9. *Idem*, p. 462.
10. Renato Mendonça, *A Influência Africana no Português do Brasil*, Brasília, Fundação Alexandre de Gusmão, 2012, p. 146.
11. Arbusto da família das Malváceas, originário da África Oriental Tropical (*Hibiscus sabdariffa* L.).
12. Manoel Nunes Pereira, *A Casa das Minas: Culto dos Voduns Jeje no Maranhão*, 2. ed., Petrópolis, Vozes, 1979, p. 153.
13. Luís da Câmara Cascudo, *História da Alimentação no Brasil*, p. 463.

> [...] um possível legado mandinga, como sugeriu Antônio Carreira. *Kutxá* designa, nesse idioma, o quiabo-de-angola ou vinagreira (*Hibiscus sabdariffa*, L.), cujas folhas verdes são usadas para um prato de sabor acidulado, muito apreciado por quase todos os povos da Guiné[14].

É ainda Câmara Cascudo quem cita receita fornecida por Domingos Vieira Filho que constou no verbete *cuxá* de seu *Dicionário do Folclore Brasileiro*:

> Farinha seca (é uma farinha branca, extraída da mandioca, mais saborosa que a d'água, que tem a cor amarela), peneirada, a que se adiciona gergelim torrado e socado ao pilão com uns camarões secos, sal e um bobó de vinagreira. Soca-se, diz a informante, minha querida mãe, que sabe fazer um cuxá de primeira, a farinha com camarão, e o gergelim já torrado, bota-se um pouco de sal e leva-se ao fogo, com o bobó de vinagreira batida, adicionando-se alguma água até ferver e cozinhar, tomando a consistência de uma papa. Serve quentinho com arroz. É uma delícia...[15]

Há também uma receita de Domingos de Castro Perdigão. Vegetariano, sua receita não leva camarão:

> CUXÁ. Depois de limpas as folhas de vinagreira, põem-se a ferver em água e, quando bem cozidas, esmagam-se até as reduzir a massa, à qual se adiciona gergelim torrado e socado, com farinha de mandioca e azeitonas picadas, um pouco de água de sal; deixa-se depois cozinhar, mexendo sempre até ficar bem ligado, na densidade de uma papa rala. No Maranhão, donde é oriunda esta iguaria, usa-se o *cuxá* com *arroz à maranhense* (receita 4). A essa mistura dá-se o nome de *arroz de cuxá*[16].

O arroz à maranhense citado pelo autor é um arroz branco, simples, cuja receita foi transcrita na página 58 de seu livro. A mistura desse arroz simples com o cuxá é que forma essa iguaria tão apreciada no Maranhão. O Visconde de Beaupaire-Rohan menciona esse prato em seu *Dicionário* de 1889: "ARROZ DE CUXÁ, s. m. (*Maranhão*) é o arroz simplesmente

14. Matthias Rohrig Assunção, "Maranhão, Terra de Mandinga", em Izaurina de A. Nunes, *Olhar. Memória e Reflexões sobre a Gente do Maranhão*, São Luís, CMF, 2003, p. 63.
15. Luís da Câmara Cascudo, *História da Alimentação no Brasil*, p. 463.
16. Domingos de Castro Perdigão, *O Que se Deve Comer*, Maranhão, J. Pires & Cia, 1918, p. 67.

cozido, que se come de mistura com o *Cuxá* (n. Braz)"[17]. Ou seja, está-se diante de uma receita de quase 130 anos.

Há um belíssimo poema do maranhense Artur Azevedo, colocando em alto destaque esse prato, abaixo reproduzido:

Como o nosso Manoel Costa
Mandou pelo Macieira
Um molho de vinagreira
Lá de Jacarepaguá,
Num delicado bilhete
Me perguntas, caro amigo,
Se quero, amanhã, contigo,
Comer arroz de cuxá.

Que pergunta! Pois ignoras
Que sou, por este petisco,
Homem de andar ao lambisco,
Ora aqui, ora acolá?
Pois não sabes que, apenas
Eu me apanhei desmamado,
Me atirei como um danado
Ao belo arroz de cuxá?

Gosto do peru de forno
Gosto de bofes de grelha,
E tenho uma paixão velha
Por torradinhas com chá;
Mas nos pitéus e pitanças
Que custam tanto e mais quanto,
Nunca achei o mesmo encanto
Que achei no arroz de cuxá.

Visitei o velho mundo
E, nos restaurantes caros,
Os acepipes mais raros
Comi que nem um paxá;
Mas, quer creias, quer não creias,
Nenhum achei mais gostoso,
Mais fino, mais saboroso
Que o nosso arroz de cuxá!

A tua "Mulata Velha"
É com razão orgulhosa
Da moqueca apetitosa,
Do doirado vatapá;
Mas, baiano, tem paciência;
Forçoso é que te executes!
Nada valem tais quitutes
Ao pé do arroz de cuxá.

Eu tenho muitas saudades
Da minha terra querida...
Onde atravessei a vida
O melhor tempo foi lá.
Choro os folguedos da infância
E os sonhos da adolescência;
Mas... choro com mais frequência
O meu arroz de cuxá.

17. Visconde de Beaurepaire-Rohan, *Diccionario de Vocabulos Brazileiros*, Rio de Janeiro, Imprensa Nacional, 1889, p. 10.

Porque – deixa que t'o diga –
Esse prato maranhense
Ao Maranhão só pertence
E n'outra parte não há.
Aqui fazem-no bem-feito
(Negá-lo não há quem ouse);
mas... falta-lhe *quelque chose*;
não é o arroz de cuxá.

Pois aqui há bom quiabo
E bem bom camarão seco;
Há vinagreira sem peco;
Bom gergelim também há!
E o prato, aqui preparado,
Do nosso mal se aproxima!
Acaso também o clima
Influi no arroz de cuxá?

Ora, qual clima! qual nada!
É o mesmo quitute, creio;
Falta-lhe apenas o meio;
Nos seus domínios não está.
No Maranhão preparado
Naturalmente acontece
Que sendo o mesmo, parece
Ser outro arroz de cuxá.

Eu, quando o como, revejo
Entre a cheirosa fumaça,
Passado que outra vez passa,
Com que eu não contava já;

Portanto, não me perguntes...
Não me perguntes, amigo,
Se eu quero amanhã, contigo,
Comer arroz de cuxá.

Pergunta se quer o espaço
O passarinho que adeja;
Pergunta se a flor deseja
O sol que a vida lhe dá;
Pergunta aos lábios se um beijo
Aceitam, quente e sincero;
Mas não perguntes se eu quero
Comer arroz de cuxá.

Como a criança quer leite,
Joias a dona faceira,
Fitas a velha gaiteira,
E um maridinho a sinhá;
Como o defunto quer cova,
Quer o macaco pacova,
Eu quero arroz de cuxá.

Febricitante, impaciente,
Cá fico as horas contando!
Do bolso de vez em quando
O meu relógio sairá,
E amanhã, às seis em ponto,
Irei, com toda a presteza,
A tua pródiga mesa
Comer arroz de cuxá[18].

18. Artur Azevedo, "Arroz de Cuxá", *Boletim da Comissão Maranhense de Folclore – CMF*, n. 38, ago. 2007, p. 14.

A Comissão Maranhense de Folclore protocolou, em 3.6.2005, com base no Decreto 3.551/2000, o pedido de registro do cuxá como bem imaterial da cultura maranhense, mas até hoje o pleito não foi deferido. A ideia é diferenciar o referido prato de alguns semelhantes servidos na Ilha de São Luís, como o arroz de batipuru ou o arroz de vinagreira, que são semelhantes mas não se confundem com o arroz de cuxá.

Outro prato regional valorizado é o arroz de pequi, encontrado no estado de Goiás. Pequi (também *pequizeiro*, *piqui*, *piquiá*, *pequiá*) é uma árvore – *Caryocar brasiliense* – nativa do Brasil. Antônio Geraldo da Cunha explica a origem da palavra: "Tupi *py-qui*, casca áspera, espinhenta"[19]. Claudia Lima informa que o pequi é uma "árvore brasileira, própria dos cerrados, que dá frutos oleaginosos e aromáticos, estimados como condimento para arroz. Conhecido também como ipequi"[20].

A polpa do fruto, utilizado na receita, é alaranjado. Yara Barbosa Navas, no texto *Culinária Tradicional Goiana*, traz a receita:

> O arroz de piqui é delicioso e não há goiano que não o aprecie. Depois de lavado o piqui, refogá-lo numa panela de ferro com cebola, alho, pimenta e temperos, quando estiver frio, junte-se a água até cobri-lo. Deixar cozer o piqui até a água ficar bem amarela. Acrescenta-se então o arroz já lavado e escorrido, o sal e deixe-se cozer até ficar soltinho[21].

Pedro Nava conta que o carrasco Fortunato José, ao chegar em Sabará (Minas Gerais), teria se fartado de arroz de pequi e outras guloseimas, enviados pelas famílias locais[22]. Ele foi o responsável pela execução das duas escravas que assassinaram uma sinhá tida por cruel e sádica. Era uma gentileza em favor daquele que faria justiça contra a insubordinação.

Maria-isabel é o arroz misturado com carne de sol, prato típico do Piauí. O nome é da esposa do fazendeiro Simplício Dias da Silva, que herdou de seu pai a fazenda de criação de gado e de produção de couro e

19. Antônio Geraldo da Cunha, *Dicionário Etimológico Nova Fronteira da Língua Portuguesa*, p. 3045.
20. Claudia Lima, *Tachos e Panelas*, p. 274.
21. *Apud* Luís da Câmara Cascudo, *História da Alimentação no Brasil*, p. 465.
22. Pedro Nava, *Baú de Ossos*, pp. 125-126.

charque. Diante da abundância da carne, os escravos a misturaram com arroz e deram o nome da esposa do patrão para homenagear-lhe.

Claudia Lima menciona também o arroz de carreteiro, típico da região Sul:

> Prato típico da Região Sul do Brasil. Feito de arroz ao qual se adiciona carne seca ou carne de sol desfiada ou picada, às vezes, paio e linguiça, em pedaços, refogados em bastante gordura, com alho, cebola, tomate e cheiro-verde[23].

Para finalizar, deve-se mencionar também o arroz doce, em que o grão é cozido com leite de vaca ou de coco e finalizado com canela por cima.

> Prato histórico na sobremesa comum. Com leite de coco ou de vaca, é, incontestadamente, conhecido em todo o Brasil. Ferve-se o arroz branco até amolecer, derrama-se o leite de coco, sal, açúcar, canela em pau, aumentando a água. Deixa-se ferver. Deita-se no prato, salpicando canela em pó. Conhecido, também, como: arroz de função e arroz de leite[24].

COZIDO

Parece não haver dúvida de que o cozido é um prato português autêntico. "O cozido veio da cozinha portuguesa para o Brasil"[25]. E veio para se instalar mesmo, pois agradou ao paladar do brasileiro e conquistou sua mesa há mais de século, tendo sido notado também por viajantes. Jean-Baptiste Debret, por exemplo, descreve um cozido degustado na casa de um rico negociante inglês que residia no Rio de Janeiro:

> Quanto ao jantar em si, compõe-se, para um homem abastado, de uma sopa de pão e caldo gordo, que se chama de caldo de sustância, porque é feita com um enome pedaço de carne de vaca, salsichas, tomates, toucinho, couves, imensos rabanetes brancos com suas folhas, chamados impropriamente nabos etc.; tudo bem reduzido. No momento de se colocar a sopa na mesa, acrescen-

23. Claudia Lima, *Tachos e Panelas*, p. 242.
24. *Idem*, p. 242.
25. Luís da Câmara Cascudo, *História da Alimentação no Brasil*, p. 447.

tam-se algumas folhas de hortelã e mais comumente outras de uma erva cujo cheiro muito forte dá-lhe um gosto marcado bastante desagradável para quem não está acostumado. Serve-se ao mesmo tempo legumes de gostos muito variados embora cozidos juntos[26].

Figura 7. *O Jantar* (*Le Diner*, Jean-Baptiste Debret, *Voyage Pittoresque et Historique au Brésil*, t. 2, p. 42).

O cozido brasileiro, ao contrário do português autêntico, deve trazer o milho cozido, cortando-se a espiga em duas ou três partes. Esse hábito, no entanto, traz um problema de etiqueta: como comer a espiga de milho? A pergunta foi colocada para o embaixador Muniz de Aragão, pelo Egon, primo de Nava (personagem literário)[27]:

– Embaixador, não acha? o cozido brasileiro prato desanimador de ser comido com bons modos. Estas espigas de milho, por exemplo, como resolver? o jeito elegante de roê-las?

26. Jean-Baptiste Debret, *Voyage Pittoresque et Historique au Brésil*, t. 2, p. 39.
27. Sobre Egon ou Zegão, veja: "Bife a Cavalo para Repor as Energias", pp. 203 e ss.

– Muito fácil, meu jovem amigo. Um garfo em cada extremidade. Não se sujam as mãos e permitem-nos levá-las à boca dentro das regras[28].

CAMARÃO

Esse crustáceo sempre figurou entre os prediletos e mais populares entre os brasileiros. Alguns viajantes relataram a presença abundante no Maranhão, como é o caso de Paul Walle, que chegou a afirmar ter encontrado mais camarão do que carne fresca e até mesmo do que peixe nas mesas que viu. "O camarão figura obrigatoriamente nas mesas maranhenses, bem como o arroz e a farinha; mais raramente aparecem carne fresca e peixe"[29].

Já no início do século passado a indústria do camarão seco, iguaria muito comum no litoral maranhense, era bastante desenvolvida e objeto de exportação. "O Maranhão é a terra dos camarões (que são exportados, secos, em quantidades enormes) e peixes"[30]. Ainda em 1940, conforme apontado por Ruy Coutinho, o *Relatório à Comissão de Alimentação do Ministério da Educação* indica que o camarão era largamente consumido no Maranhão[31].

E nos dias de hoje não é diferente; no Maranhão se encontra presente nas mesas, do rico e do pobre, tanto o camarão fresco, como e principalmente o camarão seco, utilizado como matéria-prima de um dos pratos maranhenses mais conhecidos, o arroz de cuxá[32].

Na Bahia o camarão seco também é usado em larga escala, mas não constitui prato principal; é usado mais como tempero, como registrado pela historiadora Hildegardes Vianna: "Outro ponto que ainda não foi devidamente esclarecido é o do camarão seco, que na Bahia é tempero, dono de uma aparência e gosto ímpares"[33].

28. Pedro Nava, *O Círio Perfeito*, p. 328.
29. Paul Walle, *Au Brésil*, p. 279.
30. *Idem*, p. 276.
31. Ruy Coutinho, *Valor Social da Alimentação*, p. 62.
32. Sobre o arroz de cuxá, veja-se "Arroz", pp. 164 e ss.
33. Hildegardes Vianna, "Breve Notícia sobre a Cozinha Baiana", p. 45.

Figura 8. *Camarão* (*Cozinheiro Nacional*, p. 319).

Nava não cita o camarão em muitos trechos da obra, mas o faz em mais de uma oportunidade. Por exemplo, relata um almoço feito num boteco próximo à portaria do Externato Pedro II, de camarões recheados com uma cerveja gelada[34]. Não dá, infelizmente, a receita desse prato, que parece excelente. Esse mesmo camarão recheado era servido também na Confeitaria Colombo de Belo Horizonte; ficava em vitrines junto com empadinhas, pastéis, coxinhas de galinha e outros quitutes[35].

34. Pedro Nava, *Chão de Ferro*, p. 134.
35. Pedro Nava, *Beira-Mar*, p. 100.

20

Os Jantares de Urso Branco, o Cozinheiro

Cercado de acólitos, ele oficiava dentro de sua cozinha e servia jantares prodigiosos. Que saudade! de sua carne assada com molho de ferrugem e batatas douradas por dentro, cor de pau-brasil por fora; do seu movediço arroz, de seus ovos de clara tostada e gema fluida, de suas almôndegas, das empadinhas de galinha-e-palmito ou de camarão-e-palmito e sempre com azeitona preta; dos seus croquetes de bacalhau, dos seus peixes, de sua carne seca com pirão – picada em cubos ou desfiada em madeixas antes de fritar, meu Deus! Do seu feijãozinho trivial e bem refogado – manteiga, branco, mulatinho, chumbinho e fradinho – o fradinho mesmo, o fradinho sacramental do acarajé da Bahia e do bolinho de feijão de Minas, cuja única diferença está na sua tomada de santo – o primeiro exu-vermelho-dendê, o segundo pela nossa banha-de-porco-branca-iemanjá. Saravá! Mas tudo isto e mais sobremesas de banana, laranja, tangerina, maçã, das clássicas *adas* (marmelada, goiabada, bananada, pessegada) com o indispensável queijo curado, das Gerais – tudo isto era criança de colo diante do carro-chefe do Urso Branco: sua feijoada completa semanal[1].

O jantar do internato era excepcional. "Já disse das excelências do nosso almoço. Pois aquilo não era nada comparado às virtuosidades do cozinheiro no jantar, esse funcionário era conhecido pela antonomásia

1. Pedro Nava, *Chão de Ferro*, p. 18.

de Urso Branco e realmente parecia um"[2]. Além de virtuose com as panelas, Urso Branco era paciente com os meninos, distribuía aperitivos e não esquentava com a repetição sistemática do apelido que ele não gostava.

PIRÃO

"Pirão é sinônimo da própria alimentação brasileira"[3]. O vocábulo vem no nheengatu (língua amazônica) *pirô*, que significa *papa grossa*[4]. Encontram-se dois principais tipos de pirão, um nativo dos índios; e outro que foi desenvolvido pelos portugueses, com base no primeiro:

> Os dois tipos clássicos são o escaldado e o cozido ou mexido. O primeiro é a porção de caldo de peixe ou carne derramada sobre a farinha seca. É o nativo, anterior a 1500. O segundo demanda preparação culinária mais apurada. A farinha vai sendo lançada no caldo fervente até que tome a consistência desejada. Que se aprume nos dentes do garfo ou se empine no côncavo da colher sem desfazer-se[5].

A origem, portanto, é indígena, não obstante o europeu tenha apurado o preparo. Para Câmara Cascudo, "técnica portuguesa com material brasileiro, o pirão é uma obra-prima nacional, colaboração afetuosa e positiva na permanência realizadora, como a mulata"[6].

No Brasil nativo, predominou a mandioca, cuja farinha é o ingrediente principal desse prato. Por isso, o pirão não cruzou fronteiras, pois nos países vizinhos em que o consumo da farinha de milho predominou, a mistura com o caldo recebe outro nome.

> O pirão não ocorre na geografia culinária norte, centro e sul-americana. O milho daria o angu, *tortilha, atole, polenta* mas pirão conserva matizes diferenciais instransponíveis. O legítimo é de farinha de mandioca e só se come no Brasil. *Copyright by Brazil*[7].

2. *Idem*, pp. 17-18.
3. Luís da Câmara Cascudo, *História da Alimentação no Brasil*, p. 103.
4. *Idem*, p. 105.
5. *Idem*, p. 104.
6. *Idem*, p. 106.
7. *Idem*, p. 105.

Henry Koster relata entre nós o consumo do pirão, mas alegou que não era suficientemente brasileiro para comê-lo. A descrição do prato não lhe agradou:

> Ceia de carne seca, e a farinha da mandioca transformada em pasta, chamada de *pirão*, foi colocada na minha frente; também, alguns biscoitos duros e vinho tinto. Eu não fui suficientemente brasileiro para comer *piram*, e peguei os biscoitos com a carne seca, o que surpreendeu muito meu hospedeiro[8].

James Henderson, por sua vez, diz ter encontrado o pirão tanto na dieta do escravo negro, quanto de famílias livres, como um dos fundamentos da alimentação. A farinha era simplesmente escaldada, no caso dos escravos, raramente contavam com toucinho; no caso do brasileiro livre, com temperos diversos:

> A dieta universal dos negros é a farinha da raiz da mandioca, que eles misturam com a água morna e ocasionalmente com um pouco de toucinho. [...] Os brasileiros em geral também usam muita farinha, muitas famílias apenas dela subsistindo; e quando temperada, como é costume em algumas partes do Brasil, particularmente em Pernambuco, com pimentas verdes, adquire uma textura que eles chamam de pirão; é muito agradável[9].

George Gardner também falou sobre o consumo de pirão, no Pernambuco de 1830, seja com água fervente ou, quando disponível, com leite.

> A farinha é tanto usada em seu estado seco, quando tem a consistência de pó de serra, ou é transformada em uma espécie de pudim chamado pirão, misturando-a com água fervente, ou com leite quando esse artigo é abundante[10].

Vale notar que pirão com leite é receita pouco praticada nos dias de hoje.

Dada a importância que o pirão recebeu na alimentação do brasileiro, muitas expressões foram cunhadas com o termo. "Está na hora do pirão"; "Achar o pirão feito"; "Farinha pouca, meu pirão primeiro"; "Aquele que não come mais pirão" (defunto); "Onde há pirão vai o ladrão".

8. Henry Koster, *Travels in Brazil*, p. 57.
9. James Henderson, *History of the Brazil*, London, Longman, Hurst, Rees, Orme and Brown, 1821, p. 74.
10. George Gardner, *Travels in the Interior of Brazil*, p. 125.

EMPADA

Trata-se de um salgado muito popular no Brasil, consumido principalmente como lanche. O nome vem da redução de *empanada*, que deriva do latim *panis*, pão[11]. Os recheios são os mais variados, encontrando-se com muita frequência os de galinha, palmito, camarão e queijo. A massa, conhecida como massa podre, tem uma de suas possíveis origens na França, onde é conhecida como *pâte brisée*. Leva farinha de trigo e algum tipo de gordura (vegetal ou animal).

Em regra, a porção é pequena, o que permite comer como aperitivo que acompanha a bebida alcoólica preferida (cerveja, cachaça etc.). Mas também vale como refeição completa, quando preparado em porções maiores, conhecido como *empadão*. Come-se puro, com salada ou como substitutivo da proteína.

É um dos aperitivos mais citados pelo autor, sendo indicado também em outras páginas. Além das empadinhas do Urso Branco, Nava também descreve as famosas empadinhas do Otaviano, de Belo Horizonte:

> Eram monumentos gastronômicos conhecidíssimos em Belo Horizonte. Massa fofa, gordurosa mas solta, aquele recheio intraduzível e pegando fogo. Esclareceu logo ao Mário:
>
> – O mesmo para mim. Só que de galinha. O doutor Francisco é mais corajoso do que eu – arrisca camarão – o que em Minas é morte certa. Para beber? Água mineral[12].

Fala também das empadinhas de galinha do Bar do Ponto, sempre aquecidas, junto com os bolinhos de carne e os pastéis[13]. O autor descreve a guloseima, degustada como aperitivo da cerveja, como

> [...] as maiores, as melhores, as mais suntuosas empadinhas que já comi no mundo. Eram pulvurulentas apesar de gordurosas, tostadas na tampa, moles do seu recheio farto de galinha ou camarão. Desfaziam-se na boca. Difundiam-se no sangue[14].

Servia-se, também, empadinhas e outros salgados em enterros[15].

11. Francisco da Silveira Bueno, *Grande Dicionário Etimológico-Prosódico da Língua Portuguesa*, p. 1088.
12. Pedro Nava, *O Círio Perfeito*, p. 68.
13. Pedro Nava, *Beira-Mar*, p. 3.
14. *Idem*, p. 10.
15. Pedro Nava, *Galo-das-Trevas*, p. 285.

ACARAJÉ

Esse é o único trecho em que o autor menciona a culinária baiana, através do *acarajé* e do *azeite de dendê*. Há quem diga que a cozinha regional mais autência no Brasil é a baiana. "Entre as tradições preservadas sem alteração, a verdadeira culinária nacional é a que fazemos na Bahia"[16]. Para Manuel Querino, autor do celebrado *A Arte Culinária na Bahia*, essa supremacia decorre da presença da tradição africana:

> É notório, pois, que a Bahia encerra a superioridade, a excelência, a primazia, na arte culinária do país, pois que o elemento africano, com a sua condimentação requintada de exóticos adubos, alterou profundamente as iguarias portuguesas, resultando daí um produto todo nacional, saboroso, agradável ao paladar mais exigente, o que excede a justificada fama que precede a cozinha baiana.
>
> Fora o africano o introdutor do azeite de cheiro, do camarão seco, da pimenta-malagueta, do leite de coco e de outros elementos, no preparo das variadas refeições da Bahia[17].

Querino também fornece uma receita tradicional e bastante detalhada de acarajé, que inclui desde a preparação da matéria-prima (feijão), modo de preparo geral e serviço:

> ACARAJÉ. A principal substância empregada é o feijão-fradinho, depositado em água fria até que facilite a retirada do envoltório exterior, sendo o fruto ralado na pedra. Isto posto, revolve-se a massa com uma colher de madeira, e, quando a massa toma a forma de pasta, adicionam-se-lhe, como temperos, a cebola e o sal ralados. Depois de bem aquecida uma frigideira de barro, aí se derrama certa quantidade de azeite de cheiro (azeite de dendê), e, com a colher de madeira vão-se deitando pequenos nacos da massa, e com um ponteiro ou garfo são rolados na frigideira até cozer a massa. O azeite é renovado todas as vezes que é absorvido pela massa, a qual toma exteriormente a cor do azeite. Ao acarajé acompanha um molho, preparado com pimenta-malagueta seca, cebola e camarões, moído tudo isso na pedra e frigido em azeite de cheiro, em outro vaso de barro[18].

Gilberto Freyre menciona que o prato é de origem africana e também indica uma receita típica:

16. J. F. X. Sigaud, *Du Climat et des Maladies du Brésil*, p. 92.
17. Manuel Querino, *A Arte Culinária na Bahia*, p. 23.
18. *Idem*, pp. 30-31.

Bem africano é também o acarajé, prato que é um dos regalos da cozinha baiana. Faz-se com feijão-fradinho ralado na pedra. Como tempero, leva cebola e sal. A massa é aquecida em frigideira de barro onde se derrama um bocado de azeite de cheiro. Como alguns quitutes baianos de origem africana, se come um molho preparado com pimenta-malagueta seca, cebola e camarão, tudo moído na pedra e frigido em azeite de dendê[19].

Não obstante a culinária da Bahia tenha uma quantidade enorme de pratos regionais – muitos dos quais desconhecidos pelos turistas e até mesmo pela população do Sul e Sudeste –, o acarajé é de longe o mais famoso. Também não há dúvida que o acarajé é proveniente da África, como apontado por Freyre.

Sobre a origem exata, Vivaldo da Costa Lima informa:

O acarajé veio com os escravos nagôs das regiões iorubás da Nigéria e do atual Benin. Foi aliás no Benin, então Daomé, que o padre Pierre Bouche encontrou o acarajé e o descreveu com precisão, chamando-o de "*un hors-d'oeuvre, presque une friandise*" ["Um aperitivo, quase uma guloseima"][20].

Na sequência, Vivaldo explica as diversas ocasiões em que a iguaria é degustada:

Esse caráter de *un hors-d'oeuvre* – tão grato à *gourmandise* francesa – do acarajé é conservado na Bahia, onde é comido, como veremos já, como uma entrada ou como uma merenda entre as refeições maiores. Hoje também serve como um verdadeiro substituto dessas refeições, do almoço ou do jantar retardado ou distante. E encontramos atualmente o acarajé oferecido como "tira-gosto", nas refeições oficiais e nas casas de famílias burguesas[21].

Vale também notar que o acarajé é uma das comidas de candomblés mais típicas:

O acarajé, ainda hoje, ou sobretudo hoje, é um alimento ritual específico do orixá Iansã, ou Oiá, divindade do panteão iorubá integrado no sistema religioso afro-brasileiro, deusa dos ventos, das trovoadas e das tempestades, uma das três mulheres reconhecidas de Xangô – na África, ela é também a divindade do rio Níger.

19. Gilberto Freyre, *Casa-Grande & Senzala*, p. 545.
20. Vivaldo da Costa Lima, *A Anatomia do Acarajé e Outros Escritos*, p. 124.
21. *Idem, ibidem.*

Entre várias comidas que se oferecem a Iansã nas suas celebrações está precisamente o acarajé. "Comida para rezar. Para pedir a Deus." Há mesmo alguns terreiros na Bahia que têm um dia especial, chamado "os acarajés de Iansã, consagrados a esse poderoso orixá"[22].

Para aqueles que procuram o acarajé em Salvador, segue a dica de Hildegardes Vianna:

Acarajé é uma iguaria fácil de sem comprada e de ser comida, fritinho na hora, ainda quente, em qualquer esquina da Capital baiana. Na parte baixa do Elevador Lacerda e em algumas artérias do Comércio, na chamada Cidade Baixa, as vendeiras servem o acarajé feito em casa, já frio, na maneira antiga. Junto aos montões de acarajé e abarás encontra-se o "caco" do molho de pimenta, cebola e camarão seco, tudo cozido no azeite de dendê em ponto de papa. Na Cidade Alta o acarajé aparece sendo feito à vista do consumidor, comido quente e complementado por uma varidade de molhos[23].

No Rio de Janeiro, Nava relata que se vendia acarajé na zona do Mangue, que hoje fica na parte do centro do Rio que foi aterrada. Lá tinham quiosques de formato e cores variados que faziam comércio de bebidas e comidas, incluindo o quitute baiano[24]. Também no Centro, próximo à Praça XV, onde havia um porto, encontravam-se as baianas.

Em cada esquina uma baiana vestida de branco, sentada diante do tabuleiro cheirando ao coco, à pimenta, ao açúcar e ao refogado dos arabéns, das pamonhas, das tapiocas, dos acarajés, das punhetas, dos cuscuz[25].

22. *Idem*, p. 123.
23. Hildegardes Vianna, "Breve Notícia sobre a Cozinha Baiana", p. 52.
24. Pedro Nava, *Baú de Ossos*, p. 394.
25. Pedro Nava, *Balão Cativo*, p. 214.

21

A Cozinha na Casa dos Modesto

Ne pourriez-vous pas me faire goûter de vos plats familiaux?[1]

AUGUSTE ESCOFFIER

Mas antes da conversa e do jogo tinha acontecido, em casa dos Modesto, o festivo ajantarado. Era sempre obra-prima. Concorria para isto a vocação gastronômica da família. Seu Maneco morara em Cataguases e de lá trouxera o conhecimento da elegância ática da cozinha mineira. Dona Isaura, por sua vez, possuía floreados da cozinha carioca. Toda a descendência do casal era de forno e fogão. Tio Heitor era fabuloso nas peixadas e moquecas. O Jorge e o Osório nos assados. A Dadá no parnasiano das aves recheadas, nas virtuosidades estoverianas do leitãozinho nonato. A Floriana e a Luth, em tudo. O velho, com o tempo, enjoara de preparar pratos de sal mas não havia quem pudesse com ele no arranjo de uma sobremesa. Seu doce de coco e seus quindins eram falados, gabados, arquibadalados. Os *menus* eram planejados com argúcia e discutidos durante a semana. Além dos pratos do trivial, das saladas, das entradas, das sopas - havia um sempre de resistência e lembro com saudade o desfilar dessas iguarias que tinham uma espécie de ritmo estacional, de correspondência profunda com as festas de todo o ano. A Semana Santa, por exemplo, vinho com o feijão doce de leite de coco, à moda da Bahia. Não levava quase sal mas sim uma pedalada de açúcar - empurrando no sentido do gosto natural. Vinho, entre doce e acidulado - Grandjó. Ainda no mesmo ciclo, as fritadas de camarão, de marisco, as

1. "Você não poderia me deixar provar os pratos da sua família?" (Auguste Escoffier, *Souvenirs Culinaires. Le Temps Retrouvé*, Barcelona, Mercure de France, 2016, p. 123).

moquecas abaciais e o famoso arroz-e-peixe criação de meu tio Heitor. A receita? Cabeça de peixe carnuda, camarões gigantes, folha de repolho – tudo cozido com arroz graúdo, lustroso, entre leite e prata embaçada. Tinha de ficar mole, mas não molhado, pegando um pouco, mas sem embolar. Tempero, os que não dessem cor e deixassem ao prato a brancura só quebrada pelos riscos vermelhos da argola dos camarões. Tempo de frio, de Santo Antônio, São João e São Pedro – lá vinham com as ilustríssimas feijoadas completas; as majestosas panelas de orelhada de porco e mais seus miúdos, no feijão-branco ou mulatinho; os cozidos enciclopédicos e a fabulosa rabada com agrião que, em casa de Seu Modesto, era mijotada com mocotó de modo que o caldo, em vez de corrediço, ficava gelatinoso e que quem dele provava, além de lamber, colocava os beiços que nem acontece mediante baba de abio ou de coco-de-catarro. Excetuada a feijoada completa (que só pedia o aperitivo de pinga de Campos e o respaldo, horas depois, com a cerveja gelada), as carnes eram acompanhadas dos tintos verdes ou maduros, rascantes ou veludosos, segundo o caso. Nunca vi em casa de Seu Modesto a ambiguidade dos *rosés* – que não têm opinião e são uma espécie de Maria-vai-com-as-outras da bebida. Feito político do P.R.M. que combinava com carne, com peixe e afinal não era carne nem peixe. A mesa do pai do meu tio Heitor era alegre, toda clara dos talheres e trinchantes e conchas reluzentes, das grandes toalhas adamascadas, dos guardanapos do tamanho de lençóis – de amarrar no pescoço ou enfiar a ponta no colarinho. Tudo reluzia de limpeza, era azulado de anil e rijo da água de goma. No centro, fruteira *belle-époque* ou pote de barro com avencas folhudas e densas. A boa comida impõe o bom bragal e este e ela exigem bons modos à mesa. Era assim que nunca vi ninguém comer mais gostoso que a família Modesto. Demoradamente. Mastigação minuciosa e técnica – quase voluptuosa. Pouca fala. Comentário um ou outro. Esse molho-pardo está o suco. Gente! esse porco está divino. Esse mocotó, do céu! Faz favor, D. Isaura, mais um pouco de tutu, sim, bastante torresmo e ovo duro. Cada um arrumava bem seu prato, tudo em seu lugar, só misturando, por exemplo, arroz, feijão, farinha, às pequenas porções e à hora de esculpir o módulo compacto sobre o garfo. Apresentação da comida, sua arrumação por cada um, seu modo de servir-se e comer – tudo isto são primores que concorrem artisticamente na participação da função visual do apetite, primeiro, na digestão, depois[2].

Nesta casa gastronômica residiam Seu Modesto, pai de Heitor Modesto de Almeida – tio de Pedro Nava – e sua esposa, Dona Isaura. Mo-

2. Pedro Nava, *Chão de Ferro*, pp. 84-86.

ravam na Rua Delgado de Carvalho, n. 81, esquina com a Rua Barão de Itapagipe, na Tijuca, casa visitada frequentemente pelo autor e sua mãe.

MOQUECA

Prato híbrido, de origem indígena, porém desenvolvido pelos baianos, cuja tradição culinária remonta às tradições africanas.

Moqueca é um vocábulo de origem tupi, apesar de alguns escritores dizerem que é africano. Ao assado envolvido em folhas como os índios faziam com o peixe chamavam *pokeka*, de que se fez moqueca, corruptela de *i-mô-qué*, ou *pô-qué*, fazer embrulho, feito embrulho, envolvido; peixe assado entre folhas que o envolvem, dentro das cinzas[3].

Essa moqueca seca embrulhada em folhas é denominada nos dia de hoje como moqueca enfolhada ou moqueca de folha, resistindo ainda na Bahia[4].

As mesmas moquecas, mas sem caldo ou molho, secas, envoltas em folhas de coqueiro ou de bananeira, e assadas em fogo lento ou no borralho, têm o nome particular de *moqueca enfolhada*[5].

No início, a moqueca era seca, constituída de pequenos peixes envolvidos em folhas e assados no borralho. Gilberto Freyre trata do processo de transformação da moqueca original, indígena, para a que conhecemos hoje, africanizada:

Há entretanto um processo indígena de preparar peixe que se generalizou no Brasil: o da *pokeka*, "de que se fez por corruptela, moqueca", informa Teodoro Sampaio no seu *Vocabulário Geográfico Brasílico*, "e significa embrulho". Embrulho de peixe em folhas. Moqueca é o peixe assado no rescaldo, que vem todo embrulhado em folha de bananeira – espécie de bebezinho envolto no seu cueiro. A moqueca

3. Francisco Augusto Pereira da Costa, *apud* Luís da Câmara Cascudo, *História da Alimentação no Brasil*, p. 578.
4. "Resiste na Bahia na *moqueca de folha*, descendente direta da técnica quinhentista, com as alterações que o tempo foi sugerindo" (Luís da Câmara Cascudo, *História da Alimentação no Brasil*, p. 150).
5. *Idem*, p. 578.

mais apreciada é mesmo a que se faz de peixinho novo, ainda transparente, pequenininho: bebê de peixe. Na Bahia e em Pernambuco, a *pokeka* se africanizou, ou antes, se abrasileirou, deliciosamente, em moqueca, nas cozinhas das casas-grandes[6].

Não se sabe exatamente onde e quando houve a metamorfose. Câmara Cascudo conta que em meados do século XIX já se comia a moqueca como se aprecia hoje em dia. A primeira alteração naturalmente teria sido tirar o peixe do embrulho de folhas em que era assado. Nesse sentido:

> Desse apanhado de peixes, assados ao brasido, embrulhado em folhas de bananeira ou palmas novas, a moqueca veio andando para a promoção dos nossos dias, perdendo uns e ganhando outros atributos personalíssimos, inclusive o invólucro. Já Gonçalves Dias, há cem anos, dizia ser a moqueca um guisado de peixe, guisado no sentido de refogado, leite de coco ou azeite de dendê. A moqueca indígena, saboreada pelos cronistas, ainda é feita pelos nossos amerabas mas perdeu-se completamente o feitio primário no uso comum em que a vemos[7].

Adicionou-se, além de leite de coco e azeite de dendê, sal, pimenta, alho, coentro, tomate, cebola pimentão etc. E de assado o prato passou a ser cozido, ganhando um molho abundante, avermelhado, dentro do qual o peixe vem mergulhado. A moqueca atual não é prato exclusivo de peixe. "Fazem também de miolos de gado, tomate, maturi (castanha verde de cajus), repolho"[8].

Incluiu-se na receita original ingredientes utilizados na Bahia e em outros locais do Nordeste e também do Norte; o Barão de Santa-Anna Nery também relatou a presença da moqueca na Amazônia:

> Entre os alimentos importantes para os mamelucos, a *poqueca* ocupa o primeiro lugar. Esta palavra tupi significa envelope. A *poqueca* é preparada com todas as pesquisas com que geralmente se prepara um prato nacional[9].

A moqueca se assemelha à peixada portuguesa, sem os ingredientes tipicamente brasileiros, como o leite de coco e o dendê. Pode ser também

6. Gilberto Freyre, *Casa-Grande & Senzala*, p. 195.
7. Luís da Câmara Cascudo, *História da Alimentação no Brasil*, p. 579.
8. *Idem*, p. 150.
9. Frederico José de Santa-Anna Nery [Barão de Santa-Anna Nery], *Le Pays des Amazones*, p. 168.

uma de suas origens. A peixada é o peixe cozido em caldo com legumes e temperos, geralmente em panela de barro ou pedra – que retêm melhor o calor –, tal qual a moqueca. Há no Brasil diversas receitas regionais: peixada goiana, cearense e pernambucana. Pedro Nava menciona também a peixada à Leão Veloso, de origem portuguesa[10].

O termo moqueca, de tão difundido, foi utilizado com significados diferentes: "'Estar de moqueca': encolhido, acomodado, agasalho, *amoquecado*. Na frase vulgar, 'estar de moqueca' é estar de pé dormente, sem se importar com coisa alguma"[11]. Pode significar também "adoentado, fora de circulação"[12]. Segundo Câmara Cascudo: "Ficou-nos o *amoquecado*, *moquecar-se*, de cócoras, escondendo-se e reduzindo-se, confuso amontoado, lembrando a disposição dos peixes no rescaldo das cinzas"[13].

MOCOTÓ

É a mão ou pata do boi ou vaca. O prato é degustado já há muito tempo aqui e em outros países. Jean-Baptiste Debret no Brasil de 1834 relatou: "Pés de bois, chamados *mocotoës*, substituem nas mesas os pés de bezerros e ovelhas, que nunca aparecem"[14]. De fato, aqui nunca se teve o costume de comer o mocotó de outros animais que não o boi ou a vaca.

Não se trata de um prato consumido apenas pela população menos abastada; ganhou as mesas fidalgas – inobstante o preço baixo das matérias-primas – e chegou a figurar no livro de receitas do *Cozinheiro Imperial*:

> Mocotó ou mão de vaca.
>
> Pelai uma ou mais mãos de vaca, tirai-lhes os cascos, abri as mãos de vaca por todas as suas juntas, e ponde-as a ferver a fogo forte por espaço de quatro ou seis horas; então derretei à parte quanto toucinho for necessário e ajuntai cebola e salsa picada, alho, pimenta-do-reino, louro, pimenta verde e algumas

10. Pedro Nava, *Baú de Ossos*, p. 47.
11. Francisco Augusto Pereira da Costa *apud* Luís da Câmara Cascudo, *História da Alimentação no Brasil*, p. 578.
12. Claudia Lima, *Tachos e Panelas*, p. 230.
13. Luís da Câmara Cascudo, *História da Alimentação no Brasil*.
14. Jean-Baptiste Debret, *Voyage Pittoresque et Historique au Brésil*, t. 2, p. 89.

gotas de vinagre. Ajuntai tudo isto com o mocotó e continuai a cozê-lo até que fique grosso[15].

O *Cozinheiro Nacional* também não deixou de fora essa iguaria, trazendo duas receitas de mocotó:

91. Mocotó com arroz. Depois de bem limpa a mão de vaca, e cortada em pedaços, ponham-se a cozer com sal, salsa, folhas de cebola e um pouco de pimenta; estando quase cozida, tira-se, coa-se-lhe o caldo, pondo-se nele a cozer o arroz. Estando o arroz quase seco, deita-se-lhe o mocotó, e serve-se.

92. Mocotó de vaca. Escalde-se em água quente uma mão ou pé de vaca; depois de raspado, e tirado os cascos, corte-se em pedaços por todas as juntas; ponham-se estes sobre o fogo com algumas peles de toucinho, sal, pimenta, salsa, louro, e deixem-se ferver a fogo vivo, durante seis horas; tirem-se depois os pedaços de mocotó e as peles, deixando-se o caldo engrossar. Quando estiver quase no ponto, deitem-se-lhes uma colher de mostarda e um pouco de vinagre, ou sumo de limão, e sirva-se[16].

Manuel Querino traz o modo de preparo do mocotó, muito apreciado pelos baianos:

É uma das refeições mais apreciadas pelo povo baiano e ainda pela classe abastada. Para isso aproveitam-se a unha, o beiço, o fato ou intestinos do boi, exceto o rim, o fígado e o coração. Os intestinos são lavados cuidadosamente com limão e água, e depois, partidos em pedaços. Com uma faca afiada limpa-se, ou melhor, descasca-se o beiço e o mesmo se faz à unha, mas de modo que se não retire toda a pele que cobre os ossos. Abre-se a unha ao meio para a lavagem com limão e finalmente é tudo lavado em água pura.

Isto posto, vai o mocotó ao fogo com água, sem nenhum tempero. Depois de bem cozido a fogo forte, moem-se o sal, tomate, cebola, alho, cominho, pimenta-do-reino e um pouco de vinagre, adicionando-se a isso hortelã e uma folha de louro.

Antes desses temperos, deita-se o toucinho bem lavado e também, se se quiser, a linguiça da terra, ou melhor, o chouriço português.

15. R.C.M., *Cozinheiro Imperial*, Rio de Janeiro, Laemmert & C., 1887, p. 48.
16. *Cozinheiro Nacional*, p. 69 [Ed. Ateliê, p. 96].

Convém advertir que o mocotó deverá ser cozido de véspera, pois é sempre servido ao almoço do dia seguinte, quando se lhe deitam os temperos[17].

Segundo o *Cozinheiro Nacional*, há um mocotó cozido à baiana, que leva ingredientes diferentes, mas não descreve como seria.

Mocotó ou mão de vaca; usado em cozido, com sal e outros temperos, com ou sem pimenta-malagueta, para comer com farinha de mandioca, arroz, pão, carne etc. O cozido à baiana, seg. Sodré Viana (*Cad. de Xangô*, p. 60), muito complexo, leva muitas carnes, vísceras e temperos, além de mocotó ou mão de vaca[18].

Para finalizar, ele traz o modo de preparo da geleia de mocotó, muito consumida por crianças em geral:

Faz-se a geleia de mocotó, da maneira seguinte: põem-se de molho em água fria dois mocotós limpos; em seguida, cortam-se em pedaços, e fervem-se em três garrafas d'água, durante seis a sete horas, coa-se, deixa-se esfriar, tira-se a gordura, e torna-se a pôr numa cassarola; ajuntam-se o sumo de um limão, e duas claras de ovos[19].

Quanto à geleia de mocotó, Pedro Nava conta que era preparada na casa de sua mãe, dando-lhe conotação sexual à sua consistência, o que é um traço de estilo que o autor imprimiu em algumas descrições relacionadas à culinária. Veja-se:

Mas o nosso carro-chefe era a geleia de mocotó. Fervia escura, suja e impura em latas tão grandes como as do *Aseptol*. Depois do tempero com açúcar e especiarias mantidas em sigilo, aquilo era coado em guardanapos grossos, amarrados pelos quatro cantos nos pés dum tamborete virado de pernas para o ar. Ficava em cima, uma espécie de cola grossa – parecendo coisa de feiticeiro. Passava só o fio luminoso que era colhido em tigelinhas que esfriavam no sereno e a quintessência virava naquela coisa decantada e pura, cor de pele e de topázio, mais viva e tremblotante que bunda de moça e seio de menina[20].

17. Manuel Querino, *A Arte Culinária na Bahia*, pp. 55-56.
18. Antônio José de Sampaio, *A Alimentação Sertaneja e do Interior da Amazônia*, p. 287.
19. *Cozinheiro Nacional*, p. 421.
20. Pedro Nava, *Chão de Ferro*, pp. 100-101.

22

Casa de Ennes de Souza

Alimentava-se recorrendo aos elementos que haviam sustentado os ancestrais. Comida valorizada no tempo. Menos pela contribuição fisiologicamente nutritiva do que pela ação psicológica, garantindo a imagem habitual da repleção[1].

LUÍS DA CÂMARA CASCUDO

Mas... eu ia dizendo que a casa era uma festa. Duas, as maiores – os almoços de 6 de maio e os jantares de 28 de junho respectivamente as datas natalícias de *tio* Ennes e da *tia* Eugênia. O primeiro era mais um ajantarado pois só saía lá pelas duas ou três da tarde. Eram sempre os mesmos pratos. Primeiro a fabulosa salada de alface da dona da casa, folhas verdes e tenras avivadas por pimentão sinopla ou vermelho, por laranja, por maçã e pelo molho de vinagre e azeite mais proporcionado que já comi. Depois vinha um chucrute de adaptação, réplica nacional ao *Sauerkraut* alemão. Era o repolho conservado em salmoura e acompanhado das charcutarias encontradas em nossas vendas: linguiça fresca, salame, paio, carne de peito – tudo preparado à alemã, à saxônia, em lembrança dos tempos de mocidade e de Freiberg. A travessa colossal e fumegante chegava parecendo recoberta de ouro: era o amarelo da mostarda posta com abundância, incendiando a língua e o palato e preparando-os para os copázios da amistosa cerveja. Tenho um deste copos dado, anos e anos depois, pela Sinhá Cota a minha tia Maria Modesto que o passou a minhas mãos. Era justamente o de Ennes de Souza e lembro-me dele, como um deus pelágico, bigodes cheios de mostarda e espuma, lendo os versos gravados na louça. Ah! o *Nectar Deorum, Cerevisia Jucunda* alegrando o coração de todos...[2]

1. Luís da Câmara Cascudo, *História da Alimentação no Brasil*, p. 155.
2. Pedro Nava, *Chão de Ferro*, pp. 183-184.

Antônio Ennes de Souza era engenheiro, natural de São Luís do Maranhão - nascido em 1848 - e casado com Eugênia Sales Rodrigues. Pedro Nava indica sua meteórica trajetória acadêmica, intelectual e profissional. Estudou em Paris, Zurique e Saxônia; terminou dois doutorados e se tornou professor em seguida. Foi três vezes diretor da Casa da Moeda, deputado e ainda participou da Revolta da Armada em 1893, dentre várias atividades de igual importância, cuja descrição não caberia aqui.

Órfão de pai e mãe, Ennes foi morar com sua avó materna, a mesma senhora que criou Pedro da Silva Nava, avô paterno do autor. Daí a relação familiar que permitiu ao Pedro Nava (neto) frequentar sua casa, cuja cozinha simples é colocada em destaque em mais de uma oportunidade: "Muito melhores que esses rega-bofes eram os jantares de todo dia na sala de refeições simples e modesta dos Ennes de Souza. Vejo acesas suas lâmpadas hospitaleiras, reluzir a alvura da toalha, a limpeza dos talheres, os pratos de louça, os copos"[3]. Nessa casa, Nava frequentou "almoços pantagruélicos, jantares gargantuescos e ceias memoráveis"[4].

SALADA

A palavra *salada* deriva de "sal", tendo surgido pelo século XVI[5]. Câmara Cascudo alega ser a origem da palavra mais antiga: "A salada tem nome provençal mais divulgado no século XIV, *salada*, valendo *salgada*"[6]. Em Portugal há um ditado que aconselha: "Salada salgada, pouco vinagre, bem azeitada". Há também a salada de fruta, o que, para Francisco da Silveira Bueno, encerra verdadeiro contrassenso, porque nela há de tudo, menos sal[7]. Em sentido figurado, dada a possibilidade das misturas diversas, significa confusão, atrapalhada. Diz-se: "Isso é uma salada de ideias!"[8]

3. *Idem*, p. 188.
4. *Idem*, p. 170.
5. Antônio Geraldo Cunha, *Dicionário Etimológico da Língua Portuguesa*, p. 699.
6. Luís da Câmara Cascudo, *História da Alimentação no Brasil*, p. 492.
7. Francisco da Silveira Bueno, *Grande Dicionário Etimológico-Prosódico da Língua Portuguesa*, p. 3620.
8. "A salada, já no século XVI, era composta e dava imagem de confusão, mistura, popularizando-se nesta acepção, na língua portuguesa" (Luís da Câmara Cascudo, *História da Alimentação no Brasil*, p. 492).

Tout peut être salade ("Tudo pode ser salada"), advertiu André Castelot[9]. Massas, carnes, frango, peixe, crustáceos, ovos, folhas, temperos, frutas, raízes tornam a salada um prato versátil. Em regra, é alimento leve, refrescante, ideal para climas tropicais, como no Brasil. Mas quando se quer dar mais sabor, acaba ficando mais calórica que alguns pratos quentes.

Salada de alface é a mais tradicional, mais presente nas mesas. Essa verdura já era bastante comum no Império Romano[10], vindo daí o nome de um tipo: alface romana. Há também receita de salada com esse nome (salada romana), que leva alface (do tipo romana, naturalmente), vinagre, azeite, sal, pimenta, mel e laranja, havendo algumas variações.

Em passado mais remoto, a *salada* era de hortaliças com sal, azeite e vinagre. "A salada certamente começou com uma única espécie vegetal"[11]. Na França, ela foi desenvolvida, elevada a uma categoria gastronômica independente, com ingredientes variados, coloridos, constituindo prato elegante.

> O século XIX foi o século das saladas, notadamente em Paris, e Paris derramava o exemplo por toda a Europa. Iguaria de arranjo artístico, seduzindo apetites, permitia as tranquilas alegrias digestivas. E é sempre um prato bonito[12].

Faz-se grande uso da salada na Europa em geral. No Brasil, todavia, ela não foi adotada pelo gosto do povo. Câmara Cascudo afirma:

> [...] no Brasil a salada não tem, ainda presentemente, a divulgação aldeã que possui na Europa. Usam-na mais comumente as classes sociais alfabetizadas e com recursos financeiros medianos. Homem do povo não come salada em sua refeição habitual. Salada de hortaliças, entenda-se. A de frutas tornou-se mais preferida, como sobremesa, mas não constante na ementa familiar. A explicação é a pouca simpatia brasileira pelo alimento vegetal, notadamente hortense, tão comum para seus avós portugueses, africanos, amerabas[13].

Henry Koster não deixou de notar a ausência de salada na alimentação dos sertanejos em relato datado de 1816. "De vegetais eles não sabem

9. André Castelot, *L'Histoire à la Table*, p. 567.
10. *Idem, ibidem.*
11. Luís da Câmara Cascudo, *História da Alimentação no Brasil*, p. 493.
12. *Idem*, p. 496.
13. *Idem, ibidem.*

nada, e eles riem da ideia de comer qualquer tipo de salada"[14]. Eyriès conta que, entre os sertanejos de São Luís do Maranhão – no início do século XIX –, "a ideia de comer salada faz rir"[15].

No Brasil colonial, Gilberto Freyre também relata que, ao contrário dos senhores brancos, na dieta dos escravos já constava a salada, tradição trazida da África:

> Enquanto no regime dos brancos, vegetais e legumes verdes chegaram quase a desaparecer. "Há muita gente, entre nós, que na sua vida nunca se serviu de salada, de um prato de ervas ensopadas, restringindo-se à simples carne e ao pão ou à farinha", notaria Magalhães em 1908. Veremos em ensaio próximo que no regime alimentar dos escravos negros os vegetais tiveram parte saliente, foram de uso diário. E um dos característicos da cozinha ortodoxamente afro-brasileira é fazer acompanhar de verduras – de quiabo, couve, taioba, jerimum – os seus quitutes de peixe, de carne, de galinha[16].

Ainda segundo Gilberto Freyre, deve-se ao africano a introdução de "matos" na alimentação. Desprezado pelos senhores, de cultivo fácil e barato, os escravos abusaram da taioba (*Xanthosoma sagittifolium* L. Schott), também conhecida como orelha-de-elefante, e outra folhas, inaugurando o consumo de "folhas verdes", principalmente na cozinha baiana[17]. Outras folhas e legumes também foram muito utilizados.

Mais recentemente, o senador Arnon de Mello – pai do ex-presidente Fernando Collor – constatou, em estudo apresentado no Senado Federal, que o consumo de verduras ainda era irrisório entre os brasileiros, principalmente se comparado com o americano e o europeu:

> Quanto a verduras, o brasileiro consome, *per capita* e por dia, 50,8 gramas, quando o americano do norte, neste Hemisfério, consome cinco a seis vezes mais, ou seja, 265,4 gramas, e o suíço, na Europa, 217 gramas. Persiste entre nós a resistência às verduras, como se fosse desdouro comê-las, e em algumas camadas até se mantém a crendice de que "passa a ser bicho quem ingere folhas". Em São Paulo, ainda há pouco uma cozinheira dizia, com ares superiores, que era diferente de

14. Henry Koster, *Travels in Brazil*, p. 154.
15. M. Eyriès, *Abrégé des Voyages Modernes*, p. 458.
16. Gilberto Freyre, *Casa-Grande & Senzala*, p. 549.
17. Gilberto Freyre, *Sobrados e Mucambos*, p. 308.

seus patrões porque não comia, como eles, mato e capim, assim chamados por ela o agrião, o espinafre, a alface e outros legumes que servia à mesa[18].

O consumo de salada até hoje não é hábito do brasileiro médio – os grandes centros urbanos constituem exceção –, não obstante a recomendação de nutricionistas, pois é nas folhas, legumes e frutas que se encontra quantidade suficiente de vitaminas e sais minerais necessários para o organismo. Ruy Coutinho dizia: "Não temos o hábito das saladas"[19]. Mas esse hábito é difícil de se adquirir em locais distantes, dada a fragilidade e o rápido perecimento do insumo para preparar a salada. Em locais distantes e pobres – que constituem maior parte do território nacional –, os alimentos ultraprocessados preterem a salada. Em estudo realizado em 2018, publicado na *Revista de Saúde Pública*, concluiu-se que "consumo de hortaliças no Brasil é insuficiente"[20].

Em 1947, Gilberto Freyre – no prefácio do livro de Ruy Coutinho – fez uma advertência que parece ser aplicável até os dias de hoje:

> Os tomates estão se tornando rubis, os limões estão se tornando esmeraldas, as verduras, quase todas, estão se tornando raras como pedras preciosas, num país como o Brasil, em que só a desorganização da economia explica a escassez de tais produtos[21].

Nava cita refeições de saladas algumas vezes em sua obra, como a servida no Bar Estrela: "Salada de pepino com rodelas de cebola, ovo cozido, atum e sardinha. Tudo bem picante para preparar as vias para a bebida. Mas onde? o atum, onde? a sardinha. Evidente que no *Estrela*"[22]. Ou a "salada de alface tenra, faiscada com picles e pedaços de Edam holandês legítimo tudo generosamente untado de mostarda" que Egon experimentou no Bar do Riri Cardozo, no Desterro, servido com um belo vinho branco da região francesa de Vouvray, situada no Vale do Loire (AOC)[23].

18. Arnon de Mello, *Problema de Alimentação e Nutrição*, Brasília, Senado Federal, 1972, pp. 25-26.
19. Ruy Coutinho, *Valor Social da Alimentação*, p. 20.
20. Daniela Silva Canella *et al.*, "Consumo de Hortaliças e sua Relação com os Alimentos Ultraprocessados no Brasil", *Revista de Saúde Pública*, n. 52, vol. 50, 2018.
21. Ruy Coutinho, *Valor Social da Alimentação*, p. 38.
22. Pedro Nava, *Beira-Mar*, p. 101.
23. Pedro Nava, *Galo-das-Trevas*, p. 290.

23

Paris

Et il retrouvait Paris, gras, superbe, débordant de nourriture[1].

Émile Zola

Estou em Paris há mais de um mês, os dias passando e eu sem ir ver aquele pedaço de cidade onde se encontra tudo de que gosto – antiquários, sebos, mercadores de gravuras, livrarias, casas especializadas em velhas fotografias e postais da *belle-époque*, bistrôs cheios de *fruits-de-la-mer* e vinho branco, de *pieds-de-porc* e cerveja alsaciana, de *coq-au-vin* e tintos *chambres*, de queijos eloquentes e dos álcoois do fim das refeições – *kirsch* de cereja, *mirabelle* de ameixa, *marc* de uvas[2].

A CIDADE *GOURMET*

Uma das cidades que mais valoriza a gastronomia e a *gourmandise*. "Os franceses criaram uma ótima cozinha, a melhor culinária do mundo, se não a única"[3], nas palavras do espanhol Julio Camba. Paris é a cidade que consolida a cozinha nacional francesa; nela se encontram todos os pratos regionais, preparados por cidadãos orgulhosos de sua tradição.

A cidade, com incontáveis *brasseries* e *bistrôs*, onde se come e bebe de dia, de noite e de madrugada; com suas lojas de vinhos excelentes; o

1. "E ele encontrou Paris, gorda, linda, transbordando de comida" (Émile Zola, *Le Ventre de Paris*, p. 44).
2. Pedro Nava, *Beira-Mar*, p. 256.
3. Julio Camba, *La Casa de Lúculo o El Arte de Comer*, p. 46.

comério especializado, como as *boulangeries, charcuteries, fromageries, triperies* etc., torna-se inigualável para aqueles que, como Pedro Nava, procuram o mais alto respeito ao paladar.

É onde se encontram restaurantes estrelados e caríssimos, mas também pequenos estabelecimentos aconchegantes e excelentes. Cidade das feiras enormes, como a da Bastilha, onde se pode adquirir produtos e comida típica do Brasil, Marrocos, Itália, Japão etc., e também feiras típicas regionais.

Jacques-Louis Delpal, Alain Rivière e Christian Sarramon conseguem traduzir, no início de seu livro *Passeios Gourmets em Paris*, a complexidade gastronômica da cidade:

> Paris não tem *terroir*, a França é o seu jardim. Paris aproveita os sabores das províncias e do mundo, mistura gostos, refina, amplia a grande e pequena música culinária, cruza repertórios populares e as partições de alta gastronomia. Paris oferece tudo em suas bancas e mesas – o pior, o melhor – muitas vezes lança moda de alimentos, adota e adapta a moda em outros lugares. Paris, que não tem cozinha, continua inventando a cozinha[4].

O livro é um verdadeiro passeio pelos *restaurants*, *bistrots* e *brasseries* da cidade, com indicação das especialidades, uma pequena história dos estabelecimentos que se mistura por sua vez com a história de Paris. Traz preciosas dicas sobre locais mais baratos aos mais chiques e caros.

Em Paris pode-se comprar produtos raros e outros mais comuns; produtos de marca (Appellation d'Origine Contrôlé), de vinhos a tomates, azeites e queijos – estes, uma atração à parte, constituindo talvez a maior varidade do mundo, com mais de trezentos tipos diferentes. Dada essa multiplicidade de opções, Joël Robuchon – célebre *chef* francês – relata sua surpresa ao conhecer Paris:

> Outro mundo em Paris! Era um bazar improvável, uma feira imensa. Havia tudo, em toda parte, não havia restrição. Nas lojas de comida, em sua maioria de propriedade de parisienses, menos amigáveis do que lojistas provinciais, havia muitas coisas, produtos raros [...].

4. Jacques-Louis Delpal, Alain Rivière e Christian Sarramon, *Promenades Gourmandes à Paris*, Paris, Casterman, 1994, p. 9.

Mas eu sinceramente acredito que é em Paris, tomado em seu todo, que comemos melhor, em todos os níveis. Porque descobrimos todas as cozinhas, porque é fácil encontrar bons produtos frescos, porque o potencial do cliente é tal que sempre há um fluxo[5].

Lá se encontram restaurantes seculares, como o La Bouteille d'Or (1631), La Tour d'Argent (1582), La Petite Chaise (1680), Le Procope (1686), Le Grand Vefour (1784), dentre vários outros. Há também inúmeros restaurantes estrelados (*Guia Michelin*) e inacessíveis à maioria das pessoas, mesmos aos franceses.

Não obstante o proclamado *glamour* gastronômico desta cidade, sua adoração não é unânime, como nenhuma outra cozinha é. O próprio Julio Camba, que anunciou seu julgamento sobre a cozinha francesa em geral, traz críticas severas ao que considera exagero da culinária francesa:

Dessa grande cozinha proveio a seguir uma literatura culinária e dessa literatura culinária começa a derivar-se agora uma cozinha exclusivamente literária, que se não está fora da realidade, encontra-se, ao menos, no seu limite extremo: uma cozinha na qual os condimentos adjetivos predominam sobre os alimentos substantivos, na qual os manjares perdem o seu gosto nos molhos, na que o acessório usurpa o posto do principal e na que tudo, enfim, é preparação[6].

Quem imortalizou a *gourmandise* parisiense foi Émile Zola, em seu romance *Le Ventre de Paris,* que a crítica recebeu como uma "orgia culinária" ou "a grande batalha do gordo contra o magro", com suas descri ções minuciosas das carnes, peixes, legumes, frutas, queijos etc., encontrados na cidade; seus personagens vivendo uma verdadeira overdose de alimentos.

Em outro trecho de sua obra, Pedro Nava – que nunca escondeu sua predileção geral pela cultura francesa – menciona uma das mais tradicionais sobremesas deste país, a *éclair*. Eram servidas na Confeitaria Colombo de Belo Horizonte, as "famosas *bombas* de creme ou de chocolate que eram a tradução vernácula dos *éclairs* que são a honra dos doceiros de França"[7].

5. *Idem*, pp. 105-106.
6. Julio Camba, *La Casa de Lúculo o El Arte de Comer*, p. 46.
7. Pedro Nava, *Beira-Mar*, p. 100.

24

Bife a Cavalo para Repor as Energias

Eu era o confidente e por ele soube das proezas que a paraibana em brasa lhe inspirou e de que compartia aos urros – espumando, rangendo dentes, estalando juntas com a bacia levitada corpo arcobotado e fazendo plano inclinado de que ele só não despencara porque – dizia – era bom de montaria. Além do mais ela era dotada da prenda de ter chupeta. O encontro dos dois parecia uma luta, um pugilato, uma peleja, uma violência cheia de regougos e gemidos. Imitava um assassinato. Subitamente ele estacou a fundo e só ela, apenas ela, continuou num tremor no princípio de asa de beija-flor e depois diminuindo e morrendo que nem tatalar de borboleta fincada pelo pontão de aço do colecionador. Mas renasceram em folha, novos rindo um para o outro contentes de sua juventude e da consciência dos acordes que um poderia tirar do instrumento fantástico do corpo do outro. Lavaram-se sem vergonha de muito se olharem até rindo mais e curiosos das posições que tomavam ao som de águas jorrando jarros baldes bacias de ágate batendo tinindo. Sentiram fome de proteínas e foram ao bife com ovos num escuro boteco da esquina de São Paulo e Guaicurus e encolhidos um contra o outro, ouviram porção de tempo a vitrola raspante com a voz de Estefânia Macedo cantando as musguinhas lindas de Haekel Tavares. Purificados voltaram. Abriram o quarto e o cheiro deles como um flagrante deles próprios recolocou-os nus deitados se olhando com seriedade dramática. Um deus desceu e começaram pesquisas de uma doçura tão aguda que doía. Que era ardente e seca como areias nos olhos. Foram até o fim de seus fins, onde acaba o mundo, a carícia se confunde com a sevícia e começam as pedras dos desertos das sesmarias do Marquês de Sade e do Cavaleiro Sacher-Masoch...[1]

1. Pedro Nava, *Beira-Mar*, p. 321.

Nesse trecho selecionado não há exatamente uma citação gastronômica; há tão somente uma cena de sexo (duas, para ser mais preciso) e de uma refeição extremamente simples. A cena do "pugilato" envolve Genomisa – prostituta paraibana que trabalhava no Cabaré Radium – e Zegão, personagem apresentado como amigo de Pedro Nava, mas que na verdade constitui seu *alter ego*. Outro personagem que o autor usou para disfarçar realidades foi o primo José Egon Barros da Cunha. O Zegão foi substituído pelo Egon, que o próprio autor revela ser o seu Ego, seguido de *n*, primeira letra de seu sobrenome[2].

COMIDA E SEXO

A transcrição traz à tona a relação mencionada por diversos autores e antropólogos. "Toda existência humana decorre do binômio Estômago e Sexo"[3]. Com essa frase, Luís da Câmara Cascudo inicia seu livro colossal a *História da Alimentação no Brasil*. Ainda segundo o autor: "Depois da respiração, a primeira determinante vital é o alimento. O imperativo da reprodução aparece muito depois, quando a nutrição desenvolveu os órgãos funcionais"[4].

Sobre essa relação sexo e alimento, Philippe Gillet faz uma comparação divertida. Diz que, nas cidades, existe uma correlação entre o preço médio dos restaurantes e o valor cobrado pelas prostitutas, sendo que as diferenças entre os bairros mais caros e os menos são quase idênticas para os dois tipos de comércio[5].

Segundo Brillat-Savarin, o gosto, como um dos sentidos, tem por objetivo a conservação do indivíduo e, consequentemente, da espécie, mesma finalidade do sexo[6]. No entanto, como ressaltado por Câmara Cascudo, o sexo pode ser adiado, o estômago não[7]. Sobre a alimentação e o sexo como fontes vitais, a escritora chinesa Kwang-Chih Chang ensina:

2. Jorge de Aquino Filho, "Pedro Nava: Autorretrato do Artista aos 80 Anos", *Manchete*, Rio de Janeiro, jul. 1983.
3. Luís da Câmara Cascudo, *História da Alimentação no Brasil*, p. 17.
4. *Idem*, p. 40.
5. Philippe Gillet, *Le Goût et les Mots*, p. 23.
6. Jean Anthelme Brillat-Savarin, *Physiologie du Gôut*, p. 40.
7. Luís da Câmara Cascudo, *História da Alimentação no Brasil*, p. 17.

> Dizer que o consumo do alimento é uma parte vital no processo químico da vida é afirmar o óbvio, mas, às vezes, deixamos de entender que o alimento é mais do que apenas vital. A única outra atividade a que nos dedicamos e de comparável importância para nossas vidas e para a vida de nossa espécie é o sexo. Como dizia Kao-Tzu, um filósofo no período dos Estados Guerreiros e um sensível observador da natureza humana, "apetite por comida e sexo é natureza" [...].
>
> Essas duas atividades são bem diferentes. Estamos, eu acredito, muito mais perto de nosso fundo animal em nossos empenhos sexuais do que em nossos hábitos de comer. Mas, ainda, o âmbito das variáveis é infinitamente maior na comida do que no sexo[8].

Em relação à recorrência de ambas as atividades – alimentação e procriação – na vida do ser humano, Robin Fox aponta para a prevalência da primeira. "Para garantir a sobrevivência genética, o desejo sexual só precisa ser satisfeito algumas vezes durante a vida; o desejo de fome deve ser satisfeito todos os dias"[9]. Por outro lado, parece certo que em termos de sexo e alimentação há muito tempo o ser humano deixou de buscar apenas necessidades vitais.

Robin Fox também traz uma interessante análise sobre a relação entre homem e mulher (e também macho e fêmea) no processo evolutivo, que envolve a *provisão alimentar*. Para esse antropólogo, biologicamente, a fêmea depende do macho para obter comida, principalmente no período de amamentação. Dessa forma, a capacidade do macho de fornecer alimentação é avaliada pela fêmea em sua decisão de procriar.

Trazendo o conceito para dentro da nossa sociedade, verificou-se, por meio de estudos com mulheres, que, na escolha dos parceiros, elas olham mais para a existência de recursos do que para a atratividade masculina. Atualmente, faz parte da "paquera" o homem pagar pelo menos uma conta no restaurante; essa disposição geraria na mulher um impacto positivo na formulação de sua escolha. Veja-se o que Robin Fox fala sobre esse assunto:

> Mas comida e sexo geralmente estão intimamente ligados. Eles estão fisicamente conectados ao sistema límbico do cérebro, que controla a atividade emocional em geral. Não é de surpreender que nós não apenas os vinculemos, mas o façamos

8. Kwang-Chih Chang, *Food in Chinese Culture: Anthropological and Historical Perspectives*, *apud* Vivaldo da Costa Lima, *A Anatomia do Acarajé e Outros Escritos*, p. 145.
9. Robin Fox, "Food and Eating: An Anthropological Perspective", *Social Issues Research Centre*, Oxford, 2003, p. 1.

emocionalmente. Boa comida = bom sexo. É essa sensualidade de comer que estimula a rejeição puritana e ascética dos prazeres alimentares. Mas a conexão faz sentido. Para se reproduzir efetivamente, uma fêmea precisa não apenas de inseminação, mas também de provisionamento. Particularmente em espécies como a nossa, onde ela é relativamente dependente durante o período de amamentação, ela precisa de um macho para fornecer comida. Assim, a disposição de um macho para fornecer comida se torna um índice importante de sua adequação como companheiro. Acima de tudo, sugere sua disposição de "investir" na prole feminina. Estudos sobre preferências de parceiros em muitas culturas revelam que, embora os homens sejam guiados pela aparência (na verdade, um bom indicador de fertilidade), as mulheres olham para o provisionamento: um homem com recursos é o preferido em relação ao menos afortunado, independentemente de sua atratividade. Estudos sobre mulheres ocidentais mostram que uma das características mais "atraentes" de um homem é sua disposição de "pagar a conta" de uma refeição. Isso pode ser um apelo aos motivos de sobrevivência profunda e atávica da mulher, mas os sedutores sem escrúpulos podem usá-la em seu benefício. A etiqueta do namoro hoje parece exigir a oferta de uma refeição pelo homem como parte das preliminares; e a mulher supostamente prepara o café da manhã para completar sua parte na barganha. (Alguns cínicos modernos definiram um "dilema moral" contemporâneo quanto a ir ou não para a cama com um homem depois de apenas um *cheeseburger*)[10].

Em outro trecho de seu artigo, Fox fala da importância do jantar romântico como terapia para casais "cansados", indicando, mais uma vez, a completude entre sexo e alimentação:

Sexo e comida talvez nunca tenham sido tão brilhantemente reunidos como no filme *Tom Jones*, onde a refeição maravilhosamente sensual se torna tanto um prelúdio quanto um similar do intercurso sexual. O Jantar Romântico é a forma de terapia mais recomendada para casais cansados. Novamente, a equação de boa comida, bom sexo e segurança emocional explora motivos muito profundos alojados na busca básica dos mamíferos pelo sucesso reprodutivo[11].

10. *Idem*, p. 11.
11. *Idem*, p. 12.

BIFE A CAVALO

Prato popular no Brasil, consistente. Na França, conhecido como *steak à cheval* ou *œuf à cheval*. Trata-se de um bife de carne de vaca acompanhado de ovos fritos por cima. Ganhou esse nome por conta da aparência final do prato, que lembra um cavalo selado, pronto para montaria.

Também foi na Pensão Suíça que Nava provou "dos melhores bifes acebolados, a cavalo, com batatas fritas e à Rossini".[12] A casa ficava em uma das esquinas da Rua Cândido Mendes. Mas o autor não gostava muito quando colocavam dois ovos sobre o bife: "Sempre aborreci dois ovos de uma vez e pedi ao garçom que o meu prato viesse com um só"[13]. Isso foi no restaurante da Brahma, que Nava frequentava com os amigos. No Desterro, o primo Egon traçou um belo "bife a cavalo com batatas fritas"[14]. Dada a quantidade de vezes que foi citado na obra, pode-se notar que se trata de um dos pratos prediletos do autor.

12. Pedro Nava, *Galo-das-Trevas*, p. 13.
13. Pedro Nava, *Beira-Mar*, p. 112.
14. Pedro Nava, *Galo-das-Trevas*, p. 242.

25

A Beleza do Trivial

À la vie luxueuse et prodigue que nous avons connue va succéder une période où l'économie sera une nécessité ainsi qu'un retour à la simplicité. Mais une simplicité de bon goût qui n'exclura nullement la perfection savoureuse de notre cuisine, ni la correcte élégance de nos services[1].

Auguste Escoffier

A comida era de um trivial dos mais singelos, servido à mineira, as travessas e as sopeiras postas em cima da mesa. Bebida água pura, de filtro. Sobremesa, nossa sólida goiabada de Ponte Nova com queijo de Minas. Aqueles Andradas e Araújo e Lima faziam uma família sem nenhuma sofisticação – vivendo com bons modos e simplicidade[2].

Esse jantar ocorreu na casa do deputado Fábio Bonifácio Olinda de Andrada – irmão de José Bonifácio Olinda de Andrada – e sua família. Pedro Nava tinha por Fábio uma grande amizade. D. Julieta, que se sentou na cabeceira desta mesa simples, é Julieta de Araújo Lima Guimarães, mãe dos dois, esposa de Antônio Carlos Ribeiro de Andrada, governador (na época, presidente) de Minas Gerais no período de 7 de setembro de 1926 a 7 de setembro de 1930, que se sentou a sua esquerda.

O local do banquete era o majestoso Palácio da Liberdade – localizado na praça que leva o mesmo nome, em Belo Horizonte, Minas Gerais –, sede do governo, cuja imponência e elegante estilo *art nouveau* contrastam com a simplicidade da mesa descrita.

1. "À vida luxuosa e pródiga que conhecemos sucederá uma época em que a economia será uma necessidade, assim como o retorno à simplicidade. Mas uma simplicidade de bom gosto que não excluirá a perfeição saborosa da nossa cozinha, nem a elegância correta dos nossos serviços" (Auguste Escoffier, *Souvenirs Culinaires*, pp. 218-219).
2. Pedro Nava, *Beira-Mar*, p. 345.

ÁGUA PURA

Beber água pura é hábito que herdamos dos índios. Jorge Marcgrave relata que "a bebida ordinária dos indígenas é a água da fonte ou do rio; esta se encontra aqui muito boa e clara; não faz mal, posto que usada em alta escala; o que se verifica sobretudo se é da fonte"[3].

Auguste de Saint-Hilaire relatou, na fazenda de um mineiro rico, o uso abundante de água em Minas Gerais. "A água é sua bebida ordinária, e, durante as refeições, como no resto do dia, é servida em um enorme copo colocado sobre uma bandeja de prata, sendo o mesmo para todos"[4]. E ainda eleva o sabor da água que experimentou: "Não há nesse mundo água mais deliciosa que essa encontrada nas partes montanhosas da província de Minas"[5].

Em expedição na Bahia, Robert Southey conta que os indígenas tinham bastante cuidado com a água que bebiam; chegavam a escolher a água, assim como os europeus escolhiam seus vinhos; estes eram indiferentes à água que bebiam, o que espantava os nativos. O historiador inglês diz que os índios:

> [...] preferiam a mais doce, leve, a que nenhum sedimento deixava, e tinham-na em vasos de barro poroso, para que se conservasse fresca com o constante transudar. Água pura exposta ao orvalho da manhã, ou ao ar, era um remédio favorito dos empíricos tanto indígenas como portugueses; supunha-se que o ar e o orvalho a temperavam, separando-lhe as partes terrestres das areias, filosofia que não pode ser de origem selvagem[6].

Daniel P. Kidder ficou de tal forma encantado com a pureza da água encontrada na província do Rio de Janeiro de 1845, que a declarou – comparando aquilo que não se pode comparar – melhor que os vinhos de Portugal: "Se você tem vinho aí, avise que estou melhor com a água que temos aqui, do que com os vinhos de Portugal"[7].

3. Jorge Marcgrave, "Cardápio do Indígena Nordestino", p. 285.
4. Auguste de Saint-Hilaire, *Voyage dans les Provinces de Rio de Janeiro et Minas Geraes*, t. 1, p. 212.
5. *Idem, ibidem.*
6. Robert Southey, *História do Brazil*, t. 1, p. 332.
7. Daniel P. Kidder, *Sketches of Residence and Travels in Brazil*, vol. 1, p. 224.

O brasileiro, principalmente dos locais mais quentes, tornou-se especialista na tarefa de resfriar a água que vai ser bebida. Gilberto Freyre relata a existência de potes, quartinhas e bilhas de barro, alguns até enfeitados, utilizados desde o início do século XIX, "onde a sabedoria patriarcal fazia esfriar a água de beber, sobre o peitoril das janelas, devendo as bilhas aí permanecer ao sereno ou durante a noite inteira"[8]. John Luccock informa que, no início do século XIX, a água era quase sempre a única bebida de que dispunha o povo. "A água é quase a única bebida"[9]. Mas isso se deve também à pobreza do povo em geral, que não dispunha de recursos para comprar bebida diferente.

Esses potes de barro – essenciais no interior das casas patriarcais – apresentavam porosidade suficiente para que a evaporação da água que atravessa o material se realizasse no exterior, abaixando a temperatura do líquido no interior. Contudo, ainda segundo Freyre, a porosidade não era excessiva, o que não permitia o gotejamento exterior, perdendo-se água, como ocorria nos *gollehs* do Egito ou nas *alcarrazas*, da Andaluzia.

Tollenare, tendo encontrado água fresca nas moringas da casa que o acolheu em Recife, também tenta explicar fisicamente o fenômeno:

> Usa-se, entretanto, como em Portugal, de vasos porosos para resfriar a água que se quer beber. O líquido em contato com as paredes do vaso tende a passar ao estado gasoso pelo efeito do calórico que penetra entre as suas partes; estas partes dilatadas dão também acesso ao calórico contido no líquido encerrado no meio do vaso; este cedendo do seu calórico esfria; nisto a teoria e a experiência estão de acordo; se deito água marcando 21 1/2° em um destes vasos porosos, ela não tarda a marcar 19° desde que se opere a transudação. Observo que o arrefecimento é o mesmo, quer eu coloque o vaso à sombra ou ao sol, sendo mais intenso quando o vaso é exposto a uma corrente de ar, que dissolvendo mais água em vapor, facilita assim a evaporação[10].

A água pura das moringas – bem como o formato destas – também conquistou outro francês, Ferdinand Denis, que encontrou nas mesas do

8. Gilberto Freyre, *Ordem e Progresso*, p. 281.
9. John Luccock, *Notes on Rio de Janeiro, and the Southern Parts of Brazil*, p. 297.
10. Louis François de Tollenare, *Notas Dominicais Tomadas Durante uma Residência em Portugal e no Brasil nos Anos de 1816, 1817 e 1818*, trad. Alfredo de Carvalho, Recife, Empresa do Jornal de Recife, 1905, p. 29.

Rio de Janeiro "uma água límpida, preservada em moringas refrescantes, cujas formas são por vezes notavelmente elegantes"[11].

Pode-se dizer que a bebida ordinária do brasileiro sempre foi a água, sempre muito abundante em nosso país. "A abundância de água se converte em uma espécie de volúpia", disse Tollenare[12]. Desde os índios até nossos dias atuais a água sempre esteve presente nas refeições, sem qualquer restrição.

GOIABADA

Affonso de Beauchamp encontrou a goibada em Cabo do Santo Agostinho, Pernambuco, e em 1820 lhe conferiu o título de melhor sobremesa. "Doce chamado goiabada, por serem feitos da fruta goiaba, que passa pela melhor de todas entre todas as terras daquela Capitania"[13].

É o insumo principal de outra sobremesa clássica de Pernambuco, o bolo de rolo, servido a Pedro Nava, certa ocasião, por uma antiga cliente, que insistiu para que "provasse do seu rocambole de goiabada, o pernambucano, feito no dia"[14]. Pedro Nava fala também da goiabada de Ponte Nova, "lustrosa, vermelha, gelatinosa, com cheiro da própria fruta ou fresca ou madura: parece língua de gente"[15].

Charles B. Mansfield também menciona em seus relatos a famosa goiabada brasileira, que – apesar do excesso de açúcar que mascara o sabor da fruta –, reputa ser muito boa:

> O doce principal é a goiabada, que é antes uma marmelada, do que qualquer outra cousa. Mas não tenho achado cousa alguma como a geleia de goiabada, tão famosa na Inglaterra, que suponho vir das Antilhas. O fruto é chamado aqui goiaba, e põe-se tamanha quantidade de açúcar nele, que quase nada mais saboreia-se do que açúcar; não obstante é muito bom[16].

11. Ferdinand Denis, *L'Univers. Histoire et Description de Tous les Peuples*, Brésil, Paris, Firmin Didot Frères, 1837, p. 125.
12. Louis François de Tollenare, *Notas Dominicais Tomadas Durante uma Residência em Portugal e no Brasil nos Anos de 1816, 1817 e 1818*, p. 88.
13. Affonso de Beauchamp, *História do Brazil*, vol. 7, p. 256.
14. Pedro Nava, *O Círio Perfeito*, p. 551.
15. Pedro Nava, *Chão de Ferro*, p. 293.
16. A. D. Pascual, *Ensaio Crítico sobre a Viagem ao Brasil em 1852 de Carlos B. Mansfield*, t. 2, p. 13.

QUEIJO MINAS

Trata-se de um queijo simples, cujo nome denuncia a origem. Divide-se em queijo minas frescal e queijo minas padrão. O primeiro é um queijo semigordo, de alta umidade. A Resolução Mercosul/GMC/RES. n. 145/1996, que traz o Regulamento Técnico Mercosul de Identidade e Qualidade de Queijo Minas Frescal, assim define a produção do queijo minas frescal:

> Entende-se por Queijo Minas Frescal, o queijo fresco obtido por coagulação enzimática do leite com coalho e/ou outras enzimas coagulantes apropriadas, complementada ou não com ação de bactérias lácticas específicas.

Ainda não há regulamento técnico para o queijo minas padrão, mas é definido numa proposta (ainda não aprovada) de regulamento apresentada como um queijo gordo ou semigordo no extrato seco. No art. 2º da proposta, consta a definição:

> [...] queijo minas padrão é todo o produto, obtido por coagulação do leite, por meio de coalho e outras enzimas coagulantes apropriadas, complementada ou não pela ação de bactérias láticas isoladamente ou em combinação. É um queijo maturado, de massa crua ou semicozida, dessorada prensada mecanicamente ou não e salgada.

É um queijo amplamente consumido no Brasil, de diversas formas. No café da manhã, picado no café ou fatiado no pão; na sobremesa mineira, com doce de leite ou goiabada. Picado na salada. Assado ou grelhado com mel. Em qualquer horário do dia ou da noite, como um lanche leve e saudável.

O queijo é produzido há quase dois séculos. Viajantes estrangeiros relataram amplamente o processo produtivo. Auguste de Saint-Hilare em sua viagem às nascentes do Rio São Francisco retrata a fabricação do queijo minas:

> Eis a maneira por que aqui se fabricam. Logo que se extrai o leite, adiciona-se-lhe a presura, e ele se coagula instantaneamente; dá-se preferência à de capivara quando é possível obtê-la. Existem fôrmas de madeira de cerca de duas polegadas de altura, cujo meio apresenta um espaço circular inteiramente vazio,

mais ou menos do tamanho de um prato. Estes moldes se colocam sobre uma mesa estreita de plano inclinado, enche-se-os de leite coalhado, que se teve o cuidado de separar em pequenos pedaços; comprime-se com a mão o coalho assim grumoso; o leitelho escorre e vai cair em uma gamela colocada à extremidade mais baixa da mesa. À medida que a coalhada se comprime no molde, ajunta-se mais e continua-se a comprimir até que este fique cheio de coalho bem compacto. Cobre-se de sal a parte superior do queijo, e deixa-se-o assim até à tarde; então volta-se-o e aplica-se-lhe o sal do outro lado. No dia seguinte se expõe o queijo ao ar em local sombrio, tendo-se o cuidado de voltá-lo de tempos a tempos, e está feito antes do prazo de oito dias. Estes queijos, aos quais não se dá outro nome mais do que queijo de Minas, são muito afamados: sua substância é compacta; a cor assemelha-se aos dos queijos de Gruyeres, mas é, eu creio, de um amarelo mais carregado; seu gosto é doce e agradável[17].

Daniel P. Kidder menciona o sabor peculiar da iguaria, assim como sua produção em Minas Gerais e o mercado consumidor no Rio de Janeiro, em 1845, quando o queijo ainda era preparado na folha de bananeira:

O leite das vacas é convertido em uma espécie de queijo macio, conhecido como queijo de Minas. A forma, assim como o sabor deste queijo, é peculiar. Os queijos são feitos com cerca de cinco centímetros de espessura e quinze ou vinte centímetros de diâmetro. Quando suficientemente curados, eles são embrulhados em folhas de bananeira e acondicionados em cestas, para serem transportados para o mercado, como qualquer outra coisa, nas costas das mulas. Grandes quantidades desses queijos podem ser vistas no Rio de Janeiro, e a partir do porto são espalhados ao longo da costa. Esse queijo é muito valorizado como um artigo de alimentação[18].

O Rio de Janeiro era possivelmente o maior mercado consumidor, dentre os Estados do Brasil, dos queijos produzidos em Minas Gerais. Além de Kidder, Hippolyte Taunay e Ferdinand Denis indicaram o envio ao Rio de Janeiro de "uma quantidade considerável de queijos"[19].

Prato comum em Minas, mencionado por Pedro Nava em mais de uma oportunidade é o mingau de fubá com queijo minas. Fazia parte do

17. Auguste de Saint-Hilaire, *Viagem às Nascentes do Rio S. Francisco e pela Província de Goyaz*, São Paulo, Companhia Editora Nacional, 1937, pp. 73-74.
18. Daniel P. Kidder, *Sketches of Residence and Travels in Brazil*, vol. 2, p. 334.
19. Hippolyte Taunay & Ferdinand Denis, *Le Brésil ou Historie, Moeurs, Usages et Coutumes des Habitants de ce Royaume*, t. 3, p. 61.

café da manhã dos alunos, no Colégio Anglo-Mineiro[20], bem como do café das cinco na casa de tio Júlio e tia Joaninha[21].

Outro hábito típico do mineiro é o consumo do queijo minas com goiabada, sobremesa que esteve presente na matalotagem que Nava levou no trem noturno que saía de Minas sentido Rio de Janeiro. "Pacote separado com goiabada e uma toreba de queijo de Minas"[22].

Ruy Coutinho informa que o uso da goiabada com queijo possivelmente tem como origem o costume colonial de comer queijo com melado (mel de engenho)[23]. A origem da sobremesa, portanto, teria sido o Nordeste, não obstante também seja encontrada nas mesas do Rio Grande do Sul, segundo relatório que Coutinho aponta, elaborado pela Comissão de Alimentação do Ministério da Educação. Essa sobremesa simples ganhou adeptos e espraiou-se pelo Brasil, com consistências e fórmulas diferentes, como sorvetes, *suflés* etc. Segundo Gilberto Freyre, o doce com queijo é "uma combinação absurda aos olhos europeus ou neobrasileiros ainda estranhos ao Brasil"[24]; presente nas mesas não só de Minas, mas do Ceará e da Paraíba.

20. Pedro Nava, *Balão Cativo*, p. 129.
21. *Idem*, p. 85.
22. *Idem*, p. 183.
23. Ruy Coutinho, *Valor Social da Alimentação*, p. 42.
24. Gilberto Freyre, *Sobrados e Mucambos*, p. 760.

26

A Cozinha de Dona Íris

Da segunda, retomo o sem-número de vezes em que fui socorrer Dona Íris, ou apenas visitá-la e desfrutar de sua palestra saborosa, de sua genuína cozinha mineira. Seus almoços dominicais com Anah e Carlinhos, Almir de Castro, Tito Eneas Leme Lopes – este eu rivalizando no garfo. A cozinha da casa era ultrassimples, apenas comportando o trivial – mas que trivial! Feito com abundância e um zelo de preparo, uma ciência de culinária que transformavam um simples arroz, um simples feijão em verdadeiras obras-primas. E a couve? a batata, os ovos estalados ou em fofa omelete... Os assados com molho de ferrugem, os filés no ponto e o pato desossado a bisturi que era macio como um pudim e cujo gosto era o de São Silvestre. Os doces de Dona Íris eu os tinha nesses almoços e em minha casa. Não passava mês sem que ela mandasse uma bandejada sob pretexto de Paixão, Quaresma, Páscoa, Santo Antônio, São João, São Pedro, Todos os Santos, Natal, Ano-Novo, aniversário da Nieta, meu, de nosso casamento[1].

Dona Íris Lobo Chagas – esposa do cientista Carlos Chagas –, mineira no Rio de Janeiro, foi uma das poucas pacientes cuja relação evoluiu para amizade pessoal com o autor, que passou a frequentar sua casa e os almoços mineiros que ela preparava de maneira simples e com perfeição.

Sua arte foi imortalizada em texto que Pedro Nava elaborou, com o título de "A Fabulosa Cozinha de Dona Íris", publicado no livro *A Cozi-*

1. Pedro Nava, *Galo-das-Trevas*, p. 34.

nha do Arco-da-Velha, uma coletânea de artigos organizada por Odylo Costa Filho[2]. O artigo inicia com a seguinte frase: "Graças a um conjunto de circunstâncias que bendigo fui o clínico de Dona Íris Lobo Chagas de 1937 até sua morte ocorrida a 3 de setembro de 1950". Esse foi o único artigo de teor culinário do autor que foi publicado[3].

PATO

Seguramente não é uma iguaria presente na mesa do povo, consumindo-a apenas a parcela mais rica da população. Lembra a carne de ganso. "A carne do pato iguala à do ganso, e é boa não sendo este muito velho"[4]. *O Cozinheiro dos Cozinheiros* explica a diferença entre o pato bravo e o doméstico:

> Patos bravo e doméstico. Há duas espécies de patos, o pato doméstico, e o pato bravo. O primeiro prepara-se de diferentes modos, e não é nunca servido como assado em uma mesa esmerada; o pato bravo come-se quase sempre cozido no espeto. A carne do pato doméstico é bastante nutritiva, mas um pouco pesada e difícil de digerir; a carne do pato bravo é mais sadia e de um gosto mais agradável que a do pato doméstico. Os patos novos, antes de chegarem ao seu desenvolvimento vulgar, têm uma carne mais tenra e mais agradável do que a do pato já feito. O pato bravo novo é também muito saboroso[5].

Na sequência, fornece diversas receitas de pato, desde entradas (pato com nabos, pato com azeitonas, pato com ervilhas, pato com purê, pato de salmis, patos estufados, pato à Pére Douillet, pato com couves, pato com tubaras e pato na frigideira) a aves assadas (pato no espeto, pato assado com azeitonas, pato recheado, pato assado com tubaras)[6].

2. Odylo Costa Filho (org.), *A Cozinha do Arco-da-Velha*, Rio de Janeiro, Nova Fronteira, 1997.
3. Pedro Nava, "A Fabulosa Cozinha de Dona Íris", original datilografado disponível no Arquivo de Pedro Nava, Fundação Casa de Rui Barbosa.
4. *Cozinheiro Nacional*, p. 158.
5. *O Cozinheiro dos Cozinheiros*, p. 222.
6. *Idem*, pp. 249-251, 267-268.

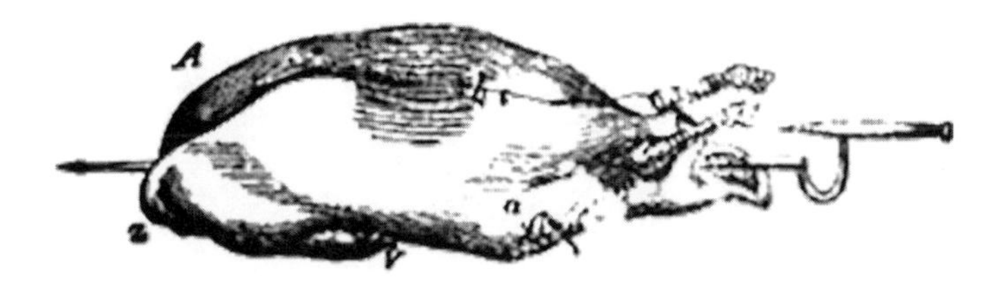

Figura 9. *Pato assado no espeto (Cozinheiro Nacional, p. 195).*

O *Cozinheiro Nacional* também fornece doze receitas de pato: pato refogado com abóboras, pato refogado com cenouras, pato refogado com taioba, pato assado no espeto com marmelos, pato desossado e assado no espeto, pato recheado de azeitonas, e assado, pato assado à moda do Porto, pato ensopado com caruru, pato ensopado com nabos, pato frito com quibebe, pato guisado com carapicus e pato guisado com pinhões[7].

Por sua vez, o *Cozinheiro Imperial* indica a receita de mais onze pratos diferentes: sopa de pato com repolho, pato assado, caprotada de pato, pato recheado, patos dourados, pato com vinho branco, pato com nabos, pato com molho, pato de caçarola, pato assado no espeto, pato com azeitonas[8].

Prato típico da culinária nacional, glória paraense, é o *pato no tucupi.* A ave é cozida no molho, o tucupi, líquido amarelo, subproduto da preparação da farinha de mandioca e da mandioca, que expliquei no item "Tapioca. Beiju" (p. 56). O preparo também leva o jambu, erva típica da região Norte.

7. *Cozinheiro Nacional*, pp. 194-197.
8. R.C.M., *Cozinheiro Imperial*, pp. 22, 156-157.

27

Dona Diva Jaguaribe Nava

Cozinhava como um *maître* – das virtuosidades do forno-e-fogão, ao trivial--fino, ao trivial nosso de cada dia – que sempre sabia o que ao paladar possa figurar de mais requintado. Porque é nesse trivial que se conhece os dedos dos e das cucas. Assim sempre foram iguarias em sua casa o feijão-mulatinho mineiro, o angu, o arroz, os picadinhos de carnes com chuchu, com abóbora; a couve cortada rente ou simplesmente rasgada, os assados, os bifes, a almôndega, o croquete. Frango e galinha, só do seu galinheiro: comprava, deixava um mês inteiro a milho e resto de comida e só mandava matar quando o bicho estava completamente limpo das porcarias de fora. Fazia qualquer doce mas primava nos costumeiros. Inútil, ninguém fazia melado igual ao seu. Nem doce de abóbora em calda, pasta ou seco igual ao seu. Nem de batata-doce, batata-roxa, *idem, idem, ibidem*. E vidrado! Os de coco e as cocadas. E principalmente os de mamão verde que eram como se fossem água-marinha – quer ralados, quer fino laminados. E jamais imitava ou plagiava. Receita de salgado ou doce que ela quisesse fazer era lida, criticada e apurada. Nenhuma era repetida, todas eram recriadas.

– Quê isso? Só uma xícara de farinha de trigo? Muito pouco. Tem de ser xícara e duas colheres de chá. Senão fica mole demais. E não precisa tanto fermento assim. Forno, forno... não é assim que se diz. Tem de explicar tudo tintim por tintim. Nesse caso é forno brando, muito brando mesmo e demorado...

E seus ovos? O que ela fazia com essa joia da natureza! Fazia omelete bem batida, cortava aos pedaços e esses fragmentos esponjosos é que iam se misturar à farinha – porque farofa de ovo com o dito apenas mexido fica é uma reverenda porcaria. E essa coisa banal, que parece banal, mas dificílima que são os ovos estalados. Os dela eram torrados na borda, clara cozida no contorno, meio crua em caminho do centro e neste a gema real ouro vermelho como um sol descambeante coberto como de fina bruma por película de clara aderente posta ao ponto com colheradas de banha de porco derramadas sobre o astro. E o tempero exato. O alho socado com sal segundo a receita ancestral. E a cebola certa no lugar certo. Assim também a malagueta e a pimenta-do-reino. E todas as outras tafularias de tempero, as especiarias da Índia nos casos em que se tornaram indispensáveis, compulsórias – sem o que um prato figura tal *un conte sans amour*. É o preceito de Anatole avessado e que ele proclamava ser *chose insipide...*[1]

Dona Diva Mariana Jaguaribe Nava, também conhecida como Sinhá Pequena, era mãe de Pedro Nava, filha de Inhá Luísa (Maria Luísa da Cunha Jaguaribe). Ela participa, junto com o autor, de diversos banquetes. Retratada como uma mulher forte, que perdeu cedo o marido (1911) e teve dificuldade para criar os filhos. Morou no Rio de Janeiro e em Belo Horizonte. Pedro Nava descreve sua vida com detalhes e admiração no primeiro volume das memórias, *Baú de Ossos*.

GALINHA

Não foi animal doméstico indígena; este a conheceu pela mão do europeu. Câmara Cascudo informa que o europeu também a conheceu quase que pela mesma época, no fim do século XV:

O ameraba conheceu a galinha, como o europeu, nos finais do século XV. No Brasil sabemos o dia, mês, e quase a hora em que o primeiro tupiniquim de Porto Seguro viu e assombrou-se com a primeira galinha. Está na carta de Pero Vaz de Caminha: sexta-feira, 24 de abril de 1500, *já de noite*. "Mostraram-lhe uma galinha; quase tiveram medo dela; não lhe queriam pôr a mão; e depois a tomaram como que espantados".

Depois desse espanto, o indígena gostou da galinha para recreio, promovida a xerimbabo, e os ovos comidos, comprados ou furtados pelo civilizado, a quem Deus perdoe. Nunca apreciaram como pitéu. Num livro recente (1962), o Sr. Miguel

1. Pedro Nava, *Galo-das-Trevas*, pp. 336-337.

Blanco, trabalhando nas Missões Salesianas desde 1916, estuda os indígenas do Rio Uaupés, afluente do Rio Negro, Amazonas. A nenhuma simpatia do aborígine pelas galinhas e ovos mantém-se numa continuidade de quatro séculos e meio. "Em geral os indígenas do Uaupés não gostam da carne de galinha, nem de ovos, mas criam estas aves domésticas para as vender ao branco que as paga bem". Algumas tribos do Rio Madeira e do nascente boliviano ainda preferem o ovo do jacaré. As demais comem, quando comem, ovos de tartaruga. Não existe uma comida indígena, como não há uma comida africana, autêntica, indiscutida, em que o ovo seja indispensável ou comum. O comedor de galinhas e seus produtos foi o português[2].

A inclusão da galinha no cardápio do brasileiro não ocorreu de forma rápida. No início, ela fundou um complexo mais social do que alimentar, porque era grande a criação para venda, mas pequeno o consumo:

As galinhas trouxeram um complexo antes social que alimentar no Brasil. A expansão foi extremamente rápida e alcançou vastidões inesperadas pelo interior brasileiro, sem mesmo contato direto do elemento colonizador. Jamais incluiu-se no cardápio brasileiro em qualquer nível social. É comida ocasional, especial, de exceção. As indígenas criam as galinhas e vendem os ovos aos viajantes ou nas vilas vizinhas. Indígena comendo galinha é quase inadmissível[3].

Logo percebeu-se o animal como excelente fonte de proteína e de grande versatilidade culinária. "Galinha é caldo para doente, canja para recém-parida ou convalescente. Assada é de cerimônia, guisada, molho pardo, cabidela, comida não comum, para dias especiais"[4]. Tardou, mas firmou seu lugar no regime alimentar do brasileiro, ainda que no início de forma mais tímida:

É iguaria de cidade, de hotel, de certa média social e, mesmo assim incomum. No campo português oferecem-na ao visitante estrangeiro, cerimonioso. Não figura na ementa do cotidiano e natural. Não é acepipe de uso normal como o carneiro ou o porco. Semelhantemente na África e no Brasil. "O estômago de missionário é um cemitério de galinhas", dizia-me um franciscano. Galinha do domingo, dia consagrado[5].

2. Luís da Câmara Cascudo, *História da Alimentação no Brasil*, pp. 792-793.
3. *Idem*, p. 249.
4. *Idem*, p. 250.
5. *Idem*, p. 251.

Conta-se que era um dos pratos favoritos do "Clemente", rei de Portugal e Algarves e imperador do Brasil. "Galinhas e frangos eram o prato da preferência de D. João VI e poucos não bastavam para matar-lhe o apetite"[6].

Após a massificação do uso culinário da ave, estabeleceu-se um ritual de consumo, assim relatado por Câmara Cascudo:

> A tradição do cerimonial doméstico denuncia que certos pratos não devem ser consumidos nos primeiros dias de luto. A galinha assada está no número das iguarias vedadas mas não o lombo no mesmo estilo. Ou a carne bovina em qualquer apresentação. Galinha assada é, visivelmente, sinônimo de festa, júbilo, anormalidade lúdica[7].

Há outra tradição relatada por Pedro Nava, em sentido contrário ao que afirma Câmara Cascudo; se o defunto era importante, defunto de ceia de galinha. Era a galinha consumida no velório[8].

Figura 10. *Frango Assado no Borralho* (*Cozinheiro Nacional*, p. 169).

Algumas outras refeições com galinha ou frango são citadas por Nava. A título de exemplo, uma "refeição redundante: canja de galinha gorda e prato de frango assado com farofa de ovo"[9]. Uma macarronada com frango novo, preparados pela criada italiana de Eliezer Magalhães[10].

6. *Idem, ibidem.*
7. *Idem*, p. 252.
8. Pedro Nava, *Baú de Ossos*, p. 260.
9. Pedro Nava, *O Círio Perfeito*, p. 226.
10. *Idem*, p. 255.

OVO DE GALINHA (E DE TARTARUGA)

Assim como ocorreu com a ave, naturalmente não se atentou no início para o ovo. Por outro lado, se não constou na mesa indígena e africana, o português lhe usava em abundância. "A mulher portuguesa começou utilizando um elemento que sempre o negro ignorou e o indígena desatendeu: o ovo da galinha"[11].

A versatilidade dos ovos nas receitas culinárias foi bem maior, pode-se dizer mesmo estrondosa. De pratos salgados a doces e bebidas:

> Os ovos deram espantoso rendimento culinário, fritadas, doces, bolos incluindo-os nos pratos indígenas, canjicas, mingaus, papas, a série específica, ovos cozidos, estrelados, quentes (*à la coque*), moles, baba de moça, doce de ovos, atualizando os ovos moles de Aveiro, gema, açúcar, amêndoas; fios de ovos, gemadas com vinho do porto, um sem-fim de gulodices antigas e de sabor renovado. Esse clima receptivo é no povo de ascendência portuguesa[12].

Virou sinônimo de comida forte, sadia.

> Fama de excepcional fortaleza é o ovo. "Quem me dá um ovo não me quer morto", diz-se em Portugal. É, curiosamente, mais imposto que solicitado pelas crianças e populares. Ovo frito é o melhor. Ovo assado, meio ovo; cozido, ovo inteiro, frito, ovo e meio. Sal indispensável. "Lá vai o mal onde comem o ovo sem sal"[13].

Vale por fim ressaltar que se o índio não gostava do ovo de galinha, fez uso ostensivo do ovo de tartaruga, que constitui um dos grandes complexos alimentares do Brasil, principalmente na Amazônia[14]. Maximilien relata um episódio quando de sua excursão pela bacia do Rio Doce, no Estado do Espírito Santo, em que viu os índios se regalarem com a iguaria, que, para ele, tinha gosto bom:

> Os índios comem a carne dessas tartarugas e delas retiram uma grande quantidade de gordura; eles também procuram seus ovos, dos quais às vezes há doze e dezesseis dúzias em um buraco. Estes ovos são redondos, brancos,

11. Luís da Câmara Cascudo, *História da Alimentação no Brasil*, p. 239.
12. *Idem*, pp. 249-250.
13. *Idem*, p. 253.
14. F. Biard, *Deux Années au Brésil*, p. 449.

cobertos com uma membrana dura e elástica, e preenchidos com um albúmen claro como a água e um amarelo de bela cor dourada, que é saboroso embora tenha um pouco o gosto de peixe. Nós nos encontramos com famílias de índios que carregavam cestas cheias desses ovos[15].

João Severiano da Fonseca relata que as *tracajás* eram a melhor espécie de tartaruga – encontradas nos rios de Mato Grosso que deságuam no Prata –, cujos ovos tinha-se por saborosos e muito estimados, porém mais consumidos pelo jacarés – peritos em encontrá-los sob grossa camada de areia – que pelo próprio homem[16].

Nas proximidades de Linhares – no Espírito Santo –, Eyriès relata que, em situação de fome, soldados do governo procuravam ovos de tartaruga na praia e os cozinhavam na água do mar[17].

Figura 11. *As Tartarugas* (*Les Tortues*, F. Biard, *Deux Années au Brésil*, p. 491).

Na Amazônia, Kidder fala da manteiga de ovo de tartaruga (*turtle-egg butter*), que ele diz ser bastante peculiar, com gosto de óleo de peixe, mas bastante consumida pelos nativos. O autor informa ainda que a procura por essa manteiga era enorme no início do século XIX, tendo sido responsável pela destruição de 250 milhões de ovos[18].

15. S. A. S. Maximilien, *Voyage au Brésil*, vol. 1, p. 313.
16. João Severiano da Fonseca, *Viagem ao Redor do Brasil. Villa Bella, Cidade de Matto-Grosso*, Rio de Janeiro, Typographia de Pinheiro & C., 1881, Parte 2, p. 161.
17. M. Eyriès, *Abrégé des Voyages Modernes*, t. 9, p. 399.
18. Daniel P. Kidder, *Sketches of Residence and Travels in Brazil*, vol. 2, pp. 287-288.

28

Na Fazenda do Capitão

A comida ficava na mesa e o dono da casa não servia ninguém para constranger com de mais ou de menos. Como ele ficasse de pé cada vez que tirava qualquer coisa para seu prato, o doutor [Egon] compreendeu aquela cortesia e passou a fazer o mesmo que ele e todos. Picadinho de miúdo de porco com angu e feijão. Lombo com arroz. No fim uma canja de galinha gorda – gosto enriquecido pelo vinagre. Café ralo adoçado com rapadura. Antes tinha sido um generoso cálice de pinga com pedacinhos de casca de canela boiando dentro do garrafão. Era da boa e seu grau certo – fazia o rosarinho de bolhas que se encostam por dentro do copinho. Num bem-estar foram para a frente da casa. Noite sem lua mas toda estrelada[1].

O capitão surge na cena em que o Egon – *alter ego* de Pedro Nava –, depois de muitas horas no lombo de um cavalo, chega em sua fazenda, para descanso. Isso foi numa viagem que Egon realizou com mais quatro tropeiros a Taquaraçu, que é hoje um município da região metropolitana de Belo Horizonte.

Nas paragens, a tropa algumas vezes comia bem e se fartava dessas delícias tradicionais de Minas, junto com café e pinga. Mas o improviso também não raro acontecia.

1. Pedro Nava, *Galo-das-Trevas*, p. 137.

Aquela tropa comia onde podia, às vezes o que havia na casa dos pesteados. Se tinham a sorte de parar numa venda, havia sempre linguiça pra fritar, farinha pra farofa, ovo pra dita, às vezes porco no sal, umas quitandas, uns pés de moleque, pelo menos rapadura. E uma pingota[2].

CANJA DE GALINHA

É uma sopa preparada com galinha magra, peito (para doentes e convalescente) ou com galinha gorda (para apreciadores). O caldo, bem ralo, leva arroz e cenoura, que servem como carboidratos. Há também o tradicional toque de hortelã. Como toda receita tradicional, há variações de preparo e ingredientes, mas pode-se dizer que esses são os insumos básicos.

Sobre a origem do prato e do nome, Câmara Cascudo traz importantes ensinamentos:

A galinha no caldo do arroz é a *canja,* alimento histórico para doentes e paladares arredios ao comer. É outra presença da Índia, do *concani kangi,* sopa rala de arroz, com sal e algum tempero cuidadoso e parco. Garcia da Orta ("Colóquio XVII"), aconselhava para os doentes de *morxi,* colega-morbo, "a beber agoa de espresam de arroz com pimenta e cominho (a que chamam *canje*)". E ainda "frangos delidos na água deste arroz (a que chamam *canje*)". Era primeira denunciação da canja. Diogo do Couto, que foi Cronista e Guarda-mor da Torre do Tombo do Estado da Índia, vivendo até 1616 em Goa, citou-a, falando em arroz que fazião "canjas" que são papas (*Década Décima da Ásia,* livro VIII, cap. 3). Cem anos depois, 1663, o jesuíta Manoel Godinho menciona a *canja que he um caldo de arroz.* Incluir galinha ou ave cozida na primeira canja devia ter sido astúcia de português, tanto assim que Garcia da Orta, antes de maio de 1563, receitava os *frangos delidos* no caldo da canja[3].

Não obstante o prato seja tido como comida de doente, por conta da leveza e fácil digestão, da Ásia ela foi para a Europa, onde se tornou célebre. "Voltando às canjas, sabemos que essa notoriedade é herança da

2. *Idem,* p. 146.
3. Luís da Câmara Cascudo, *História da Alimentação no Brasil,* p. 572.

Europa, conquistada pelas canjas douradas, inarredáveis nas ceias aristocráticas, literárias e políticas, por todo o século XIX"[4].

Apesar de a canja ser de origem indiana, o brasileiro inovou ao usar o jacu – pássaro encontrado em grande parte do território nacional – no lugar da galinha. Dizia Gilberto Freyre: "Canja de jacu foi decerto um brasileirismo"[5]. Conta ainda o antropólogo pernambucano que, na visita que realizou no sertão brasileiro em 1913, Theodore Roosevelt, quando perguntado sobre a expedição, falou apenas da canja de galinha. Ficou impressionado. Mas os integrantes da comissão que o acompanhou informaram depois que a canja do Sr. Roosevelt era preparada com galinha, quando encontrada. Porém, algumas vezes, ela era preparada com jacus e jacutingas abatidas a tiro.

José Egon de Barros da Cunha, primo fictício de Pedro Nava, comia canja frequentemente. Numa dessas situações, o prato foi ingerido como ceia, antes de deitar-se, após um longo dia de viagem. "Tomou sólida canja e recolheu-se ao quarto que lhe fora destinado"[6]. A canja de galinha também era consumida aos montes pela sua mãe, após ter parido o autor. De acordo com o costume da época, mulheres de resguardo comiam quarenta galinhas[7].

4. *Idem*, p. 573.
5. Gilberto Freyre, *Ordem e Progresso*, p. 675.
6. Pedro Nava, *Galo-das-Trevas*, p. 129.
7. Pedro Nava, *Baú de Ossos*, p. 248.

29

Cachorro-Quente na Padaria de Seu Menin

Ela gostava de comprar linguiças escolhidas de carne de porco e toucinho que eram confiadas ao dono da padaria para inseri-las em pães que ficavam prontos com a primeira fornada das onze da noite. Chegavam quentes, dourados, cheirando a campo ensolarado e a trigais maduros, bons de começar a roer pelos bicos, progredir vagarinho naquela massa crustilhante por fora, na casca torrada e macia por dentro, no miolo mais tenro e oloroso que flor carnuda como a da magnólia – progredir cuidadosamente até dar numa das pontas da linguiça que logo vinha com seu gosto eloquente e o ardido de sua pimenta – complementar a sabor mais brando do pão que a envolvia[1].

Dona Diva – mãe de Pedro Nava – preparava cachorro-quente com o auxílio de Seu Menin, dono de uma padaria que ficava numa esquina da rua Bernardo Monteiro, em Belo Horizonte.

PÃO

"Há mais de dois mil anos que o pão se tornou o alimento simbolicamente típico", disse Luís da Câmara Cascudo[2]. O pão representa o susten-

1. Pedro Nava, *Galo-das-Trevas*, p. 344.
2. Luís da Câmara Cascudo, *História da Alimentação no Brasil*, p. 25.

to, alimentação do corpo e da alma. As expressões utilizadas comprovam isso. "Eu sou o pão da vida", declarava Jesus Cristo (João, 6:35). Ganhar o pão, representando o trabalho ("ganha-pão"). O pão nosso de cada dia. Fulano é um pão, significando algo bom, de valor.

"O pão é velho, como a própia civilização", disse Castelot[3]. No passado, cada povo produzia o pão com o grão que tinha. "Pão de trigo na França, Inglaterra, Espanha, Itália. Centeio na Alemanha. Trigo espelta na Suíça. Cevada na Noruega. Aveia na Escócia. Milho no continente americano, central e do norte"[4]. Essa longa história do pão trouxe credos e manias que se espalharam pelo folclore de diversos povos.

Na Idade Média, por exemplo, andava-se com um pedaço de "pão abençoado" no bolso para afastar o diabo e doenças graves, como a raiva. Os egípcios apreciavam o que eles chamavam de "pão da dor", consumido em celebrações fúnebres. Os hebreus aprenderam a fabricar o pão com os egípcios. Serge Moussaoui, citado por Castelot, diz que Abraão conseguiu debelar uma fome terrível no ano de 2289 a.C. graças a esse aprendizado. Ao fugirem precipitadamente do Egito, esqueceram de levar o fermento. Por isso, até os dias de hoje, alguns israelenses celebram a passagem pelo Mar Vermelho consumindo durante sete dias o pão sem fermento, também conhecido como pão ázimo[5].

André Castelot também fala de uma teoria - de Serge Moussaoui - de que o pão já seria consumido pelos chineses 2822 anos antes de nossa era. Para Georges e Germaine Blond, pode ser ainda que o homem do neolítico já moía alguns grãos que, misturados com a água, eram colocados em cima de pedras quentes, formando as primeiras *galettes*. Os egípcios também eram bem desenvolvidos na arte de fabricar o pão. Quanto à Grécia, já na época de Platão, fabricava-se 172 tipos de pães diferentes. Da Grécia, o pão passou para a Itália, onde foi aprimorado, adquirindo fineza e leveza na massa. O pão romano era salpicado de semente de papoula, erva-doce e salsa. Os gauleses aprenderam a arte dos romanos e com modificações passaram a produzir um pão de massa mais branca[6].

3. André Castelot, *L'Histoire à la Table*, p. 467.
4. Luís da Câmara Cascudo, *História da Alimentação no Brasil*, p. 25.
5. André Castelot, *L'Histoire à la Table*, p. 468.
6. *Idem*, pp. 468-469.

No início o pão era uma mistura de farinha, água e fermento. Posteriormente, aprendeu-se um tipo de fermentação diferente com leite, sal e a levedura da cerveja. Depois acrescentaram-se novos ingredientes à massa (ovos, por exemplo) e na parte da casca, como manjerona e anis. Nos dias de hoje, as receitas são infinitas.

A Idade Média foi a época em que variadas receitas apareceram. O consumo do pão aumentou exponencialmente. Os ricos comiam o pão do papa, da corte, de boca, do cavaleiro, do escudeiros, de capítulo (tipo de pão de aveia especialmente feito para os cânones da Igreja de Notre-Dame); pão *d'épice*, que levava centeio, mel e diversos aromas, trazidos pelo anis, laranja, limão, coentro e outros temperos.

Os mais pobres se contentavam com o pão caseiro (*pain de ménage*), pão *bis-blanc*, pão de Chilly, de Vasalor, de *truset*, de *tribolet*, de *salignon*, pão matinal etc. Havia também o pão *mollet*, preparado com leite e manteiga, que surgiu no século XVI; pão do Espírito Santo, preparado para os mendigos durante a Semana Pentecostal; pão calendário, marcado com três ou quatro cruzes na véspera do Natal e que tinha propriedades terapêuticas. Cita-se o pão de Gonesse e o de Melun, tidos como os melhores; pão bento, símbolo suplementar da Igreja, numa época em que a comunhão não era muito difundida. Pão de Natal, pão feudal, devidos pelo vassalo ao seu suserano.

A matéria mais comum era o grão de centeio, que produzia um pão mais escuro. Em Liège, na Bélgica, onde havia campos imensos de espelta, também conhecido como trigo-vermelho, fabricava-se um pão de massa mais clara que fez sucesso na Europa. Goethe, no século XVIII, afirmava que a fronteira dos pães brancos e pretos era também a fronteira franco-alemã.

Na Idade Média, os pães eram preparados em casa; pouco a pouco, essa tarefa foi sendo delegada aos padeiros, profissão que se desenvolve extraordinariamente nessa época, embora já houvesse especialistas na preparação do pão tanto na Grécia quanto em Roma.

Pão com manteiga é o café da manhã e lanche da tarde tradicional no Brasil; encontrado de norte a sul do país, principalmente nas mesas menos abastadas, mas também presente na dos ricos. Robert Southey, historiador inglês, reparou o consumo de pão com manteiga e café, ao preço de quatro vinténs, nos botequins de Salvador[7]. Historicamente o pão sempre foi barato – exceto nas grandes cidades –, constituindo fonte de energia acessível para trabalhadores.

Pedro Nava traz em suas *Memórias* algumas lembranças do simples pão com manteiga: "Ah! pão francês de véspera, posto no forno para amolecer, árido de casca, miolo fumegante, úmido, cheirando a trigo e campo, derretendo a bola de manteiga"[8]. Ou então simples "pão francês aquecido no forno e escorrendo manteiga dourada"[9]. Também "pão alemão com manteiga"[10]. Bebida para acompanhar, o café puro: "pão com manteiga e o café do lanche"[11]. Ou com leite: "café com leite, pão fresco e manteiga"[12].

O tradicional pão francês sempre foi utilizado também para fazer sanduíches. "Um presunto. Pão de forma, pão francês, manteiga"[13]. Sanduíche de presunto e queijo, servido no Bar da Brahma[14]. Presunto há tempos atrás era quase que inacessível, devido ao preço exorbitante. Mais comum mesmo era a mortadela. "Foi um pão inteiro de duzentos réis com manteiga e mortadela"[15].

CACHORRO-QUENTE

Sanduíche americano conhecido como *hot-dog*; tipo de *fast food* que lá substitui refeições importantes como o almoço. Ganhou no Brasil a confiança do paladar brasileiro de todas as idades. Mas como e quando terá sido a iguaria trazida para o Brasil? Foi pelas mãos de Francisco Serrador Carbonell, conforme explicou Câmara Cascudo:

> Mas, o mais importante é saber como o popularíssimo "cachorro-quente" conseguiu emigrar da América para o Brasil e tirar aí o necessário título de cidadão

7. Robert Southey, *História do Brazil*, t. 6, p. 440.
8. Pedro Nava, *Beira-Mar*, p. 59.
9. *Idem*, p. 143.
10. Pedro Nava, *Galo-das-Trevas*, p. 324.
11. Pedro Nava, *Chão de Ferro*, p. 106.
12. Pedro Nava, *Beira-Mar*, p. 348.
13. *Idem*, p. 367.
14. Pedro Nava, *Chão de Ferro*, p. 269.
15. *Idem*, p. 137.

brasileiro. E aqui entro eu, por mero acaso, como fornecedor da luz necessária à explicação do caso. Em 1928 ou 29, travei conhecimento em Nova York com o Sr. Francisco Serrador, que por aqui andava de passeio. Em conversa com o grande cinegrafista e esplêndido cavalheiro, perguntei-lhe, por mero dizer, que novidades ia levando dos EUA. Ele respondeu-me que levava uma ideia fantástica e de seguro sucesso. Posso saber? perguntei. Claro. Trata-se do *hot-dog*, a que chamarei mesmo "cachorro-quente" e cujas máquinas já estão compradas. Garanto-lhe que será um tiro! E foi mesmo[16].

Francisco Serrador, além de um dos maiores proprietários de imóveis do país – há um prédio belíssimo com seu nome próximo à Cinelândia – foi o responsável pela importação dessa delícia. No entanto, conforme ensina o próprio Câmara Cascudo, o *hot-dog* teria sido criado por um açougueiro de Frankfurt:

O "cachorro-quente" divulgou-se largamente em 1942 em diante com a vinda de norte-americanos para as bases militares nas cidades do litoral brasileiro, durante a guerra contra Hitler. Depois de 1945, tornara-se costume...

Ficamos sem saber o nome do criador do "cachorro-quente", o imortal e anônimo açougueiro de Frankfurt, com sua criação saborosa em homenagem ao seu *Dachshund*[17].

No extinto jornal *New York Herald Tribune* de 1952 foi publicado um artigo comemorativo dos cem anos da invenção do *hot-dog*, indicando como data de surgimento o ano de 1852:

Chicago. A instituição conhecida como *hot-dog* completou cem anos este ano. A *National Live Stock Producers*, a principal revista nacional de artigos, publicou hoje um editorial em homenagem ao evento. A revista disse que em 1852, em Frankfurt (Alemanha), um açougueiro cujo nome não foi registrado, inventou a delicadeza em homenagem ao formato de seu cão – um *Dachshund*. O editorial acrescentou: "Hoje, porém, o cachorro-quente encontrou seu lugar na América, onde cerca de sete bilhões desses caninos são consumidos anualmente". Isso é o equivalente a mais de 550 000 milhas de cachorros-quentes[18].

16. Luís da Câmara Cascudo, *História da Alimentação no Brasil*, p. 697.
17. *Idem, ibidem*.
18. "Centenary of the Hot-dog. Born in Frankfurt, Germany, 1852", *New York Herald Tribune*, 28.8.1952.

30

Cabeça de Porco

O crânio foi passado ao velho Castanheiro como a peça mais nobre e senhorial da mesa. Ele chupou um olho, depois o outro. Tomou duma faca pela lâmina, bateu com o cabo e rebentou a calota.

– Siá Zulmira: bebid'eu não posso. Mas a pimentinha a senhora não vai me negar.

– Malaguet'ou do reino?

– Do reino.

O calvário do nonato na mão parecia um ovo quente de furo pronto pra chupar o conteúdo. O dono da casa, reassumindo um instante, tafulhou o orifício do pó ardido e escorropichou a iguaria dos miolos. Um pouco de pó escuro e duma espécie de mingau branco grudaram-se-lhe escorrendo nos bigodes que ele lambeu como um jaguar e limpou depois cuidadosamente com a beirada da toalha[1].

O banquete foi oferecido na casa do velho Castanheiro – Agapito Castanheiro –, na sua casa em Diamantina, ao primo do autor (Egon), a Cisalpino Lessa Machado e Fábio (provavelmente Fábio Bonifácio Olinda de

1. Pedro Nava, *Galo-das-Trevas*, p. 442.

Andrada). Foi no mesmo episódio em que experimentaram sua *dinamite engarrafada* e que degustaram o lombo de gomo descrito logo abaixo.

CABEÇA DE ANIMAL

A cabeça do animal (novilho, boi, porco etc.) não é, no Brasil, tida como iguaria, salvo em alguns poucos locais, principalmente nos interiores. Nos grandes centros urbanos de nosso país, a ideia de comer a cabeça do animal pode até causar certa repulsa.

Figura 12 . *Cabeça de Vitela (O Cozinheiro dos Cozinheiros,* p. 596*).*

Por outro lado, não é o que ocorre em diversos países da Europa. Na França, existe a *tête de veau* (cabeça de novilho), que pode ser degustada inteira (vem inteira no prato) ou já devidamente cortada em pedaços. Foi eleito como patrimônio gastronômico nacional. O ex-presidente francês Jacques Chirac é o símbolo do culto a esse prato tradicional, que, após sua eleição, foi relançado por diversos restaurantes. Na *tête de veau* come-se o cérebro, item principal, mas também olhos, bochecha (parte mais macia), língua, orelha e tudo o mais que o comensal se dispor a degustar.

O autor francês Alexandre Dumas elenca, no seu *Grand Dictionnaire de Cuisine*, nada menos que nove receitas de *tête de veau*: *Galantine d'une tête de veau, tête de veau au naturel, tête de veau farcie, tête de veau en tortue, tête de veau à la manière du Puits certain, tête de veau à la Destilière, tête de veau à la poulette, tête de veau à la Sainte-Ménehould* e *tête de veau frite* ["galantina de uma cabeça de bezerro, cabeça de bezerro em salmoura, cabeça de bezerro recheada, cabeça de bezerro na tartaruga, cabeça de bezerro à moda de Puits Certain, cabeça de bezerro à la Destilaria, cabeça de bezerro com galinha, cabeça de bezerro à la Sainte-Ménehould e cabeça de bezerro frita"][2]. Menciona também cinco receitas de cérebro: *cervelles de veau à l'allemande, cervelles de veau en matelote, cervelles en marinade, cervelles de veau au beurre noir e cervelles de veau à la ravigote* ["miolo de bezerro à alemã, miolo de vitela em matelote, miolo em marinada, miolo de vitela na manteiga negra e miolo da vitela à la ravigote"] [3].

Gustave Flaubert, no seu *L'Éducation Sentimentale*, se refere à *tête de veau* como um mistério, que o personagem Frédéric explica da seguinte maneira:

> É uma importação inglesa. Para parodiar a cerimônia que os monarquistas celebravam em 30 de janeiro, os independentes fundaram um banquete anual, onde comiam cabeças de vitela, e onde se bebia vinho tinto em crânios de vitela, brindando com torradas o extermínio dos Stuart. Depois do Termidor, os terroristas organizaram uma irmandade semelhante, o que prova que a estupidez é fecunda[4].

Há também algumas receitas italianas, como a *testa di vitello alla Sorrentina* e *la testa di vitello in polpette.*

As propriedades medicinais do cérebro degustado como iguaria são ressaltadas por André Castelot: "Recomendado para pessoas anêmicas ou convalescentes, para restaurar as forças, o cérebro, além disso, é um prato delicado e muito apreciado"[5]. No Brasil, ainda falta muito para que essa parte do animal seja apreciada, se isso um dia acontecer.

2. Alexandre Dumas, *Grand Dictionnaire de Cuisine*, Paris, Alphonse Lemerre Éditeur, 1873, pp. 584, 1049, 1050, 1052, 1053.
3. *Idem*, pp. 1057-1059.
4. Gustave Flaubert, *L'Éducation Sentimentale*, Paris, Louis Conard Libraire-Éditeur, 1910, p. 988.
5. André Castelot, *L'Histoire à la Table*, p. 144.

31

Lombo de Gomo

O lombo de gomo estava realmente um prodígio. Era como tora de madeira preciosa, dum marrom-claro do cerne de ulmo, escurecido onde os lanhos da faca tinham aberto as divisões que limitam os ditos *gomos*. Invadiu a sala com seu perfume. O grupo que já parecia farto com o leitãozinho estimulou-se a esse cheiro como matilha de caça à fanfarra do halali. As moças serviram a todos mais cerveja e encheram resolutamente os próprios copos e o da Siá Zulmira. O lombo abria ao corte trinchante mostrando a carne quase branca em ais olorosa. Foi devorado com a farofa e a couve clássicas depois de regado com um molho ferrugento temperado com a pimenta especial dita de "macaco" – a que melhor se coaduna com todas as carnes que passam pelo forno de barro da cozinha mineira. Essa especiaria lembra pimenta-do-reino mas com o ardido ativado por cheiro parecido com o estragão. Aquele almoço feliz foi respaldado por doce de coco dourado e queijo curado cor de marfim. Café pelando em canecas de ágata[1].

Esse foi o prato servido após o Castanheiro degustar a cabeça de porco. Ao que consta no livro, ele foi o único a se entreter com a iguaria. Logo após, o lombo de gomo foi servido, atraindo todos os comensais presentes. Esse, nenhum dos convidados dispensou.

1. Pedro Nava, *Galo-das-Trevas*, p. 443.

LOMBO DE PORCO

O lombo de porco é prato especialmente frequente na cozinha mineira, muito embora esteja presente em grande parte das mesas brasileiras. Antônio Torres oferece-nos um texto artístico e belíssimo sobre o lombo de porco assado:

> Quando esse lombo vem para a mesa, traz, por dentro, uma alvura original; por fora, a sua cor é como se ele estivesse sendo dourado pelos últimos raios de sol poente; o seu perfume é grato aos heróis e aos deuses; e antes de comê-lo, deve o conviva farejar o ambiente em torno, recolher-se alguns momentos dentro de si mesmo, agradecer a seu deus, seja qual for, o dom da vida do porco e meditar sobre a alegria de viver...[2]

Consumido sem moderação, o lombo de porco, na obra de Pedro Nava, era degustado até pelos doentes: "E vamos para a mesa que o lombo de porco de sua mana está nos esperando. O doente levantou fungando e foi meter-se nas gorduradas habituais"[3].

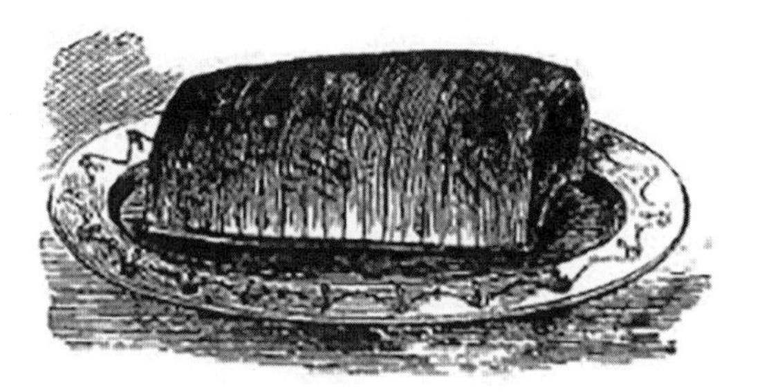

Figura 13. *Lombo de Porco Assado* (*Cozinheiro Nacional*, p. 139).

Não só o lombo – embora esse seja principal –, mas o porco inteiro ou em pedaços, sempre presente na culinária mineira. "Porco nosso, imenso e totêmico... Cozido, frito, assado, recheado... Almoçado, jantado, ceado, comungado, incorporado, consubstanciado"[4]. "Leitãozinho nonato" chiando no forno, "macio como queijo mole por dentro e pelinha tão torrada que estala só de mostrar um palito pra furar"[5].

2. Antônio Torres, "Modelo de Jantar Mineiro", em Luís da Câmara Cascudo (org.), *Antologia da Alimentação no Brasil*, p. 123.
3. Pedro Nava, *Balão Cativo*, p. 86.
4. *Idem*, p. 8.
5. Pedro Nava, *Galo-das-Trevas*, p. 439.

Figura 14. *Leitão* (*O Cozinheiro dos Cozinheiros*, p. 601).

Mário de Andrade, amigo de Pedro Nava, apreciava também a carne suína. "E as ventas do poeta se abriam para o cheiro das magnólias, da carne de porco cortada indagora e fumegando da couve rasgada e sua boca para o gosto do tutu, da assaí, do ardume das pimentas"[6].

MOLHO DE PIMENTA

"O mais nacional dos molhos brasileiros é o molho de pimenta."[7] A sentença é de Câmara Cascudo. O molho de pimenta encontra espaço nas residências e restaurantes, dos mais simples aos mais sofisticados. Se não está à vista do comensal, muito proavalmente está guardado. Dificilmente faltará.

Sigaud dizia que esse molho tornou-se indispensável no tempero de todos os banquetes. "O uso da pimenta para eliminar a insipidez dos alimentos virou, desde então, um hábito, a ponto de ser hoje o tempero essencial de todos os banquetes"[8].

Existe um sem-número de receitas para a preparação do molho de pimenta, mas em geral usa-se a malagueta inteira ou amassada, colocada em solução constituída pelas possíveis variações da junção de vinagre, azeite, cachaça e água. Jean-Baptiste Debret relatou o consumo sem escrúpulos de molho preparado com malagueta amassada simplesmente no vinagre:

Mesmo com o paladar já cansado, para os quais um quarto de laranja não passa de um luxo habitual, eles acrescentam sem escrúpulo ao assado o molho, prepara-

6. Pedro Nava, *Beira-Mar*, p. 196.
7. Luís da Câmara Cascudo, *História da Alimentação no Brasil*, p. 583.
8. J. F. X. Sigaud, *Du Climat et des Maladies du Brésil*, p. 90.

ção feita a frio com a malagueta simplesmente esmagada no vinagre, prato permanente e de rigor para o brasileiro de todas as classes[9].

ALMOÇO FELIZ

No final do texto, Pedro Nava alude ao clima feliz daquele almoço mineiro. Em geral, as citações do autor inseridas no contexto gastronômico, seja qual for, apontam para um estado de espírito positivo bem diferente do lado pessimista que permeia grande parte de sua obra. Isso pode ser explicado em parte pelo fato de que o alimento "contém substâncias imponderáveis e decisivas para o espírito, alegria, disposição criadora, bom humor"[10].

Também não há dúvida de que Pedro Nava era um apreciador da boa mesa. Conforme disse uma vez Julio Camba: "Toda comida deve deixar em nós, ao final, uma satisfação psicológica, e se não deixa é porque algo lhe falta, por mais vitaminas, albuminoides e hidrocarbonatos que contenha"[11].

9. Jean-Baptiste Debret, *Voyage Pittoresque et Historique au Brésil*, t. 2, p. 40.
10. Luís da Câmara Cascudo, *História da Alimentação no Brasil*, p. 348.
11. Julio Camba, *La Casa de Lúculo o El Arte de Comer*, p. 30.

32

Pitu ao Dendê

Dès que les hommes ont des raisons de se rencontrer hors de chez eux, tout commence et finit par des banquets[1].

AUGUSTE ESCOFFIER

Mas foram a um restaurante misto de armazém, cujo dono era um maranhense amigo velho do médico de Schmidt, mesmo seu antigo cliente. Motivo por que caprichou em servir aos dois compadres um dos mais excelentes almoços que ambos tinham logrado em companhia um do outro. Fora de saída um pitu ao dendê com rodelas de pimentão e depois maniçoba cozida com carne de peito e pegando fogo de tanta pimenta – Nossa Senhora...! Auxiliados no vencer esses incêndios por um Granjó gelado ao ponto...[2]

Os dois compadres que filaram esse almoço eram Joaquim Nunes Coutinho Cavalcanti e José Egon de Barros da Cunha. A história se dá durante uma viagem que fizeram a Monte Aprazível, município do Estado de São Paulo, em 1931. Pedro Nava foi morar no Oeste Paulista após o suicídio de sua noiva, Lenora – o amor de sua vida –, que descobriu ser portadora de uma leucemia incurável.

No episódio – descrito no sexto livro de memórias, num trecho belíssimo –, o noivo da pobre moça era Egon[3]. Alguns analistas da obra de Pe-

1. "Desde que os homens têm motivos para se encontrar fora de casa, tudo começa e termina com banquetes" (Auguste Escoffier, *Souvenirs Culinaires*, p. 10).
2. Pedro Nava, *O Círio Perfeito*, p. 175.
3. *Idem*, pp. 97 e 103.

dro Nava afirmam que o suicídio da noiva gerou relevantes repercussões psicológicas. Há quem afirme, inclusive, que o suicídio passou a fazer parte de sua vida após esse episódio.

PITU

Macrobrachium carcinus, também conhecido como camarão-de-água-doce, camarão canela ou calambau. Pode chegar a medir 48 centímetros, da cauda à ponta das garras. É encontrado em todo o Brasil. Para Gilberto Freyre, o melhor pitu do mundo é encontrado no Rio Uma, que nasce na cidade de Capoeiras, no agreste de Pernambuco[4].

Num outro trecho, Nava fala sobre o pitu. Durante um banho de rio, o Egon vê um e se assusta. O Comendador então diz:

> Mas... isto não faz mal nenhum – disse o Comendador. – Isto é um pitu. Come-se como camarão, lagosta. É bicho parente de camarão, de lagosta. Fica admirável com cabeça de peixe carnudo e repolho cozidos com eles no arroz. É. Pode ser cabeça de vermelho, olho-de-boi, mero, badejo[5].

O autor também menciona esse arroz de pitu num jantar preparado no Bar das Rolas[6].

O pitu também era cultivado no açude da Fazenda Santa Clara, também conhecida como Fazenda do Seu Carneiro. Havia nesse açude também caranguejos e carpas[7].

AZEITE DE DENDÊ

Para Vivaldo da Costa Lima, "o termo 'dendê' provém do nome que tem a palmeira no idioma quimbundo, um dos falares de Angola"[8]. O uso do azeite de dendê foi intensificado pelos escravos africanos, substituindo o azeite doce ou de oliva. "Às iguarias que o português fazia uso do

4. Gilberto Freyre, *Açúcar. Uma Sociologia do Doce*, p. 80.
5. Pedro Nava, *O Círio Perfeito*, p. 565.
6. Cf. "Vinho Branco Seco".
7. Pedro Nava, *Baú de Ossos*, p. 293.
8. Vivaldo da Costa Lima, *A Anatomia do Acarajé e Outros Escritos*, p. 145.

azeite de oliveira, o africano adicionava, com eficácia, o azeite de dendê ou de cheiro"[9]. No século XIX, fez-se grande uso do produto. "O século XIX foi a idade dourada do azeite de dendê. Frituras de peixe, ensopados, escabeches, refogados, rendiam-lhe diária vassalagem"[10].

A utilização do produto era também variada. "Divulgação pela mão do negro e também veracidade do sabor e coloração dados à fritura do peixe, às farofas, aos esparregados, moquecas, ensopados e escabeches feiticeiros"[11].

Para Jorge Amado, o dendê foi trazido pelos africanos. "Nos navios negreiros vieram o dendê e o gosto da pimenta, a culinária ritual dos negros, as comidas dos orixás"[12]. Todavia, Câmara Cascudo chama atenção para o fato de que o escravo, dada sua condição, não trouxe nada de sua terra natal:

> Trazidas como? O escravo não conduzia bagagem e sua alimentação era diariamente fornecida pelo navio e no mercado até ser vendido. Como seria possível ao desgraçado negro, faminto e doente do *banzo*, lembrar-se de trazer as espécies humildes de sua alimentação normal se tudo era difícil para ele, arrebanhado em batalha, vendido pelo rei, sacudido nos porões asfixiantes, sem nutrição suficiente; fome, sede, miséria, doenças, maus-tratos, motivando sua atenção para sobreviver?[13]

Luís da Câmara Cascudo também relata a presença do azeite de dendê no Brasil, mas seu uso não era destinado só à culinária.

> Outra grande presença africana é o azeite de dendê, azeite de cheiro, óleo de palma, extraído dos frutos da palmeira *Elaeis guineenses* L. o dendezeiro. Correspondia, em maior escala de utilidade comestível, às espécies brasileiras do ouricuri (*Cocos coronata* Mart.) e do babaçu (*Orbignya martiana* B. Rodr.), vinho, óleo, frutos, farinha pela mucilagem. O dendê não foi mencionado em 1587, existente no Brasil. Nem as provisões para o engenho de Sergipe do conde.
>
> Há no Brasil o dendezeiro indígena, caiauá, cauié, amazônico (*Elaeis melanococca*), fornecendo o óleo de caiaué, com uso cozinheiro, fabricação de sabões e unturas para evitar picadas de carapanãs e mosquitos hematófagos[14].

9. Manuel Querino, *A Arte Culinária na Bahia*, Salvador, Livraria Progresso Editora, 1957, p. 22.
10. Luís da Câmara Cascudo, *História da Alimentação no Brasil*, p. 224.
11. *Idem*, p. 556.
12. Jorge Amado, *Bahia de Todos os Santos: Guia de Ruas e Mistérios*, Rio de Janeiro, Record, 1986, p. 400.
13. Luís da Câmara Cascudo, *História da Alimentação no Brasil*, p. 838.
14. *Idem*, p. 224.

Antônio José de Sampaio também faz relato no mesmo sentido:

> Na Amazônia, o dendezeiro indígena (*Elaeis melanococca*) tem os nomes caiaué ou caiué, pelo que o respectivo azeite ou óleo é chamado óleo de caiaué ou caiué, com o mesmo uso culinário e na fabricação de sabões e sabonetes[15].

O azeite de dendê teve seu uso massificado mesmo com os africanos, principalmente na Bahia.

> O azeite de dendê, óleo de palma, azeite de cheiro, ficou sendo indispensável na capital baiana. Faziam-no ali mesmo, mas crescendo a população, a maior parte vinha da Angola e do Daomé nos navios negreiros[16].

Na cidade de Salvador, iniciaram a cultura da palmeira para suprir a demanda no mercado interno:

> A palmeira de dendê, *dem-dem* em Angola, foi cultivada ao redor da cidade do Salvador para atender o consumo local do maior centro demográfico de então. Como era costume na África, rara seria a iguaria negra sem participação do azeite de dendê, dando cor, aroma e sabor peculiares. Seu uso transmitia-se entre os escravos e as negras que serviam nas residências dos *brancos*, como um ato de fidelidade, impunham o azeite de dendê como a cozinheira portuguesa lançava o azeite doce, óleo de oliva de Portugal. Onde estivesse o negro, aí haveria azeite de dendê, na medida do possível[17].

Diante dessa utilização expressiva, passou a ser sinônimo de gosto:

> Dendê ficou sendo sinônimo popular de gosto, sabor forte, característico e primacial: – *aí é que está o dendê. Era um dendê de gosto!* Ainda em 1914, o diário *Pernambuco* noticiava, com a naturalidade de uma expressão que todos entendiam no Recife: – "Fez ontem *seu dendê* em frente a nossa tenda de trabalho o velho maracatu Porto Rico"[18].

Fora da Bahia, no entanto, o azeite de dendê não teve a mesma aceitação e popularidade. "O emprego vem diminuindo na proporção que

15. Antônio José de Sampaio, *A Alimentação Sertaneja e do Interior da Amazônia*, p. 247.
16. Luís da Câmara Cascudo, *História da Alimentação no Brasil*, p. 556.
17. *Idem*, p. 224.
18. *Idem*, p. 556.

ascende para o extremo norte ou descia, da Bahia, para o sul"[19]. Câmara Cascudo também afirma:

> Não atingiu incisivamente o sertão nem o sul e a zona central do país. Nem desconhecido, nem indispensável. No sertão não competiu com a banha de porco e com a manteiga da terra, líquida, guardada em garrafas escuras para não derreter, valorizada pela preferência regional[20].

MANIÇOBA

Há quem se refira tratar de um prato de origem africana que utiliza produtos amazônicos, pois haveria pratos similares em alguns países da África. É o caso, por exemplo, do *matapa* de Moçambique. Para Ivan Alves e Roberto Di Giovanni, a origem seria indígena:

> [...] nos séculos XVII e XVIII os relatos de cronistas referem aos índios a origem da maniçoba e que poucos pratos encarnem a história do início da colonização do Brasil quanto a maniçoba. Manisoua significa "folha de mandioca" em língua tupi[21].

Constitui mais um produto do complexo da mandioca, sendo preparado a partir de suas folhas (*Manihot pseudoglaziovii* Pax & Hoffman), que se coloca para cozinhar por até sete dias, para tirar-lhe o veneno. Câmara Cascudo informa outras denominações, bem como que seu uso teria sido registrado já no século XVI:

> Manisaua, folha da maniva, *maniyua*, *maniba*, designação da *Manihot utilissima*, ou maniçoba, guisado de grelos e folhas tenras, pitéu contemporâneo e já famoso no século XVI, e outros tantos; "a quafolha o gentio come cozida em tempo de necessidade, com pimenta da terra" informa Gabriel Soares de Souza. Para a popularidade da iguaria, com o passar do tempo, o guisado recebeu outros condimentos, carne, peixe, mocotó, tripa, chouriço e mais complicações gostosas[22].

19. *Idem*, p. 224.
20. *Idem*, p. 556.
21. Ivan Alves Filho & Roberto Di Giovanni, *Cozinha Brasileira (Com Recheio de História)*, 2. ed., Rio de Janeiro, Revan, 2000, p. 76.
22. Luís da Câmara Cascudo, *História da Alimentação no Brasil*, p. 99.

No Pará, a maniçoba é conhecida como feijoada paraense, conforme informam Maria Dina Nogueira e Guacira Waldeck:

> A maniçoba (feijoada paraense feita com a maniva, folha da mandioca, fervida durante aproximadamente sete dias) são obrigatórios no ritual do almoço familiar que encerra a festividade religiosa[23].

O prato já pronto lembra bastante a feijoada.
Claudia Lima define essa iguaria da seguinte forma:

> Prato preparado com as folhas novas da mandioca, pisadas, espremidas, em seguida, cozidas com toicinho, carne de porco, mocotó, temperos. Existem algumas modificações regionais[24].

23. Maria Dina Nogueira & Guacira Waldeck, *Mandioca: Saberes e Sabores da Terra*, Catálogo de Exposição, Galeria Mestre Vitalino, Museu de Folclore Edison Carneiro, Centro Nacional de Folclore e Cultura Popular, 25 de maio–30 de julho de 2006, Rio de Janeiro, IPHAN/CNFCP, 2006, p. 34.
24. Claudia Lima, *Tachos e Panelas*, p. 266.

33

Cozinha Árabe

Agora era de comida libanesa ou síria ou árabe que falavam. Bateram uma por uma as teclas das especialidades do Guady fazendo ir pela mente as maravilhas – mantimento do Oriente Próximo. Recordaram tudo que a decantada *grande figura* fizera passar na mesa do Cavalcanti enquanto o Egon estivera em sua casa. Falaram do labni, coalhada guardada em bolas que parecem sóis brancos dentro da densidade dourada do azeite doce; do tabule, salada de trigo e os mesmos temperos do quibe; da ramostirrine, enfeitada com os bicos do grão-de-bico; da mijadra e sua mistura de arroz, lentilha e cebola frita; das carnes do merche com folhas de parra ou com folhas de couve; dos gloriosos quibes – cru, frito e o de bandeja; do molho sírio que se eriça de gergelim, sal e alho socado; nos espetos de carne em cubinhos ou da alcatra bem moída; nas outras coalhadas companheiras do labni; dos enrolados de folhas de parreira ou de folhas de repolho – de toda essa comida que cheira a alho, cebola, pimenta e hortelã e que é uma das mais saudáveis do mundo – agora se espalhando na Alta Araraquarense, São Paulo e resto do Brasil por graça do advento sírio-libanês. Se amalgamando com as outras cozinhas dos imigrantes e entrando na miscigenação da brasileira[1].

A conversa se dera entre o Cavalcanti e o Egon, ainda na estrada a caminho de Monte Aprazível. Pegaram a estrada logo após o almoço com maniçoba e pitu ao dendê.

1. Pedro Nava, *O Círio Perfeito*, pp. 175-176.

INFLUÊNCIA ÁRABE

A imigração árabe teve como pontos de partida os portos de Beirute e Trípoli – por meio de agências de navegação francesas, italianas ou gregas –, tendo como destinos principais os Estados de São Paulo e do Rio de Janeiro. A maioria dos árabes que vieram para o Brasil são do Líbano, havendo também imigrantes da Síria, constituindo uma relevante comunidade sírio-libanesa no país. A imigração foi oficialmente iniciada em 1880 – quatro anos após uma visita do imperador D. Pedro II ao Líbano –, com uma leva de libaneses.

Em termos de alimentação, trouxeram hábitos e alimentos que logo foram incorporados pelos brasileiros, com destaque para o quibe (frito, cru ou de tabuleiro) e a esfiha (aberta ou fechada), encontrados não só em casa especializadas, mas em diversos cantos, principalmente do Sul e Sudeste. Claudia Lima aponta para a importação também de hábitos alimentares, como "a carne no espeto, o quibe, as lentilhas, doces à base de manteiga, nozes, tâmaras, gergelim e leite"[2]. De resto, Pedro Nava fez um belíssimo passeio pela culinária árabe, indicando vários quitutes, uns mais conhecidos (como o quibe, tabule e coalhada), outros menos (labni, ramostirrine e mijadra).

Segundo André Castelot, a cozinha árabe do Norte da África utiliza como insumos a ovelha, o carneiro, azeite de oliva, tomates, cebolas; e descarta o porco, o vinho e qualquer tipo de álcool – preferem o chá de menta. A comida é em regra muito apimentada e as sobremesas bastante açucaradas. Como temperos gerais, utilizam, além de diversos tipos de pimenta (vermelha, preta, *cayenne* etc.), o açafrão, o gengibre e o cravo. Sua grande contribuição para o mundo seria o cuscuz[3]; outra contribuição importante, porém menos relevante, é o *merguez*, tipo de salsicha feita com carne de carneiro[4].

Não se pode esquecer, por último, do tradicional pão árabe, conhecido como *pão pita* (ou *khubz* em árabe, que significa genericamente pão), que conquistou o mundo, junto com o cuscuz. É comum em todos os países que resultaram do colapso do Império Otomano e também alguns países do Oriente Médio, como por exemplo a Turquia. Trata-se de um pão de trigo, cuja originalidade em relação aos demais é o fato de ser um pão-folha, tipo "envelope", no formato de disco. Isso permite que o pão

2. Claudia Lima, *Tachos e Panelas*, p. 113.
3. Cf. "Cuscuz", p. 54 e ss.
4. André Castelot, *L'Histoire à la Table*, p. 12.

seja comido como simples acompanhamento da refeição, mas também possibilita a preparação de sanduíches leves, com um pão bem fino.

Pedro Nava, em outro trecho, chama a atenção para o fato de ser a comida árabe "uma das mais saudáveis" e fala de sua influência na formação culinária do Oeste paulista[5].

AZEITE DOCE

É o óleo extraído do fruto da oliveira, de paladar delicado, bem menos agressivo que o irmão brasileiro, o azeite de dendê. Câmara Cascudo informa que teria sido uma influência árabe, não da imigração que falei acima, dos sírios-libaneses, mas da exercida diretamente em Portugal. "Fora dádiva deixada pelos árabes, *azzait*, espalhados os olivais e propagado o uso e abuso oleoso, na dieta diária e vulgar, pela Península Ibérica"[6]. Dos árabes para os portugueses; de Portugal para o Brasil.

Seu uso transcendeu o da culinária.

> Elevado no nível de panaceia milagrosa, purgante, laxativo ligeiro, para dor de ouvidos, emplastros, fricções, três colheres, morno, para evitar a repetição do acesso sufocativo, *azeite de oliva todo mal tira*, dizia o padre Delicado nos seus *Adágios* (Lisboa, 1651)[7].

Em Portugal, seu uso foi otensivo (e tem sido até hoje).

> O azeite doce em Portugal é fundamental. Come-se com o pão. "Mais saboroso que migas de azeite com vez de vinho em cima", atesta Logo Soropita. Michas de azeite, fala Gil Vicente. Tempera quase todos os alimentos. Dá sabor, força, ajuda a digestão. "Acomoda o comer", diziam-se no Douro[8].

No Brasil, o português manteve o hábito, mas com ritmo diminuído, pois era obrigado a importar o óleo, que era muito caro nos primórdios.

> O azeite de oliva conservava o lugar que tivera desde o "tempo dos mouros". O português no Brasil não pôde manter o azeite doce na mesma abundância, buscando em Portugal e atravessando o Atlântico[9].

Para Câmara Cascudo, o azeite doce:

5. Pedro Nava, *O Círio Perfeito*, p. 170.
6. Luís da Câmara Cascudo, *História da Alimentação no Brasil*, p. 248.
7. *Idem, ibidem.*
8. *Idem, ibidem.*
9. *Idem*, p. 249.

Acompanhou o português como uma ordenança fiel, habituando o Brasil ao seu sabor até que os sucedâneos locais impuseram substituição e noutras partes o preço afastou o emprego comum nos peixes fritos. O azeite de dendê, a manteiga, as banhas, tomaram seu posto, guardava-se uma lata ciumenta para servir nos pratos finos das festas domésticas nos dias de gala. O custo distanciou-o dos pobres e das classes médias, preferido pela manteiga e banha de porco nas frituras de carne e o dendê, prestigiado pelo formigante mercado negro das cidades, assumiu vantagem funcional[10].

Uma novidade relativamente recente é a produção de azeite no Brasil, até então apenas um grande importador do produto. Agora o óleo é produzido principalmente no Rio Grande do Sul e Minas Gerais, na região da Mantiqueira. Conta-se atualmente cerca de 80 produtores, número que cresce a cada ano, quando os olivais começam a entrar em produção, após anos de investimento. Para se ter uma ideia, em 2020 tínhamos cerca de 50 produtores.

E a surpresa reside na qualidade desses azeites nacionais, apesar de não sermos um país com a expertise e tradição de algumas pátrias que contam centenas ou milhares de anos de experiência, como Grécia, Itália e Espanha. Alguns azeites nacionais vêm conquistando prêmios e medalhas internacionais. Marcas como Prosperato, Lagar H, Casa Albornoz, Azeite Batalha, Verde Louro, Orfeu, Fazenda Irarema, Estância das Oliveiras, Sabiá da Mantiqueira, Oliq, dentre vários outros, já ganharam concursos conhecidos, como o International Olive Oil Competition, EVO International Olive Oil Contest, New York International Olive Oil Competition (NYIOOC), Prémio CA Ovibeja (Alentejo, Portugal), International Extra Virgin Olive Oil Competition (Japão), Terrolivo (Israel), Athena International Olive Oil Competition, lista meramente exemplificativa.

Dentre o que já se escreveu sobre o azeite brasileiro, destaco a obra de Sandro Marques (*Extra Fresco. O Guia de Azeites do Brasil*, Editora Livrobits, São Paulo, 2020), livro renovado anualmente, sempre com crescente listagem de produtores. O título do livro indica para a principal qualidade do óleo extravirgem produzido aqui: o frescor. Ao contrário do vinho, o azeite perde com a idade. Muitos azeites espetaculares produzidos no velho continente sofrem com o tempo que adquirem desde o esmagamento da oliva até ser consumido, o que se deve principalmente devido ao transporte, armazenagem, tempo de despacho aduaneiro, espera da "janela" portuária etc. Isso não acontece com o azeite brasileiro, que chega muito rápido ao prato do consumidor. E o resultado é espetacular.

10. *Idem*, p. 248.

34

Picadinho Trivial

— Só servimos prato feito, patrão. Hoje é arroz, feijão, bolinho de batata, picadinho com quiabo e farofa de ovo.

- Então deix'eu ir provar na sua cozinha...

Foram os três. O Comendador deu uma provadinha naquela boia simples e declarou tudo divino, explicando a teoria do Nava de que o grande cozinheiro conhece-se pelo trivial[1].

Essa refeição trivial - novamente o autor evoca seu gosto pela comida simples - foi inserida no âmbito de uma conversa entre Egon e o Comendador e servida no Bar das Rolas (nome fictício), na Tijuca. O Comendador é outro personagem que surge no sexto volume das memórias, ao ser reconhecido por Egon numa sala de cirurgia[2]. Não se sabe seu nome, nem características - além de seus olhos verdes - que possam identificá-lo.

Joaquim Alves de Aguiar entende que o personagem não é fictício, mas real, tendo Pedro Nava ocultado propositalmente sua identidade; diz também que no diálogo entre os dois amigos há tons de homosse-

1. Pedro Nava, *O Círio Perfeito*, p. 556.
2. *Idem*, p. 489.

xualidade[3], daí por que os personagens teriam sido mantidos no anonimato, tanto o Egon – que não existe, é o *alter ego* do autor –, quanto o Comendador, cuja identidade foi suprimida. Para Aguiar, "o episódio do Comendador joga luz em regiões de sombra das *Memórias*. Ele expõe a outra face da homossexualidade do narrador"[4].

PICADINHO

É um prato emblemático da gastronomia carioca que, supostamente, teve origem na cozinha de bares e restaurante das noites do Rio de Janeiro. A base é a carne picada, arroz, feijão, farofa, banana e ovo, havendo variações naturais do prato (no picadinho descrito acima, encontra-se quiabo e bolinho de batata).

O picadinho teria surgido no final do século XIX, como uma refeição completa, no restaurante G. Lobo, situado na rua General Câmara, n. 135 (onde, segundo Pedro Nava, também teria surgido a feijoada completa). Ganhou popularidade, no entanto, no bairro da Lapa, reduto da boemia carioca.

Era comida simples, consumida por boêmios e trabalhadores; ao entrar para o cardápio do Hotel Copacabana Palace, subiu de classe social. É que o *chef* Fery Wünsch, expatriado da extinta Tchecoslováquia, passou a servir o picadinho na famosa Boate Meia-Noite; o prato passou a ser conhecido como picadinho meia-noite. A história desse prato é contada pelo referido *chef* no livro *Memórias de um Maître de Hotel*[5].

Wünsch conta no livro que ficou chique saborear o picadinho meia-noite, que era demandado por milionários e personalidades cariocas em "esticadas", como se dizia, depois de *shows*, filmes ou de espetáculos artísticos no Teatro Municipal; políticos, diplomatas, artistas e intelectuais nacionais e internacionais; ou estrelas de Hollywood em visita à cidade. Provaram e gostaram do picadinho meia-noite, entre outros, a princesa italiana Ira de Furstenberg, que causou alvoroço ao trocar o marido europeu pelo industrial brasileiro Baby Pignatari; a atriz e modelo Ilka Soares;

3. Joaquim Alves de Aguiar, *Espaços da Memória: Um Estudo sobre Pedro Nava*, pp. 189-194.
4. *Idem*, p. 194.
5. Fery Wünsch, *Memórias de um Maître de Hotel*, Rio de Janeiro, Edição Particular, 1983.

o poeta Augusto Frederico Schmidt; o cronista Rubem Braga; o empresário João Havelange, futuro presidente da Fifa; o filólogo e dicionarista Antonio Houaiss.

Segundo Fery, o picadinho meia-noite era o prato favorito de João Neves da Fontoura, nascido no Rio Grande do Sul, duas vezes ministro das Relações Exteriores do Brasil. Também foi saboreado por outros gaúchos transplantados para o Rio de Janeiro pela Revolução de 1930, a começar por Getúlio Vargas e Oswaldo Aranha. Entretanto, não por acaso, os adeptos mais fiéis da especialidade sempre foram os *playboys*, começando por Jorginho Guinle – sobrinho do hoteleiro Octávio Guinle, fundador do Copacabana Palace em 1923 – e seus grandes amigos: Baby Pignatari, Carlos Niemeyer, Ibrahim Sued, Mariozinho de Oliveira e Sérgio Peterzone[6].

O picadinho era preparado também por Dona Diva, mãe de Nava, em sua casa na Padre Rolim, n. 778, Belo Horizonte:

> Era um trivial mineiro dos mais típicos: feijão-mulatinho, angu, arroz, couve cortada, carne picada. Os ovos estalados na hora, na frigideira cheia de banha de porco, pela própria Dona Diva. Depois o doce de mamão verde, e a toreba de queijo de Minas[7].

6. Cf. Dias Lopes, "O Picadinho Mais Querido do Brasil", *O Estado de S. Paulo*, 14.10.2010.
7. Pedro Nava, *Galo-das-Trevas*, p. 121.

35

Intuição e Força Bruta na Cozinha do Guady

E você notou? Como o Guady tem a intuição da força bruta da cozinha brasileira, dos pratos em que nosso gosto, de nós dois, coincide. Seus assados suntuosos, suas carnes de espeto rabelaisiano, seu tutu com torresmo e carne seca desfiada frita, linguiça e ovo duro, ou seu tutu com lombo ou com pé de porco assado. E mais seu feijão de tropeiro, seu baião de dois vindo direto do Ceará, sua rabada, seu mocotó divino, sua dobradinha. Tudo isto e a rainha de nossa culinária que é feijoada completa *à la* gordaça com tudo de porco. Até pistola de porco... E como ele é admirável nas massas, pastelarias, ossobucos italianos e finalmente régio na sua cozinha natal...[1]

Esse é mais um dos assuntos tratados na viagem que fizeram Egon e Cavalcanti, no carro desse último, a Monte Aprazível, no início da década de 1930. Guady Jorge, compadre de Cavalcanti, era um cozinheiro exímio de origem sírio-libanesa, cuja especialidade era a comida de sua terra natal.

Guady é apresentado ao Egon pelo próprio Cavalcanti:

Meu compadre e amigo Guady Jorge – o melhor e mais fino cozinheiro da Alta Araraquarense... especialidade: cozinha sírio-libanesa que ele aliás pratica com virtuosidade igual à que põe na italiana e na afro-brasileira[2].

1. Pedro Nava, *O Círio Perfeito*, p. 171.
2. *Idem*, p. 111.

PORCO

Sempre foi um animal apreciado e muito consumido, envolvido em rituais ou liturgias que o excluíam ou o incluíam na dieta. Foi comida de luto. "O porco seria mesmo *comida de dó*, aquela que pode ser ingerida nos primeiros dias do luto. Matava-se especialmente para essa refeição"[3]. Constitui mais um insumo alimentar trazido pelos portugueses:

> Os portugueses levaram os porcos domésticos para o Brasil mas o clima retardou a *charcuterie* que em Portugal é indústria caseira e antiquíssima. Foram sempre objeto de importação porque o colonizador não dispensava sua participação nas festas ruidosas de comer-e-beber. Sem recorrer a esses processos de conservação e exigência de paladar, a carne de porco figurou desde logo no cardápio usual brasileiro. Sempre que possível, caçava-se um porco-do-mato para matar saudades gustativas.
>
> De sua importância em Portugal basta recordar a "matança" determinando um complexo de presentes, convites, avisos, comentários, festa íntima e rápida que não pode ser adiada e desconhecida em todo vizindário. É possível matar um boi e não convidar o vizinho, mas fazê-lo, tratando-se do porco, é provocação inamistosa, indesculpável. Todos os etnógrafos portugueses registraram esse cerimonial decorrente da "morte do porco", o porco do Natal, motivo nos rifoneiros e nas quadrinhas populares[4].

O animal é valorizado há vários séculos pelo sabor de sua carne. "Em 1253 um porco de três anos valia uma vaca ou quatro carneiros."[5] Mas não é somente a carne que se aproveita. "Não apenas a carne é abundantemente utilizada mas a banha, *manteiga de porco*, figura com destaque na doçaria portuguesa, fringindo as guloseimas tradicionais, seculares e contemporâneas."[6] André Castelot, citando Grimod de La Reynière, diz que o porco é "animal enciclopédico, uma verdadeira refeição sobre patas. Não se desperdiça nada, até os pés, come-se tudo"[7].

3. Luís da Câmara Cascudo, *História da Alimentação no Brasil*, p. 256.
4. *Idem, ibidem.*
5. *Idem, ibidem.*
6. *Idem*, pp. 256-257.
7. André Castelot, *L'Histoire à la Table*, p. 508.

O brasileiro sempre apreciou muito a carne de porco e seus derivados. Mas parece não haver dúvida de que o espanhol é o povo que conseguiu lhe dar a mais alta expressão culinária, com produtos (como o presunto, por exemplo) e receitas inigualáveis. Julio Camba conta uma história divertida sobre a predileção do povo pela carne de porco:

– De que ave o senhor gosta mais? Vamos ver? – perguntaram-lhe, uma vez, a um camponês galego. Do frango? Da perdiz? Do pombinho?... Pense bem e diga-me sem medo.

O camponês era um homem consciente e não queria cometer uma injustiça.

– O senhor falou frango? – perguntou.

– Não. Não vou falar mais nada. É o senhor que tem de falar.

– O frango é bom – exclamou o camponês –, mas a perdiz...

– O senhor prefere a perdiz?

– A perdiz também é boa. No entanto...

– Ah, vai! O senhor gosta mais da carne do pombinho, né?

– Veja bem. Veja bem. Um pombinho macio e gordinho é de lamber os beiços, sem dúvida, mas... *se o porco voara...* (se o porco voasse...)[8].

O próprio Julio Camba dá sequência ao raciocínio do camponês:

Se o porco voasse seria, indubitavelmente, uma das aves mais apetitosas e se nadasse ganharia em excelência de quase todos os peixes. Com uma carapaça como a da lagosta e algumas outras particularidades ele se constituiria em um delicioso crustáceo; e com um corpo tenro, encerrado em uma concha igual à da ostra, ou em forma de saco e provido de tentáculos como o polvo, que molusco poderia ser comparado a ele?[9]

Ainda segundo Camba, o velho Moisés amaldiçoou o porco e é inútil que os judeus sejam donos de fortunas invejáveis, se não podem comer dessa carne. Maomé também proibiu seus fíeis de comer neste mundo a carne de porco; por isso,

[...] se os maometanos costumavam manifestar na guerra tanto desprezo à vida era somente pelo desejo que tinham de chegar o quanto antes ao paraíso,

8. Julio Camba, *La Casa de Lúculo o El Arte de Comer*, p. 72.
9. *Idem, ibidem.*

para lá comerem umas fatiazinhas de presunto, com um quê de Chipre ou de Salerno, em companhia das huris[10].

Carlos Alberto Dória, em artigo interessantíssimo – chamado divertidamente "Elogio do Torresminho" –, aborda a história da criação do porco, bem como sua condenação em razão de supostos malefícios à saúde:

> O porco foi domesticado, a partir do javali, primeiramente na China, havendo indícios de mais dois centros de domesticação na Europa Central, segundo recentes testes de DNA. Restos arqueológicos do porco, datados de 7500 anos a.C., foram encontrados em Chipre, fracionados em quatro grandes partes: a cabeça, os membros anteriores, o dorso e o traseiro.
>
> Segundo os cientistas, esses parcelamentos indicam a prática tanto de cozer ao fogo (*rôtissage*) como de assar (*grillage*), sugerindo a existência de receitas e de hábitos culinários estruturados que remontam ao Neolítico, há dez mil anos do presente.
>
> No entanto, apesar desses dez mil anos de sua história culinária, ele também foi evitado por tabus alimentares que remontam aos tempos bíblicos e chegam aos nossos dias, quando as dietas mágicas, como a "dieta mediterrânea", sugerem o banimento da gordura de porco, cedendo lugar ao azeite de oliva na culinária dita "saudável".
>
> Vez ou outra essas teorias sobre a saúde – nas quais é mais fácil identificar os interesses comerciais do que a fundamentação científica – sofrem abalos, promovem revisões, e eis que o porco, assim como outras gorduras animais, vive em fase de "descriminalização de uso", ao passo que as gorduras "trans", de origem vegetal, passam à berlinda. No entanto, é nesse mesmo momento que passa a ser chamado solitariamente "suíno", sem que os bois tenham sido transformados em "bovinos" ou os búfalos em "bubalinos".
>
> Exatamente por essas oscilações valorativas, é que o porco persiste como elemento estruturador das culturas em seus aspectos culinários, distanciando-se do modelo das modas passageiras. A rigor, todas as culturas precisam ter seu discurso sobre o porco, não cabendo a indiferença[11].

Alguns criadores fornecem alimentação especial para os animais; a alimentação especial reflete na carne do porco, cujo sabor se torna diferenciado. É o caso, por exemplo, do porco espanhol alimentado com *bellota,* que é um tipo de castanha, parecido com o pinhão. Esse porco dá um dos

10. *Idem*, p. 74.
11. Carlos Alberto Dória, "Elogio do Torresminho".

presuntos mais apreciados do mundo, o *jamón iberico de bellota* (também conhecido como *jamón ibérico de Montanera*). Diz-se que é 100% *belotta* quando o animal é alimentado exclusivamente com essa castanha, cujo sabor é refletido com intensidade na carne do animal. A alimentação exclusiva com *bellotas* é muito cara, o que torna elevadíssimo o preço do produto: a peça inteira do presunto pode custar cerca de R$ 10 mil.

Na natureza, o porco selvagem tem grande aptidão para encontrar diversos tipos de castanhas (e trufas também), que são preferidos na alimentação. Foi assim que essa qualidade que se transmite para a carne foi descoberta. Os gauleses encontraram bandos inteiros de porcos que viviam em suas florestas, alimentando-se dessa forma. Passaram a produzir um presunto espetacular, comprado também pelos romanos (que também importavam outras peças salgadas do porco). André Castelot refere – citando Jacques Bourgeat – que a criação de porcos nas regiões de Soissonnais e Franche-Comté (ambas na França) era tão célebre, que os gauleses foram para o Norte da Itália aplicar e ensinar seus métodos[12]. Com a finalidade de dar mais sabor à carne do animal, além do investimento na alimentação, havia também quem o cruzasse com o javali.

No Brasil histórico, havia lugares em que o animal também recebia alimentação especial (o que provavelmente acontece também nos dias de hoje). Na cidade de São Pedro do Sul, situada no Rio Grande do Sul, o viajante inglês John Luccock, por exemplo, relata ter visto fazendeiros criarem porcos com excelentes pêssegos:

> Os porcos pareciam viver luxuosamente; o chiqueiro era impressionante, erguido sob o abrigo de uma grande árvore; sua comida, no momento de nossa visita, principalmente pêssegos saborosos, foi lançada sobre a cobertura, e eles literalmente rolaram na abundância[13].

Gardner, falando sobre as frutas que encontrou por aqui[14] relata que o pêssego não tinha qualidade muito boa e que, portanto, eram muito utilizados na alimentação dos porcos[15].

12. André Castelot, *L'Histoire à la Table*, p. 509.
13. John Luccock, *Notes on Rio de Janeiro, and the Southern Parts of Brazil*, p. 196.
14. Cf. "As Frutas de Seu Carneiro", p. 419 e ss.
15. George Gardner, *Travels in the Interior of Brazil*, p. 35.

Na Idade Média, os porcos andavam livremente pelas cidades e ruas. Inclusive, auxiliavam na redução de lixo, comendo-o. Em 1131 eles foram protagonistas de um acidente mortal que envolveu o filho do rei Luís VI, o Gordo, sendo proibido a partir de então a presença de porcos errantes na capital. André Castelot conta uma história no mínimo inusitada. Na cidade de Mayenne (noroeste da França), colocava-se barreiras para impedir que os porcos entrassem nos jardins familiares. Sua liberdade na rua também era controlada: das 7 h às 17 h. Para não violarem as regras, os porcos eram fiscalizados. E a justiça medieval chegou a condenar à morte alguns porcos (cachorros e javalis também foram sentenciados) pela transgressão dos limites impostos:

> Por exemplo, uma porca foi enforcada no século XIV, no ano de 1368, em La Bazoge, por ter estrangulado uma criança. Antes do enforcamento, ela foi vestida com roupas de baixo, casaco, calça e luvas brancas, foi colocada no suplício e cortaram-lhe a pata. Filipe VI emanou uma ordem autorizando os sargentos de Châtelet a matar porcos em vias públicas ou nas casas caso tivessem causado danos. Eles mantinham as cabeças, os corpos iam para hospitais. Quanto aos proprietários do porco, eles pagavam uma multa[16].

Resta saber o que os hospitais – locais em que se deve servir comidas inofensivas – faziam com os porcos sentenciados que recebiam.

CARNE SECA

Constitui, sem sombra de dúvida – ao lado da mandioca e outros itens da culinária brasileira –, um dos maiores complexos alimentares do Brasil. "A provisão mais vulgar do Brasil é a carne seca, de sol, de vento ou do sertão, do Ceará, charque, jabá, carne de gado, salgada, exposta ao sol e vento brando, e com alguma duração."[17] A carne seca não é a mesma coisa que o charque, conforme apontou Câmara Cascudo:

> A diferença entre a carne de charque, do Rio Grande do Sul, e as congêneres do Norte, está na quantidade de sal durante a preparação e maior tempo na exposição

16. André Castelot, *L'Histoire à la Table*, p. 509.
17. Luís da Câmara Cascudo, *História da Alimentação no Brasil*, p. 558.

solar. Dura, evidentemente, muito mais que a carne do sertão, de vento etc., mas o sal lhe dá maior peso e menor digestão para o consumidor.

A técnica veio dos países andinos, e charque é do quíchua, *xarqui*, valendo – "carne seca". Beaurepaire Rohan incluía na sinonímia o "tassalho", *tasajo*. O *tasajo* é carne salgada e seca e *salado ó acecinado. Acesinar é salar la carne y secarla al humo.* Aplicação do nome, mas não da fórmula da fabricação[18].

Há também a carne de vento, cuja produção Paul Walle viu em Pernambuco; também não se confunde com a carne seca. O viajante teve a oportunidade de observar o consumo da carne de vento em Itabaiana, perto de Aracaju, no Sergipe. "Prepara-se também a carne de vento ou carne seca ao sol, diferente da carne seca do Rio Grande do Sul por não ser salgada. Este produto tem sua saída no Estado vizinho de Pernambuco"[19].

Dada sua aceitação pelo povo em geral, o comércio do produto se intensificou em todo o território nacional. Jean-Baptiste Debret menciona amplo mercado de carne seca em sua expedição realizada já na primeira metade do século XIX[20]. O autor ainda dedica um capítulo inteiro de seu livro de relatos à "Boutique de Carne Seca", destacando-se o trecho em que fala da importância do alimento no hábito alimentar da época:

> A carne seca é um alimento de primeira necessidade no Brasil; é preparada na província do Rio Grande do Sul, geralmente conhecida pelo encontro das numerosas charqueadas, localizadas em grande parte na margem esquerda do Rio de San-Gonzales, rio que facilita a exportação considerável desse alimento, realizada a bordo de pequenas embarcações costeiras usadas para abastecer os portos do Brasil e do Chile[21].

Essa técnica de salgamento para preservação não era aplicada somente na carne de gado, conforme anotou Antônio José de Sampaio. A de outros animais também era utilizada nesse processo.

> Pode ser carne de gado vacum, cavalar, muar, caprino (no Nordeste), de búfalo (na Ilha de Marajó e outras regiões em que se cria búfalo), charque de peixe (pi-

18. *Idem, ibidem.*
19. Paul Walle, *Au Brésil*, p. 186.
20. Jean-Baptiste Debret, *Voyage Pittoresque et Historique au Brésil*, t. 2, p. 12.
21. *Idem*, p. 121.

rarucu, peixeboi, tainha e outros peixes), e até mesmo de "avoantes", no Nordeste. Vide charque, iabá ou jabá e estopa[22].

Figura 15. *Boutique de Carne Seca* (Jean-Baptiste Debret, *Voyage Pittoresque et Historique au Brésil*, t. 2, p. 123).

Em expedição realizada em Belém do Pará, Jean de Bonnefous menciona o mau cheiro das carnes e peixes secos dispostos para o comércio. Naturalmente, no final do século XIX, as condições de manutenção e higiene não eram as mais adequadas. Na maioria das vezes, a carne ficava exposta ao ar livre, como se vê na figura acima (*Boutique de Carne Seca*). "Nem sempre o cheiro de lá é muito bom, e o cheiro de carne seca, peixe seco, caucho peruano, faz você querer um bom perfume 'Delettrez' "[23].

Daniel P. Kidder também se refere ao odor desagradável transmitido pelos montes de carne sobrespostos, tal como se encontrava nas

22. Antônio José de Sampaio, *A Alimentação Sertaneja e do Interior da Amazônia*, p. 230.
23. Jean de Bonnefous, *En Amazonie*, p. 47.

lojas do Rio de Janeiro. "Pilhas dessa carne, como cordas de madeira, são empilhadas nas casas de provisão do Rio de Janeiro, e o odor que exalam não é muito agradável"[24]. A ausência de cuidados com a higiene nessa época também contribuía para a disseminação desse mau cheiro.

A carne seca era majoritariamente produzida no Estado do Rio Grande do Sul. J. M. Pereira da Silva relatou a logística dessa indústria em 1864. "Criou-se na capitania do Rio Grande do Sul uma indústria particular de preparar e salgar as carnes do gado vacum, e de remetê-las para as outras capitanias, que as aplicavam ao sustento dos escravos"[25]. O uso da carne salgada já era observada na primeira metade do século XVII, por John Nieuhof, que informava o constante consumo[26]. Em sua viagem realizada mais para o final do século XVIII, Robert Southey anotou que o Estado do Piauí também já exportava a carne seca para outros Estados[27].

Segundo o que Henry Koster alega em sua obra, a carne que era importada do Rio Grande do Sul pelo Estado de Pernambuco mantinha o nome de carne do Ceará. "Mas a carne que chega a Pernambuco do Rio Grande do Sul, ainda preserva o nome de *carne do Seará*"[28]. Na verdade, o produto no Rio Grande do Sul é conhecido como carne seca, ao passo que a carne produzida nos Estados do Nordeste atende pelo nome de carne do sertão ou carne do Ceará.

O Estado do Rio Grande do Sul era o responsável não só pelo fornecimento ao mercado interno – a maior parte –, como também exportava o produto:

> A província do Rio Grande (S. Pedro), dizem eles, situada na parte mais temperada do sul, fornece para consumo doméstico e até para exportação uma grande quantidade de couro; é ela quem envia a maior parte da carne seca e salgada, conhecida como carne do sertão, alimento de toda a população negra ou indigente[29].

Pode-se dizer que, pelo menos em parte, o consumo da carne seca teve sua expansão graças ao preço alto da carne verde (ou fresca). Paul Walle indica que a carne fresca é muito cara e que "a maior parte da po-

24. Daniel P. Kidder, *Sketches of Residence and Travels in Brazil*, vol. 1, p. 274.
25. J. M. Pereira da Silva, *História da Fundação do Império Brasileiro*, Rio de Janeiro, B. L. Garnier, 1864, vol. 1, p. 242.
26. John Nieuhof, *Voyages and Travels into Brasil ant the East-Indies*, p. 109.
27. Robert Southey, *História do Brazil*, t. 6, p. 452.
28. Henry Koster, *Travels in Brazil*, p. 123.
29. Jean-Baptiste Debret, *Voyage Pittoresque et Historique au Brésil*, t. 2, p. 153.

pulação se contenta com carne seca ou salgada preparada no Rio Grande do Sul"[30]. Rarissimamente se comia "carne verde, sendo um verdadeiro acontecimento para toda a cidade o abatimento"[31].

Mas não só. Num tempo em que não se falava ainda de refrigeração, a carne seca mostrava ampla versatilidade dada sua durabilidade mesmo nos lugares mais quentes e úmidos do país, o que permitia levá-la nas longas viagens. "O que o viajante brasileiro pode levar com ele é a farinha de mandioca, que costuma ser chamada farinha; feijão-preto, milho, carne salgada seca (ou *carne do sertam*)"[32]. Walle também anota, com surpresa, que nos Estados de Goiás, Pernambuco, Bahia e mesmo no Norte de Minas Gerais não se produzia carne seca; ela era importada em grande quantidade:

> Cabe destacar que, para um país em que a pecuária constitui um grande recurso, não existem, como no Rio Grande do Sul, dessas fábricas de carne salgada e seca, chamadas de charqueadas, que a fornece para todo o Brasil o charque ou carne seca; uma grande quantidade deste produto é importada. No interior, os criadores, pelo menos alguns deles, se contentam em preparar o que é chamado de carne de vento, carne em tiras que secam ao Sol; nada mais primitivo[33].

Pedro Nava traz importante relato histórico sobre o nascimento da indústria do gado no Ceará, em finais do século XIX. Diz que o irmão de sua avó paterna, Iclirérico Narbal Pamplona

> [...] lembrava o nascimento de sua vida comercial [do Ceará] com a indústria dos couros salgados, das vaquetas, das peles de cabra, das pelicas brancas; [...] com a invenção da carne seca, ou de sol, ou de vento – carne do ceará – que na sua opinião devia ser chamada *carne do aracati* – em lembrança do lugar onde surgiria esse sistema de conservação[34].

No entanto, não encontrei nenhum outro relato histórico de que o método de fabricação da carne seca teria surgido em Aracati, município cearense a 150 km de Fortaleza, embora, possivelmente, as primeiras indústrias de carne salgada do Estado tenham lá surgido.

30. Paul Walle, *Au Brésil*, p. 32.
31. Severiano da Fonseca, *Viagem ao Redor do Brasil*, 2. Parte, p. 114.
32. S. A. S. Maximilien, *Voyage au Brésil*, vol. 1, p. 85.
33. Paul Walle, *Au Brésil*, p. 258.
34. Pedro Nava, *Baú de Ossos*, p. 56.

No passado, o abate do animal era feito diretamente pelos charqueadores, sem critérios ou regras. Diversas eram as formas de abate, mais ou menos cruéis, mais ou menos higiênicas. Num relato curioso, M. Durand descreve, aterrorizado, esse ritual de abatimento (ou matança, como ele chama) dos bois para se fazer a carne seca, em Pelotas, Rio Grande do Sul, quase que compartilhando o sofrimento dos animais: "Suas narinas aspiram, como presságios de morte, o suave cheiro de sangue recém-derramado. Eles sentem o homem, o massacre de seus irmãos, e permanecem impassíveis, quase estoicos"[35]. No entanto, após provar da iguaria, a aflição do autor logo termina e ele passa a consumir avidamente o produto desses assassinatos: "Desde então, devoro carne seca em todas as minhas refeições, sem me preocupar com seus antecedentes. É preciso que um morra para o outro viver! É a lei"[36].

De fato, o paladar da carne seca é muito diferente se comparado ao da carne verde ou fresca. É uma carne naturalmente salgada, por isso é necessário dessalgá-la por mais de um dia, trocando a água, como se faz com o bacalhau. Quando crua, sua cor é vermelho-escura; e essa cor se mantém mesmo depois de a carne ser cozida. Não é uma carne suculenta e macia; seu preparo exige muito tempo de cozimento, após o qual ela começa a desfiar.

Daniel P. Kidder informou que o estrangeiro não se adaptava de início ao seu sabor forte e característico, mas quando insistia logo percebia o motivo pelo qual passou a constar na mesa de todo brasileiro.

> Essas carnes não são muito convidativas para o paladar de um estrangeiro não iniciado; mas aqueles que persistem em seu uso por qualquer período de tempo, principalmente em relação ao feijão-preto, nunca se perguntam a predileção dos brasileiros por eles[37].

Foi o caso de M. Durand, conforme ele mesmo relatou. F. Biard, da mesma forma, registrou sua satisfação com um almoço simples, que levava carne seca. "Almoçamos muito bem com feijão e *carne seca*"[38].

35. M. Durand, *Le Pays du Café*, Paris, Imprimerie Nouvelle, 1882, vol. 1, p. 123.
36. *Idem*, p. 124.
37. Daniel P. Kidder, *Sketches of Residence and Travels in Brazil*, vol. 1, p. 274.
38. F. Biard, *Deux Années au Brésil*, p. 134.

Vale notar que o paladar forte da iguaria não agradou todos os estrangeiros, como o francês Auguste Plane. "Mas que o leitor não deseje muito nosso cardápio, a carne fresca é um extra: o fundamento da refeição continua sendo o ensopado de carne seca e o pirarucu nacional"[39]. Também não agradou brasileiros, como é o caso de A. D. de Pascual, que a reputou de "nojenta"[40].

A partir de finais do século XIX, dada a ampla oferta da carne seca no mercado interno, o consumo foi verificado em qualquer parte do dia, até mesmo no café da manhã, conforme anotou Francisco Vicente Vianna: "De manhã antes da saída, almoçam feijão com carne de sol ou seca e toucinho, que cozinham durante a noite"[41].

Consumiam-na toda a população brasileira, de escravos a senhores. A abundância e o preço baixo da carne seca logo a fez um dos produtos mais servidos àqueles. "Tira-se dela, além disso, a maior parte das carnes frescas, e salgadas, conhecidas pelo nome de *carnes do sertão*, e das quais se nutre considerável porção de negros"[42]. Saint-Hilaire também constatou a mesma dieta entre os negros da época. "Nas residências onde há algum cuidado com os negros, eles são alimentados três vezes ao dia, farinha de mandioca e carne seca cozida com feijão-preto"[43]. Southey indica que a alimentação dos escravos de pequenas propriedades de Pernambuco consistia "numa pouca de farinha de mandioca com carne seca"[44].

Debret também anotou que a dieta do negro de um proprietário rico também continha a carne seca, ou seja, não era exclusividade de senhores menos abastados. "A comida do negro, na casa de um rico proprietário de terras, consiste em cangica (trigo turco esmagado e fervido em água), feijão-preto, toucinho, *carne seca*, laranjas, bananas e farinha de mandioca"[45].

Hippolyte Taunay e Ferdinand Denis relataram que, numa propriedade do Rio de Janeiro, a carne seca era oferecida apenas para escravos.

39. Auguste Plane, *L'Amazonie*, 2. ed., Paris, Plon, 1903, p. 89.
40. A. D. Pascual, *Ensaio Crítico sobre a Viagem ao Brasil em 1852 de Carlos B. Mansfield*, t. 1, p. 172.
41. Francisco Vicente Vianna, *Memória sobre o Estado da Bahia*, Bahia, *Diário da Bahia*, 1893, p. 187.
42. Affonso de Beauchamp, *História do Brazil*, vol. 11, p. 88.
43. Auguste de Saint-Hilaire, *Voyage dans le District des Diamans et sur le Littoral du Brésil*, Paris, Gide, 1833, vol. 2, p. 137.
44. Robert Southey, *História do Brazil*, t. 6, p. 423.
45. Jean-Baptiste Debret, *Voyage Pittoresque et Historique au Brésil*, t. 2, p. 84.

"Mas isso é apenas para o consumo de negros cuja comida consiste em carne seca cozida com feijão vermelho e farinha de mandioca"[46].

Mas essa é uma anotação que relata um fato isolado, uma vez que inúmeros viajantes reportaram a mesma alimentação até para a população livre, quase sempre vivendo na miséria. "Quanto à comida, é baseada em produtos brasileiros: pirarucu seco, carne salgada do Sul"[47]. No mesmo sentido a observação de Henry Koster:

> Em outro lugar, afirmei que a parte vegetal da comida dos negros da plantação de açúcar é principalmente a farinha da mandioca; a ração animal é geralmente a *carne do Searà*, carne salgada que vem do Rio Grande do Sul[48].

George Gardner informa que, em Pernambuco, carne seca com farinha "constitui sua comida principal"[49]. Eyriès conheceu essa alimentação restrita em São Pedro d'Alcântara, uma pobre cidade de Santa Catarina: "Estávamos reduzidos a farinha de mandioca e carne seca"[50].

Como se nota de vários trechos destacados acima, a carne seca muito frequentemente era acompanhada de feijão, ingredientes que formam, aliás, a base de um dos pratos nacionais mais típicos, a feijoada. Henry Koster, português de pais ingleses, que viveu por mais de uma década em Pernambuco, alegava que a carne seca cozida junto com o feijão não era tão ruim assim. "*Feijãos* e *carne seca*, que são feijão-preto e carne seca cozida juntos, é um prato muito usado entre os brasileiros, e um europeu com um apetite aguçado não vai achar que é um sabor ruim"[51]. F. Biard diz que o feijão com carne seca era alimento não só dos negros e pobres, mas também de pessoas abastadas. "*Carne seca* e *faigeons* (feijão), comida habitual de pessoas de cor, e muitas vezes também classes mais altas"[52].

46. Hippolyte Taunay e Ferdinand Denis, *Le Brésil ou Historie, Moeurs, Usages et Coutumes des Habitants de ce Royaume*, t. 2, p. 61.
47. Auguste Plane, *L'Amazonie*, p. 22.
48. Henry Koster, *Travels in Brazil*, p. 432.
49. George Gardner, *Travels in the Interior of Brazil*, p. 125.
50. M. Eyriès, *Abrégé des Voyages Modernes*, t. 9, p. 413.
51. James Henderson, *History of the Brazil*, p. 74.
52. F. Biard, *Deux Années au Brésil*, p. 77.

Koster adiciona à alimentação geral do brasileiro a farinha de mandioca e a banana também. "Sua comida consiste em carne salgada, farinha de mandioca, feijão e banana ocasionalmente; os alimentos para cada dia são cozinhados no meio da rua em um enorme caldeirão"[53]. No mesmo sentido, John Luccock informa que, no início do século XIX, os artigos comuns de subsistência eram a carne seca, farinha de mandioca, feijão e outros grãos; já aves, ovos e sopas eram luxo[54].

Carne seca, farinha e feijão constituíam ainda o fundamento da alimentação também do soldado. "Eles levam uma vida miserável; seu pagamento é baixo; eles são obrigados a trabalhar para conseguir sua comida, que consiste em feijão, farinha e carne salgada"[55]. Maximilien também relata, em excursão realizada na Bacia do Rio Doce, no Estado do Espírito Santo, que os soldados – negros, *créoles*, mulatos, índios e mamelucos – dispunham de ração limitada e pobre. "Peixe, farinha, feijão-preto, e às vezes um pouco de carne salgada, constituem sua única comida"[56].

Ainda segundo Maximilien, até mesmo os senhores proprietários de fazendas abastadas, com mais de centena de escravos, tinham uma alimentação e hábitos de vida bem humildes:

> Neste país, os proprietários que possuem mais de cento e vinte escravos geralmente vivem em casas de barro e, como os pobres, vivem da farinha, feijão-preto e carne salgada. Eles raramente pensam em melhorar seu modo de vida; uma fortuna considerável não torna sua existência mais sensual[57].

Se a carne seca tal como a conhecemos é hábito proveniente dos países andinos – como ensinou Câmara Cascudo –, o processo de secagem a carne – de animais de caça, boi, peixe etc. – para conservação é uma técnica muito antiga e observada em outros povos para conservação da carne, conforme anotou Franz Boas:

> A carne de animais, fresca ou conservada, é assada, fervida ou cozida no vapor. Nos climas árticos, a carne congelada pode ser mantida durante todo o inverno.

53. Henry Koster, *Travels in Brazil*, p. 416.
54. John Luccock, *Notes on Rio de Janeiro, and the Southern Parts of Brazil*, p. 297.
55. S. A. S. Maximilien, *Voyage au Brésil*, vol. 2, p. 125.
56. *Idem*, vol. 1, p. 316.
57. *Idem*, vol. 3, pp. 69-70.

Em outras regiões, deve ser especialmente preparada. O conhecimento da anatomia do animal é geralmente bem preciso. Os músculos são divididos em folhas finas de acordo com regras definidas e secos ao sol e ao vento ou na fumaça. Às vezes a carne seca é convertida em pó e mantida misturada com gordura. Os peixes também são cortados e secos ao Sol ou defumados[58].

Nava apreciava bastante a carne seca; mencionou-a em outros trechos. Por exemplo, o prato servido no botequim de Pedro Souza – em Belo Horizonte –, onde era servida essa iguaria histórica, degustada da forma mais simples e saborosa, pelo primo Egon. Disse o dono do bar: "Tem uma carne seca pronta, de primeira. É só esquentar e preparar uma farofinha". Para ajudar essa excelente refeição a descer, uma "cervejinha bem gelada", claro[59].

TUTU

Prato simples, à base de feijão-preto e farinha. É um clássico da culinária nacional, de tempos remotos até os dias de hoje, sendo mais apreciado pela população mais humilde. M. Durand relata que degustou o prato numa fazenda em Barra do Piraí, nos idos de 1882. Ressabiado no início com o visual nada convidativo, logo se entregou à iguaria, ressaltando sua perfeição ao final:

> Havia tutu. Como neste país, dizemos tudo de cabeça para baixo, eles dizem *toutou*. Por isso, a princípio, tive uma sábia desconfiança daquele bloco enfarinhado que não me dizia nada de bom. É uma espécie de mingau grosso e consistente, feito de uma mistura de feijão-preto e farinha de mandioca. Os *cordon bleus* do Brasil conseguem preparar este prato com perfeição. Dele eu me regalei[60].

Claudia Lima afirma se tratar de prato regional de Minas Gerais e São Paulo. A receita é simples: "Pega-se o feijão que sobrou da véspera e refoga-se em gordura com todos os temperos e um pouco de água. Vai-se engrossando com farinha de mandioca até adquirir a consistência desejada". Segundo a autora, há diferenças regionais. Em Minas, come-se com pedaços de linguiça frita; em São Paulo, recebe o nome de *virado à pau-*

58. Franz Boas, "Invention", p. 254.
59. Pedro Nava, *Galo-das-Trevas*, p. 471.
60. M. Durand, *Le Pays du Café*, vol. 1, p. 39.

lista quando vem coberto com ovos fritos, torresmo e costeleta de porco. No Rio de Janeiro, vem coberto com molho de tomates[61].

Jamile Japur, no artigo "Virados Paulistas" confirma a receita de Claudia Lima, dando-lhe o nome de virado de feijão à paulista, pois o virado paulista tradicional não contempla feijão-preto[62]. Japur dá também a receita de virado paulista de frango, também sem a contribuição do feijão. Seu virado de feijão à paulista é o feijão-preto refogado com gordura, cebola e salsa, fervido e misturado com farinha, acrescendo-se à massa obtida "linguiça e ovos fritos, pedaços de carne de porco frita, ou costela, ou entrecosto".

Em outro trecho da obra, Pedro Nava menciona também um almoço em que foi servido um "tutu de feijão luzidio do ponto em que estava sua pastosidade, com rodelas sem conta do ouro e prata do ovo cozido às fatias, linguiça, carne seca, paio, torresmo às resmas"[63]. Esse é um tutu completo, que não serve apenas de acompanhamento, mas de prato principal.

DOBRADINHA

Consiste na carne do intestino e estômago do boi, mais conhecido no Nordeste como tripa e bucho. "Com feijão-branco ou favas, come-se também, com as 'dobradinhas', tripas, bucho cozidos. Prato de domingo, poderoso e definitivo"[64]. Dobradinha com feijão-branco é tradicional. Claudia Lima também dá sua receita:

> Prato típico nordestino. Consiste em tripas frescas de boi e folhas de bucho (miúdos), limpos com limão e cortados em pedaços pequenos, que se leva ao fogo com rodelas de paio e temperos diversos. Depois de bem cozidos, junta-se ao feijão-branco, deixando ferver e engrossar. Serve-se com arroz branco e rodelas de limão[65].

Hoje em dia é mais consumido no Nordeste do país. Nos grandes centros, apenas poucos corajosos se debruçam sobre um tradicional prato

61. Claudia Lima, *Tachos e Panelas*, p. 281.
62. Jamile Japur, "Virados Paulistas", em Luís da Câmara Cascudo (org.), *Antologia da Alimentação no Brasil*, p. 109.
63. Pedro Nava, *O Círio Perfeito*, p. 442.
64. Luís da Câmara Cascudo, *História da Alimentação no Brasil*, p. 565.
65. Claudia Lima, *Tachos e Panelas*, p. 257.

de dobradinha, que não agrada à maioria daqueles que descobrem qual é o material usado por trás desse nome inofensivo e que nada indica.

Na França, por seu turno, o prato é conhecido como *tripe*. Há um prato tradicional, chamado *tripes à la mode de Caen*, encontrado na Normandia, cujo ingrediente principal é a dobradinha. Lá é uma iguaria, apreciada pela maior parte da população francesa em geral, mais propensa ao consumo de partes dos animais que os brasileiros não enfrentam. Há, inclusive, uma especialidade de açougueiro que se chama *tripier*, ou seja, aquele que trabalha com carnes tiradas do abdome do boi.

RABADA

É o guisado que se faz com o rabo do boi cortado nas articulações. Acompanha polenta, arroz branco ou o pirão que se faz com o próprio caldo do cozimento. Há, todavia, muitas receitas com rabo de carneiro, no *Cozinheiro Imperial*[66] e também no *Cozinheiro Nacional*[67]. Esse último também fornece algumas receitas com rabo de porco[68]. Por fim, há também receitas com rabo de vitela, no *Cozinheiro dos Cozinheiros*[69].

É um tipo de carne bastante apreciado, principalmente porque ladeia o osso, o que torna o sabor mais intenso e agradável. A cartilagem presente nessa parte do animal também contribui para a elaboração de um molho consistente e saboroso, que cobre a própria carne e os acompanhamento (polenta, por exemplo).

Não se trata de uma receita tradicional brasileira, pois a preparação com o rabo do boi é encontrada em diversos países. Sendo a matéria-prima de valor bem acessível, encontra-se a rabada tradicional, com agrião, arroz ou polenta, farofa etc., na mesa de cidadãos menos afortunados.

Claudia Lima informa que a rabada é também comida de candomblé, figurando como oferenda ao Orixá Xangô[70].

66. R. C. M., *Cozinheiro Imperial*, p. 85.
67. *Cozinheiro Nacional*, p. 119.
68. *Idem*, p. 151.
69. *O Cozinheiro dos Cozinheiros*, p. 160.
70. Claudia Lima, *Tachos e Panelas*, p. 277.

36

Comida Simples do Guady

Muito pode mentir a boca, quando fala. Mas o que ela não pode fingir é a água que lhe vem da gula deliciada por obras-primas da arte culinária, é o encanto com que saboreia maravilhas criadas por cozinheiros dignos, pela sua benemerência, de subirem à categoria dos deuses[1].

– Então Guady, o qué cocê resolveu pro almoço.

– Como o Dr. Egon devia ter se enchido de porcarias no vagom restaurante do trem decidi por coisa muito simples. Um caldinho verde pra começar. Depois o macarrão que tá li pra temperar na hora, *al burro* e *al parmejão*. Terceiro uma galinha ao molho pardo e polenta. Fui no boteco e trouxe Chianti: – três garrafas dum bem duro e três dum adocicado, tipo San Geminiano. Depois tem baba de moça e *haratlocoum* que a Amabile mandou para o doutor e pros amigos do doutor. Pra preparar o estômago trouxe da minha pinga especial e fiz um petisquinho de fibra de carne crua para enrolar no palito e molhar nesta mostarda posta em carne viva com pimenta-do-reino[2].

Esse almoço foi servido logo na sequência que o Egon foi apresentado pelo Cavalcanti ao Guady, ainda na viagem realizada ao Oeste Paulista.

CALDO VERDE

Prato muito simples de herança portuguesa. “Consiste em um caldo de batatas, cozido com rodelas de paio e tirinhas de couve, com azeite

1. “Glórias Nacionais”, *Jornal do Commercio*, 9.10.1930.
2. Pedro Nava, *O Círio Perfeito*, p. 112.

doce e sal"[3]. A batata cozida dá espessura ao caldo, tornando-o aveludado. Muito consumido no Norte de Portugal, de onde espraiou-se para o resto do país, chegando até o Brasil, onde foi acolhido como os portugueses foram.

Pedro Nava relata outro episódio, em que um caldo verde foi servido no Bar das Pombas – com endereço na rua Edson Passos, 26-A, Usina, Tijuca – aos amigos Egon Cavalcanti e Sá Pires, acompanhado de um vinho tinto rascante[4]. Também em seu livro *A Medicina de Os Lusíadas*, o autor fala dessa culinária prodigiosa de Portugal, de onde se destaca os "sustenidos estridentes do caldo verde"[5].

RAHAT-UL HULKÜM

O nome do doce preparado pela Amabile, nas línguas ocidentais, pode ser expresso de diversas maneiras: *rahat-loukoum*, *rahat-lokoum* etc., e significa "manjar turco". Típico doce árabe à base de amido de milho e açúcar, frequentemente com sabores de limão ou água de rosas, o que lhe dá uma coloração rosa-leve. É um doce macio, com consistência suficiente para ser servido cortado em quadradinhos cobertos de açúcar, geralmente sobre uma bandeja.

O autor também cita esse mesmo doce em suas anotações de viagem ao Egito, Jordânia e Israel, publicado por seu sobrinho, Paulo Penido[6]. Isso foi na Jerusalém da Jordânia – onde o autor diz que o doce era vendido em tabuleiros que se encontravam em toda esquina –, em 3.2.1958, ou seja, muito antes de o autor iniciar a elaboração de suas memórias. Não há como saber se a Amabile realmente preparava o *rahat-loukoum* ou se Nava o inseriu em seu repertório culinário tendo por inspiração essa viagem. Em outras palavras, não se sabe se a cena, quanto ao doce, é verdadeira ou não passou de uma ficção.

3. Claudia Lima, *Tachos e Panelas*, p. 248.
4. Pedro Nava, *O Círio Perfeito*, pp. 166-167.
5. Pedro Nava, *A Medicina de Os Lusíadas*, Cotia, Ateliê Editorial, 2004, p. 34.
6. Pedro Nava, *Viagem ao Egito, Jordânia e Israel: Anotações Extraídas dos Diários do Autor*, organização de Paulo Penido, Cotia, Ateliê Editorial, 2004, p. 38.

II

O MONARCA DOS LÍQUIDOS (E DEMAIS BEBIDAS)

L'Alcool est le monarque des liquides.*

Jean Anthelme Brillat-Savarin

* "O álcool é o monarca dos líquidos" (Jean Anthelme Brillat-Savarin, *Physiologie du Goût*, p. 168).

1

Cachaça de Aperitivo

Quando tinha de compor refeição de circunstância, fazia-o bebericando golinhos de cachaça de modo que, à hora em que ficava pronto o almoço ou o jantar, ela já planava alto nos vapores das Nuvens Azuis ou da Francisco Sá, de que meu avô trazia da Januária e da Diamantina, amostras especiais, as da *cabeça* do alambique. Não que ele fosse bebedor. De jeito nenhum. Mas gostava dum cálice, um só, antes do almoço – com o sabor da *baronesa* avivado pelo acréscimo da hortelã, ou da umburana, da losna, da mamica-de-vaca. Com a cor azulada que lhe era dada pelo caroço de lima ou pela folha de mexerica[1].

Justina cozinhava e bebia cachaça ao mesmo tempo. Talvez esse hábito tenha sido a inspiração para os pratos colocados em destaque e descritos ao longo da obra de Pedro Nava[2].

APERITIVO

Do latim *aperire*, abrir. Abrir o apetite, *abrideira* no linguajar popular. De origem fisiológica, destinado àqueles que não tinham vontade de comer na hora da refeição (estado de inapetência), logo passou a ser utiliza-

1. Pedro Nava, *Balão Cativo*, p. 10.
2. Ver "A Ciência de Justina", pp. 145 e ss.

do com finalidades lúdicas. No início, era composto de substâncias ácidas e/ou açucaradas para o estímulo à produção do suco gástrico. Logo após, incluíram o álcool, o que lhe rendeu aceitação universal. Segundo Luís da Câmara Cascudo:

> O estado de inapetência determinaria o emprego de substâncias estimuladoras. A recusa de alimentar-se, sensação de ausência sápida, fermentações anormais, náuseas à simples vista da mesa posta, hipostenia gástrica, começa a ser combatido, pelos amargos vegetais, predispondo o estômago à digestão, limpando a língua saburrosa, despertando o apetite. O "amargo" raspava as papilas entorpecidas, acordando o prazer da mastigação. A imaginação idealizava acepipes sedutores. Aconteceu que um gênio condenado ao anonimato, concebeu a possibilidade de criar um rémedio insubstituível e que se tornasse, com certos alcaloides, um vício aprazível. As dificuldades químicas foram sendo arrebatadas na base do paladar, e o gênio prático ligou essas substâncias a um conduto alcoólico-açucarado, diminuindo o sabor áspero. Ninguém atinava que as virtudes reais iam sendo anuladas pelo álcool, mas os aperitivos foram surgindo multiplicados pelo entusiasmo da aceitação consumidora[3].

Em Paris, na segunda metade do século XIX, a hora do aperitivo era *l'heure verte* (hora verde), "quando se tomava o absinto, iluminando as barbas de Verlaine e a máscara de Baudelaire"[4].

Para Luís da Câmara Cascudo, a fórmula do "abrir o apetite" foi descoberta no século XIX, quando cessaram as Guerras Napoleônicas. Porém, André Castelot informa que: "Os romanos já tinham o hábito de beber vinhos adoçados com mel antes de se sentarem à mesa"[5]. Também na Idade Média já se fazia uso do aperitivo: "Na Idade Média, havia todos os tipos de vinhos perfumados com diversos aromas: alecrim, absinto, cravo, canela, todos adoçados com mel, que eram servidos antes de se sentar para comer"[6].

O *Cozinheiro Nacional* já recomendava: "Antes de assentar-se à mesa, serve-se um pequeno cálix de absinto ou *bitter*"[7]. Essas bebidas, no entanto,

3. Luís da Câmara Cascudo, *História da Alimentação no Brasil*, p. 682.
4. *Idem*, p. 683.
5. André Castelot, *L'Histoire à la Table*, p. 30.
6. *Idem, ibidem*.
7. *Cozinheiro Nacional*, p. 439.

mais aristocráticas, não atingiram o povo. No Brasil, o aperitivo mais popular é a aguardente com sumo de frutas, plantas, sementes, cascas e raízes.

Aguardente pura, cachaça legítima com centenas de apelidos, misturam-na com agrião, gengibre, erva-cidreira, erva-doce, milhomem, laranja, capim-santo, limão, uguape, jiló, carambola, cajá, caju, marapuama, jucá, maracujá, bacuri, tamarindo, canela, vermute, açúcar queimado, goma de mandioca, até com pimenta citada Sidler, reminiscência de caiapós e cabindas[8].

CACHAÇA

As conversas, teorias, descrições e relatos de Pedro Nava sobre a cachaça constituem um verdadeiro passeio pela história dessa bebida, a mais nacional de todas. Percebe-se também a predileção do autor pela bebida, que – dentre as alcoólicas e não alcoólicas – é uma das mais mencionadas, perdendo apenas para o café.

Determinar a origem e o significado da palavra cachaça não é uma tarefa muito fácil. O dicionarista e etimólogo Geraldo da Cunha se limita a afirmar que o termo é "de origem controvertida"[9]. Para Francisco da Silveira Bueno, "houve contaminação semântica e cachaça passou a significar pinga, álcool"[10]. O autor afirma que o termo *cachaça* significa *porca velha*, feminino de *cachaço*, porco velho. Ou seja, nada tem a ver com o significado que conhecemos.

Câmara Cascudo é quem traz mais informações sobre a origem da palavra. Para o autor, sua origem provável é o termo *cachaza*, que vem da Espanha, onde significa vinho inferior, obtido com as borras da primeira fermentação nas cubas[11]. Noutro livro, esse mesmo autor diz: "Na Espanha, de onde poderia ter vindo o nome, era uma espécie de aguardente obtida com as borras, resíduos das pisas de uvas no lagar"[12].

8. Luís da Câmara Cascudo, *História da Alimentação no Brasil*, p. 684.
9. Antônio Geraldo da Cunha, *Dicionário Etimológico Nova Fronteira da Língua Portuguesa*, p. 133.
10. Francisco da Silveira Bueno, *Grande Dicionário Etimológico-Prosódico da Língua Portuguesa*, p. 569.
11. Luís da Câmara Cascudo, *História da Alimentação no Brasil*, p. 775.
12. Luís da Câmara Cascudo, *Prelúdio da Cachaça*, São Paulo, Global, 2006, p. 14.

Cascudo informa também que em Portugal havia a cachaça, significando, do mesmo modo, a aguardente da borra de vinho, com teor alcoólico superior a dezoito graus. Fabricava-se a cachaça na região do Minho – no Norte de Portugal, divisa com a Espanha –, de onde vem a mais antiga menção à bebida: a carta de Sá de Miranda (1481-1558) ao seu amigo António Pereira[13].

No Brasil, a expressão teria tido, no início, uso completamente diferente, em nada relacionado com bebida alcoólica. Relata Câmara Cascudo que Guilherme Piso e Jorge Marcgrave mencionam o termo cachaça ao descreverem o processo produtivo do açúcar em Pernambuco. O primeiro teria dito que a espuma tirada do sumo coagulado num primeiro tacho era chamada de *cagassa* e servia de comida e bebida somente para o gado. Marcgrave descreveu a cachaça como um dos produtos da fabricação, que servia de bebida para os burros[14].

Provavelmente foi da conjugação desses dois fenômenos representados pela *cachaza* espanhola e pela *cagassa* ou *cachaça* brasileira que se originou o termo que designa a bebida alcoólica preferida pelo povo brasileiro. Ou seja, aplicou-se o nome espanhol dado ao processo produtivo da aguardente obtida dos resíduos de uva à bebida alcoólica obtida da cana-de-açúcar.

Independentemente de sua origem etimológica, foi a partir do século XVII que a cachaça "começara a jorrar sem fim dos alambiques"[15]. Segundo Câmara Cascudo, "o português, fundando no Brasil a indústria do açúcar, criou a fabricação do álcool"[16]. Logo a cachaça encontra enorme mercado consumidor, o que inclusive inverteu a produção em algumas fazendas canavieiras, que passaram a produzir em maior escala a bebida, conforme anotou o botânico Auguste de Saint-Hilaire:

> De maneira geral, os que cultivam cana-de-açúcar no país acham menos vantajoso fabricar açúcar do que o *brandy* (cachaça), devido ao grande consumo que fazem desse licor os numerosos negros utilizados no distrito de Diamantina, vizinho deste cantão[17].

13. *Idem*, p. 13.
14. *Idem*, p. 16.
15. Luís da Câmara Cascudo, *História da Alimentação no Brasil*, p. 200.
16. *Idem*, p. 773.
17. Auguste de Saint-Hilaire, *Voyage dans les Provinces de Rio de Janeiro e de Minas Geraes*, p. 391.

A cachaça, bebida forte, áspera – produzida sem os requintes dos alcoóis europeus –, obviamente, não agradou a todos. Alguns viajantes não a aprovaram. James Henderson, por exemplo, classificou a cachaça como um *bad rum*[18]. Andrews provou "o rum do país (cujo cheiro é muito melhor que o gosto)"[19]. Daniel P. Kidder a classificou como "uma das piores espécies de bebidas alcoólicas", reconhecendo que era tão comum como água entre os brasileiros[20].

Pedro Nava conta interessantes histórias e relatos de uso da bebida. No Bar do Ponto – que é o nome dado ao primeiro capítulo do quarto volume de suas memórias (*Beira-Mar*) –, situado numa Belo Horizonte antiga e tradicional, os devotos apreciavam a "cachacinha pudicamente tomada em xícara, para não escandalizar a Família Mineira passando na rua. Os garçons já conheciam os fregueses envergonhados e traziam a talagada dentro da louça inocente – só que o pires vinha sem colher"[21]. Conhaque e uísque também eram apreciados em xícaras, maiores ou menores[22].

Noutro trecho, relata terem lhe oferecido cachaça, certa ocasião, para colocar na água do banho. Era para evitar o resfriado:

> Sempre com voz sem cor disse que ia mandar trazer o banho e queria saber se o médico punha na água cachaça ou álcool puro.
>
> – A senhora pode mandar mesmo é cachaça. E deixem ficar a garrafa que eu destempero a meu jeito.
>
> Ele nunca tinha ouvido falar em semelhante prática. Depois soube que era pra não apanhar resfriado. Mas naquela hora tinha resolvido dar à aguardente que trouxessem fim mais digno[23].

Egon pegou essa garrafa que lhe foi oferecida e, ao invés de fazer o uso recomendado, optou por dar-lhe destino mais nobre.

> Tomou um consolado gole da aguardente que lhe tinham dado para o banho. Sentiu que suas entranhas acendiam feito tição soprado. Outro, maior, que lhe desceu forçando o esôfago como uma bola de bilhar incandescente[24].

18. James Hendersonk, *History of the Brazil*, p. 45.
19. C. C. Andrews, *Brazil. Its Conditions and Prospects*, p. 256.
20. Daniel P. Kidder, *Sketches of Residence and Travels in Brazil*, vol. 2, p. 398.
21. Pedro Nava, *Beira-Mar*, p. 4.
22. *Idem*, p. 169.
23. Pedro Nava, *Galo-das-Trevas*, pp. 140-141.
24. *Idem*, p. 141.

Há também o relato sobre Siá Beta, "num vestido velho, pescoço engelhado, cambaleando um pouco e desprendendo o cheiro forte da cachaça com vinagre que tomava – metade como remédio, metade por deleite"[25]. Misturada também com alcatrão, formando a cachaça de alcatrão[26].

A bebida também era utilizada como desinfetante. "Desinfetou-se à falta de álcool, com a aguardente que lhe arranjaram"[27]. E servia para amansar os ânimos. "Foi preciso contê-lo, dar-lhe quantidade de cachaça de derrubar para amainar aquele entusiasmo furioso"[28].

Outra passagem interessante é a descrição da cachaça preparada pelo Guady, misturada com mamica-de-vaca, também conhecida como teta--de-vaca – dado o formato dos frutos:

> – Como é? sua pinguinha especial, mestre Guady – perguntou o Egon interessado e metendo o bedelho na conversa.
>
> – Preparada por mim, doutor. Basta que seja pinga de primeira e deixar dentro dela macerando uns dias punhado de grãos de mamica-de-vaca. Ela fica douradinha e muito mais decidida de gosto. Além de tudo tira o cheiro. A mamica é o melhor corta-bafo que conheço[29].

Nava indica que o consumo da cachaça é hábito do mineiro. "A forte pinga que pega pelos peitos, suspende o coração, levanta o sangue, acende as guelras, esquenta os miolos e incendeia os machos. Por debaixo..."[30]. Tomava-se até de manhã, antes do café, um "martelete valente de pinga"[31]. Nunca faltava a "dose fisiológica de pinga"[32].

Havia um modo de pedir a cachaça, chamada *três-com-goma*, "alusão à maneira de se pedir, nos botequins, três dedos de cachaça abrandados por uma dose adocicada de julepo", este um tipo de xarope[33].

25. Pedro Nava, *Balão Cativo*, p. 86.
26. *Idem*, p. 231.
27. Pedro Nava, *Galo-das-Trevas*, p. 146.
28. *Idem*, p. 438.
29. Pedro Nava, *O Círio Perfeito*, p. 113.
30. Pedro Nava, *Baú de Ossos*, pp. 150-151.
31. Pedro Nava, *O Círio Perfeito*, p. 46.
32. *Idem*, p. 255.
33. Pedro Nava, *Chão de Ferro*, p. 89.

Tomava-se, como aperitivo, antes do almoço, como proposto pelo Cavalcanti[34]. Também como preparativo para o almoço servido às dez horas, Egon tomou – na casa de um doente que ele curou – "uma rodada de pinga que levantou os corações e depois a refeição"[35]. A "talagada de abrideira, um martelo só", da pinga avivada com raspa de carvalho antigo[36]; o "martelinho de pinga nos botecos da Cancela" (Largo da Cancela)[37]. Cachaça com *fernet*, um *bitter*, ou bebida amarga, de origem italiana e alto teor alcoólico[38].

O autor conta que seu avô degustava diariamente sua "marteladinha" da cachaça que ele trazia do Norte, colocada numa garrafa de vidro que tinha a forma do busto de D. Pedro II. Essas garrafas vinham com uma "aguardente purificada, engarrafada e vendida por Fritz Mack & C.º"[39].

Há uma história também sobre a cachaça do velho Castanheiro, personagem já apresentado acima[40]. Após acolher os jovens depois da viagem cansativa, ele lhes ofereceu, no boteco que ficava no caminho de sua casa, cachaça misturada com frutas e ervas. A expêriencia foi assim descrita pelo autor:

> Fascinados pelo velho Castanheiro descemos com ele à frente do roldão que vinha como água rebentada que rola despenhadeir'abaixo. Ele nos fez parar diante duma venda, entrar para esquentar o corpo ainda penetrado das friagens dos mil metros de altura e lá vai beirada do Rodeador, Conselheiro Mata, do Guinda. Obrigou-nos a experimentar marteletes de pinga com caroço de lima que dava ao destilado tons de um azul celeste, depois com a mamica-de-vaca que tinge de topázio e empresta reflexos de ouro fulvo, finalmente uma esverdeada e feia de "ervas amargas" que lixa o estômago e abre um apetite leonino. Abriu[41].

Ao chegar em casa, a mulher do velho Castanheiro lhe proibiu a cachaça, por questões de saúde, oferecendo-a, junto com cerveja, apenas aos visitantes. "De bebida, só cerveja e pinga. Para o Castanheiro água

34. Pedro Nava, *O Círio Perfeito*, p. 175.
35. *Idem*, p. 226.
36. Pedro Nava, *Chão de Ferro*, p. 142.
37. *Idem*, p. 228.
38. Pedro Nava, *Beira-Mar*, p. 90.
39. Pedro Nava, *Chão de Ferro*, p. 142.
40. Cf. "Cabeça de Porco", pp. 235 e ss.
41. Pedro Nava, *Galo-das-Trevas*, pp. 439-440.

pura, que ele está proibido pelo médico. Não pode abusar"[42]. Mas ele não se contentou; na frente da esposa, tomou do líquido puro, mas depois do almoço procurou sua garrafa especial de pinga:

> Mas o velho Castanheiro antes de sair foi remexer num armário do corredor do nosso quarto e de trás duns amarrados de jornal sacou um garrafão de que se serviu amplamente. Era sua cachaça particular para contrabalançar os copos dágua tomados em obediência a Siá Zulmira. Mandou-se uma talagada respeitável. Não nos ofereceu. Arrolhou cuidadosamente, fechou a chave e à saída deu-nos uma explicação sibilina.
>
> – Aqui nesta casa galinha cacareja mas quem canta mesmo é o galo. E além do mais, de bitáculas apagadas não se navega...[43]

No texto, há descrições que demonstram a predileção do autor pela cachaça misturada. Ele fala da "pinga com pedacinhos de casca de canela boiando dentro do garrafão"[44]. "Pinga com caroço de lima que dava ao destilado tons de um azul-celeste"[45]. Também com mamica-de-vaca, "que tinge de topázio e empresta reflexos de ouro fulvo"[46]; outra "esverdeada e feia de 'ervas amargas' que lixa o estômago e abre um apetite leonino"[47].

Há outro trecho que evidencia essa preferência (o que será confirmado num diálogo que será analisado no capítulo seguinte). Na cena, um mulato oferece ao Egon a pinga com pitanga macerada, num boteco no meio de uma estrada, após uma cavalgada cansativa:

> Era dum branco puxado ao esverdeado, facetado, louça barata mas antiga, o vidro ordinário cheio de bolhas de ar. Encheu até as bordas duma pinga especial dentro de cuja garrafa macerava um punhado de pitanga. Bebeu primeiro o ofertante, passando em seguida o copo para o médico. Este conhecia o costume e sabia que recusar era injúria grave. Tomou sua talagada e logo um fogo lhe gratificou as entranhas – enquanto ele sentia um retrogosto de açúcar surgindo dos fundos da dureza da cachaça e do aperto que a pitanga conferia. Deu o copo ao Tãozinho, esse ao Seu Anacleto (que,

42. Pedro Nava, *Galo-das-Trevas*, pp. 441-442.
43. *Idem*, p. 443.
44. *Idem*, p. 137.
45. *Idem*, p. 439.
46. *Idem*, *ibidem*.
47. *Idem*, *ibidem*.

puritano, apenas molhou os bigodes), esse a outro bebedor. Assim por diante, de um em um. O último foi o Balbino que tomou sua marretada não esquecendo de deixar uma boa dose final que derramou no chão: era o gole das almas[48].

O gosto do autor pela bebida alcoólica pode ser notado – além das inúmeras citações que faz da cachaça – numa frase de efeito de *O Círio Perfeito*: "só não apreciam as bebidas alcoólicas os doentes e os imbecis"[49].

Vale por fim registrar que Nava não menciona apenas a cachaça em sua obra; há outros destilados, como a jeropiga[50], destilado português feito a partir da borra de uva e sua irmã, a bagaceira[51]; ele fala também de uma aguardente alemã[52], sem lhe precisar o nome. Possivelmente o mesmo Steinhäger com que Prudente de Moraes Neto entremeava seus chopes duplos. O conhaque francês, consumido *fine à l'eau* – diluído em água[53]; o também francês *marc*, destilado de uva da Borgonha[54].

Não deixou de mencionar também o *gin* inglês, tomado no martíni seco com pouco vermute[55] e o Old-Tom-Gin, abreviado em otongin[56], sem esquecer do "cálice de *cointreau*"[57] e do *Kümmel* apreciado pelo mulherio (trata-se de um licor holandês doce, tomado como digestivo)[58]. Por fim, o anis escarchado[59] – também um licor – e o absinto verdadeiro, tido por "néctar satânico"[60].

O uísque foi mencionado em diversas ocasiões. O "uísque de aperitivo"[61] tomado pelo Cavalcanti. As "doses maciças de uísque" de Luisinho Bracarense[62]. A mistura bizarra de uísque com Champagne[63]. O melhor

48. *Idem*, pp. 132-133.
49. Pedro Nava, *O Círio Perfeito*, p. 108.
50. Pedro Nava, *Balão Cativo*, p. 215.
51. Pedro Nava, *O Círio Perfeito*, p. 570.
52. *Idem*, p. 142.
53. *Idem*, p. 576
54. Pedro Nava, *Galo-das-Trevas*, p. 290.
55. Pedro Nava, *O Círio Perfeito*, p. 544.
56. Pedro Nava, *Beira-Mar*, p. 9.
57. Pedro Nava, *Chão de Ferro*, p. 187.
58. Pedro Nava, *Beira-Mar*, p. 56.
59. *Idem*, p. 180.
60. *Idem*, p. 98.
61. Pedro Nava, *O Círio Perfeito*, p. 253.
62. Pedro Nava, *Galo-das-Trevas*, p. 215
63. *Idem*, pp. 268, 290.

modo de tomar a bebida, que Egon aprendeu com o Senador Diniz: "Primeiro um *heavy-stroke* tomado de uma vez e depois então os *long-drinkes* sucedentes – para levantar de súbito os corações e depois mantê-los nas alturas atingidas"[64]. O modo com que Mr. J. K. K. MacCrismon Faced tomava seu uísque, no Clube do Desterro:

> Ele tinha introduzido no Desterro nova maneira de tomar uísque: copo grande para *long-drink* socado de gelo triturado grosso cujos intervalos eram cheios de bebida até à borda. Ele traçava o primeiro, rápido; o segundo, como o primeiro e do terceiro em diante, lentamente. De acordo com o aforisma dos bons tomadores de *scotch – Primus subitus; secundus sicut primus; tertius, paulatinum*[65].

64. *Idem*, p. 429.
65. *Idem*, p. 189

2

Dinamite Engarrafada

Como tinha nos prometido, o velho Castanheiro ia nos fazer degustar da sua pinga. Era uma aguardente de cabeça onde ele deixava macerar raízes, folhas, bagas e favas de sua fórmula secreta durante meses. Depois filtrava e punha dentro de cada litro uma pimenta-de-cheiro, arrolhava bem e deixava descansar mais uma estação. Provamos. Era dinamite: dinamite engarrafada e queimava dum fogo bom primeiro o estômago, depois subia para os peitos e mandava uma flor acesa descendo – que esquentava a suan, o períneo e as partes. O próprio Castanheiro fez as recomendações.

– Um cálice só. Não deve repetir. Beber bem devagar. Golinho na boca deixar engrossar com saliva, espalhar e engolir. Depois mesa, sem espera nenhuma. Então? Que tal? Não senhor, Doutor Egon, mais devagar... Temos tempo, dia inteiro à nossa frente que o comício é depois da janta. Pegamos o Gudesteu e o Pedr'Aleixo na casa do Chico Mota. Ainda vai dar pra fazer bezerro[1].

Ainda antes do almoço, após o banho, o velho Castanheiro serviu aos jovens, conforme havia prometido, sua cachaça especial. Isso foi ainda longe da vista de sua esposa, que não os acompanhava nesse momento. Essa foi a cachaça mais forte a que alude o autor, por ele qualificada de *dinamite engarrafada*.

1. Pedro Nava, *Galo-das-Trevas*, pp. 440-441.

HISTÓRIA DA CACHAÇA

A cachaça é a bebida destilada nacional, não há a menor dúvida. Conta A. da Silva Mello que a destilação surgiu no século VIII, tendo sido inventada por Marco Graeco, que conseguiu produzir álcool concentrado a partir da destilação do vinho. Chamou a invenção de *acqua-ardens*, de onde vem a expressão *aguardente*. No entanto, a invenção não teve grande repercussão. O álcool assim obtido reverberou muito mais quando passou a ser usado como poderoso medicamento. Isso foi no século XIII, a partir de quando passou a ser conhecida como *acqua-vitae* ou água da vida[2]. Daí a expressão francesa para os destilados: *eau-de-vie*.

Há um trecho muito relevante na obra de Pedro Nava que, de certa forma, antecipa informações e dúvidas para aquele, como eu, que busca traçar brevemente a história da cachaça:

> No caminho para Mirassol os dois amigos continuaram sua conversa mais e mais erudita sobre a cachaça. Um lembrou as dificuldades etimológicas que cercam seu nome e o outro as obscuridades sobre sua origem: se nas bebidas fermentadas do índio feitas com os sucos das frutas nativas e mais a raiz da mandioca, sendo que este último destilado continua vivo na tiquira do Maranhão; se de origem europeia e vindo das aguardentes do reino feitas com borra de uvas. Papearam longamente a respeito do fato dela, historicamente, já existir no Brasil desde o século XVII e sendo logo a bebida evasora do índio acossado, dizimado e exilado em sua própria terra; de outro degredado, outro perseguido – o negro; e do próprio branco, nas suas camadas mais baixas – marinheiros, soldados, impecuniosos e a gente em descida social. Concordaram que parece que se destilava aqui bebida grosseira que ia ser purificada na metrópole pela redestilação – o que tornava ainda melhor palatável – "a cachaça do Reyno" que voltava ao Brasil para ser consumida na terra ou servir de moeda com que os negreiros compravam de africanos o braço africano escravizado aqui chegado desde cedo. Foi lembrado ainda seu uso nos catimbós, nas macumbas, nos canjerês, nos terreiros. Tudo isto tinha uma tremenda conotação popularesca e rebelioa que a tornou logo suspeita aos brancos de camadas mais elevadas que a reprovavam e indexaram como bebida infamante. Depois teve sua voga à época da Independência, quando era costume proscrever tudo que cheirava a Portugal – portanto os vinhos. O Cavalcanti sabia que as misturas de ervas aromáticas à cachaça tinham começado no século XVIII e que deste ponto tinha sido assim a bebida heroica de nossas cargas. Entra no século XX sempre humilde mas começa subir às

2. A. da Silva Mello, *Alimentação, Instinto, Cultura*, p. 119.

mesas requintadas como aperitivo indispensável para as iguarias feitas com o feijão. Os dois amigos lembraram suas designações, cada um conhecia pelo menos uns dez sinônimos das centenas de nomes por que é conhecida a nossa velha pinga. O Cavalcanti, ortodoxo, em matéria de cachaça só admitia seu uso desde que pura e sem mistura – gabando neste estado o seu *bouquet* imperioso e invasor seu gosto duro, arranhante, único, *sui generis*. O Egon, mais tolerante e eclético, admitia a mudança de sua cor com caroços das frutas cítricas, principalmente o caroço da tangerina e da lima lhe dando a tonalidade celeste de onde vinha pinga evidentemente trabalhada com outros ingredientes tal aquela perfeição das Nuvens Azuis genialmente concebida no seu laboratório de farmacêutico e herbandário por Redelvim Andrade e que foi consumida às carradas em Diamantina e depois em Belo Horizonte – enquanto o inventor não morria com o segredo de sua receita, de sua farmacologia. Admitia ainda a adição de vegetais que lhe auxiliam e colaboram no gosto[3].

Nesse trecho, Nava aborda os grandes temas que cercam o estudo da cachaça: *1.* as dificuldades etimológicas que cercam o nome (tratado acima); *2.* as obscuridades de sua origem; e *3.* seu uso religioso.

A primeira dificuldade com que se depara aquele que analisa a origem da bebida é a perspectiva sob a qual deve ser analisada a história da cachaça, havendo duas. A primeira é o estudo da cachaça, desde o momento em que a bebida responde por esse nome, sendo certo que isso não ocorreu antes do fim do século XVII. Segundo Câmara Cascudo: "Não havia, evidentemente, pelos séculos XVI e XVII, bebida com o nome de *cachaça*, com base alcoólica"[4].

A segunda perspectiva é da análise do álcool obtido a partir da cana-de-açúcar, que teve origem com a denominada *garapa*, produzida pelos negros de engenhos, muito antes de se falar em cachaça. Entendo que a análise, para ser completa, deve abranger desde a segunda perspectiva, passando pela primeira.

Antes de entrar no assunto, devo destacar que o brasileiro nato, ou seja, o indígena, já conhecia a fabricação e o consumo do álcool, pela fermentação e destilação, usando-o em cerimônias festivas. Naturalmente, não foram os índios que inventaram a bebida alcoólica. O uso de bebidas intoxicantes é pré-histórico, conforme anotado por Franz Boas:

3. Pedro Nava, *O Círio Perfeito*, pp. 171-172.
4. Luís da Câmara Cascudo, *Prelúdio da Cachaça*, p. 17.

O uso de bebidas e alimentos intoxicantes é generalizado, embora não universal. Bebidas alcoólicas feitas de grãos, raízes ou tubérculos, sucos de frutas, seiva, leite e mel são encontradas na África, América do Sul, Polinésia e sudeste da Ásia. Elas também eram conhecidas na Europa antiga. No extremo nordeste da Ásia, o cogumelo mosca-agaric é consumido para produzir intoxicação. O uso do peiote se espalhou amplamente entre os índios norte-americanos e remonta aos tempos pré-espanhóis[5].

No Brasil, nossos índios aprenderam a produzir bebida fermentada a partir da mandioca, do milho e de frutas, dentre as quais a preferida era o caju. "Incontável o número de bebidas feitas com o caju. Colhido em novembro, é dezembro o mês das bebedeiras espetaculares."[6] Algumas dessas bebidas foram descritas por John Nieuhof:

> A bebida denominada *Pakoby* é preparada com o fruto da árvore *Pakobete* ou *Pakobuçu*. O que os portugueses chamam *Vinho de Milho*, é uma bebida feita de cevada ou trigo-turco, que os índios chamam de *Maiz*. O licor *Nanâi* também deriva seu nome da excelente fruta denominada *Nana* ou *Ananás* e constitui a bebida mais forte dos nativos. Há outra espécie de bebida chamada pelos portugueses *Vinho de Batatas* porque é preparado com batatas[7].

Todo esse desenvolvimento e devoção pela bebida espantaram os padres portugueses. "Falavam os jesuítas do indígena gastar toda sua provisão de mandioca (*Manihot utilíssima* Pohl), existente nos plantios, numa única cauiagem, transformando tudo em bebidas e usando-as numa ocasião festeira"[8]. Eram festas épicas que foram relatadas por diversos observadores estrangeiros.

O jesuíta André Fernandes informou certa vez: "Às vezes, tem festa de beber que dura três, quatro dias sem comer. O seu vinho é de frutas e de toda a maneira de mantimento que comem fazem que bebam e que são muito afeiçoados e bebe um deles como três alemães"[9]. Johannes Nieuhof também relatou: "Quando estão fartos de bebida, vomitam e põem-se a

5. Franz Boas, "Invention", p. 255.
6. Luís da Câmara Cascudo, *História da Alimentação no Brasil*, p. 771.
7. John Nieuhof, *Memorável Viagem Marítima e Terrestre ao Brasil*, p. 305.
8. Luís da Câmara Cascudo, *História da Alimentação no Brasil*, p. 770.
9. *Idem, ibidem*.

beber novamente, de maneira que aquele que consegue dançar e beber mais é considerado o campeão"[10].

Semelhante é a descrição do padre Simão de Vasconcellos:

> O mesmo é nos vinhos: gastam muitos dias em fazer quantidade em talhas grandes, que chamam igaçabas; porém no ponto em que está perfeito, começam a beber, e não acabam até que não acabe o vinho, ainda que seja vomitando-o e urinando-o; andando à roda e bailando enquanto dura a causa de sua alegria[11].

O *cauim* era a bebida mais frequente, preparado a partir da fermentação do caju, fruto encontrado por quase todo o território nacional. "Mas o nome que davam, em geral, ao vinho era o de *ca-yú-y*, ou licor do *caju* (adulterado pelos nossos em *cauim*) por isso que este fruto era o que o fornecia em maior abundância"[12]. Auguste de Saint-Hilaire o provou, sem encontrar nada de especial. "De todo modo, eu quis ver e provar o cauim. Achei sua cor turva e esbranquiçada como leite desnatado, e um gosto parecido com o soro de leite, porém mais azedo."[13] O viajante francês relata ainda a produção do cauim por povos do Sul do país (Garapuava) e do Norte também (tupinambá):

> Sabe-se que os tupinambás, ex-habitantes do litoral, fizeram, com mandioca ou milho, uma bebida intoxicante que chamavam de cauim. Eu mesmo encontrei o uso dessa bebida em seus descendentes e, para usar uma expressão do ingênuo Lery, eu cauí como eles. A diferença total de línguas dificulta a crença de que os coroados de Garapuava tinham algo em comum com os tupinambás, e, no entanto, como estes, eles fazem uma bebida inebriante com o milho mastigado e também cauinam; há, no entanto, alguma diferença no preparo do licor. Em vez de apenas ferver o milho antes de mastigá-lo, como os antigos tupinambás, eles primeiro grelham e depois fervem; em seguida, eles mastigam e deixam fermentar. Foi de duas mulheres indígenas, trazidas para Curitiba, que me passaram esses detalhes[14].

10. John Nieuhof, *Memorável Viagem Marítima e Terrestre ao Brasil*, p. 305.
11. [Padre] Simam de Vasconcellos, *Notícias Curiosas e Necessárias das Cousas do Brasil*, p. 142.
12. Francisco Adolfo de Varnhagen [Visconde de Porto Seguro], *História Geral do Brazil Antes da sua Separação e Independência de Portugal*, t. 1, p. 36.
13. Auguste de Saint-Hilaire, *Voyage dans le District des Diamans et sur le Littoral du Brésil*, vol. 2, p. 356.
14. Auguste de Saint-Hilaire, *Voyage dans les Provinces de Saint-Paul et de Sainte-Catherine*, Paris, Arthus Bertrand, 1851, t. 2, pp. 148-150.

Padre Simão de Vasconcellos conta que os índios seriam engenhosos em fabricar bebida alcoólica, que não se restringia somente ao cauim. O clérigo afirmou existirem cerca de 32 tipos de bebidas:

Só em fazer várias castas de vinho são engenhosos. Parece certo, que algum Deus Baco passou a estas partes a ensinar-lhes tantas espécies dele, que alguns contam trinta & duas. Uns fazem de fruta que chamam ao *acáyá*; outros de *aipy*, & são de duas castas, a uma chamam caum caracu, a outra cauy macaxera; outros de *pacoba*, a que chamam *pacouy*; outros de milho, a que chamam *abatiuy*; outros de ananás, que chamam *nanauy*, & este é mais eficaz, & logo embebeda; outros de batata, que chamam *jetiuy*; outros de janipapo; outros que chamam *bacútinguy*; outros de beiju, ou mandioca, que chamam *tepiocuy*; outros de mel silvestre, ou de açúcar, a que chamam de garapa, outros de acaju; & deste em tanta quantidade, que podem encher-se muitas pipas[15].

Após o contato com o europeu, os nativos gostaram da bebida alcoólica por eles trazida e também das bebidas que se passa a produzir já no Brasil. Jorge Marcgrave reportou, em 1648, que

[...] esses bárbaros gostam muito de nossas bebidas alcoólicas a que dão o nome de *Cati-tata* e, quando se lhes dá delas, embriagam-se enormemente. Ingurgitam, em alta escala, a bebida, feita pelos negros, chamada *Garapa*. Homens e mulheres passam dias e noites inteiras cantando, dançando e entregando-se a uma contínua bebedeira. É de se admirar que, no meio da bebedeira, raramente brigam, exceto às vezes por motivos de ciúme[16].

Sigaud informa que "o *brandy* de cana é, de todas as bebidas alcoólicas, o que eles buscam com uma paixão frenética"[17].

Mas não era somente a bebida fermentada de frutas que o índio consumia. Havia a *tiquira,* destilado feito a partir da raiz da mandioca, típico do Maranhão, captado por Ermano Stradelli, que colocou o vocábulo em seu dicionário: "TYKYRA – Distilada, a que é havida a pingos, a cachaça obtida com o beiju de mandioca fermentado"[18]. Pedro Nava a ela se refere

15. [Padre] Simam de Vasconcellos, *Notícias Curiosas e Necessárias das Cousas do Brasil*, pp. 142-143.
16. Jorge Marcgrave, "Cardápio do Indígena Nordestino", p. 286.
17. J. F. X. Sigaud, *Du Climat et des Maladies du Brésil*, p. 118.
18. Ermano Stradelli, "Vocabulários da Língua Geral Português-Nheêngatú e Nheêngatú-Português...", p. 689 [cf. ed. da Ateliê, p. 434].

como "pinga de macaxeira"[19] ou "pinga do Maranhão"[20]. Outro destilado da mandioca identificado por Stradelli, produzido e consumido por tribos na região amazônica, é o *caxiri* – de qualidade superior à da cachaça, segundo o relato:

> MUTYKYREPAUA. Alambique. No rio Uaupés já encontrei e trouxe um alambique feito com materiais muito primitivos, barro e madeira. A panela, que podia conter uns cem litros de líquido, era de barro, sustentada sobre três sólidas *itacurua*, também de barro cozido, muito bojuda e acabando numa boca relativamente estreita, sobre a qual se adaptava uma tampa de pau, com orifício do lado, da grossura conveniente para receber uma taboca, várias vezes emendada, por onde saía a cachaça, condensada naturalmente pelo esfriamento que vinha a sofrer desde a sua entrada na taboca. A falta de outro adminículo para poder obter o resfriamento do produto da distilação me tem feito pensar mais de uma vez que se trata de uma invenção indígena e não de uma imitação. O que é certo é que este alambique é muito comum e usado para destilação do caxiri de mandioca, e que onde ele se encontra não se cultiva a cana-de-açúcar, em muitos lugares ainda completamente desconhecida; o que não seria natural, se fosse uma imitação especial, dada a fácil aclimatação e cultivação da cana. Seja como for, quando a panela é cheia de líquido em quantidade suficiente, é tampada com a tampa de madeira, mantida no lugar com atilhos de cipó, sendo a fuga de vapores tolhida tanto na tampa como ao longo do encanamento por meio de calafeto feito com argila, a mesma de que se servem para fazer a sua louça. A distilada obtida nestes aparelhos, dizem os apreciadores, tem um gosto todo especial que inutilmente se procura na melhor cachaça[21].

A fabricação da cachaça – ou da *garapa,* da qual passamos a tratar agora – não foi novidade, portanto, para o índio brasileiro; apenas serviu como propulsor para o consumo desenfreado, conforme se viu nos séculos XVII e XVIII. Também não há dúvidas de que o consumo desenfreado dos índios de maneira geral ajudou a pavimentar a estrada para a indústria do álcool que se instalou com os engenhos de açúcar.

19. Pedro Nava, *Baú de Ossos*, p. 27.
20. Pedro Nava, *Chão de Ferro*, p. 187.
21. Ermano Stradelli, "Vocabulário da Língua Geral Português-Nheêngatú e Nheêngatú-Português...", p. 566 [cf. ed. da Ateliê Editorial, p. 434].

No processo de fabricação do açúcar, havia resíduos. Um deles era a espuma que sobrava na segunda caldeira, ou seja, após a ebulição no segundo tacho. A garapa é a bebida que se prepara mediante a mistura dessa espuma com água. No livro *Sociologia do Açúcar*, Câmara Cascudo dedica todo um capítulo à garapa. Para o autor, garapa é o sinônimo popular de todo líquido demasiadamente doce. Ensina que o vocábulo é de origem tupi, valendo "revolvido, remexido"[22]. Silveira Bueno diz que a garapa é o que se conhece hoje como caldo de cana[23]. Fala-se também em espumas do caldo.

O caldo de cana é apreciado até os dias de hoje, consumido principalmente em feiras abertas, tirado na hora com o auxílio de um moedor de cana. Pouco tempo depois de tirado, o caldo já perde o gosto inicial e vai se tornando ácido. Pedro Nava relata o caldo de cana que tomava com seu amigo Aluísio, no Largo da Carioca, onde "ficava o melhor caldo de cana do mundo. Servido em copos enormes, como os de chope duplo. Como este espumejante, fresco, daquela doçura especial diluída e captada com outros gostos da fibra"[24].

Segundo Câmara Cascudo, "bebia-se a garapa imediatamente, ainda doce, ou guardando-a em potes até perder a doçura, e azedar-se, porque então dizem que está em seu ponto de beber"[25]. Em 1647, John Nieuhof relata o consumo da garapa pelos escravos, qualificando-a de desagradável. "Às vezes, os negros preparam uma mistura desagradável de açúcar preto e água, sem a fermentação das folhas, que chamam de Garapa"[26]. Pedro Nava fala também da *garapa de tamarindo,* "para refrescar o corpo"[27].

A técnica da destilação, primeiramente, veio da Europa para a América do Sul, principalmente os países antilhanos, onde se produzia *rum,* que era "uma fermentação e destilação do mel de cana-de-açúcar"[28]. Em seguida,

22. Luís da Câmara Cascudo, *Sociologia do Açúcar. Pesquisa e Dedução*, Rio de Janeiro, Instituto do Açúcar e do Álcool, 1971.
23. Francisco da Silveira Bueno, *Grande Dicionário Etimológico-Prosódico da Língua Portuguesa*, p. 1526.
24. Pedro Nava, *Chão de Ferro*, p. 70
25. Luís da Câmara Cascudo, *Prelúdio da Cachaça*, p. 18.
26. John Nieuhof, *Voyages and Travels into Brasil ant the East-Indies*, p. 127.
27. Pedro Nava, *Baú de Ossos*, p. 27.
28. Luís da Câmara Cascudo, *História da Alimentação no Brasil*, p. 775.

o português trouxe a técnica para o Brasil, aplicando-a na aguardente, que era a garapa azeda (fermentada). Daí surge a bebida destilada tal como a conhecemos hoje em dia, de forte teor alcoólico.

Quando aconteceu isso é difícil dizer. Conta Câmara Cascudo que a primeira anotação sobre o fabrico da aguardente foi de Pyrard de Laval, que esteve na Bahia em 1610 e relatou a produção de vinho com o sumo da cana. No entanto, possivelmente aqui não se tratava ainda da bebida destilada. Em seguida, Guilherme Piso – que viveu em Pernambuco entre 1637 e 1644 – também mencionou a espuma produzida a partir da fervura do caldo da cana (cagassa), procurado avidamente pelos escravos. Já em 1728, Nuno Marques Pereira menciona a mistura que se fazia da "água ardente do Reyno" com "água ardente da terra", aquela de melhor qualidade[29]. Em 1797, o padre Vicente Ferreira Pires cita mais de uma vez a "aguardente de cachaça"[30]. Fato é que, conforme anotou Câmara Cascudo, a partir de 1808, a cachaça era encontrada de Norte a Sul no país[31].

Trazida a técnica pelos portugueses, a fabricação da cachaça espraiou-se por todo o Nordeste, onde se concentravam os engenhos de açúcar, cujos alambiques cada vez maiores passaram a inundar a população. E não foram poucas as referências a essa bebida produzida nos engenhos. Sua transcrição integral merece outro volume; outros autores já escreveram muito sobre o assunto.

Vale por fim notar que a aguardente constituiu um vício disseminado não só em Minas, mas em todo o Brasil. O uso profilático da cachaça foi uma realidade presente dentre os brasileiros mais pobres e contribuiu em muito para o desenvolvimento do vício nos mais variados cantos do país. Acreditava-se, por exemplo, que a aguardente era seguro remédio contra o paludismo e a febre terçã. Hippolyte Taunay e Ferdinand Denis afirmam que o uso da táfia (sinônimo de cachaça) "teve os efeitos mais felizes sobre a saúde dos

29. Nuno Marques Pereira, *Compêndio Narrativo do Peregrino da América*, Lisboa, Ed. Manuel Fernandes da Costa, 1728, p. 271.
30. Clado Ribeiro de Lessa, *Viagem de África em o Reino de Dahomé. Escrita pelo Padre Vicente Ferreira Pires no Ano de 1800*, São Paulo, Companhia Editora Nacional, 1957 [1800], p. 105.
31. Luís da Câmara Cascudo, *História da Alimentação no Brasil*, pp. 776-777.

novos colonos, que havia sido alterada pelas febres"[32]. Calasans indica ainda o uso higiênico da bebida: "Serve para limpar a boca e a garganta"[33].

Vale notar, de acordo com anotação de George Gardner, que não só o homem era dado ao vício, mas as mulheres também, notadamente nas classes mais pobres. "As mulheres de classes mais baixas também são muito viciadas no rum do país (cachaça)"[34]. De maneira mais geral, o autor inglês dá uma dimensão do vício entre a população:

> Não são apenas os escravos que são dados a esse vício, mas os brancos de ambos os sexos, em quase todas as classes da sociedade, entregam-se a ele em grande parte; isto é, em certo grau, manifesto, pela grande quantidade dessa bebida diariamente levada ao mercado, pois se diz que para cada tropa que entra na cidade com provisões, outra chega com rum das plantações de açúcar nos países baixos. Devo confessar que vi poucas ocorrências de intoxicação nas ruas, exceto entre pessoas de cor[35].

Não só os escravos se viciavam muito facilmente, mas também pessoas livres e até estrangeiros – principalmente marinheiros –, segundo informou Robert Walsh, dado o preço muito baixo da cachaça.

> As pessoas comuns, e particularmente os negros, usam *caxas*, ou cachaça, um tipo inferior de rum, destilado de algum resultado da cana-de-açúcar. Isso é tão barato e acessível que os estrangeiros, principalmente os marinheiros, se viciam facilmente[36].

Para Gilberto Freyre, ainda no século XVII era difícil encontrar indivíduo do sexo masculino, livre ou escravo, que não amanhecesse bebendo cachaça para "espantar o diacho" ou "matar o bicho"[37].

32. Hippolyte Taunay e Ferdinand Denis, *Le Brésil ou Historie, Moeurs, Usages et Coutumes des Habitants de ce Royaume*, t. 3, pp. 175-176.
33. José Calasans, *Cachaça, Moça Branca*, Salvador, EDUFBA, 2014, p. 101. O autor cita, na mesma página, um verso sobre essa função higiênica da cachaça: "Antes da sopa / Pra lavá a boca / No meio dela / Prá lavá a goela / Sopa acabada / Goela lavada".
34. George Gardner, *Travels in the Interior of Brazil*, p. 257.
35. *Idem*, pp. 356-357.
36. Robert Walsh, *Notices of Brazil in 1828 and 1829*, vol. 1, pp. 517-518.
37. Gilberto Freyre, *Sobrados e Mucambos*, p. 194.

João Severiano da Fonseca relata o uso imoderado pela população da "Cidade de Matto-Grosso"[38]. No Recife holandês – onde pessoas de alta posição social eram encontradas bêbadas pelas ruas – também o vício era generalizado, o que Gilberto Freyre atribui a uma possível predisposição dos nórdicos ao álcool[39]. Segundo Daniel P. Kidder, no nordeste do país o uso era crescente no início do século XIX:

> Lamento informar que tanto a fabricação quanto o consumo de cachaça pareciam estar aumentando. A bebida era vendida em grande parte das casas que ficam nos subúrbios das cidades e também na estrada, onde quer que eu viajasse. Eu vi em vários casos sertanejos ou mulatos bastante intoxicados[40].

O vício da cachaça sempre foi generalizado no Brasil, principalmente nas classes pobres, até os dias de hoje. Lutar contra esse vício nem sempre é evidente e fácil, pois o povo ainda conta com um misticismo inútil nesse tratamento. José Calasans conta algumas das receitas foclóricas para curar o vício, tal como dar a bebida misturada com areia de cemitério; com pena de urubu torrado; uma dose diária de pinga misturada com excremento de galinha, sem que o paciente saiba; copo da bebida com sangue de urubu; infusão de cachaça com minhoca ralada no chão etc.[41]

38. Severiano da Fonseca, *Viagem ao Redor do Brasil*, 2. Parte, p. 135.
39. Gilberto Freyre, *Sobrados e Mucambos*, p. 193.
40. Daniel P. Kidder, *Sketches of Residence and Travels in Brazil*, vol. 2, p. 193.
41. José Calasans, *Cachaça, Moça Branca*, p. 146.

3

Crambambali

O *crambambali* é bebida sagrada – um quentão legitimamente centro de Minas. A receita? Uma travessa cheia de pinga, rodelas de limão, lascas de canela e rapadura. Toca-se fogo na cachaça e deixa-se esquentar bastante. Apagar, coar e servir em canequinhas de gomo de bambu. Ela teve, aí pelos 20, pelos 30, uns tempos de voga no Rio, quando foi adotada em casa de Eugênia e Álvaro Moreyra, que a descobriram no relato dos viajantes do princípio do século passado. Até que Manuel Bandeira espalhou esse segredo de Estado pelas colunas do *Para Todos*[1].

O *crambambali* era a bebida alcoólica servida junto com a abóbora assada no forno de terra, sob fogueira, em Noite de São João, cuja receita o autor descreve no mesmo trecho do livro, pouco mais acima[2].

CRAMBAMBALI

Assim como ocorre com o aluá, também não se fala mais desta bebida. É uma bebida típica em extinção. Nunca ouvi falar antes de ler a obra de Pedro Nava. Claudia Lima dá uma receita mais simples dessa bebida: "Bebida feita com aguardente branca e açúcar, levada a ferver; depois, coloca-se vinho do Porto, canela e fatias de lima ou limão"[3].

1. Pedro Nava, *Baú de Ossos*, p. 173.
2. Cf. "Batata-Doce e Abóbora no Forno de Terra", p. 125.
3. Claudia Lima, *Tachos e Panelas*, p. 234.

4

A Garrafa de Chianti

Bebamos, companheiros,
Bebamos, companheiros,
O suco da uva,
O vinho verdadeiro[1].

Ele [Dr. Pareto] gostava de comer bem e beber do fino. Mas era uma mesa europeia, mais propriamente italiana, rica em massas afogadas em molhos radiantes e empapadas de manteiga e da pomada dos parmesões fundentes. E foi justamente por macarronada clássica que se começou o jantar. Fazia ainda dia claro. Logo de início, pequena escaramuça entre o Pareto e mulher. Como esse se tivesse encarregado dos vinhos e abria uma botelha do Chianti perto da entrada do corredor de trás, onde havia uma pia e nela o Balbino lavando as mãos em grandes águas – a Dona Felisberta queria que o Pareto jogasse fora a garrafa que acabara de abrir.

– Esse vinho não serve, Colatino. Está infeccionado porque quando você abriu a garrafa eu vi um pingo pulando da mão do Totó e embarafustando no gargalo. E mão de dentista é mais perigosa que de médico...

– Ora Felisberta, deixe-se de nove-horas. Se você pensa que vou deixar de lado esse néctar por causa de suas miragens, tá muito enganada.

– Pois dessa garrafa ninguém bebe na mesa, senão vou pro quarto. Beba você se quiser. Alda! traz outra garrafa e você mesma abre ela, tomando todos os cuidados.

– Mais fica!

– É? bebé. Como se eu não soubesse que o que você quer é ficar com a garrafa inteira. Que lhe aproveite! Se cair doente não conte comigo. [...]

1. Canto escutado por Pereira da Costa durante a festa dedicada ao deus Baco, em Recife (Francisco Augusto Pereira da Costa, "Folclore Pernambucano", *Revista do Instituto Histórico e Geográfico Brasileiro*, Rio de Janeiro, 1908, t. LXX, parte II).

A Alda trouxe a segunda garrafa desarrolhada assepticamente. O Pareto, dono da sua, atacou-a com copázio degustado tecnicamente. Servido, o Egon considerou que o macarrão estava uma verdadeira maravilha e começou a saborear seu prato, entrecortando as garfadas com goles de vinho que lhe suspendiam o coração[2].

Dr. Pareto era um italiano arrogante e antipático, tio de Egon e marido de Dona Felisberta, a exagerada.

INFLUÊNCIA ITALIANA

De todos os imigrantes que se instalaram no Brasil, foram os italianos que mais influência exerceram na culinária nacional. Câmara Cascudo aponta para uma característica de fundamental importância para essa expansão: ao contrário das outras culturas que também exerceram influência nos hábitos alimentares, o italiano manteve sua dieta com o que encontrou aqui. A base de sua alimentação é a massa, constituída de trigo, que o Brasil já cultivava desde os finais do século XIX:

Com a base nutritiva em cereais, feitos em sopas grossas, as *polentas* capitosas, as doiradas *ministras,* as massas com a variedade estonteante, do *vermicelli* fininho ao grosso *strozzapreti,* que não podia ser engolido facilmente pelos padres, a *pizza* napolitana, o *gnocchi, ravioli, lasagna,* a valorização do queijo, o arroz gorduroso, *risotto,* o italiano pode defender sua alimentação nacional, vencendo o clima, o clima brasileiro tão caluniado[3].

A facilidade das preparações italianas é também apontada por Julio Camba como fator de diferenciação dessa culinária. O autor faz uma comparação com a culinária francesa, que exige ingredientes mais exóticos, que não encontrados com facilidade por aqui:

Em geral, toda a cozinha italiana se distingue pelo seu caráter lírico. É uma cozinha fácil e simples como nenhuma outra, mas ali sempre há emoção. As massas, que constituem a sua base principal, são feitas *ex professo* nas casas dos ricos, onde são temperadas com um bom extrato de carne. Na casa dos pobres são compradas as já preparadas, nas que só o tomate entra como condimento; mas em todos os

2. Pedro Nava, *Galo-das-Trevas*, pp. 206-207.
3. Luís da Câmara Cascudo, *História da Alimentação no Brasil*, pp. 620-621.

lugares são deliciosas. Ao contrário dos pratos franceses que, ao não admitir meio-termo, exigem uma matéria-prima muito difícil de obter-se e uma técnica muito difícil de conseguir, os pratos italianos estão ao alcance de todos os bolsos e de todas as capacidades e do mesmo modo podemos saboreá-los no Castello dei Cesari, em uma tratoria trasteverina, na Basílica Ulpia ou em qualquer barco da Veloce. São, como digo, pratos de uma grande simplicidade, mas não sei que ternura lhes outorga a cebola nem que graça lhes agrega o queijo, que até os próprios turistas anglo-saxões começam a suspirar depois de comê-los[4].

Sem maiores dificuldades, num curto espaço de tempo, o macarrão passou a figurar na dieta do brasileiro rico ou pobre. "Já no princípio do século XX, o macarrão estava no almoço domingueiro de certos fazendeiros do sertão quanto atualmente é visto na marmita operária, nas cidades e vilas industriais"[5]. Para manter sua dieta, o italiano trouxe massas e molhos, mas não se integrou aos ingredientes nacionais:

Trouxeram para a culinária nacional o gosto das massas de farinha de trigo, com os molhos espessos e condimentadores, resistindo às seduções da pimenta, e teimando no azeite doce e banha de porco contra o dendê e o leite de coco. Impuseram sua alimentação ao brasileiro, aceitando apenas o sul-americano tomate. O prato italiano veio para as mãos da cozinheira nativa indeformado e manteve-se na integridade sápida.

Ninguém modificou o acepipe italiano que se infiltrou pela população de todas as paragens, em todas as classes, em todas as economias aquisitivas. Apenas a massa, a *pasta* italiana, *pastasciutta,* constituindo uma iguaria no Brasil, é um conduto. Na Itália, o macarrão é uma refeição. No Brasil, concorre com a farofa, arroz, feijão, acompanhando carne ou peixe. É um colaborador saboroso, mas não um elemento autônomo e suficiente[6].

Câmara Cascudo aponta ainda para um terceiro fator dessa adaptação dos hábitos alimentares italianos, que é o fato de sua culinária não ser tão dependente da carne, tal como ocorre na alimentação brasileira em geral:

Mas outra razão é óbvia para essa permanência e efeitos sociais. O sabor da cozinha italiana independe da intensidade e volume dos adubos, ao inverso da francesa, inglesa, alemã. Com um bom ou pobre molho, *spaghetti* é sempre *spaghetti*,

4. Julio Camba, *La Casa de Lúculo o El Arte de Comer*, p. 50.
5. Luís da Câmara Cascudo, *História da Alimentação no Brasil*, pp. 620-621.
6. *Idem*, p. 620.

quando um *Sauerkraut* ou um *joint* de carneiro, o primeiro na Alemanha e o segundo na Inglaterra, são antes de tudo obras-primas da ciência culinária e não intrinsecamente do carneiro ou da couve fermentada. [...]

Lembra o Sr. Ary Machado Guimarães que essa nutrição de massa cozida, pão, vinho, liberta parcialmente o italiano da ditadura do açougue. Quando, em 1925 o consumo de carne, *per capita*, foi de 18,12 kg, o argentino devorou 89,81 kg[7].

Ao que tudo indica, Pedro Nava era um entusiasta da culinária italiana (poucos indivíduos não o são...). O autor menciona pratos de macarronada em vários trechos de sua obra. Por exemplo, dá a receita de um macarrão simples, mas encantador, preparado pelo amigo Guady, *al burro* e *al parmejão*:

Fê-lo numa travessa descrevendo a toda velocidade movimentos que eram ora circulares, ora parabólicos, ora fazendo um 8 deitado, misturando com maestria o macarrão com o queijo ralado e torebas enormes de manteiga. Aquilo ficou parecendo um unto especial onde não se distinguia mais entre o *burro* e o *parmejão* e que invadia os ares gratificando todos com seu cheiro. Os corações subiam nos peitos de cada um[8].

Essa influência italiana se fez sentir, também, na Fazenda Santa Clara, onde Nava relata a produção de massa:

E as famosas macarronadas da Piedade. Lá se usava máquina para a produção em grosso de macarrão. Desciam os fios paralelos dos incontáveis furos da masseira, eram cortados e caíam num leito de farinha de trigo[9].

Há também o episódio de Rio Preto – no Oeste Paulista –, também presente o mestre Guady, que trouxe "elementos de vinhaça e macarronada de respeito". O vinho era tirado de um garrafão, servido em caneca de louça branca, acompanhado de "rodelas duma *panceta* preparada, temperada, enrolada, amarrada e defumada pela comadre Adélia"[10].

7. *Idem*, p. 621.
8. Pedro Nava, *O Círio Perfeito*, p. 114.
9. Pedro Nava, *Baú de Ossos*, p. 294.
10. Pedro Nava, *O Círio Perfeito*, p. 133.

CHIANTI

É uma sub-região vinícola da toscana que produz vinhos tintos com o mesmo nome. Chianti é uma terra montanhosa cortada por cinco rios (Pesa, Greve, Ombrone, Staggia e Arbia). A região possui Denominazione di Origine Controllata e Garantita – DOCG – e para ser chamado de Chianti, o vinho precisa seguir uma série de requisitos.

Há diversos tipos de Chianti: Classico, Colli Aretini, Colli Fiorentini, Colline Pisane, Colli Senesi, Montalbano, Montespertoli, Rufina, Superiore e Riserva. Alguns produtores usam um tipo de garrafa diferente, que é arredondada com uma base de palha.

Esse parece ser o vinho tinto predileto do autor; Nava cita o Chianti em vários trechos de sua obra. A garrafa vazia era decoração no jardim da casa de sua avó materna.

> Era só ir entrando, depois do oh! de casa – cantando do jardim. Tanto o de minha avó como o de Bicanca tinham os canteiros cercados de garrafas de Chianti, de fundo redondo pra cima – decoração infalível em várias residências da cidade[11].

Foi também o vinho que o Guady buscou no boteco, para servir no almoço[12]. O Chianti do tipo San Geminiano, adocicado, é apontado pelo Guady como a bebida que acompanha bem o doce árabe *harat-locoum*; e Nava confirma que o "sabor da gota combinava física e quimicamente" com a sobremesa[13].

O autor menciona o hábito do médico ítalo-brasileiro, Dr. Carluffo Uffo dei Tartaglioni, de tomar seu "copo de Chianti a cada refeição"[14]. Fala das quatro garrafas de Chianti consumidas pelos amigos Egon, Macedo, Tavares e Edgard Noronha[15]. Como acompanhamento para o frango novo e a macarronada preparados pela criada italiana de Eliezer Magalhães, serviu-se um "Chianti 'clássico', melhor dizendo, um Colli Fiorentini, firme do seu cheiro direto, duro de paladar e trêmulo da sua cor de sangue

11. Pedro Nava, *Baú de Ossos*, p. 265.
12. Cf. "Comida Simples do Guady", p. 277.
13. Pedro Nava, *O Círio Perfeito*, pp. 117-118.
14. *Idem*, p. 186.
15. *Idem*, p. 210

jorrando"[16]. Outra metáfora com o sangue o autor utiliza na descrição do jantar no restaurante Colosso. "Uma sólida macarronada acompanhada dum Chianti, gratificante como hemorragia às avessas, transfundindo no sangue ectasia que levantou nossos corações"[17]. Mas não só frango e macarrão combinam com o Chianti; o vinho também acompanhou "um pato desossado desses de desmanchar na boca"[18].

Apesar da vocação para alegrar a mesa, o Chianti foi servido num jantar triste havido na casa do autor, rua Padre Rolim, em Belo Horizonte. O primo Egon comprou a bebida "para levantar o moral", mas não adiantou, todos comeram calados, pois tia Joaninha tinha falecido[19].

Vale registrar que o único vinho tinto que Nava cita em sua obra que não é um Chianti, é o Médoc, região com denominação de origem controlada na França, "duro como pedra". O vinho é acompanhado dos queijos Brie, Camembert e Roquefort com pão, ou seja, um jantar tipicamente francês, mas servido no Bar de Riri Carozzo[20].

16. Pedro Nava, *O Círio Perfeito*, p. 255.
17. Pedro Nava, *Beira-Mar*, p. 128.
18. Pedro Nava, *O Círio Perfeito*, p. 270.
19. Pedro Nava, *Galo-das-Trevas*, p. 354.
20. *Idem*, p. 290.

5

Um Porto d'Honra

Se o Egon lembrava... Tinha sido uma dessas ocasiões como só as prepara o acaso. Nenhuma intenção de farra. Tudo no meio da semana, tudo devido a imprevistos, tudo armado pelo Demônio. O Isador e o Cisalpino tinham saído tarde da faculdade e subido Ceará. Pertenciam a uma comissão do centro acadêmico, à qual competia organizar uma homenagem ao professor Marques Lisboa, e justamente eles tinham ido à sua casa para cientificá-lo da data em que ele devia presidir o jantar oferecido pelos alunos. Tinham demorado e o querido mestre, grato e comovido, retivera-os um pouco para conversarem e tomarem *um Porto d'honra* – como ele dizia, citando a velha cortesia lusitana. Pois é. Tinham tomado um, dois, três cálices, mais um, o último, insistira o Lisboa. Quatro cálices daquele recado do Alto-Douro, todo sonoro ainda dos pés vibrantes que amassam nos lagares. Estavam reunidos ali, além do professor, seus filhos Otávio, Flávio e Gilberto – quatro – e com os dois que eram eles – Cisalpino e Isador – igual a seis. Seis vezes quatro, vinte e quatro cálices, de modo a acabar a garrafa, porque Porto aberto, garrafa "enxugada" – já que é vinho sensível que perde força e buquê se rearrolhado. E os cálices do Lisboa, cristais relíquias do velho Tamandaré, eram de molde a deixar adivinhar aquele néctar pela vista (topázios), cheiro (aroma de terr'ardente embebida de sol – solo português), gosto (seco, austero, de doçur'escondida). Pois aquele Porto foi o bastante para abrir a alma dos dois compadres ao referido Demônio que naturalmente, como coisa normal e obrigatória, levara-os direitinho à vizinha Gruta Serrana. E quem? encontraram eles lá, justamente degustando um Porto doce – o Egon e o Comendador. Pois reuniram-se, deixaram que a tarde acabasse de todo e foram continuando com os amigos – mais Porto, este adocicado e servido pelo próprio Rodolfo, dono da casa, um português com cara de magistrado – que lhes inculcara para acompanhar seu vinho um pires de baba de moça para cada um. Touxera e dissera:

– Tem de ser isto, meus senhores, já que nisto é que deu no Brasil o que em Portugal são os ovos moles de Aveiro...

– Mas isto é uma delícia, Rodolfo amigo... É combinação digna d'El Rey Dom Manuel, o Venturoso[1].

Durante o segundo encontro de Egon e Comendador, no Bar das Rolas – um encontro marcado pela progressão de bares e restaurantes durante a noite –, os dois lembram desse outro encontro, igualmente progressivo. Primeiro, Cisalpino e Isador se encontraram na casa do Professor Marques Lisboa; depois de terminarem uma garrafa de vinho do Porto, foram para a Gruta Serrana, onde encontraram Egon e o Comendador; dali saíram todos juntos para o Guarani e de lá partiram para a "casa das três meninas", onde se arranjaram com Olinda, Pipiripau e Sílvia. O Comendador sobrou.

VINHO DO PORTO

É um tipo de vinho licoroso, com graduação alcoólica alta, podendo chegar a 22% vol. Também conhecido como vinho fortificado, junto com o Xerez e o Madeira. No processo de elaboração, adiciona-se álcool sob a forma de aguardente vínica, por isso diz-se que é fortificado. O álcool é adicionado durante a fermentação, o que acaba interrompendo o processo. O método tradicional, ainda hoje praticado em algumas vinícolas, consiste em esmagar e desengaçar as uvas, depois vertê-las em vastos recipientes abertos de pedra, chamados lagares, onde são esmagadas pelos pés.

O suco fermenta nos lagares de 24 a 36 horas, e não por semanas como no caso dos vinhos tintos. O vinicultor sempre verifica o nível de álcool e a doçura do vinho no processo de fermentação. Quando se atinge o nível de álcool desejado, cerca de 9% vol., forte, mas ainda doce, coloca-se o vinho novo em barris ou em cubas e acrescenta-se a aguardente de uva. A quantidade de álcool acrescentada corresponde a 25% do vo-

1. Pedro Nava, *O Círio Perfeito*, p. 571.

lume do vinho, o que leva o nível do Porto a cerca de 18% vol., grau em que a atividade das leveduras é neutralizada. O trabalho das leveduras é interrompido e o açúcar não convertido em álcool permanece no vinho, daí surgindo o vinho do Porto tal qual conhecemos. Num primeiro momento, o resultado obtido é um vinho de cor vermelho-escura, de uma agradável doçura, com gosto forte de álcool. Os Portos precisam de tempo para que o álcool se funda no vinho.

No início, o vinho do Porto não era fortificado. Conta-se que a exportação de vinho da região do Douro para a Inglaterra era muito desenvolvida. Na época, não se conhecia os sulfitos ou nenhum outro tipo de conservante. Assim, para preservar o vinho até o desembarque, adicionava-se pequena porção de aguardente vínica. Essa dose extra tornava o vinho muito alcoólico e interrompia o processo de fermentação, pois paralisava as leveduras. O resultado era um vinho de teor alcoólico mais elevado e com uma doçura marcante.

Para ter essa denominação – vinho do Porto –, deve ser produzido na região do Douro. É a terceira região vinícola da história a ter sido demarcada, ou seja, objeto de uma denominação de origem. Isso ocorreu em 1756, ficando atrás apenas das regiões de Chianti, na Itália (1716) e Tokaji, na Hungria (1730). Além do Porto Branco (*White*), há sete tipos de vinhos do Porto: Ruby, Tawny, Tawny Colheita, Tawny Envelhecido, LBV (*Late Bottled Vintage*), Vintage e Vintage de Quinta.

O Porto tinto é produzido com mais frequência com as uvas tinta-cão, tinta-barroca, touriga-nacional, touriga-francesa e tinta-roriz. Já no Porto branco usam-se as uvas gouveio, folgasão, malvasia-fina, donzelinho-branco, esgana-cão, viosinho e rabigato.

O vinho do Porto também é amplamente mencionado por Pedro Nava, que o inclui em diversas histórias. O autor fala de "jantares bem regados ao porto"[2], na casa de Cordeiro, irmão do médico maranhense Cipriano de Freitas; de bandejas de vinho do Porto no velório de seu pai[3] e no velório alheio, mas somente depois que o reverendo saía[4]. A inundação de vinho do Porto sobre seu pai e amigos durante o Carnaval[5].

2. Pedro Nava, *Baú de Ossos*, p. 70.
3. *Idem*, p. 410.
4. *Idem*, p. 260.
5. *Idem*, pp. 277-278.

Bebedeira de vinho do Porto na Faculdade de Medicina[6]. As talagadas de vinho do Porto que o Bicanca dava de vez em quando na casa de Inhá Luísa[7]. Vinho do Porto como digestivo, nos pós-jantar[8]. Além da combinação com baba de moça – transcrita no texto acima –, Nava fala também de "marmelada com vinho do Porto"[9].

O vinho do Porto é servido como aperitivo (antes da refeição) – há quem acrescente um pouco de água tônica e gelo no Porto branco ou tinto, fazendo do vinho um *drink* mais refrescante –, digestivo (pós-refeição) e serve também como vinho de sobremesa, podendo acompanhar, além de baba de moça e marmelada, doces e queijos diversos. Historicamente, no Brasil, o vinho do Porto também é servido a visitas, como demonstração de receptividade e acolhimento.

6. Pedro Nava, *Balão Cativo*, p. 110.
7. *Idem*, pp. 183-184.
8. Pedro Nava, *Chão de Ferro*, p. 187.
9. *Idem*, p. 310.

6

Vinhos Vestidos com os Respectivos Queijos

O Riri sobrexceleu, surpassou-se naquilo em que era imbatível: o vinho certo com o queijo certo, em gradações que iam dos brancos com os fracos, mantinham um momento seu altiplano e depois desciam dos tintos mais duros, aos brandos, aos rosês, cada um vestido pelo queijo adequado[1].

A ceia, qualificada por Nava de "pagodeira magna", foi na casa de Riri Carozzo, de quem não dá mais detalhes. Foi no dia da despedida de Egon, que havia sido removido, naquele mesmo dia, do Centro de Saúde do Desterro para a sede da Secretaria, em Belo Horizonte.

VINHOS

É a segunda bebida alcoólica mais mencionada na obra de Nava, ficando apenas atrás da cachaça brasileira. No trecho em destaque, vem como ator principal, sendo o queijo apenas um adereço. Sem o queijo, o vinho ficaria desprotegido, nu. Essa metáfora evidencia o destaque que o autor quis dar ao vinho. A bebida tem sua importância reconhecida em países como a França, onde o consumo *per capita* é bem alto. Jean-Paul

1. Pedro Nava, *Galo-das-Trevas*, p. 325.

Aron diz que o vinho é o "regulador de refeições, carro chefe da gastronomia francesa"[2].

O Barão de Santa-Anna Néry previu o dia em que o Brasil seria um país de vinho ainda no final do século XIX:

> Esperamos poder anunciar, em três ou quatro anos, aos emigrantes e às belas raças do Mediterrâneo que o Brasil é um país de pão e vinho e que eles também estarão lá confortavelmente, assim como na França e na Itália[3].

John Luccock conta que era proibido o cultivo de uvas na época do Brasil colonial, o que não deixou de gerar impactos negativos no nascimento da indústria vinícola. Naquela época, mesmo os mais abastados não contavam com vinhos de boa qualidade.

> Era proibido o cultivo de uvas, para que não houvesse interferência nos principais produtos e comércio de Portugal e, portanto, estes eram escassos e caros. Os vinhos de uso comum eram dos mais pobres, produzidos pelas vinhas de Portugal e Espanha; os melhores da pátria mãe raramente eram vistos, mesmo nas casas daqueles que eram mais capazes de pagar por eles[4].

No entanto, o autor aponta para a existência de pequenas plantações, no início do século XIX, no Rio Grande do Sul[5].

Hippolyte Taunay e Ferdinand Denis, sobre as uvas aqui encontradas, disseram: "A que é colhida na estação seca é usada para fazer vinho, o qual, provavelmente devido à falta de hábito dos habitantes, ainda não adquiriu o grau de perfeição a que poderá alcançar"[6]. Nos dias de hoje, o vinho brasileiro tem alcançado um grau de perfeição cada vez maior, podendo-se encontrar uma imensa quantidade de vinhos excelentes, de qualidade similar ou muitas vezes melhores que vinhos produzidos em regiões internacionalmente conhecidas pela vitivinicultura.

2. Jean-Paul Aron, *Le Mangeur du XIXe Siècle*, Alençon, Payot, 1989, p. 139.
3. Frederico José de Santa-Anna Nery, *Le Brésil en 1889*, p. 265.
4. John Luccock, *Notes on Rio de Janeiro, and the Southern Parts of Brazil*, p. 47.
5. *Idem*, p. 218.
6. Hippolyte Taunay e Ferdinand Denis, *Le Brésil ou Historie, Moeurs, Usages et Coutumes des Habitants de ce Royaume*, t. 3, pp. 110-111.

Para uma análise da história e do estágio atual da arte no Brasil, veja-se respectivamente as obras: *Vinhos do Brasil, do Passado para o Futuro*, coordenado por Valdiney C. Ferreira e Marieta de M. Ferreira[7]; e *Gente, Lugares e Vinhos do Brasil*, de Rogerio Dardeau[8]. Essas duas obras darão ao leitor a real dimensão e importância dessa indústria que, apesar de ainda desprezada pelas autoridades públicas e pelos próprios consumidores da bebida, avança num ritmo avassalador, despertando aqui e ali paixões verdadeiras, como ocorreu no caso daquele que escreve essas linhas.

Há diversas regiões vinícolas no país. As mais tradicionais são do Sul. Encontra-se no Estado do Rio Grande do Sul diversas regiões: Campanha, Serra do Sudeste, Região Central, Campos de Cima da Serra, Alto Uruguai e Serra Gaúcha. Esta última é a maior e mais importante região vinícola do país, respondendo, sozinha, pela produção de mais de 80% dos vinhos nacionais.

Ficam na Serra Gaúcha as quatro áreas de produção vinícola certificadas do país. O Vale dos Vinhedos – que ocupa pouco mais de 72 quilômetros quadrados entre as cidades de Bento Gonçalves, Garibaldi e Monte Belo do Sul – foi pioneiro ao buscar a Denominação de Origem (DO) para seus rótulos, em 2012. Em seguida, os municípios de Pinto Bandeira e Monte Belo do Sul conquistaram a Indicação de Procedência (IP) para os rótulos elaborados na região. A região dos Altos Montes, que abrange as cidades de Flores da Cunha e Nova Pádua, também conseguiu a IP.

O Estado de Santa Catarina conta com três importantes regiões vinícolas: Litoral Sul (que também conquistou a Indicação de Procedência para vinhos elaborados com a uva Goethe), Planalto Catarinense e Vale do Rio Tijucas. O Paraná também possui três relevantes regiões: Grande Curitiba, Oeste do Paraná e Norte do Paraná.

Há também regiões menos conhecidas em outros Estados, como São Paulo (Leste e Noroeste do Estado), Minas Gerais (Sul e Norte), Espírito Santo (Região Serrana), Goiás (Santa Helena de Goiás) e Mato Grosso (Nova Mutum). Até no Nordeste já se encontra uma tradicional região vinícola, o Vale do São Francisco, que abrange os Estados da Bahia e Pernambuco.

7. Valdiney C. Ferreira, Marieta de M. Ferreira (coords.), *Vinhos do Brasil, do Passado para o Futuro*, Rio de Janeiro, FGV Editora, 2016

8. Rogerio Dardeau, *Gente, Lugares e Vinhos do Brasil*, Rio de Janeiro, Mauad X, 2020.

7

Cerveja a Temperatura Ambiente

Mortos de sede e das pingas ingurgitadas os moços, as moças e a dona da casa encheram seus copos de cerveja. Como em Diamantina não se conhecesse ainda geladeira nem mesmo gelo, a bebida tomada a temperatura ambiente era mais espumosa. Seu sabor também era menos encoberto e a bebida sem esfriar pareceu ao Egon, ao Cisalpino e ao Fábio – mais jucunda, dum amargo mais engenhoso e dum cheiro mais vivo. Tomaram regalados seus primeiros copos. E mais para ajudar o porquinho nonato que se desmanchava na boca que nem creme enquanto sua pele, por dentro, duma moleza de manteiga oferecia por fora a consistência dum torrado que rangia na boca, como crepita o pão bem tostado[1].

Após terem tomado algumas doses de pinga com o velho Castanheiro – fora da vista de sua esposa, claro –, Egon, Cisalpino e Fábio passaram à cerveja, para ajudar a descer o excelente porquinho nonato e o lombo de gomo que comeram na casa do velho e de sua esposa, Siá Zulmira.

1. Pedro Nava, *Galo-das-Trevas*, p. 442.

CERVEJA

Câmara Cascudo menciona uma história em que teria sido Osíris, o deus egípcio da ressurreição, quem inventou a cerveja. "Diodoro da Sicília (I, XX) revela que Osíris foi o inventor, ensinando aos habitantes da terra, onde a vinha não podia viver, uma bebida de cevada que, no odor e na força, não ficava nada a dever e a desejar"[2].

Adam Maurizio, sem citar deuses da mitologia, confirma terem sido os egípcios os inventores da bebida. "A fabricação do pão e da cerveja foram, no Egito, praticadas juntas (*c.* 2500-1800 a.C.)"[3]. No início, pão e cerveja faziam parte do mesmo processo produtivo. "A fabricação do pão sugeriu a técnica da cerveja. O vocábulo alemão *Brot*, pão, derivará de *Brauen*, fazer cerveja"[4]. No mesmo sentido, André Castelot: "Pão e cerveja têm, portanto, como ancestral comum o mingau pré-histórico, cerveja comestível, pão bebível, disse o Código de Hamurábi"[5].

A cerveja preparada pelos egípcios era bastante diferente da que conhecemos. No início, tratava-se de uma mistura rudimentar de água, cevada, açúcar e data, um tipo de fruta comestível de uma espécie de palmeira (*Phoenix dactylifera*), que eles deixavam fermentar por vários dias. Não havia ainda o lúpulo. A cerveja era então a bebida nacional dos egípcios – servindo, inclusive, de moeda em alguns casos – e os faraós não a negligenciavam.

Se os egípcios foram os primeiros bebedores de cerveja, os gauleses foram os segundos. Na Gália (região que corresponde hoje, *grosso modo*, à França, Bélgica e Itália), a bebida recebeu o nome de *cervoise* ou *cervisia*. Nessa época ainda não era muito diferente da consumida pelos egípcios: adicionava-se apenas uma mistura de centeio e trigo, lentilhas e um tipo de ervilha. Após as Cruzadas, adicionavam também gengibre, zimbro e canela.

O consumo da cerveja foi massificado graças a Santa Hildegarda de Bingen, monja beneditina do Mosteiro de Rupertsberg em Bingen am

2. Luís da Câmara Cascudo, *História da Alimentação no Brasil*, p. 28.
3. Adam Maurizio, *Histoire de l'Alimentation Végétale: Depuis la Préhistoire Jusqu'à nos Jours*, Paris, Payot, 1932, p. 507.
4. Luís da Câmara Cascudo, *História da Alimentação no Brasil*, p. 25.
5. André Castelot, *L'Histoire à la Table*, p. 71.

Rhein, na Alemanha, a partir do século XI. Além de religiosa, Hildegarda era mística, poetisa, compositora, dramaturga e naturalista. Sendo perspicaz observadora da natureza, ela descobriu as propriedades de uma planta chamada *lúpulo* e dizia que era excelente para a saúde e muito útil para conservação de bebidas. Todavia, ela não preparava a cerveja com o lúpulo; essa tarefa foi cumprida pelo famoso Gambrinus, fundador de Combrai, personagem semilendário do século XIII, pai e protetor dos cervejeiros flamengos.

Há, no entanto, uma história diferente para o descobrimento da cerveja. Georges e Germaine Blond, em seu livro *Histoire Pittoresque de Notre Alimentation,* alegam que um pastor, no fim do Neolítico[6], tendo deixado seu mingau de cevada sobre uma pedra, ao Sol, encontrou-o fermentado e com uma leve espuma na superfície. Ao provar o mingau nesse estado, achou-o amargo, mas gostou do sabor. Isso teria ocorrido na Mesopotâmia[7].

Muito tempo depois é que foram identificados vestígios da cerveja, já em solo alemão.

> Os mais antigos vestígios da cerveja em terra alemã estavam num acampamento romano de Alzey, Rheinhassen, assaltado e incendiado em 352 d.C. pelos germânicos. Nuns vasos deparados em 1911 verificou-se a existência de uma massa formada por porção de cevada em estado maltado[8].

Mas e quanto aos brasileiros? "Desde quando o brasileiro bebe cerveja? Desde os fins do século XVIII. Logo depois de 1808 as cervejas alemãs, holandesas, dinamarquesas, inglesas, norueguesas, invadiram o mercado do Rio de Janeiro"[9]. No início do século XIX, a cerveja agradara o paladar do povo:

> Com a afluência das cervejas europeias depois de 1808, o gosto generalizou-se. O *Jornal do Commercio*, do Rio de Janeiro, em 27 de outubro de 1836, anunciava uma cerveja brasileira, fabricada no local, e vendida na Rua de Matacavalos nº 90 (Riachuelo) e na Rua Direita, nº 86 (Primeiro de Março). "Compram-se as garrafas vazias a 60 rs. Cada uma", preço alto. "Essa saudável bebida reúne a barateza a um

6. Período da Pré-História que se estende de 7000 a.C. a 2500 a.C.
7. *Apud* André Castelot, *L'Histoire à la Table*, p. 71.
8. Luís da Câmara Cascudo, *História da Alimentação no Brasil*, p. 28.
9. *Idem*, pp. 782-783.

sabor agradável e à propriedade de conservar-se muito tempo, qualidades estas que serão mais apreciadas à medida que o uso da dita cerveja se tornar mais em geral".

A Antarctica foi fundada em 1888 e a Brahma em 1904, as duas potências no plano da produção dominadora. Mas viviam dezenas e dezenas de fábricas que foram sendo incorporadas às maiores ou desapareceram, tragadas pela concorrência. Apesar da guerra sem tréguas dos depositários de vinho, as cervejarias multiplicaram-se, da segunda metade do século XIX em diante[10].

Havia quase que um monopólio das cervejas Antarctica e Brahma nessa época. Pedro Nava relata alguns episódios com essas duas marcas, como no Clube Belo Horizonte: "Tinindo amigo. Uma *Antarctica* e duas *Brahmas*. As garrafas chegaram. O Paulo palpou-lhes a temperatura. Isso, isso. Batuta. Ali degustamos lentamente a bebida"[11]. Na fábrica da Brahma havia ainda um bar com aperitivos, onde o autor tomava chope acompanhado de "*roquefort* com manteiga, pão preto e duplos, finalmente traçando bifes a cavalo"[12]. Em outro episódio, Nava relata um jantar na Brahma: "Um, dois chopes, sanduíches de presunto e queijo"[13]. O autor relata ainda uma grande geladeira Ruffier, "atochada de barras de gelo e das garrafas esmeralda e topázio da *Antarctica* e da *Brahma*"[14].

Coincidentemente, o início do século XX foi quando os cariocas passaram a beber muito. Conta Luís Edmundo que, nessa época, as casas das pessoas mais humildes, sem planejamento, eram demasiadamente quentes, sem passagem de ar, abafadas. Na casa desconfortável ficavam apenas mulheres e crianças; o homem ia para a rua, buscar o alívio que não encontrava na parte da noite. Daí a agitada vida noturna da época. E bebia-se muito:

Somente, por essas noites de espairecimento e alívio, em qualquer desses lugares, diga-se de passagem, bebia-se muito, bebia-se demais, bebia-se como talvez não haja ideia de se haver bebido no Brasil. Bebia-se pelas compoteiras! No calor, para refrescar, no frio para aquecer. [...] Num país tropical, como o nosso, exigindo o uso de bebidas frescas e saudáveis, com dosagem mínima de álcool, o que se procurava beber, quase sempre, era o corrosido de 14 graus, ou

10. *Idem*, p. 783.
11. Pedro Nava, *Beira-Mar*, p. 53.
12. *Idem*, p. 112.
13. Pedro Nava, *Chão de Ferro*, p. 269.
14. Pedro Nava, *Beira-Mar*, p. 62.

mais, que malbaratava o fígado, causticava o estômago, pondo em petição de miséria todo o sistema vascular, os rins e o coração. Mais que a febre amarela, endêmica, matava o abuso do álcool. A displicência dos poderes públicos, em questão de saúde, corria, então, parelha com a ignorância do povo[15].

Com a invenção da geladeira, o brasileiro passou a adquirir a cerveja para tomá-la em casa.

> A cerveja, bebida doméstica, guardada em casa, não era comum há pouco mais de meio século. Tinha-se em casa vinho e a cerveja mandava-se comprar. Ninguém pensava em depósito reservado. As geladeiras elétricas possibilitariam a presença da cerveja na residência do consumidor que a conhecia no botequim[16].

Antes dessa magnífica invenção, tomava-se a cerveja quente, espumosa. No trecho em destaque, os três amigos a degustaram à temperatura ambiente. Halfeld também a tomava da mesma forma. Egon, igualmente, tomava-a quente, junto com a tropa que o acompanhava, nas vendas que encontrava pelo caminho que percorria visitando doentes[17]. Poucos são os trechos em que Nava citava a cerveja gelada, essa sim paixão nacional. Foi assim na casa dos Modesto[18]. A cerveja gelada tomada pela Tia Eugênia, junto com sua salada[19]. Noutro trecho, a bebida foi colocada num caixote com gelo e serragem:

> Esses caixotes são uma surpresa que eu preparei para o Fabinho e os senhores. De tudo um pouco: queijos, pão fresco, torradas, atum, patê, uns frangos recheados, ovos duros, um tantinho de caviar, sardinhas portuguesas, vinho branco, tinto. A cerveja é que está ocupando muito lugar porque as garrafas estão no gelo e na serragem[20].

Câmara Cascudo, discorrendo sobre o hábito de beber cerveja, disse que "foi sempre considerada um refrescante e não bebida digna de figurar nas refeições, acompanhando alimentos. Esse é o critério mesmo nos países secularmente produtores de cerveja, Alemanha, Inglaterra, Holanda.

15. Luís Edmundo, "Bebia-se no Rio de Janeiro de 1900", em Luís da Câmara Cascudo (org.), *Antologia da Alimentação no Brasil*, p. 133.
16. Luís da Câmara Cascudo, *História da Alimentação no Brasil*, p. 784.
17. Pedro Nava, *Galo-das-Trevas*, p. 146.
18. Cf. "A Cozinha na Casa dos Modesto", p. 183.
19. Pedro Nava, *Chão de Ferro*, p. 187.
20. Pedro Nava, *Galo-das-Trevas*, p. 435.

Na mesa, vinho. No bar, cerveja"[21]. No mesmo sentido a indicação do *Cozinheiro Nacional*:

> No interior do Brasil usam dar cerveja depois do doce; sendo este um costume bárbaro que peca tanto contra o gosto, como contra a higiene; posto que seu preço iguale ao do vinho, sempre é considerada como uma bebida pouco decente, e só própria para botequins; a cerveja só deve ser tomada como resfresco em dias de calor e longe das comidas[22].

Júlia Lopes de Almeida, em seu histórico *Livro das Noivas*, discorre brevemente sobre a produção, composição e tipos de cerveja, mas se retém nas propriedades terapêuticas da bebida:

> A cerveja é ao mesmo tempo uma bebida refrigerante, agradável para os fortes e um tônico para os debilitados e caquéticos a cujo estômago arruinado ela dá vigor e apetite. E continua:
>
> Há enfermos que não toleram nenhum alimento, nem mesmo o leite, e aceitam de boa mente a cerveja, cujos efeitos benéficos se fazem sentir rapidamente. Os anêmicos, os nervosos, os raquíticos, os dispépticos, os escrofulosos, os tísicos, os escorbúticos devem à cerveja verdadeiros milagres, e os convalescentes devem-lhe o levantamento rápido das forças pelo aperfeiçoamento e aceleração do ato digestivo.
>
> Os maiores médicos, falando da cerveja, atribuem-lhe sempre uma importância preponderante. Hipócrates, Aristóteles, Boheraaye, Stoll, Sydenham, Frank, Récamier, Trosseau e outros fizeram a apologia das propriedades higiênicas e alimentares por excelência do vinho de cereais[23].

Também traz conselhos de moderação, dado o efeito sobre o corpo: "O uso habitual da cerveja engorda os organismos pela ação do açúcar, da fécula e do álcool e acalma o sistema nervoso pelo lupulino, princípio ativo do lúpulo"[24]. Sobre esse mesmo tema, Brillat-Savarin, discorrendo sobre dieta para emagrecimento, disse que a cerveja deve ser evitada ao

21. Luís da Câmara Cascudo, *História da Alimentação no Brasil*, p. 784.
22. *Cozinheiro Nacional*, p. 439.
23. Júlia Lopes de Almeida, *O Livro das Noivas*, São Paulo, Castorino Mendes, 1929, p. 25.
24. *Idem, ibidem*.

máximo: "Fuja da cerveja como da peste"[25]. Nas dietas para engordar, dá a receita oposta: "Beber-se-á preferencialmente cerveja"[26]. O conselho não é novo nem desconhecido; hoje em dia quem deseja perder peso não deve consumir cerveja.

Em passado recente, recomendava-se o uso da cerveja, pela mãe, na fase de amamentação, para fortalecer o corpo. Nava diz que sua mãe consumia cerveja preta para se fortalecer no pós-parto e na fase da amamentação[27]. Atualmente, não é recomendável nenhum tipo de bebida alcoólica nessa fase.

O autor também relata o hábito do mineiro de tomar uma cervejinha entremeada com cachaça, para "respaldar"[28]. Menciona os roletes de linguiça frita para acompanhar a cerveja[29]. Cria um verbo novo ao contar que Luís Pena – que foi prefeito de Belo Horizonte – e Pedro Nava pai tinham o hábito de passar no Foltran para um Porto rápido ou para cervejar lentamente[30].

Discorre sobre as cervejas branca e preta vendidas na Zona do Mangue, no Centro do Rio, em quiosques[31]. Fala também das "cervejadas pachorrentas" no Bar do Ponto[32], da "cervejinha amiga" no Clube Belo Horizonte[33], ou *cervejamiga*, geladíssima, tomada no Éden, cabaré de Belo Horizonte[34]. No Curral das Éguas, bordel de Belo Horizonte, a cerveja "jorrava em cachoeira"[35]. *Cervejota* tomada no Bar Estrela[36].

25. Jean Anthelme Brillat-Savarin, *Physiologie du Goût*, p. 230.
26. *Idem, ibidem*.
27. Pedro Nava, *Baú de Ossos*, p. 248.
28. *Idem*, p. 259.
29. Pedro Nava, *O Círio Perfeito*, p. 38.
30. Pedro Nava, *Baú de Ossos*, p. 262.
31. *Idem*, p. 394.
32. Pedro Nava, *Beira-Mar*, p. 10.
33. *Idem*, p. 51.
34. *Idem*, p. 259.
35. *Idem*, p. 56.
36. *Idem*, p. 98.

8

Receita de Batida

Admitia as batidas também, desde que ficassem dentro da regra imposta pelo mano Pedro Nava – autor de uma admirável receita que não tinha o gosto de seus ingredientes e que com sua somação inventava outro sabor – todo novo e inaugural.

– É? e como é? que ele consegue essa maravilha...

– Muito simples: uma parte de caldo de limão, duas partes de aguardente – o todo fazendo a medida de um copo. Misturar no *shake* com a clara de um ovo batida como para suspiro e pouco açucarada. Adicionar pedras de gelo do volume da mistura anterior. Fechar e sacudir até não tolerar o frio que faz doer a mão. Retirar todas as pedras de gelo não dissolvidas e beber na hora. Se demorar em tirar o gelo, deságua; se não é tomado logo, desanda. Dessa forma o Nava obtém algo que não tem gosto de limão, nem de ovo, nem de açúcar, nem de cachaça[1].

Essa receita de batida foi dada pelo Egon, durante a longa prosa que teve com o amigo Cavalcanti, os dois indo de carro para o Oeste Paulista. Nessa conversa, Pedro Nava faz um verdadeiro passeio pela história da cachaça, o que já foi contado em detalhes em capítulo anterior[2].

1. Pedro Nava, *O Círio Perfeito*, pp. 172-173.
2. Cf. "História da Cachaça", pp. 290 e ss.

BATIDA

A receita dada por Pedro Nava leva cinco ingredientes: cachaça, açúcar, limão, gelo e clara de ovo. Tudo misturado na proporção correta para não se sentir gosto de nenhum dos ingredientes. A mesma receita é descrita também no primeiro volume de suas memórias:

> "Batida" no Sul é o aperitivo feito com pinga, limão, açúcar, a clara facultativa posta em neve, o gelo contado, pesado e medido e o gênio que transformava esses ingredientes pobres na bebida altiva e já simbólica, que não pode ter nem gosto nem cheiro da cachaça, do limão, do açúcar ou do ovo que nela entram e passam por mutação[3].

Essa receita histórica de batida já não existe mais nos dias de hoje. Batida, atualmente, é o *drink* que se faz com cachaça, frutas e açúcar. Sendo densa a mistura, faz-se uso da coqueteleira ou mesmo do liquidificador. Claudia Lima assim define a batida: "Mistura de aguardente, açúcar, com algumas frutas: limão, coco, tangerina, pitanga etc."[4]

3. Pedro Nava, *Baú de Ossos*, p. 38.
4. Claudia Lima, *Tachos e Panelas*, p. 233.

9

Vinho Branco Seco

– Então combinado. Aqui, às oito da noite para o aperitivo. Jantamos lá pras onze, mestre, para você saber a hora das coisas irem para o fogão. E vê se arranja um bom vinho da terrinha pra que se lhe beba, homem! Branco, bem seco, mas seco mesmo... E até sábado que vem [...].

O português escolhera para acompanhar o arroz de pitu, cabeça de peixe e repolho, não um vinho de sua terra mas um vinho francês, um Graves branco que ele fora buscar à casa de um patrício e compadre rico, muito entendido em bebidas e que tinha sua tenda – imaginem os senhores – no Méier! Pois ele trouxera todas as garrafas que sobravam na adega do patrício.

– Quantas garrafas? você trouxe.

– Percebendo que os senhores gostam do fino mesmo que caro, não hesitei e trouxe as nove garrafas que havia por lá.

– Então você suspenda a bagaceira que eu pedi. Vamos tomar só deste vinho como aperitivo, acompanhante e arremate. E bem vagarinho. Tinindo de gelado... [...].

Os dois provaram o vinho ao mesmo tempo, bom gole, espalharam-no em toda a boca como a querer verificar seus sabores variáveis segundo a zona papilar que eles excitassem. Assim todas respondem juntas por fino, agudos, raspantes e graves de violinos, flautins, violoncelos... quando a boca é inteligente. Depois desse sábio bochecho, vieram os comentários:

– Rascante...

– Rasposo...

– Duro
– Esquinado...
– Anguloso...
– Parece carena rompendo água que consente... que se abre.
– Então solta tuas velas, Comendador, e ao largo, ao largo...![1]

Esse foi outro encontro do Egon com o Comendador, no mesmo Bar das Rolas, na Tijuca. Aqui eles continuam a conversa de amigos de longa data, iniciada na semana anterior[2].

VINHO SECO

O vinho seco é aquele que tem até cinco gramas de açúcar por litro. Esse baixo teor ocorre devido ao processo de fermentação, que consome quase todo o açúcar da uva, transformando-o em álcool. Os apreciadores de vinho enaltecem essa característica, assim como Pedro Nava. Vinho açucarado é coisa de quem não gosta de vinho ou então acompanhamento para sobremesa.

Na cena, os amigos bebem o vinho branco do Graves – uma Appellation d'Origine Contrôlée –, sub-região de Bordeaux. O solo é composto principalmente de cascalho, com mais ou menos areia e argila, características que auxiliam na formação de belíssimos vinhos.

Não são muitas as cenas em que o autor cita vinho branco. Além do vinho do Graves, Nava menciona um Granjó gelado (o nome correto é Grandjó) – vinho português que acompanhou o Pitu ao dendê, com Denominação de Origem Controlada também, que fica na região do Douro – para combater os incêndios causados por uma maniçoba cozida com carne de peito e entulhada de pimenta. Em outro trecho, diz que Ennes de Souza apreciava "vinhos brancos faiscantes"[3], hábito adquirido quando estudava engenharia em Freiberg, na Alemanha.

Nava também fala de um "grandioso Nebiolo Gran Espumante – mais nervoso que uma italiana histérica"[4], que acompanhou o jantar de meia-

1. Pedro Nava, *O Círio Perfeito*, pp. 567-569.
2. Cf. "Picadinho Trivial", pp. 256.
3. Pedro Nava, *Baú de Ossos*, p. 65.
4. Pedro Nava, *O Círio Perfeito*, p. 572.

-noite que Egon e Comendador tiveram no Guarani. Tomava-se esse mesmo Nebiolo no restaurante Colosso[5]. O autor também via garrafas desse espumante nas prateleiras da Confeitaria Colombo de Belo Horizonte, junto com as do Chianti, vinhos portugueses e franceses e o imperial Veuve Clicquot, "com seu rótulo branco e o estanho dourado das coberturas das rolhas e gargalos"[6].

Serviram - Nava, Cavalcanti, Isador e Zegão - Veuve Clicquot também para uma prostituta italiana lindíssima e inteligente, mas com a recomendação ao garçom de servir "*até* duas garrafas"[7]. Noutro trecho, o autor relata o consumo de três garrafas desse espumante, "com o gosto seco do terreno de calcário e de greda onde tinham medrado as vinhas de Reims, de que saíra aquele néctar"[8].

5. Pedro Nava, *Chão de Ferro*, p. 298.
6. Pedro Nava, *Beira-Mar*, p. 99.
7. *Idem*, p. 131.
8. *Idem*, p. 347.

10

Chá-Mate

Sim, tivesse Moore conhecido o mate, a sua amável Peri teria reconquistado as portas do paraíso e a felicidade dos imortais com o mais belo que há, com um maravilhoso diamante, com uma gota de mate![1]

ROBERT AVÉ-LALLEMANT

Chá ou mate? Chá? Mate? Mate. Mate. Chá. Mate. Chá. Mate. Mate. Xícaras de meio litro, de louça branca. Pão estalando e escorrendo depois de molhado no infuso ardente. Inchava, craquelava, amolecia e o seu cheiro gosto trigo manteiga calor era coisa só. Ficou na infância[2].

Nas ceias oferecidas no Colégio Pedro II servia-se, para acompanhar o pão com manteiga, chá ou mate, à escolha dos alunos.

CHÁ

Bebida antiga, proveniente da China. Ensina André Castelot que o chá foi levado para Europa por viajantes portugueses e holandeses, tendo chegado em Londres perto de 1640[3]. Por aqui, o chá nunca ganhou o povo, historicamente fiel ao café. "No Brasil, o chá não chegou ao uso popular. Quem toma chá é porque está doente. Bebida de gente ilustre, de coturno alto, sapato de tacão vermelho"[4].

1. Robert Avé-Lallemant, "Sociologia do Mate no Rio Grande do Sul e Paraná de 1858", em Luís da Câmara Cascudo (org.), *Antologia da Alimentação no Brasil*, p. 206.
2. Pedro Nava, *Balão Cativo*, pp. 282-283.
3. André Castelot, *L'Histoire à la Table*, p. 614.
4. Luís da Câmara Cascudo, *História da Alimentação no Brasil*, p. 694.

Câmara Cascudo informa que "o Conde de Linhares mandou vir chineses para tentar a cultura nos arredores do Rio de Janeiro. Ficou, entretanto, na sociedade elegante"[5]. Linhares foi primeiro-ministro de Portugal. Claudia Lima explica melhor essa tentativa:

> Na época do Brasil Império, houve um interesse pela introdução da planta do chá. Negociações foram feitas com a China e o governo fez vir algumas mudas de chá e algumas centenas de chineses para sua cultura. Essa tentativa, porém, não foi bem-sucedida, porquanto não se conseguiu o total desenvolvimento da planta, principalmente, pela má escolha das espécies plantadas. Só depois de décadas e de terem sido escolhidos lugares apropriados, foi que a cultura do chá passou a ter alguma significação para o país. O chá produzido pelo Brasil não pode ser confundido com o chá procedente da China. A erva-mate, ou chá-do-paraguai, só cresce no sul do Brasil[6].

A cultura do chá, mesmo com a pequena colônia de chineses (eram algumas centenas) não prosperou e a empreitada desapareceu junto com os imigrantes. Daniel P. Kidder alega que os expatriados também não ficaram contentes com o fracasso, devido não só aos problemas de cultivo, mas também do tratamento da folha já pronta:

> Os colonos, no entanto, não estavam contentes com sua expatriação; eles não prosperaram e agora quase desapareceram. Sem dúvida, devido em parte a diferenças características no solo do Brasil em relação ao da China, e talvez a meios imperfeitos de preparar a folha quando cultivadas, os próprios chineses não conseguiram produzir os espécimes de chá mais aprovados. O entusiasmo antecipado, mantido pelo experimento, logo desapareceu; e no Rio de Janeiro, o cultivo do chá, mesmo nos jardins imperiais, foi diminuído para pouco mais que uma questão de curiosidade[7].

Pedro Nava também relata histórias em que o chá esteve presente, principalmente na infância, como na casa de D. Ema Raithe, esposa de Chico Raithe, ingleses de Juiz de Fora, fiéis ao chá e aos *puddings*[8]. Na época do Colégio Anglo-Mineiro, Nava confessa suas visitas clandesti-

5. *Idem, ibidem.*
6. Claudia Lima, *Tachos e Panelas*, p. 71.
7. Daniel P. Kidder, *Sketches of Residence and Travels in Brazil*, vol. 1, p. 251.
8. Pedro Nava, *Balão Cativo*, p. 14.

nas à Mrs. Spectos, "sua *nice cup of tea* cortada dum pingo de leite, seus *cakes*"[9]. Na casa de seu Modesto, na rua Delgado de Carvalho, o "chá Lipton autêntico", com bolo de chocolate[10].

ERVA-MATE

Constitui um dos complexos alimentares mais conhecidos no Sul do Brasil e somente lá; o chá-mate não encontrou muitos adeptos nas outras regiões do país. Lá, entretanto, faz-se uso ostensivo da bebida – também conhecida como chimarrão –, a qualquer hora do dia, o que foi registrado por Sigaud em 1844. "No Sul, o mate, do qual se faz uso imoderado"[11]. O historiador inglês Robert Southey informou que o chá-mate no Sul do Brasil estava "tão universalmente em uso como o chá na Inglaterra"[12].

Southey também registra que a bebida já era apreciada pelos guaranis[13], índios que ocuparam parte do território Sul do Brasil e de outros países da América Latina. De fato, o mate é muito apreciado em países como Argentina, Chile e Peru; há quem beba o dia inteiro, toda hora. Charles B. Mansfield se refere ao mate como "chá-do-paraguai"[14]. Ainda sobre a origem do cultivo, Claudia Lima alega que "os jesuítas foram os primeiros a cultivar a Congonha, que é um tipo de erva-mate, em suas missões no Paraguai"[15]. A autora prossegue, descrevendo a preparação da bebida:

> A partir do ano de 1823, o célebre naturalista Bompland devotou quase toda a sua vida à cultura da Congonha e descreveu: para o preparo do chá, empregam-se só as folhas e os talos tenros e, como é na época da maturação dos frutos que as folhas são mais suculentas, essa é a época da colheita, que se realiza entre janeiro e março e, às vezes, prolonga-se até junho ou julho. Essa operação é muito simples. Os rebentos e talos novos são cortados, secados a fogo lento e novamente torrados numa espécie de andaime por cima do fogo. As folhas não devem ficar secas para os moinhos, onde serão pulverizadas. Toma-se o mate

9. *Idem*, p. 155.
10. Pedro Nava, *Chão de Ferro*, p. 84.
11. J. F. X. Sigaud, *Du Climat et des Maladies du Brésil*, p. 93.
12. Robert Southey, *História do Brazil*, t. 4, p. 32.
13. *Idem, ibidem*.
14. A. D. Pascual, *Ensaio Crítico sobre a Viagem ao Brasil em 1852 de Carlos B. Mansfield*, t. 2, p. 64.
15. Claudia Lima, *Tachos e Panelas*, p. 71.

em pequenas cabaças ou cuias, bingas ou guapas. Põe-se o mate na medida de uma colher de açúcar, enche-se de água fervente, deixa-se corar e chupa-se por tubo de prata, fechado por um crivo embaixo (bomba). Seu sabor sem açúcar é muito amargo[16].

Quanto à época da colheita, Auguste de Saint-Hilaire anotou que "O mate, para ser bom, deve ser colhido [...] de março a agosto, ou seja, no momento em que uma diminuição do calor retarda o movimento da seiva"[17]. Botânico ilustre, Saint-Hilaire fez relevantes comentários sobre a árvore da *congonha*:

A árvore da congonha ou árvore do mate (*Ilex paranaguaeisnsis*, Aug. de S. Hil.) é uma árvore medíocre, ramificada no topo, muito frondosa, mas cuja forma não é bem determinada.

As folhas frescas da árvore do mate não têm cheiro e têm apenas um sabor herbáceo e um tanto amargo; mas, quando preparadas, espalham um leve perfume que lembra o do chá suíço[18].

Como vemos neste tópico, o mate foi objeto de observação de muitos viajantes que conheceram o Sul do país. Para Levasseur,

O mate é a grande riqueza dos campos do S., tal como a borracha nas florestas do N.; é cultivado no Paraná, que fornece cerca de três quartos da produção brasileira, em Santa Catarina, no Rio Grande do Sul, no Mato Grosso[19].

Hoje em dia constitui uma verdadeira riqueza cultural, pois o Sul do país é o único lugar onde esse mate é apreciado sem limites.

Naturalmente, dado o grande consumo e produção da erva, ela acabou sendo objeto de exportação para outros países, inclusive a Europa. O Barão de Santa-Anna Nery – endossando Levasseur – registrou a importância do mate para a economia do Sul do país, bem como suas propriedades terapêuticas:

16. *Idem, ibidem.*
17. Auguste de Saint-Hilaire, *Voyage dans les Provinces de Saint-Paul et de Sainte-Catherine*, t. 2, p. 156.
18. *Idem*, pp. 155-156.
19. E. Levasseur, *Le Brésil*, p. 66.

O mate ainda é o item de exportação mais importante da província do Paraná. Estudos fisiológicos foram feitos na França, Alemanha e Itália sobre esse substituto para o chá da China e da Índia. Por esses estudos, concluiu-se que o mate é melhor que café e chá para mulheres, crianças, convalescentes, neuróticos e todos aqueles que sofrem de insônia e complicações nervosas. Então começamos a importar no Paraná, principalmente para o atendimento de hospitais e asilos[20].

No palato, o chá é amargo, principalmente para os não iniciados. O inglês Daniel P. Kidder, no entanto, relata ter gostado do sabor. "Devo observar que, para o meu gosto, o sabor do mate era tão agradável quanto o do chá chinês"[21]. John Candler e Wilson Burgess, por seu turno, não gostaram do aroma do mate preparado. "O cheiro da infusão de suas folhas não é agradável"[22]. Nada disseram sobre o sabor.

Nos dias de hoje, percebe-se que a tradição se difundiu. É raro encontrar, no Sul, quem não tenha sua cerimônia, sua hora de tomar o chimarrão, o que foi aprendido com os antepassados. O paladar também se transmite de geração para geração, junto com o ritual. Robert Avé-Lallemant, autor da epígrafe deste capítulo, fala dessa simbologia do mate, que se mantém até o presente:

O símbolo da paz, da concórdia, do completo entendimento – o mate! Todos os presentes tomaram mate. Não se creia todavia que cada um tivesse sua *bomba* e sua *cuia* próprias; nada disso! Assim perderia o mate toda sua mística significação. Acontece com a cuia de mate como à tabaqueira. Esta anda de nariz em nariz e aquela de boca em boca. Primeiro sorveu um pouco um velho capitão. Depois um jovem, um pardo decente – o nome de mulato não se deve escrever –; depois eu, depois o *spahi*, depois um mestiço de índio e afinal um português, todos pela ordem. Não há, nisso, nenhuma pretensão de precedência, nenhum senhor e criado; é uma espécie de serviço divino, uma piedosa obra cristã, um comunismo moral, uma fraternização verdadeiramente nobre, espiritualizada! Todos os homens se tornam irmãos, tomam mate em comum![23]

20. Frederico José de Santa-Anna Nery, *Le Brésil en 1889*, pp. 256-257.
21. Daniel P. Kidder, *Sketches of Residence and Travels in Brazil*, vol. 1, p. 273.
22. John Candler & Wilson Burgess, *Narrative of a Recent Visit to Brazil, by John Candler and Wilson Burgess: To Present an Address on the Slave-Trade and Slavery, Issued by the Religious Society of Friends*, London, Edward Marsh/Friend's Book and Tract Depository, 1853, p. 33.
23. Robert Avé-Lallemant, *Viagem pelo Sul do Brasil*, trad. Teodoro Cabral, Rio de Janeiro, Instituto Nacional do Livro, 1953 [1858], p. 191.

Conforme anotado por Gilberto Freyre, o chá-mate foi muito exaltado em finais do século XIX, considerado patrioticamente superior ao da Índia sob todos os aspectos.

> Mas exaltado principalmente como substituto do chá-da-índia nos países de climas quentes e enervantes. Tanto que, na Grã-Bretanha – então império com várias colônias em terras tropicais – chegou a haver quem sugerisse o uso oficial do mate pelas tropas britânicas destacadas para serviço militar nos trópicos. Oficialização que, se tivesse se verificado, teria resultado em largo benefício para as finanças brasileiras[24].

Apesar de não ser botânico nem naturalista, Southey – que era historiador, escritor e poeta – diz, com razão, que "o nome de erva dá à planta uma ideia errônea, porquanto prepara-se o mate de uma árvore, que os guaranis chamam *Caa*, e que na sua forma e folhagem se assemelha à laranjeira"[25]. As ervas geralmente são plantas rasteiras e de porte pequeno; ou seja, é denominação que realmente não se adequa à planta do mate.

Quanto ao preparo das folhas, Southey informa como era feito no passado: "Preparam-se as folhas, dispondo os ramos ao pé de um fogo lento, até que elas principiem a estalar como as do loureiro. Torram-se depois suspensas por cima do lume, sendo finalmente batidas no chão com varas até ficarem reduzidas a pós, folhas e pau"[26]. John Luccock conta que alguns produtores secavam a folha com pedras quentes[27].

Ainda segundo Southey, os guaranis utilizavam método mais delicado de preparação, pois tiravam "os pés e fibras mais grossas, e torradas depois as folhas, pisavam-nas brandamente num almofariz de pau"[28]. Com efeito, quanto menos quebradas as folhas, mais aromático o sabor e de mais longa duração. Esse método de preparação é certamente o mais apreciado. "Os compradores apreciam esta qualidade, pondo na palma da mão pouca da tal erva e expelindo-a com o sopro: se toda ela voa em

24. Gilberto Freyre, *Ordem e Progresso*, p. 867.
25. Robert Southey, *História do Brazil*, t. 4, p. 32.
26. *Idem, ibidem.*
27. John Luccock, *Notes on Rio de Janeiro, and the Southern Parts of Brazil*, p. 154.
28. Robert Southey, *História do Brazil*, t. 4, p. 33.

pó seco, rejeitam-na, pois que quanto maior porção fica agarrada à mão, melhor a qualidade"[29].

Southey, que escreve longamente sobre a bebida, diz que se faz uso da erva também como tinta.

> Reputa-se insalubre a infusão, se fica muito tempo na cuia, caso em que só serve como ingrediente para fazer tinta de escrever. Toda a erva, que pelo caminho se arruína com a umidade, vende-se para tinta preta; fácil se imbebe a cor, e a goma que contém a torna duradoura[30].

Pedro Nava descreve também o chá-mate servido na ceia noturna, às 20 horas, no Colégio Pedro II; foi na infância que o autor aprendeu a apreciá-lo, muito embora seu uso não tenha se tornado hábito no Rio de Janeiro. Por outro lado, sua avó Inhá Luísa tinha "horror ao chimarrão"[31].

29. *Idem, ibidem.*
30. *Idem*, pp. 34-35.
31. Pedro Nava, *Baú de Ossos*, p. 204.

11

Finas Bolhas de Aluá

Alquimia fabulosa e bromatologia sem par da copa e da cozinha de Dona Nanoca. Laboratório de onde saíam seus refrigerantes: cajuadas opalinas e adstringentes e seu leve aluá – não o de abacaxi, como em Minas, mas o de farinha de arroz ou de fubá fino, adoçado ao ponto e que, fermentado nos potes de barro, rebentava, na boca, em finas bolhas de quase vinho[1].

Dona Ana Cândida Pamplona da Silva Nava (Dona Nanoca), cearense nascida em 1853, era a avó paterna de Pedro e objeto de grande admiração. "Minha avó era linda. Linda de pele, de dentes, de cabelos, de corpo e do airoso porte. Linda – do pescoço serpentino como o da Simonetta Vespucia do quadro de Sandro Botticelli"[2]. Era a avó preferida do autor, que não disfarça suas restrições com a avó materna, Inhá Luísa. Algumas das receitas praticadas foram imortalizadas pelo autor[3].

1. Pedro Nava, *Baú de Ossos*, p. 38.
2. *Idem*, pp. 35-36.
3. Cf. "A Cozinha de Dona Nanoca", p. 53.

ALUÁ

Ninguém mais sabe o que é aluá, ou muitos poucos o conhecem. Antes de ler a obra da Pedro Nava eu também nunca tinha ouvido falar. Em passado recente, o aluá, aloá, aruá ou aroá de milho ou de arroz era muito apreciado principalmente no Norte e Nordeste do país. A. da Silva Mello informa que o aluá é conhecido em Pernambuco como quimbebé e no Maranhão como mocororó[4]. Basicamente, o aluá é uma bebida feita ordinariamente com arroz ou milho, junto com água e açúcar. Pode ser fermentado, hipótese em que libera gás carbônico, como no trecho relatado por Nava.

Sobre a origem do aluá, Francisco Varnhagem alega uma possível origem asiática. "A bebida do aloá pode ser introdução da Ásia, mas alguns a têm por africana"[5]. No entanto, prevalecem as conclusões no sentido de ter sido importado mesmo da África. Por exemplo, Câmara Cascudo sugere que a origem do nome teria sido árabe ou africana. "Popular no Brasil nortista foi o *aluá de milho,* leve e saboroso, de nome árabe ou africano. Os nossos indígenas faziam no *abatiî* um antepassado do aluá apenas sem açúcar e mais entontecedor"[6]. O autor ainda relata a descrição feita pelo padre Vicente Ferreira Pires em viagem realizada em 1797 ao Reino de Daomé (antigo Estado da África onde hoje se situa o Benin), onde brindou com asseadas cuias cheias de *aruá*[7]. Renato Mendona analisa a etimologia do termo e endossa a tese da origem árabe:

> ALUÁ: sm.: bebida feita de arroz cozido, açúcar e sumo de limão. Também pode ser feita de milho.
>
> Etim.: do árabe *haluah*, através do quimbundo *ualáa*, cerveja de milho, com acutização. Sobre a origem da bebida escreve Varnhagem: "A bebida do aluá pode ser introdução da Ásia mas alguns a têm por africana" (Varnhagem, *História do Brasil*, 3ª ed., I, p. 282).
>
> Abon.: "Marcela franziu a testa, cantarolou uma seguidilha, entre dentes; depois queixou-se do calor e mandou vir um copo de aluá" (Machado de Assis, *Brás Cubas*, Garnier, p. 58)[8].

4. A. da Silva Mello, *Alimentação, Instinto, Cultura*, p. 116.
5. Francisco Adolfo de Varnhagen [Visconde de Porto Seguro], *História Geral do Brazil Antes da sua Separação e Independência de Portugal*, t. 1, p. 222.
6. Luís da Câmara Cascudo, *História da Alimentação no Brasil*, p. 109.
7. *Idem*, p. 780.
8. Renato Mendonça, *A Influência Africana no Português do Brasil*, p. 123.

Interessante notar que o índio brasileiro já fabricava bebida semelhante, mesmo antes de sua importação, ou seja, já usavam a mesma técnica de fabricação. O ato de preparar bebidas (alcoólicas ou não) misturando água com raízes, grãos ou frutas é costume muito antigo e foi encontrado tanto na África quanto na América:

> A técnica era nativa mas coincidente com todas as demais dos povos nessa fase primária de utilização de frutas para bebidas, sementes, raízes. Equivalia à cerveja dos ambundos, *ualua, quimbombo, capata, pombe, garapa,* ou *lua* dos hauçás da Costa da Mina, todas de milho cozido, provável fonte denominadora. Trouxeram os africanos o nome que aplicaram a uma bebida já fabricada pelos brasilienses[9].

Câmara Cascudo rememora a época em que o aluá era amplamente consumido, a popularidade de que já desfrutou um dia, principalmente nas classes sociais mais simples de diversas regiões do país:

> De grande popularidade foi o *aluá, aruá* na Bahia, espalhado pelo Norte e até os primeiros anos do século XX vendido regularmente nas ruas do Rio de Janeiro. Era de farinha de milho ou de milho em grãos cozidos, com infusão demorada para fermentação, pondo-se preliminarmente pedaços de rapadura ou açúcar ao servir-se. Faziam-no de arroz ou de cascas de abacaxi, este conhecido em Minas Gerais e também pelo Nordeste, onde resiste[10].

Essa popularidade, no entanto, não era irrestrita. Alguns relatos apontam para a impropriedade e impureza da bebida. Luís dos Santos Vilhena, por exemplo, chamou a atenção para a falta de higiene. "O que mais escandaliza é uma água suja feita com mel e outras misturas chamada aluá que faz por vezes de limonada para os negros"[11]. Com efeito, o aluá era uma bebida muito comum nas classes pobres e entre os escravos negros:

> O Dr. Antônio de Souza, estudando alimentação do Rio de Janeiro em 1851, cita o *aroá de milho ou de arroz* como bebida comum nas classes pobres e nos escravos sequiosos. Disse-a "bebida inocente". É uma infusão de cascas de abacaxi, com açúcar moreno ou rapadura aos pedacinhos. Também há o de milho, muito procurado e comum nos sertões. E o de arroz, este o mais velho, preferido pelos negros de outrora. Aluá pelas festas de São João e do Natal era presença infalível. Havia o *aluá*

9. Luís da Câmara Cascudo, *História da Alimentação no Brasil*, p. 136.
10. *Idem*, p. 136.
11. Luís dos Santos Vilhena, *Recopilação de Notícias Soteropolitanas e Brasílicas*, Bahia, Imprensa Oficial do Estado, 1921, vol. 1, p. 131.

para venda. Apregoavam-no pelas ruas das cidades nordestinas e mesmo na capital do império, onde resistiu até as primeiras décadas republicanas. Eloy de Souza, deputado federal em 1897, disse-me que aluá era bebida comum no Rio de Janeiro de então. Vendiam-no em pequenos potes de barro, muito limpos, à cabeça das negras velhas. Depois sucumbiu ao assalto dos ponches e geladas modernos. Ainda fazem aluá e, no Ceará, possui gabo e uso amplo[12].

Constituiu a bebida mais popular no candomblé, segundo Hildegardes Vianna. "A bebida de candomblé mais conhecida é o aruá ou aluá, resultante da fermentação da rapadura com um punhado de milho de galinha em água fria. Depois de bem fermentada, coa-se e mistura-se com gengibre ralado."[13]

Dos diversos relatos sobre o aluá, pode-se colher algumas receitas interessantes e diferentes. A historiadora Hildegardes Vianna nos dá uma tradicional:

> [...] feito com uma parte de milho torrado sem abrir pipoca, porém bem quebrado, e outra parte sem torrar. Fermenta em vasilha de barro com um pouco de açúcar mascavado. Depois de fermentado mistura-se com gengibre pisado, açúcar ou rapadura[14].

Outra receita é dada por Luís da Câmara Cascudo:

> No aluá que conheço, de milho e abacaxi, não há gengibre e o milho não é previamente torrado, mas cozido, sem o olho, até inchar. Quebra-se então, pondo-se água, pouco sal fino, rapadura quebradinha ou açúcar mascavo. Quando fica *no ponto* alguns exigentes punham rodelas de lima, sem os caroços. A infusão é de sete a nove dias, em jarras, pano branco na boca, mexendo-se a cada 24 horas, sem colher de pau. Não conheço o aluá de arroz que minha mãe, nascida em 1872, dizia ter bebido, menina, no interior do Rio Grande do Norte[15].

Há também o aluá da Bahia, apresentado por Manuel Querino:

> ALUÁ. O milho demorado na água, depois de três dias, dá a esta um sabor acre, de azedume, pela fermentação. Coa-se a água, adicionam-se pedaços de rapadura e, diluída esta, tem-se bebida agradável e refrigerante. Pelo mesmo processo se prepara o *aluá* ou *aruá* da casca do abacaxi[16].

12. Luís da Câmara Cascudo, *História da Alimentação no Brasil*, p. 780.
13. Hildegardes Vianna, "Breve Notícia sobre a Cozinha Baiana", p. 30.
14. *Idem*, p. 51.
15. Luís da Câmara Cascudo, *História da Alimentação no Brasil*, p. 781.
16. Manuel Querino, *A Arte Culinária na Bahia*, p. 36.

12

Café Ritual

Noir comme le diable/ Chaud comme l'enfer/ Pur comme un ange/ Doux comme l'amour[1].

O príncipe acorda para o café ritual. O grão, cuidadosamente escolhido, foi queimado pela manhã e vai ser pulverizado na hora, não em moinhos, como se usa entre os bárbaros, mas no pilão. A semente torrada deu ao seu côncavo um pardo quente *mordoré*, lustroso da mão que também envernizou de tanto pisar. Sua batida começa surda e áspera, no fundo. Fica depois alta e clara, conforme persegue os grãos quebrados que se levantam nas bordas. Novamente surda e fofa, quando o pó se afina por igual e fica todo leve e oloroso. Uma colher de pau para cada meio litro d'água. Água da serra ou água virgem de chuva – nunca água salobra de cacimba. Mexe-se e na primeira fervura, tira-se do fogo para passar. Não num saco, como no sul, mas num guardanapo de que cada dois cantos são seguros por uma das mãos de quem vai torcer. Mal despejada a mistura fervendo, por uma das deusas escuras da cozinha, começa a outra a enrolar de fora para dentro o lado esquerdo do pano e de dentro para fora o seu lado direito, esticando-o como se faz a um corrupio, apertando cada vez mais a borra – até espremer as últimas gotas que saem como verdadeira tinta. Esse movimento pede destreza de pelotiqueiro e as mãos não se molham no trabalho antagônico, cuja dificuldade acarreta sincinesias do torso que ondula, das nádegas que empinam, dos seios-pombos e dos braços. Cor de bronze, eles se arredondam como alças de ânfora – levantados, abaixados, projetados para diante, com tal velocidade que é como se de cada um dos seus cotovelos bífidos saíssem dois antebraços de Civa Vinadhara. Quando a bailarina de muitas mãos termina a tarefa, está quente do esforço e suas axilas embalsamam o ar com veemência semelhante à do café fresco que ela acabou de fazer[2].

1. "Negro como o diabo/Quente como o inferno/Puro como um anjo/Doce como o amor" (citação atribuída a Talleyrand *apud* Philippe Gillet, *Le Goût et les Mots*, pp. 14-15).
2. Pedro Nava, *Baú de Ossos*, pp. 41-42.

O príncipe era seu pai – antes de se casar, na época em que morava com os pais – o médico e farmacêutico José Pedro da Silva Nava, nascido em 1876 em São Luís do Maranhão e falecido em 1911, deixando o autor com apenas oito anos de idade. Alguns analistas da obra de Pedro Nava entendem que essa morte prematura vai abalar o autor para o resto de sua vida.

CAFÉ

Brillat-Savarin conta uma interessante versão sobre a origem do café. "Uma antiga tradição diz que o café foi descoberto por um pastor, que percebeu que seu rebanho ficava numa agitação e alegria particulares todas as vezes que pastava bagas de café"[3].

Andre Castelot confirma a história[4], indicando que isso teria ocorrido nas Montanhas de Ousab (ou Montanhas das Esmeraldas), na região hoje conhecida como Etiópia, por volta do ano 656 da Hégira (calendário islâmico), que corresponde, aproximadamente, ao ano de 1278 de nosso calendário gregoriano.

De acordo com William Harrison Ukers, o nome do pastor era Kaldi. Segundo Ukers – para quem essa versão é atribuída aos franceses –, a história teria sido a seguinte:

> Um jovem pastor de cabras chamado Kaldi notou um dia que suas cabras, cujo comportamento até então era irrepreensível, estavam dando saltos cada vez mais extravagantes. O venerável macho, ordinariamente tão digno e solene, rodeava como um jovem garoto. Kaldi atribuiu essa alegria tola a certas frutas das quais as cabras comiam com prazer[5].

Essa versão é bastante difundida e consta em estudos notáveis sobre o café. Há também alguns mitos ou histórias não confirmadas, como a que é contada por Bennett Alan Weinberg e Bonnie K. Bealer[6]. Esses autores con-

3. Jean Anthelme Brillat-Savarin, *Physiologie du Goût*, pp. 111-112.
4. André Castelot, *L'Histoire à la Table*, p. 120.
5. William Harrison Ukers, *All about Coffee*, New York, The Tea and Coffee Trade Journal Company, 1922, p. 14.
6. Bennett Alan Weinberg e Bonnie K. Bealer, *The World of Caffeine. The Science and Culture of the World's Most Popular Drug*, New York, Routledge, 2002, pp. 3-5.

tam que Kaldi levou uns grãos para um religioso, que desaprovou o consumo e os jogou ao fogo. Em seguida, da brasa levantou um aroma delicioso, tendo sido os grãos retirados, para serem moídos e dissolvidos em água quente[7].

Figura 16. *Kaldi e Suas Cabras Dançantes* (*Kaldi and His Dancing Goats*, William Harrison Ukers, *All About Coffee*, p. 10).

Há também outra versão, segundo a qual o café teria sido descoberto por monges do Egito, contada por William Harrison Ukers:

> A lenda mais popular atribui a descoberta da bebida a um pastor árabe no alto Egito, ou Abissínia, que se queixou ao abade de um monastério vizinho que as cabras atribuídas a seus cuidados haviam se tornado agitadas depois de comerem as bagas de certos arbustos encontrados perto de seus campos de pasto. O abade, tendo observado o fato, decide testar as virtudes das bagas em si mesmo. Ele também respondeu com uma nova alegria. Assim, ele ordenou que algumas fossem fervidas e a mistura foi servida aos seus monges, que depois disso não encontraram dificuldade em se manter acordados durante o serviço religioso da noite[8].

7. *Idem*, p. 4.
8. William Harrison Ukers, *All about Coffee*, p. 14.

Francisco da Silveira Bueno esclarece que a palavra café vem do turco *qahvé*; teria sido trazido ao Brasil pelo português Francisco de Melo Palheta, que encontrou a planta na Guiana Francesa[9]. Por seu turno, André Castelot indica que a palavra vem de *gaffa* (ou *kaffa*, *kefa*) – vila árabe que fica hoje no sudoeste da Etiópia, na fronteira com o Sudão do Sul; e que a planta é originária do Iêmen[10], país bem próximo da Etiópia.

Por outro lado, Paulo Porto-Alegre indica que não há registros confiáveis de que o café seja originário da Etiópia, há uma *suspeita*:

> Assim pois, pelo muito pouco que nos conta a tradição e o que escreveram esses e alguns viajantes mais, podemos apenas suspeitar que a verdadeira pátria do cafezeiro é a Alta Etiópia[11].

No Brasil, o café já foi tido como remédio; já foi servido aos escravos, sem açúcar, como bebida tônica; já foi vendido na rua por negras vendedoras ambulantes; já foi usado como fortificante, puro ou com alho, para resfriado ou bebedeira[12]. Até meados do século XVII, o café não era popular em lugar nenhum, nem no Brasil, nem na Europa. Câmara Cascudo conta que somente após 1860, o café conquistou a população do interior:

> Daí em diante espraia-se em preamar irresistível, denominando a primeira refeição, indispensável em todas, passatempo e vício de todas as horas: *o cafezinho!...* Já em 1851 o Dr. Antônio José de Souza informava: "As classes pobres e os escravos fazem uso imoderado da infusão de café"[13].

No trecho em análise, Nava indica que o café era pilado na hora; nada de moinhos ou qualquer máquina para essa tarefa, porque perde-se em sabor e aroma. "O café pilado jamais poderá comparar-se ao café moído à máquina, na decisão popular, saudosa do pilamento insubstituível"[14]. Brillat-Savarin endossa o coro: "A opinião unânime foi que o

9. Francisco da Silveira Bueno, *Grande Dicionário Etimológico-Prosódico da Língua Portuguesa*, p. 576.
10. André Castelot, *L'Histoire à la Table*, p. 120.
11. Paulo Porto-Alegre, *Monographia do Café. História, Cultura e Produção*, Lisboa, Viuva Bertrand & C., 1879, p. 32.
12. Luís da Câmara Cascudo, *História da Alimentação no Brasil*, p. 367.
13. *Idem, ibidem*.
14. *Idem*, p. 551.

café proveniente do pó pilado era evidentemente superior àquele tirado do pó moído"[15].

Ainda segundo Brillat-Savarin, os turcos – mestres no café –, não usam o moinho para triturar o café; eles utilizam pilões de madeira, que, depois de empregados a esse fim por longo tempo, são vendidos por preços altíssimos, depois de adquirirem o pardo quente *mordoré* (cor de bronze) mencionado por Nava.

O café, ou o simples cafezinho, é a bebida mais citada na obra; são incontáveis as vezes que o autor o menciona. Por exemplo, no quinto livro de memórias, Nava cita um café da manhã rústico, da roça. "Traziam o café mineiro fervendo, mandioca cozida espalhando fumaça e o cheiro gostoso – manteiga fresca, queijo curado"[16]. Outra citação é a do "café servido com açúcar preto"[17]. Ou ainda o café à inglesa, em "copos especiais com creme puro ou creme de chocolate e canela"[18]. Café com coalhada de xicrinhas[19].

Há também o trecho em que indica a versão de seu tio Antônio Salles sobre a origem da cultura do café no Brasil, diferente daquela que coloca Francisco de Melo Palheta no centro da cena; diversa também daquela que menciona as plantações do Pará e Maranhão. De acordo com essa versão, a cultura do café derivou "da árvore carioca plantada no Convento das Freiras de Santa Teresa, única que vingou das trazidas de Goa para o Rio, em 1760, pelo Chanceler João Alberto Castelo"[20].

O Brasil de fato se tornou um país propício para a produção do café. Desde o século XIX viajantes reparavam as condições favoráveis para o cultivo, como no caso de Levasseur:

> O cafezal, que exige um clima tropical e gosta de terrenos inclinados, elevados várias centenas de metros acima do nível do mar, protegidos dos ventos frios do Sul, encontrou no Brasil imensos terrenos favoráveis[21].

15. Jean Anthelme Brillat-Savarin, *Physiologie du Goût*, p. 112.
16. Pedro Nava, *Galo-das-Trevas*, pp. 143-144.
17. Pedro Nava, *Balão Cativo*, p. 277.
18. Pedro Nava, *Chão de Ferro*, p. 71
19. Pedro Nava, *Beira-Mar*, p. 27.
20. Pedro Nava, *Balão Cativo*, p. 258.
21. E. Levasseur, *Le Brésil*, p. 65.

Mas nem sempre a memória de Pedro Nava traz lembranças agradáveis. É o caso, por exemplo, do café preparado pela tia Joaninha, esposa do tio Júlio Pinto, que não era coado na hora. A receita desse café inusitado e intragável é assim descrita pelo autor:

> Fervia-se num panelão aí coisa de uns três a quatro quilos do pó e esse angu era espremido fortemente num pano. A borra resultando era referida, respassada, novamente cozida, outra vez tamisada e comprimida. A tina que advinha era misturada então a uma caldivana de rapadura e ia apurar em fogo lento, até o ao ponto de melado grosso. E quem queria café era só trazer uma xícara d'água-mãe infecta. Era uma beberagem de feiticeira. *Tia* Joaninha, sua inventora, orgulhava-se dela e, como era fumante, consumia sempre boas doses – antes, durante e depois da cachimbada. E ai! do luxento que não a acompanhasse e viesse com prosas de café fresco...[22]

Segundo Pedro Nava, foi ali que ele estragou, para sempre, o paladar para a infusão nacional. Ficou curtido e sem exigências.

> Tomo o que me dão – fraco, frio, fedorento, espumante, requentado, com açúcar posto antes – tudo, tudo, porque nada destas infâmias é comparável ao que se ingurgitava em casa de meu tio-avô com o nome de café[23].

Mas o autor também relata um café que o marcou positivamente: foi na casa de Julieta Augusta Drummond de Andrade, mãe do poeta Carlos.

> Vejo ainda a ordem meticulosa de sua bandeja e a grande cafeteira mineira de latão claro brunido como as pratas e luzindo como prata. E dentro, pegando fogo, um dos melhores cafés que tenho tomado[24].

22. Pedro Nava, *Balão Cativo*, p. 96.
23. *Idem, ibidem.*
24. Pedro Nava, *Beira-Mar*, p. 173.

13

Café Mineiro, Sem Leite...

Quando chegávamos era hora do café na sala de jantar da Inhá Luísa. Café fresco, pelando, bem fraco e servido em xícaras grandes. Vinha forte e era adicionado, na hora, da água quente que a Rosa e a Deolinda despejavam nas chaleiras de ferro que tinham de ficar segurando ao lado da mesa. Leite, não. Quando muito, queijo de minas para picar e deixar amolecendo dentro do café fervente[1].

Na cena, Pedro Nava visitava, ainda criança, junto com sua mãe, a casa de sua avó materna, Inhá Luísa. Era acompanhado de uma prima, cujo nome não é revelado, colocada pelo autor como "Estrela da Manhã", a "mais linda figura de moça" em que pôs os olhos. Entrava na casa de sua mãe "que nem um raio de sol, cheia de ouro e de guizos no riso"[2]. Juntos, tomavam esse café, acompanhado de quitutes[3].

CAFÉ MINEIRO

O café mineiro é mais ralo, servido em grandes porções. "Café ralo e cheiroso, à moda mineira, pelando, dentro da xícara grande"[4], como disse

1. Pedro Nava, *Baú de Ossos*, p. 265.
2. *Idem, ibidem.*
3. Cf. "Acompanhamentos para o Café Mineiro", p. 115.
4. Pedro Nava, *Balão Cativo*, p. 154.

Nava. Em outro trecho, o autor fala do lanche servido com "xicronas de café fraco à mineira"[5]. Ou ainda: "Café fraco, fresco, pulando de quente, em xicrona"[6].

Assemelha-se, na intensidade, com o café carioca, ou carioquinha. A diferença reside no modo de preparo: enquanto o mineiro é passado tradicionalmente no coador de pano, o carioquinha é obtido com a adição de água fervente no café expresso, mais forte.

No trecho em destaque, o café vinha forte e depois era diluído em água fervendo; mas com certeza é feito no coador de pano. O hábito de colocar queijo no café já foi relatado em outro trecho acima[7]. Leite não se usava, o que é curioso, dado o fato de ser Minas Gerais um grande produtor dessa bebida. No Rio de Janeiro, todavia, a "média" – mistura de café com leite – é bastante conhecida e conquistou o paladar do povo.

A hospitalidade brasileira sempre vem acompanhada de um cafezinho. O cafezinho é quase sempre servido em visitas, como no trecho destacado. Um dominicano escreveu em Goiás, no ano de 1911: "A hospitalidade mais cordial lá nos espera. Primeiro, uma xícara de café brasileiro; é a primeira coisa que é oferecida ao viajante que chega e a última que será oferecida na saída para o golpe de sela"[8]. A. D. Pascual também resume muito bem a nossa hospitalidade: "O Brasileiro do interior faz uma festa da chegada de um peregrino, sempre tem o aromático café fumegante, preparado para o estranho que se apeia à sua porta"[9].

CAFÉ COM LEITE

O hábito de misturar café com leite surgiu muito tempo depois do descobrimento da bebida. Conta-se que o autor dessa invenção foi

5. Pedro Nava, *Beira-Mar*, p. 143.
6. Pedro Nava, *Galo-das-Trevas*, p. 260.
7. Cf. "Feijão-de-Tropeiro, Obra-Prima da Simplicidade Romântica", pp. 103 e ss.
8. Marie Hilaire Tapie, *Chez les Peaux-Rouges. Feuilles de Route d'un Missionaire dans le Brésil Inconnu*, Paris, Librairie Plon, 1929.
9. A. D. Pascual, *Ensaio Crítico sobre a Viagem ao Brasil em 1852 de Carlos B. Mansfield*, p. 60.

Nieuhof, brasilianista que descreveu o Brasil em suas viagens que realizou por aqui, de grande valia para a história nacional:

> Há uma tradição letrada apontando Johan Nieuhof como inventor da mistura do café com leite. Nieuhof deixou o Brasil em julho de 1649 e o café nos veio em 1727, trazidas as sementes da Caiena por Francisco de Melo Palheta, recebidas da senhora d'Orvilliers, e plantadas no Pará. A elaboração inicial da *média* verificar-se-á fora das fronteiras do Brasil seiscentista. Possivelmente em Amsterdã, onde se bebia café desde 1637[10].

Essa versão sobre a origem da mistura do café com leite é confirmada por André Castelot: "O café-creme nos veio de Viena. Introduzido na Europa por Neuhofius, médico alemão, a prática se espalhou na França por volta de 1690"[11]. No mesmo sentido é a afirmativa de Philippe Sylvestre Dufour: "O primeiro que o utilizou, até onde se sabe, foi um médico alemão chamado Neuhofius"[12], que ainda alega ser o café com leite um santo remédio para dores no peito[13].

Nava menciona o café-com-leite-de-açúcar-queimado, que não tinha leite de verdade, mas ficava com a coloração parecida devido ao açúcar queimado, que tornava mais claro o café. Era preparado por sua avó Inhá Luísa, quando ainda adolescente, que mandava vender, na Estação de Cotegipe, junto com o "bolo de fubá, solto e todo dourado, que se esfarelava nos guarda-pós"[14].

Na Fazenda Santa Clara, Nava relata como é o *leite de verdade*: "espesso, gordo, tomado no curral e que se vê crescer espumar surdamente nos baldes, quando puxado dos úberes pela mão exímia dos tiradores. Bebido direto, sem ferver"[15]. Também fala do "copo de leite bem açucarado e engrossado com araruta", nos dias de febre[16] e do leite simples para insônia[17].

10. Luís da Câmara Cascudo, *História da Alimentação no Brasil*, p. 368.
11. André Castelot, *L'Histoire à la Table*, p. 567.
12. Philippe Sylvestre Dufour, *Traitez Nouveaux & Curieux du Café, du Thé et du Chocolate*, 2. ed., [s. l.], Ed. Jean-Baptiste Deville, 1688, p. 124.
13. *Idem, ibidem*.
14. Pedro Nava, *Baú de Ossos*, p. 218.
15. *Idem*, p. 294.
16. Pedro Nava, *Chão de Ferro*, p. 207.
17. *Idem*, p. 212.

14

Gengibirra

Matavam a sede com cerveja quente, gasosa, gengibirra de abacaxi, aluá de arroz ou de fubá mimoso. Daquelas águas dali, só no café bem fervidas[1].

Egon e seus quatro companheiros, na viagem realizada - a cavalo - até Taquaraçu, paravam para comer e beber onde podiam; não havia muitas opções. Na viagem, o médico ia atendendo doentes, gente do interior do país.

Nesse trecho de Minas o citadino Egon teve seu primeiro contato com a gente do interior do Brasil, tão diferente da sua população praieira e capitaleira. Gente perdida, desvivida, pobre, doente e ignorante cuja paciência radica num embrutecimento tão grande que abole o instinto de conservação, de defesa - que nela teria o nome de rebelião[2].

GENGIBIRRA

Já não se fala mais dessa bebida, tão esquecida quanto o aluá. Explica Câmara Cascudo: "uma bebida popularíssima e semiesquecida foi a gin-

1. Pedro Nava, *Galo-das-Trevas*, p. 146.
2. *Idem*, p. 144.

gibirra, *ginger beer* dos ingleses, cerveja de gengibre (*Zingiber officinalis* Rosc.)"[3]. Para Hildegardes Vianna, a gengibirra "já teve o seu grande apogeu no passado"[4].

A historiadora informa a receita de que tem conhecimento: "É feita com gengibre pisado e posta na água em vasilha vidrada com açúcar e uma pitada de fermento ou de farinha de trigo. Coa-se e engarrafa-se ao fim de dois ou três dias"[5]. Em alguns lugares do Brasil, a bebida teve sua fórmula alterada:

> Faziam-na no Brasil... sem gengibre. Água, açúcar, sumo de frutas, cremor de tártaro, um fermento, ácido cítrico, conseguiam uma bebida leve, clara, espumante, saborosa, *champagne nacional*, gabada do Amazonas ao Plata, do Rio Grande ao Pará. Muito usada na Inglaterra, espalhou-se pela Europa onde o gengibre era mastigado como confeito desde o século XIII[6].

Nizeth Medeiros fornece uma receita tradicional no Estado do Maranhão, essa com gengibre (mas sem cerveja):

> 1 kg de gengibre; 2 litros de água; açúcar a gosto. Coloque o gengibre de molho por um período de três dias, para facilitar a remoção da pele, que deve ser feita raspando-se com uma faca. Cortar em pedaços para bater no liquidificador com um pouco de água. Depois de batida, esprema para separar o suco do bagaço com o auxílio de uma peneira. Junte o restante de água e o açúcar. Caso fique forte (ardor) coloque mais água. Sirva bem gelada[7].

3. Luís da Câmara Cascudo, *História da Alimentação no Brasil*, p. 785.
4. Hildegardes Vianna, "Breve Notícia sobre a Cozinha Baiana", p. 51.
5. *Idem, ibidem*.
6. Luís da Câmara Cascudo, *História da Alimentação no Brasil*, p. 785.
7. Nizeth Medeiros, "Gengibirra", *Boletim da Comissão Maranhense de Folclore* – CMF, n. 22, p. 2, jul. 2002 [encarte].

III

DOCE INFÂNCIA

Comida doce, fazendo-se comer sem vontade, comida de passatempo, sem intuito alimentar, aperitival, para abrir o desejo, acompanhando bebidas, ajudando conservas, motivando convívios, era inteiramente distante da noção negra e indígena de comer para sustentar-se.*

Luís da Câmara Cascudo

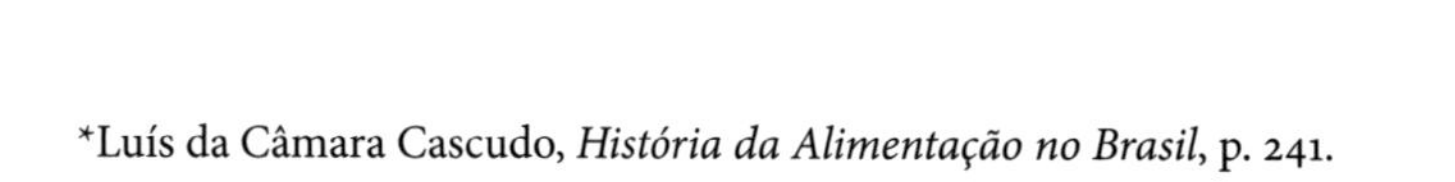

*Luís da Câmara Cascudo, *História da Alimentação no Brasil*, p. 241.

1

A Batida da Avó Nanoca

Se a batida do Ceará é uma rapadura diferente, a batida de minha avó Nanoca é para mim coisa à parte e funciona no meu sistema de paladar e evocação, talqualmente a *madeleine* da *tante Leonie.* Cheiro de mato, ar de chuva, ranger de porta, farfalhar de galhos ao vento noturno, chiar de resina na lenha dos fogões, gosto d'água de moringa nova – *todos têm sua madeleine.* Só que ninguém a tinha explicado como Proust – desarmado implacavelmente, peça por peça, a mecânica lancinante desse processo mental. Posso comer qualquer doce, na simplicidade do ato e do espírito imóvel. A batida, não. A batida é viagem no tempo. Libro-me na sua forma, no seu cheiro, no seu sabor. Apresentam-se como pequenas pirâmides truncadas, mais compridas do que largas, lisas na parte de cima, que veio polida das paredes da fôrma, e mais ásperas na de baixo, que esteve invertida e secando no ar. Protegida por palha de milho. Parecem lingotes da mina de Morro Velho, só que o seu ouro é menos mineral, mais orgânico e assemelha-se ao fosco quente de um braço moreno. Seu cheiro é intenso e expansivo, duma doçura penetrante, viva como um hálito e não se separa do gosto untuoso que difere do de todos os outros açúcares, pela variedade de gama do mesmo torrão, ora mais denso, ora mais espumoso, ora meio seco, ora melando – dominando todo o sentido da língua e ampliando-se pela garganta, ao nariz, para reassumir qualidade odorante, e aos ouvidos, para transformar-se em impressão melódica. Para mim, roçar os dentes num pedaço de batida é como esfregar a lâmpada de Aladim – abrir os batentes do maravilhoso[1].

1. Pedro Nava, *Baú de Ossos*, pp. 39-40.

A rapadura tem destaque especial na obra do autor. Antes de falar da batida de sua avó Nanoca, o autor explica o que é a batida no Ceará (já que no Sul é o homônimo de um aperitivo à base de pinga):

> "Batida", no Ceará, é uma rapadura especial, feita com melado sovado e arejado a colher de pau, até o ponto de açucarar. Com o que também perde o gosto de rapadura. Vira noutra coisa devido à versatilidade do açúcar, que é um em cada consistência, e que é ainda uma a quente e outro a frio. Que é ostensivo ou discreto, acessório ou predominante, substantivo ou adjetivo segundo se combine ao duro, ao mole, ao líquido, ao pulverulento, ao pastoso, ao espumoso, ao *sol* e ao *gel*[2].

Em outro trecho belíssimo, Pedro Nava descreve a intensidade, textura, aroma e gosto da rapadura:

> A rapadura comum tem uma doçura imperiosa e profunda, quase igualada pela do mascavo. Quando umedecidos e um pouco passados, à doçura de ambos junta-se – levantando-a – tênue travo alcoólico. Isso se percebe um pouco menos no açúcar mulatinho. O melado, além da violência no gosto, tem o macio do veludo na consistência e ele, que é lento e majestoso na tigela, torna-se ágil na língua e adquire difusibilidade semelhante à dos queijos mais afinados e dos mais radiosos vinhos. Gosto e cheiro se combinam como em sentido único, diante da rapadura, do mascavo e do mulatinho. Gosto, cheiro e tato, no caso do melado. No princípio só tato, no fim só gosto, quando se trata dos açúcares-cande, cristalizado e refinado que começam, no dente, como vidro moído, areia grossa e poeira fina – para chegarem à língua em espumosa e gorda doçura[3].

RAPADURA

A rapadura não é doce originário do Brasil. Nas Américas, onde houve a cultura da cana-de-açúcar, havia também algum doce semelhante à nossa rapadura.

Onde houvesse indústria açucareira na América, ilhas e continentes, havia a rapadura, desde Honduras às "rapaduras" de Cuba que eram famosas. Em Buenos Aires, *mazacote*; em Santa Cruz de la Sierra, *empanzinado*; na Venezuela, *papelon;*

2. *Idem*, p. 38.
3. *Idem*, pp. 38-39.

na Colômbia, *Dulce*; em Antioquia, *panela*. No México e no Peru, é a *chanchaca* [...]. No Panamá, a *raspaúra*[4].

Mas a *batida* não é exatamente essa rapadura amplamente difundida no Nordeste, é uma rapadura especial. José de Figueiredo Filho assim define a batida: "Todos conhecem e apreciam no Nordeste, as 'batidas' de engenho. São feitas com o mel já do último tacho, depois de resfriar, quando então é batido com uma pá e adicionado de canelas, cravos e erva-doce"[5]. Informa Câmara Cascudo que, tradicionalmente, a *batida* é com erva-doce[6].

A rapadura não é apenas passatempo e doce lúdico de crianças e adultos. José de Figueiredo Filho, em seu livro *Engenhos de Rapadura do Cariri*, retrata a importância da rapadura na alimentação do tropeiro, como relevante fonte de reposição de energia:

> É a rapadura o verdadeiro alimento de poupança do sertanejo. É indispensável nos alforjes dos vaqueiros quando vão campear por várias horas ou dias inteiros. O único regalo que o matuto tem durante o dia, é um bom naco do apetitoso alimento. Adoça seu café, e, quando tem fome, à sobremesa ou na merenda, não dispensa ele seu pedaço de rapadura puro ou com farinha. É a melhor ração de glucídeos que recebe para fornecer-lhes as calorias nos grandes dispêndios musculares. Além disso, também é o melhor remédio que o caboclo aplica quando está cansado o animal de sela ou de carga. A garapa da rapadura faz o cavalo ou burro fortalecer-se e tocar para frente[7].

A importância da rapadura na alimentação do sertanejo é reforçada por Câmara Cascudo. "A rapadura não ficou sendo apenas uma guloseima, mas um elemento condimentador, real e mais assíduo que o açúcar ou o pão na alimentação sertaneja, acompanhando a refeição"[8]. A rapadura figurou como acompanhamento do café a comidas de sal, bem como ingrediente para diversos doces, conforme relatou Gilberto Freyre:

4. Luís da Câmara Cascudo, *História da Alimentação no Brasil*, p. 604.
5. José de Figueiredo Filho, "Engenhos de Rapadura do Cariri", *apud* Luís da Câmara Cascudo, *História da Alimentação no Brasil*, p. 930.
6. Luís da Câmara Cascudo, *História da Alimentação no Brasil*, p. 605.
7. José de Figueiredo Filho, "Engenhos de Rapadura do Cariri", *apud* Luís da Câmara Cascudo, *História da Alimentação no Brasil*, p. 929.
8. Luís da Câmara Cascudo, *História da Alimentação no Brasil*, p. 605.

Acompanhante de comidas de substância ao café, ao almoço, ao jantar – de carne de sol, da farofa, do jerimum, das batatas, da imbuzada, do cuscuz, da paçoca –, ela se torna lúdica, como doce de merenda ou simplesmente de regalo, de meninos e de gente grande. Além do quê, com rapadura é que se fazem no Nordeste sertanejo doces de banana, de goiaba, de araçá, de caju, de abacaxi, de laranja, de guabiraba, de buriti, de leite e ovos; e junto com mel de rapadura, isto é, rapadura derretida ao fogo, se saboreia, como no próprio Nordeste açucareiro, inhame ou macaxeira ou apenas farinha[9].

Por essas razões, é ainda Gilberto Freyre quem afirma que a rapadura merece lugar de destaque no regime alimentar do Nordeste:

À rapadura é preciso dar-se lugar à parte no que se considere o conjunto de doces mais ligados à cana-de-açúcar e mais característicos do Nordeste. Porque, em primeiro lugar, não se trata de produto da zona canavieira por excelência da região – a dos engenhos – e sim de outra, sua parenta pobre – a das engenhocas; em segundo lugar, não se trata de doce principalmente lúdico porém polivalente: lúdico sim, mas também alimentício, fator medicinal de resistência do homem sertanejo, quando em viagem por terrada mais áridas, às asperezas do meio e do clima[10].

Vale a pena notar que o processo produtivo da rapadura, bem como seu amplo consumo, não foi exclusividade do Nordeste. Saint-Hilaire relata produção e consumo também nos engenhos de açúcar de Minas Gerais, desde 1830:

O Padre Anastásio, como muitos outros proprietários da província de Minas, não produzia açúcar mascavo e se contentava em fazer o que é chamado no país de rapaduras. São quadrados que podem ter de cinco a seis polegadas de espessura; a cor, o sabor e o aroma são quase os mesmos do açúcar queimado de nossas refinarias, mas o melado possui cheiro mais forte. Para fazer rapaduras, não se coloca

9. Gilberto Freyre, *Açúcar. Uma Sociologia do Doce*, p. 37. Apenas a título de esclarecimento, a *imbuzada* ou *umbuzada* é uma bebida típica do Nordeste, feita a partir do fruto do umbuzeiro (umbu ou imbu) cozido, com leite e açúcar. O viajante George Gardner relata o consumo da imbuzada no sertão do Piauí: "um prato muito estimado no Sertão, chamado imbuzada, é preparado com leite, coalhada, açúcar e a polpa dessa fruta" (George Gardner, *Travels in the Interior of Brazil*, p. 176). Euclides da Cunha descreve o umbuzeiro como "a árvore sagrada do sertão. Sócia fiel das rápidas horas felizes e longos dias amargos dos vaqueiros" (Euclides da Cunha, *Os Sertões*, p. 42).
10. Gilberto Freyre, *Açúcar. Uma Sociologia do Doce*, p. 36.

água alcalina no açúcar bruto; ele é suficientemente cozido, para que nenhum xarope escape, em seguida é derramado em moldes dos quais a rapadura resfriada pode ser prontamente removida. As crianças, os negros e os tropeiros adoram essa espécie de açúcar e consomem uma quantidade prodigiosa[11].

Pode-se dizer que a rapadura – assim como outros itens da culinária nacional – foi objeto de atenção de muitos estrangeiros, principalmente da Europa, onde não havia nenhum tipo de produto semelhante. O inglês George Gardner, por exemplo, relata todo o processo produtivo da rapadura que presenciou na fazenda do capitão João Gonzalez, em Crato (Ceará):

Nessa plantação, tive muitas vezes a oportunidade de ver a maneira como a rapadura é feita; a extração e a fervura do suco são realizadas ao mesmo tempo; o moinho é uma construção bastante precária, consistindo de uma estrutura contendo três rolos verticais de madeira através dos quais a cana é passada para extrair o suco, que é coletado em um recipiente que fica embaixo, de onde corre para um buraco ou calha escavada numa grande árvore. A cana precisa ser passada três vezes pelo moinho antes que todo o suco seja extraído: dessa calha uma parte do suco é transportada de tempos em tempos em pequenas panelas de latão, das quais havia nove, todas colocadas próximas umas às outras, sobre pequenas aberturas no topo de um forno em arco e, durante as diferentes etapas da operação, à medida que a evaporação prossegue, o suco é derramado de uma panela para a outra, até que, finalmente, adquira a consistência desejada; é então transferido para um grande pote, escavado em madeira maciça, chamado gamela, e deixado esfriar por algum tempo, quando finalmente é colocado em moldes de madeira do tamanho e formato de nossos tijolos comuns, embora alguns sejam feitos cerca de metade desse tamanho; depois de removidos dos moldes, eles podem endurecer por alguns dias, quando estão prontos para o mercado; o tamanho maior é vendido no Crato por cerca de um centavo cada, em Icó por três *pences* e em Aracati por dois *pences* cada[12].

Gardner relata que foi obrigado, durante sua longa viagem ao Brasil, a substituir o açúcar refinado pela rapadura, que não achou agradável no início. Posteriormente, diz que passou a preferir a rapadura ao açúcar: "Por fim, gostei tanto dela que a preferi sobre o açúcar em si, e achei que

11. Auguste de Saint-Hilaire, *Voyage dans les Provinces de Rio de Janeiro e de Minas Geraes*, pp. 126-127.
12. George Gardner, *Travels in the Interior of Brazil*, p. 143.

era o caso das pessoas nesta parte do país"[13]. Disse ainda que, com muita frequência, presenciou refeições preparadas com rapadura e farinha[14].

Francisco Vicente Vianna dá um importante testemunho, em 1893, sobre a importância da rapadura no contexto alimentar de um baiano:

> Um vareiro come de ordinário mais de uma libra ou 500 gramas de rapadura por dia, e se deixassem isso a seu arbítrio, chegaria a muito mais, pois dizem eles que sem comerem rapadura não têm forças para o serviço[15].

Ainda no Nordeste, Kidder fala do hábito de comer um pedaço da rapadura antes de beber água, para tirar o gosto ruim da água salobra. "É muito apreciada nos sertões, onde o povo coloca um pedaço na boca antes de beber água, para suavizar o sabor salgado desta"[16].

Pedro Nava também relata a *rapadura encerada*, "que era nem mais nem menos que a batida posta em ponto de puxa-puxa. É um melado grosso, açu, meio *açucarando* e trabalhando à mão. Fica flexível: não quebra – estica e dobra"[17]. Menciona ainda a refrescância da "jacuba do Brejo das Almas – feita com rapadura raspada, farinha de milho e água fresca dormida: tem de deixar descansar, para borborar..."[18]. Além de acompanhar o café mineiro, a rapadura era colocada também dentro da bebida: "café com rapadura"[19]; "café ralo adoçado com rapadura"[20].

13. *Idem*, p. 125.
14. *Idem, ibidem.*
15. Francisco Vicente Vianna, *Memória sobre o Estado da Bahia*, p. 188.
16. Daniel P. Kidder, *Sketches of Residence and Travels in Brazil*, vol. 2, p. 193.
17. Pedro Nava, *Chão de Ferro*, p. 225.
18. *Idem*, p. 293.
19. Pedro Nava, *Galo-das-Trevas*, p. 133.
20. *Idem*, p. 137.

2

Composição com o Açúcar

O açúcar dominava em todas as combinações da sobremesa[1].

Luís da Câmara Cascudo

Compor com o açúcar é como compor com a nota musical ou a cor, pois uma e outra variam e se desfiguram, configuram ou transfiguram segundo os outros sons e os outros tons que se lhes aproximam ou avizinham. É por isso que tudo que se faz com açúcar ou se mistura ao açúcar pede deste a forma especial e adequada – que favoreça a síntese do gosto [...].

Cada açúcar no seu lugar, cada açúcar na sua hora. É por isso erro rudimentar querer classificar os açúcares em superiores, inferiores, de primeira, de segunda. Esse é o critério de quem os vende e não de quem os degusta. Só se pode fazer melado, com rapadura. Só com ela se tempera o café forte e autêntico. Só se pulveriza doce seco com o cristalizado. Só com o mulatinho se obtém o bom café-com-leite-de-açúcar-queimado. Para doce de coco, baba de moça e quindim – o refinado. Para o mamão verde, *idem*. *Idem*, ainda, para a cocada branca seca ao sol e para a cocada em fita. Para as cocadas raladas de tabuleiro e de rua – açúcar preto. E assim por diante...[2]

Esse trecho vem inserido na parte em que Nava fala da rapadura, com destaque para a *batida* de sua avó Nanoca; e ressalta a importância do açúcar em suas variadas formas, cada uma com sua utilização correta.

1. Luís da Câmara Cascudo, *História da Alimentação no Brasil*, p. 607.
2. Pedro Nava, *Baú de Ossos*, pp. 38-39.

AÇÚCAR

A cana-de-açúcar é um tipo de gramínea perene (*Saccharum officinarum* L.); seu cultivo ocorre nos lugares mais quentes da terra. Até hoje ainda não é muito clara sua origem (local e data), havendo divergência entre os estudiosos. Michael G. Schene é quem aponta a tese com a mais remota origem da planta, desde a pré-história até o passado mais recente:

> Considera-se geralmente que o cultivo da cana se originou entre as tribos pré-históricas da Nova Guiné. Durante os séculos seguintes, as técnicas básicas foram assimiladas pelos asiáticos. Os árabes, através de seus contatos com os asiáticos, aprenderam esses procedimentos e os introduziram na Europa Ocidental. Colombo, durante sua segunda viagem em 1493 a Santo Domingo, plantou a primeira safra de cana no Novo Mundo. Ela se espalhou rapidamente por toda a América Latina e Ilhas do Caribe. Uma combinação de terra fértil, trabalho escravo e um mercado acessível resultou num extenso cultivo de cana-de-açúcar nesta área[3].

Sidney W. Mintz diz que a planta foi encontrada na Nova Guiné por volta de oito mil anos antes de Cristo[4]. Maria Lecticia Monteiro Cavalcanti, no prefácio do livro *Açúcar*, de Gilberto Freyre, diz que a cana-de-açúcar seria originária da Indochina, antigo nome de uma região do sudeste da Ásia (mesma macrorregião da Nova Guiné):

> A cana provavelmente tem origem na Indochina. E foi cultivada, ancestralmente, por todo o Extremo Oriente. Os mouros a espalharam pelo Mediterrâneo. Na Ilha de Creta, produziram um açúcar cristalizado a que chamavam *qandi* – donde nosso açúcar "cândi"; depois foram à Sicília (maior das ilhas do Mediterrâneo), Provence (França) e sul da Espanha (século XI). Em 1404 passou a ser plantada no Algarve, por D. João I – "O da Boa Memória". Quase cinquenta anos depois, por mãos do Infante D. Henrique, chegou à Ilha da Madeira; e, logo depois nas Canárias (conquistada pelos espanhóis); e em São Tomé (pelos portugueses)[5].

3. Michael G. Schene, "Sugar Along the Manatee: Major Robert Gamble, Jr. and the Development of Gamble Plantation", *Tequesta*, vol. 41, n. 1, p. 74, 1981.
4. Sidney W. Mintz, *Sweetness and Power. The Place of Sugar in Modern History*, New York, Viking, 1985, p. 19.
5. Maria Lecticia Monteiro Cavalcanti, "Prefácio", em Gilberto Freyre, *Açúcar. Uma Sociologia do Doce*, p. 14.

O surgimento da cana-de-açúcar, portanto, teria ocorrido nesta região do continente asiático, de clima quente e úmido. Na Índia gangética de 1300 anos antes de Cristo, o *Código de Manu*, escrito em sânscrito, previa o açúcar bruto, preto, no artigo 318[6]. Do extremo Oriente passou para a região do Mediterrâneo graças aos árabes, de onde passou para a parte mais quente da Europa, principalmente Sul da França e da Espanha, chegando finalmente em Portugal, que disseminou o cultivo da planta no continente americano.

Câmara Cascudo menciona que de Portugal, o cultivo da cana passou para a Ilha da Madeira, de onde existem relatos de grandes canaviais já em 1452[7]. De lá partiu tanto para a América, quanto para Cabo Verde, Açores, Canárias, tendo chegado na Ilha de São Tomé, perto da linha equatorial, no Golfo da Guiné. Nessa ilha, entre 1505 e 1510, segundo relatos de Valentim Fernandes, já havia o cultivo da cana-de-açúcar[8].

Em seu livro dedicado à cana-de-açúcar, Noel Deerr traz mais detalhes sobre essa verdadeira viagem que a planta fez pelo mundo:

> A cana viajou para o oeste da Índia (e do norte para a China). Foi estabelecida em 600 d.c. em Gondeshapur, na foz do Eufrates, onde monges cristãos foram os primeiros a produzir açúcar branco. A civilização árabe levou a cana para o Levante, através do Mediterrâneo e para a Espanha, onde bem antes de 1000 d.c. uma indústria florescente foi estabelecida. As Cruzadas serviram para desenvolver o apetite ocidental pelo açúcar e para garantir ainda mais a indústria mediterrânea e levantina. Em 1420, Henrique, o Navegador, enviou a cana para a Madeira, e mais tarde chegou aos assentamentos dos Açores, Canárias e da África Ocidental Portuguesa. Data deste tempo a decadência da indústria mediterrânea, seu desaparecimento do Levante, após o advento do Turco, com a queda de Constantinopla em 1453. Quarenta anos depois, a segunda viagem de Colombo marca a introdução da cana em Hispaniola, agora Santo Domingo. Em 1520, chegou ao México, 1532 e 1533, chegando ao Brasil e ao Peru; 1620 e 1751 são as datas de introdução na Argentina e na Louisiana, sendo os padres jesuítas os responsáveis em ambos os casos. A introdução nas Antilhas Francesas e Britânicas data de cerca de 1630, tendo sido introduzida em Barbados, com segurança, em 1641. A indústria das Maurícias foi realizada por

6. Luís da Câmara Cascudo, *Sociologia do Açúcar. Pesquisa e Dedução*, p. 23.
7. Luís da Câmara Cascudo, *História da Alimentação no Brasil*, p. 477.
8. Valentim Fernandes, *Descriptions de la Côte Occidentale d'Afrique (Sénégal ou Cap de Monte, Archipels)*, trad. Avelino Teixeira da Mota e Raymond Mauny, Bissau, Centro de Estudos da Guiné Portuguesa, 1951.

Mahe de la Bourdonnais em 1737; 1817 é a data da introdução na Austrália, sendo 1850 a de Natal, ano em que Ismail Pasha também restaurou a indústria egípcia[9].

Também é curioso notar que o cultivo da cana deu a volta no continente africano, pela parte superior: da Ásia chegou aos países europeus, contornando a África Oriental; de Portugal, desceu pela costa da África Ocidental. De uma costa a outra, a cana-de-açúcar não foi objeto de cultivo relevante no imenso continente africano.

O cultivo da planta, para extração do caldo – usado tanto para a fabricação de açúcar, quanto de cachaça – formou do Nordeste do Brasil um verdadeiro complexo social, econômico e político que durou séculos, com consequências relevantes que se verificam até os dias de hoje. Sabe-se, por exemplo, que a monocultura secular esgotou o solo onde foi praticada com maior intensidade, conforme o breve resumo feito na Introdução deste livro. Da mesma forma, o regime da escravidão trouxe iniquidades indeléveis. Por outro lado, a grande escala da produção e comércio do açúcar fizeram o país ser conhecido no mundo. Mas essas histórias já são objeto de muitos livros[10].

Rapidamente o açúcar ganhou posição de destaque no comércio mundial, principalmente a partir do século XVIII:

> O cultivo da cana-de-açúcar se tornou um objeto da mais alta importância; pois é uma fonte de riqueza, tanto para quem a cultiva, como para quem comercializa seu produto, ou para quem o elabora, ou, finalmente, para os governos que o sujeitam à tributação[11].

Não há consenso sobre a origem do nome açúcar. Para Antônio Geraldo da Cunha, a palavra é de origem árabe, de *as-sukkar*[12] e significa *grãos de areia branca*. Já para F. Löhr von Wachendorf, o vocábulo tem origem no sânscrito, *sarkara*[13]. É o estágio final do produto obtido a partir da cana.

9. Noel Deerr, *Cane Sugar*, 2. ed., London, Normal Rodger, 1921, pp. 46-47.
10. Para entender a sociologia do açúcar no Brasil, recomendo a leitura do livro de Câmara Cascudo que leva esse mesmo nome (*Sociologia do Açúcar. Pesquisa e Dedução*).
11. Jean Anthelme Brillat-Savarin, *Physiologie du Gôut*, p. 107.
12. Antônio Geraldo da Cunha, *Dicionário Etimológico Nova Fronteira da Língua Portuguesa*, p. 12.
13. *Apud* André Castelot, *L'Histoire à la Table*, p. 597.

A massificação de seu uso na Europa fez uma verdadeira revolução na doçaria. No início, foi a portuguesa, com seus bolos e doces, muitos à base de ovos. Depois espraiou-se para os demais países, cada um com suas especialidades açucaradas, inclusive o Brasil, cujas sobremesas excessivamente doces foram objeto de registro de diversos historiadores.

Figura 17. Açúcar em Pó (*Doceiro Nacional ou Arte de Fazer Toda a Qualidade de Doces*, Rio de Janeiro, B. L. Garnier, 1895, p. 176).

Tornou-se o "condimento universal", conforme disse Brillat-Savarin[14]. Também era conhecido como o "sal indiano". Para esse mesmo autor, o descobrimento do açúcar e suas diversas preparações, os licores alcoólicos, sorvetes, a mistura com o chá, o café etc., transmitiram sabores de uma natureza até então completamente desconhecida pela humanidade.

Ao Brasil, segundo Gilberto Freyre, a cana teria chegado pela mão de um português, no século XVI. "Oficialmente, o introdutor da cana-de-açúcar no Brasil foi Martim Afonso de Souza; e a data exata dessa introdução, em São Vicente, 1532"[15]. A indústria açucareira se desenvolveu no Brasil, que se tornou um dos principais fornecedores de açúcar para os países da Europa. A produção se dava nos engenhos de açúcar – instalados, em sua maioria, no Nordeste – que empregavam mão de obra escrava. A predominância dessa indústria ao longo de séculos justificou-se pelo alto preço que se pagava pelo produto. Aqui o açúcar

14. Jean Anthelme Brillat-Savarin, *Physiologie du Goût*, p. 111.
15. Gilberto Freyre, *Açúcar. Uma Sociologia do Doce*, p. 22.

teve uso irrestrito e imoderado; não havia na época nenhuma ressalva quanto ao excesso.

Figura 18. *Pequeno Moinho de Açúcar Portátil* (*Petit Moulin a Sucre Portatif*, Jean-Baptiste Debret, *Voyage Pittoresque et Historique au Brésil*, t. 2, p. 86v).

No início, o açúcar era consumido mais como remédio. "Açúcar era coisa rara; privilégio de nobres e abastados, vendido em farmácias para curar doenças respiratórias, como cicatrizante e como calmante"[16]. No mesmo sentido, Brillat-Savarin: "O açúcar não é menos considerável, seja como alimento, seja como medicamento"[17]. Tempos depois substituiu o mel na preparação de doces e sobremesas nos conventos:

> Acabou tomando o lugar do mel, na elaboração das receitas. Junto com a gema de ovo entregue, nos conventos, pelas vinícolas. Dado se usar do ovo, na época, apenas as claras – para purificar vinhos e engomar roupas. Açúcar e gema passaram a ser a base de todas as sobremesas feitas nesses conventos[18].

16. Maria Lecticia Monteiro Cavalcanti, "Prefácio", em Gilberto Freyre, *Açúcar. Uma Sociologia do Doce*, p. 14.
17. Jean Anthelme Brillat-Savarin, *Physiologie du Gôut*, p. 77.
18. Maria Lecticia Monteiro Cavalcanti, "Prefácio", em Gilberto Freyre, *Açúcar. Uma Sociologia do Doce*, p. 14.

Rapidamente percebeu-se o açúcar como um alimento eficiente para reposição de energia. Dado aos animais, em seu estado mais bruto, eliminava a fadiga e dava disposição. Brillat-Savarin conta que os ingleses davam açúcar aos cavalos de corrida, para que se saíssem melhor nas provas[19]. Mas não só aos animais o açúcar fazia diferença metabólica: o homem também a sentia. No capítulo sobre a rapadura, foi abordada a importância do açúcar em estado bruto para a dieta do trabalhador brasileiro, principalmente o sertanejo, que apreciava um bom pedaço do doce para repor a energia esgotada.

Há diversos tipos de açúcar, tais como: cristal; de confeiteiro; mascavo; demerara; invertido; *light*; refinado; impalpável; líquido; orgânico, dentre vários tipos mais ou menos conhecidos. Para Pedro Nava, não há açúcar superior ao outro; há o tipo certo para a receita determinada.

O *Doceiro Nacional* traz definição de açúcar que expõe sua importância na doçaria:

> O principal ingrediente que entra em todas as receitas do doceiro, é o açúcar, à exceção de poucos que são combinadas com mel; e por isso, devem todos os doceiros conhecer bem a sua origem, composição, qualidades e preparação[20].

Em muitos países árabes, a base da doçaria é o mel; já no Brasil é o açúcar mesmo, hábito que reflete a influência de uma indústria canavieira poderosa e onipresente no Nordeste.

O doce acabou inserido na linguagem popular, ganhando significação própria. "Isso é marmelada", com sentido pejorativo; "meu doce de coco", com sentido positivo. "Fazer boca doce", no sentido de ser agradável, lisonjear com o fim de tirar algum proveito; "Quem nunca comeu melado quando come se lambuza"; "Quem ao filho agrada, a boca do pai adoça"; dentre muitos outros ditados e expressões[21].

19. Jean Anthelme Brillat-Savarin, *Physiologie du Gôut*, p. 77.
20. *Doceiro Nacional ou Arte de Fazer Toda a Qualidade de Doces*, Rio de Janeiro, B. L. Garnier, 1895, p. 9. O livro traz explicações diversas sobre o açúcar e sua preparação, os diferentes pontos, utilização, depuração etc.
21. Gilberto Freyre, *Açúcar. Uma Sociologia do Doce*, pp. 29, 37.

3

Bonequinhos de Licor

Uma venda na esquina da rua São Sebastião, em frente à casa do Jacob Becker, dentro de cuja escuridão cheirando a cachaça rutilavam, na prateleira, os bonequinhos de açúcar cheios de licor. Três por um vintém. Eram róseos, estalavam nos dentes e deixavam correr a calda alcoolizada com gosto de anis. Gosto e cheiro. Era delicioso tê-los um pouco na boca, aos dois, aos três, aos quatro, para mastigá-los de repente e ficar inundando da deleitosa ambrosia, enquanto os dentes trituravam a areia fina do açúcar e misturavam-na ao licor que se engrossava e corria feito baba. Orgia[1].

Os bonequinhos de licor são evocados pelo autor como uma das recordações mais recuadas de sua infância. Eles aparecem também no segundo volume de memórias, *Balão Cativo*, quando o autor queria montar uma barraquinha de doces. Os bonequinhos constituíam os doces principais:

Mas o carro chefe eram trinta bonequinhos de açúcar cheios de licor que eu comprara assim rosados, na esquina, com dez tostões que escrocara do Nelo e que pretendia revender, com enorme lucro, ao próprio Nelo e ao Cícero. [...] Eis quando chega meu amigo José Pinto de Moura que, nanico, querendo ver as

1. Pedro Nava, *Baú de Ossos*, pp. 275-276.

prateleiras da barraquinha, nelas se pendura e atira tudo ao chão. Não escapou um boneco de licor: seu doce sangue correu nas lajes...[2]

O bonequinho de açúcar é mencionado por Moisés Melinho, no prefácio do livro *Doces de Pelotas*, em trecho citado por Gilberto Freyre[3]. Mais utilizado como guarnição do que como doce autônomo; era utilizado para enfeitar tabuleiros e prateleiras. Ele não menciona o recheio.

LICOR

Por ser uma bebida mais adocicada, foi tida como bebida feminina. Câmara Cascudo ensina que:

Os licores são do século XVIII, franceses em maioria, vindo de Portugal e prelibados lentamente pela gente poderosa e rica do vice-reinado. Nunca o licor se popularizou nas camadas humildes. Os "nacionais", de manipulação doméstica, especialmente o de jenipapo, não eram "bebidas de homem". Nos bailes pobres havia sempre garrafinhas de licor "para as damas" mais afoitas.

Doce e ardente, diziam-no "bebida de mulher". Sua vulgarização maior datou do Primeiro Império e o prestígio social quando das recepções que a aristocracia oferecia constantemente. Fechava o jantar, indispensável para o chauruto e a conversa amena, participada por damas e cavalheiros ao redor de licoreiros artísticos[4].

Gilberto Freyre afirma que o licor de jenipapo é uma das bebidas que ainda hoje em dia é das mais tradicionais no Nordeste[5]. Foi um dos mais populares no Brasil antigo. Esse é, possivelmente, o mais conhecido licor nacional do qual Hildegardes Vianna nos dá uma receita tradicional:

Os licores são muito apreciados. O rei é o de jenipapo. Domina toda a época junina e aparece em outras ocasiões embora timidamente. Corta-se o jenipapo miúdo e põe-se para macerar em vasilha vidrada com cachaça; no momento aprazado, espreme-se num pano, adiciona-se uma calda de açúcar e mais cachaça, se preciso[6].

2. Pedro Nava, *Balão Cativo*, pp. 58-59.
3. Gilberto Freyre, *Açúcar. Uma Sociologia do Doce*, p. 199.
4. Luís da Câmara Cascudo, *História da Alimentação no Brasil*, pp. 784-785.
5. Gilberto Freyre, *Açúcar. Uma Sociologia do Doce*, p. 47.
6. Hildegardes Vianna, "Breve Notícia sobre a Cozinha Baiana", p. 52.

Brillat-Savarin, célebre *gourmet* da terra onde foi criado o licor (França), conta-nos a história do surgimento de uma profissão nova, em finais do século XIX, a do licorista que preparava a bebida:

> Foi para Luís XIV que foram trazidas as Échelles du Levant, espinhos de verão, que ele chamou de boa pera; e é à sua velhice que devemos os licores.
>
> Esse príncipe às vezes se sentia fraco, essa dificuldade de viver que frequentemente se manifesta após os sessenta anos; uniu-se o *brandy* ao açúcar e aos aromas, para fazer poções para ele, que, segundo os costumes da época, eram chamadas de poções cordiais. Esta é a origem da arte do licorista[7].

O licor é bebida amplamente mencionada por Pedro Nava, que fala do licor de pequi, servido em velórios[8] e vendido em cafés de Belo Horizonte, por exemplo[9]. Há também o licor de cacau, também vendido nesses cafés e servido como digestivo após os jantares de tio Ennes e tia Eugênia[10].

7. Jean Anthelme Brillat-Savarin, *Physiologie du Gôut*, p. 271.
8. Pedro Nava, *Baú de Ossos*, p. 260.
9. Pedro Nava, *Chão de Ferro*, p. 306.
10. *Idem*, p. 187.

4

Os Doces do Convento da Ajuda

Sweetmeats were afterwards brought in, which are always good in the houses of persons of his rank in life; the opulent people in Brazil taking as much pride in their doces, as an English citizen in his table or his wines[1].

HENRY KOSTER

Nesta [cozinha] elas eram tão saborosas como no canto. Ficaram famosos os doces da Ajuda: seus pastéis de Santa Clara, suas mães-bentas, as desmamadas, os canudos, os suspiros... Também as compotas, suas marmeladas – de que Machado de Assis dá notícia nas *Memórias Póstumas de Brás Cubas*. Com os atrativos das celas requintadas, dos pratos de sua cozinha, da amizade das conversas, o Convento da Ajuda atraía principalmente o mundo feminino da sociedade da colônia, do reino, do Império[2].

O Convento da Ajuda foi o primeiro mosteiro feminino no Rio de Janeiro, instalado contra a vontade do Reino de Portugal, a quem interessava povoar a colônia, objetivo que não se cumpriria com a reclusão de mulheres. Era considerado um "convento de elite", pois as noviças eram de famílias abastadas do Rio. Tornou-se famoso não só pelos doces fabricados pelas freiras, mas também pelos trabalhos de caridade e assistência.

Sua construção – projetada pelo brigadeiro e engenheiro militar José Fernandes Pinto de Alpoim – foi iniciada em 1742 e finalizada em 1748. A inauguração ocorreu em 30.3.1750. Foi demolido em 1911 – Nava considera uma "estupidez" esse ato –, para construção da Praça Floriano (Cine-

1. "Doces, que são sempre bons nas casas de pessoas de sua posição social, foram depois trazidos; as pessoas opulentas no Brasil se orgulham tanto de seus doces, quanto um cidadão inglês de sua mesa ou seus vinhos" (Henry Koster, *Travels in Brazil*, p. 57).
2. Pedro Nava, *Baú de Ossos*, pp. 171-172.

lândia). O Palácio Pedro Ernesto (atual sede da Câmara dos Vereadores do Rio) está construído mais ou menos onde ficava esse Convento, que ocupava um terreno de grandes proporções. Após a referida demolição, o Convento passou para a Tijuca (rua Almirante Cochrane) e depois, na década de 1920, foi definitivamente transferido para a rua Barão de São Francisco, n. 385, em frente à Praça Barão de Drummond, em Vila Isabel.

PASTEL DE SANTA CLARA

Santa Clara era o nome de um convento situado em Coimbra, fundado no final do século XIII (Convento de Santa Clara-a-Velha). É de lá a receita desse doce que ingressou definitivamente na doçaria brasileira. Para Câmara Cascudo, "essa tradição [...] doceira em Portugal replantou-se imediata e profundamente no Brasil, servindo-se dos elementos locais, reunindo-se aos recursos trazidos da Europa, farinha de trigo, ovos, especiarias"[3].

Antigamente, usava-se muito nos conventos a clara de ovo com finalidades diversas, como por exemplo engomar roupa. Isso explica a utilização ostensiva da gema de ovo na doçaria portuguesa, como no caso do pastel de santa clara. O doce comporta diversas receitas diferentes, que podem ser verificadas na "rota dos pastéis de Santa Clara". No Brasil, observa-se dois tipos diferentes. Ambos possuem o recheio de ovos moles; mas um leva massa filó, bem fininha e crocante; a outra tem formato de meia-lua e leva farinha com óleo ou manteiga, podendo ser assado no forno ou frito, sempre finalizado com açúcar por cima.

MÃE-BENTA

Esse é um doce de origem brasileira, um tipo de bolo servido, na maior parte das vezes, em porções individuais de forminhas de papel. É um excelente acompanhamento para o tradicional cafezinho. Mariza Lira explica como se deu o surgimento desse bolo tradicional:

> A origem da mãe-benta. Pelo tempo da Regência, morava no Rio de Janeiro, à Rua das Violas, 87 (hoje Teófilo Otoni), Benta Maria da Conceição Torres, mãe do cônego Geraldo

3. Luís da Câmara Cascudo, *História da Alimentação no Brasil*, p. 307.

Leite Bastos, oficial-maior da secretaria do Senado. Mãe Benta era uma famosa doceira. Foi ela quem criou a receita de uns bolos gostosíssimos, muito apreciados pelo Regente Feijó, que ia toda tarde à sua casa comê-los com café; e, não era só ele. Outros vultos em evidência deliciavam-se com os bolinhos da Mãe Benta. Os docinhos ficaram em moda[4].

É possível encontrar receitas com pequenas variações, como acontece na maioria das vezes, mas pode-se dizer que a receita básica e tradicional é dada pela mesma autora:

De um caderno de lembretes de uma senhora carioca é a receita da mãe-benta que se segue: 500 gramas de farinha de arroz, 350 gramas de manteiga, 500 gramas de açúcar, 12 gemas de ovos, 2 claras; batem-se os ovos com açúcar; depois a manteiga e por fim a farinha. Quando estiver para ir ao forno, bota-se o leite de um coco, sem água, cravo, erva-doce e canela. Leva-se em forminhas de papel ao forno[5].

A título de curiosidade, uma receita diferente, com um ingrediente em regra não utilizado nas tradicionais – a goma de mandioca – é informada por Luís da Câmara Cascudo:

Mãe-benta faz-se com a goma da mandioca, farinha de trigo, sessadas, sal, clara de ovos, batidas fortemente, como para "suspiro", pondo-se então as gemas, com bastante açúcar, branco ou moreno, conforme o gosto. Juntam as farinhas com as claras e gemas batidas, misturando-se bem, até ponto de massa espessa. Põe-se um copo de leite de coco, puro. Leva-se ao forno, quente, pondo-se em forminhas untadas de manteiga. Fica com uma consistência de broa. Toma-se com café, ao desjejum ou ceia. Para lanche cobre-se com açúcar cristalizado[6].

Por seu turno, M. Durand – em seu livro publicado em 1882 – fornece mais uma receita tradicional, como a de Mariza Lira, ou seja, sem a goma de mandioca:

Aqui está a receita para fazer uma *mâi-benta*: Pega-se meio quilo de farinha de arroz, um quilo de açúcar refinado, vinte e duas gemas e duas claras de ovos, um quilo de manteiga, um coco bem ralado; coloque a farinha de arroz e a manteiga em uma tigela grande de salada e amasse juntando as gemas uma após a outra: bata tudo, junte bem o açúcar e o coco ralado. Bate-se novamente essa massa; com ela se preenche as formas, que são forradas com folhas de banana e colocadas em um forno quente. Em seguida, serve-se[7].

4. Mariza Lira, "Nove Sopas. Barreado. A Origem da Mãe-Benta", p. 103.
5. *Idem*, p. 103.
6. Luís da Câmara Cascudo, *História da Alimentação no Brasil*, p. 609.
7. M. Durand, *Le Pays du Café*, vol. 1, p. 39.

Pedro Nava conta que a mãe-benta era servida também no café das cinco na casa de tio Júlio – diabético incurável – e tia Joaninha, junto com a prima Marianinha, com torradas escorrendo manteiga, café com leite, mingau de fubá com açúcar e queijo picado e broa de milho[8]. Isso foi quando Nava, aos dez anos, chegou em Belo Horizonte com a família. Servia-se a mãe-benta nas visitas que fazia com a mãe na capital mineira junto com outros quitutes, sempre para acompanhar o café[9].

MARMELADA

Sinônimo de conluio, trapaça. Esse doce recebeu, no processo de formação da língua portuguesa, um sentido pejorativo. "Isso é marmelada"[10]. Ensina Silveira Bueno que, no sentido figurado, marmelada significa "o que é produto de combinação para enganar os outros"[11]. Claudia Lima diz se tratar de sinônimo de "negócio escuso, desonestidade"[12].

O marmelo é o fruto do marmeleiro (*Cydonia oblonga*). Apesar da semelhança com a pera – é também conhecido como pereira-do-japão –, não é um fruto normalmente consumido cru, mas cozido, assado ou em forma de doce (marmelada). A plantação do marmeleiro se concentra nos Estados de Goiás, Minas Gerais, Rio Grande do Sul e Bahia.

A marmelada, que foi o doce industrializado mais consumido no Brasil até mais ou menos 1930, é hoje um desconhecido, principalmente nos grandes centros, onde crianças e adultos sequer o conhecem. No passado, o doce contava com grande popularidade. Charles B. Mansfield menciona em suas cartas de 1852/1853, quando chegou nas Minas Gerais, que a marmelada era "doce mui apetecido nesta terra"[13].

8. Pedro Nava, *Balão Cativo*, p. 85.
9. Pedro Nava, *Chão de Ferro*, p. 306.
10. Gilberto Freyre, *Açúcar. Uma Sociologia do Doce*, p. 29.
11. Francisco da Silveira Bueno, *Grande Dicionário Etimológico-Prosódico da Língua Portuguesa*, p. 2329.
12. Claudia Lima, *Tachos e Panelas*, p. 230.
13. A. D. Pascual, *Ensaio Crítico sobre a Viagem ao Brasil em 1852 de Carlos B. Mansfield*, t. 2, p. 113.

Figura 19. *Marmelo* (*Doceiro Nacional ou Arte de Fazer Toda a Qualidade de Doces*, p. 28).

Além de doce, a marmelada constou como sinônimo do ponto que se quer dar ao doce. O *Doceiro Nacional* – livro publicado em 1895 – dedica todo um capítulo à marmelada e assim a explica:

> Marmeladas são conservas de frutas em estado de polpa, e como são para se guardarem, fazem-se em ponto consistente, empregando-se geralmente o açúcar para a sua confecção. Fazem-se também algumas sem açúcar, por exemplo: a de ameixas, de peras, de maçãs, de uvas, de laranjas, e das frutas de sabugueiro.
>
> O meio de conhecer-se a marmelada, quando está em ponto suficiente, é o seguinte: tira-se um poucodinho deste doce e deixa-se cair num pires limpo e enxuto; se esta pequena porção da massa mostrar, depois de fria, uma boa consistência, e que, sendo apertada com o dedo, não ficar agarrada no pires, e despegar-se dele facilmente, estará em ponto; neste estado, pode-se tirar o tacho do fogo, e guarda-se a marmelada.
>
> Depois de posta a marmelada em suas competentes vasilhas, é bom expor-se ao sol durante dez a vinte dias, cobrindo-se com um pano ou papel para se cristalizar; ao contrário umedece-se facilmente, e por consequência, ou azeda-se ou cobre-se de bolor, ficando deteriorado em qualquer dos dois estados.
>
> Também devemos observar que durante toda a operação, deve-se sempre mexer a massa para não pegar no fundo, e a marmelada não ficar com gosto de queimada, apresentando além disto o inconveniente de se tornar escura e não querer açucarar-se[14].

14. *Doceiro Nacional ou Arte de Fazer Toda a Qualidade de Doces*, pp. 69-70.

Na sequência, fornece uma série de receitas de marmeladas de frutas diversas, dentre as quais destaco duas de marmelo (escura e branca):

7. Marmelada branca de marmelos. Descascam-se, e partem-se uns marmelos, tirando-se-lhes o miolo; fervem-se depois durante um quarto de hora em água, ou até ficarem moles a ponto de se poderem esmagar com facilidade; escorre-se a água que se guarda para fazer geleia; passam-se os marmelos por uma peneira, esmagando-se; pesa-se a massa que se reduz, e põe-se num tacho sobre um fogo muito moderado, com seu peso igual de açúcar refinado em pó; aquece-se, mexendo-se; e estando em bom ponto, guarda-se em caixetões, ou despeja-se sobre uma táboa para se cortar em tijolos, que se secam ao sol.

8. Marmelada escura de marmelos. Partem-se os marmelos, e fervem-se em água até tornarem moles; escorre-se a água para dela se fazer geleia (querendo-se); pesa-se a massa e guarda-se até o dia seguinte. Faz-se então uma calda de tanto açúcar quanto tiver de massa, e deita-se esta massa na calda quando ela se achar em ponto de fio; neste estado passa-se a fogo forte, mexendo-se diligentemente até chegar ao ponto conveniente[15].

Júlia Lopes de Almeida também fornece uma receita diferente, de compota de marmelo:

Corte em quatro os marmelos e tire-lhes os caroços; cozinhe até ficarem tenros; faça um xarope de uma libra de açúcar para cada libra de fruta e depois de retirar a escuma ferva dentro os marmelos durante meia hora[16].

15. *Idem*, pp. 71-72.
16. Júlia Lopes de Almeida, *O Livro das Noivas*, p. 93.

5

Sobremesa e Bebida para a Feijoada

Mas voltando à feijoada completa, mestre Cavalcanti, obrigado pela lição que tive em sua casa sobre a bebida que deve acompanhá-la. Eu vinha tendo o mau gosto de tomá-la ora com cerveja, ora com vinho, e aprendi com vosmincê qu'isto é mau. Seu sistema é o melhor. Batida ou cachaça antes, cachaça durante e um martelete final antecedendo à única sobremesa cabível com ela que é um doce de ovo e coco: coco puro, ou quindim, ou baba de moça...[1]

Já vimos com Pedro Nava que a feijoada tem seus acompanhamentos; não entram no seu prato, por exemplo, o arroz e a laranja. Mas também não é qualquer bebida que a acompanha, nem qualquer sobremesa que a finaliza. É preciso ter cautela em matéria de feijoada, para não se cometer tolices[2].

DOCE DE COCO

Ao contrário da marmelada, "doce de coco" possui conotação positiva, sentimental[3]. Diz-se: "meu docinho de coco" para a amada ou amado. Não se confunde com a cocada, que será vista mais para frente[4]. Doce preferido de

1. Pedro Nava, *O Círio Perfeito*, p. 171.
2. Cf. "Feijoada Sem Heresia...", p. 85.
3. Gilberto Freyre, *Açúcar. Uma Sociologia do Doce*, p. 29.
4. "Cocada", pp. 389 e s.

brasileiros ilustres, tais como Machado de Assis, João Goulart, Otávio de Faria, Rubem Braga, Jorge Amado, Carlos Lacerda, Agildo Ribeiro, Luís Jardim, Abgar Renault, do acadêmico Josué Montello e da embaixatriz Cármem Mendes Viana[5].

Gilberto Freyre fornece receita tradicional:

> 1 coco, 1 quilo de açúcar. Raspa-se 1 coco, faz-se de 1 quilo de açúcar a calda e em seguida junta-se o coco à calda e leva-se ao fogo para cozinhar. Quando estiver em ponto de fio branco estará pronto o doce[6].

Há também uma "outra maneira de fazer doce de coco", conforme indicado pelo *Doceiro Nacional*:

> 6. Outra maneira de fazer doce de coco. Faz-se com quatro libras de açúcar uma calda que se leva ao ponto de espelho; tira-se do fogo e deita-se-lhe um coco-da-bahia ralado bem fino, ajuntam-se doze gemas de ovos desmanchados numa colher de água, e passadas em uma peneira fina; torna-se a pôr o tacho sobre o fogo, e deixa-se cozinhar devagar até a calda chegar de novo ao ponto de espelho, mexendo-se sem parar. Ajunta-se uma colher de água de flor, põe-se em copos apolvilha-se com canela[7].

BABA DE MOÇA

É um tipo de doce a base de gema de ovos, que também leva leite de coco e açúcar, finalizado às vezes com canela em pó na superfície. O aspecto é amarelo da gema de ovo; a consistência é a de um creme, mais ou menos líquido a depender do gosto de quem prepara. Come-se de colher ou derramado sobre uma fatia de bolo, por exemplo.

Ensina Câmara Cascudo que esse foi o doce em calda preferido do Segundo Império. Ainda segundo o historiador:

> Permanente nas compoteiras de vidro verde do Palácio Isabel. Os netos do Imperador adoravam essa sobremesa. Era o modelo dos *doces inocentes*, para todos os paladares. Sobremesa que a Princesa Isabel fazia para o marido, o Conde d'Eu, sabidamente apreciador. Comparecia nas mesas elegantes, em fila artística, desafiando o apetite de parlamentares e poetas de cabeleira merovíngia. Era o doce de José

5. *Idem*, pp. 203-204.
6. *Idem*, p. 135.
7. *Doceiro Nacional ou Arte de Fazer Toda a Qualidade de Doces*, p. 84.

de Alencar. Fino, leve, perfumado, insubstituível nos jantares da aristocracia rural, mereceu grandes artistas para sua elaboração, difícil e fácil, na pessoa das damas de alto coturno da sociedade antiga[8].

Foi o doce preferido de personalidades como Juscelino Kubitschek, o embaixador Vasco Leitão da Cunha, Luís Viana Filho, Luís Antônio da Gama e Silva[9]. Gilberto Freyre, profundo conhecedor da doçaria brasileira, indica uma receita tradicional:

Faz-se com leite de 1 coco ralado, espremido em um guardanapo, 1 libra (500g) de açúcar em ponto de pasta e 10 gemas de ovos bem batidas; vai ao fogo em um tachozinho até tomar ponto, e então é que se acrescentam as gemas de ovo; deita-se depois o doce em vasilhas e polvilha-se com canela[10].

O *Doceiro Nacional* nos dá receita histórica do doce, mas com o nome – menos indecente para a época – de "beiços de moça":

3. BEIÇOS DE MOÇA. Toma-se o leite de dois cocos da Bahia, deita-se-lhe uma libra de açúcar refinado, e ferve-se até a calda ter chegado ao ponto de xarope; deixa-se esfriar acrescentando nesta ocasião nove gemas de ovos bem batidas; torna-se a levar ao fogo, ferve-se, mexendo-se durante dez minutos, e pondo-se depois em xícaras, apolvilha-se com canela moída[11].

Há um episódio, na obra de Pedro Nava, em que Egon e o Comendador encontram-se num restaurante chamado Gruta Serrana, de propriedade de um português com cara de magistrado, chamado Rodolfo. Eles estão tomando vinho do Porto[12], quando Rodolfo lhes serve, num pires, a baba de moça para acompanhar o vinho. Segundo o dono do estabelecimento, "tem de ser isso, meus senhores, já que nisto é que deu no Brasil o que em Portugal são os ovos moles de Aveiro"[13]. Portanto, para Pedro Nava, os ovos moles de Aveiro teriam sido a origem de dois doces, a baba de moça e o quindim[14].

8. Luís da Câmara Cascudo, *História da Alimentação no Brasil*, p. 612.
9. Gilberto Freyre, *Açúcar. Uma Sociologia do Doce*, p. 203.
10. *Idem*, p. 146.
11. *Doceiro Nacional ou Arte de Fazer Toda a Qualidade de Doces*, pp. 83-84.
12. Cf. "Um Porto d'Honra", pp. 309 e s.
13. Pedro Nava, *O Círio Perfeito*, p. 571.
14. Cf. "Quindim", p. 393.

6

As Sobremesas na Cozinha Mineira

É certo que as negras da dona Lourença contribuam para espalhar no centro de Minas grande parte das nossas sobremesas. A cozinha mineira, pouco abundante nos pratos de sal, que ficam nas variações em torno do porco, do toucinho, da couve, do feijão, do fubá e da farinha – é de uma riqueza extraordinária em matéria de sobrepastos. Hoje tudo mudou e minguou. Mas lembro-me bem da mesa de minha avó materna, em Juiz de Fora, onde Inhá Luísa, da cabeceira, podia olhar a ponta dos meninos e das compoteiras, de que havia, ao jantar, umas quatro ou cinco repletas de doce. Menos era penúria. E que doces... Os de coco e todas as variedades, como a cocada preta e a cocada branca, a cocada ralada ou em fita, a açucarada no tacho, a seca ao sol. Baba de moça, quindim, pudim de coco. Compota de goiaba branca e vermelha, como orelha em calda. De pêssego maduro ou verde cujo caroço era como um espadarte no céu da boca. De abacaxi, cor de ouro; de figo, cor de musgo; de banana. Cor de granada, de laranja, de cidra, de jaca, de ameixa, de marmelo, de manga, de cajá-mirim, jenipapo, toranja. De carambola, derramando estrelas no prato. De mamão maduro, de mamão verde – cortado em tiras ou passado na raspa. Tudo isso podia apresentar-se cristalizado – seco por fora, macio por dentro e tendo um núcleo de açúcar quase líquido. Mais. Abóbora, batata-roxa, batata-doce em pasta vidrada ou pasta seca. Calda grossa de jamelão, amora, framboesa, araçá, abricó, pequiá, jabuticaba. Canjica de milho verde tremendo como seio de moça e geleia do mocotó rebolando como bunda de negra. Mocotó batido, em espuma que se solidifica – para comer frio. Pamonha na palha – para comer quente, queimando os dedos. Melado. Tudo isto variando de casa para casa, segundo os segredos e as invenções de suas negras – se desdobrando em outros pratos, se multiplicando em novos. Dos aristocráticos, com receitas pedindo logo de saída trinta e seis gemas, aos populares, como o cuscuz (só fubá, só açúcar, só vapor d'água e tempo certo) e como a *plasta* de São José del Rei (só fubá, só rapadura, só amendoim e ponto exato) – que tem esse nome pelo seu aspecto de bosta de boi, do emplastro que forma no tabuleiro quando cai da colher de pau. E a abóbora da noite de São João? Era aberta por cima, esvaziada dos fiapos e caroços, cheia de rapadura partida, novamente tampada, embrulhada em folhas de bananeira e enterrada a dois palmos de fundo, debaixo das grandes fogueiras. Aí ficava duas, três horas e quando saía dessa moqueada, tinha cheiro de cana queimada e gosto ainda mais profundo que o das castanhas. Comia-se no fim das festas de junho bebendo *crambambali* e cantando até cair ao pé das brasas que morriam. [...]

Toda essa doçaria foi irradiada pelo centro de Minas, como seu ouro, como suas pedras. Ametista de batata-roxa. Reflexos de ouro e topázio das cocadas. Esmeralda, turmalina e água-marinha das compotas de mamão verde, das cidras, dos limões. Opalescências de goiabas brancas em caldas diamantinas. Tinha vindo do Rio nas mãos de sinhás como dona Lourença e de negras como suas escravas. Passaram pelo Convento da Ajuda, importadas dos conventos portugueses, das suas cozinhas imensas, das suas celas alcatifadas onde a ceia dos reis era servida por mãos de freiras. Os sobrepastos vernáculos e lusitanos mudavam no Brasil, como por exemplo os de ovos – que viraram noutros à simples adição de coco. Olha o ovo mole do Aveiro, que é pai do quindim! Desses acréscimos, aos do Reino, nasceram os doces da Terra. Viva o coco da Bahia![1]

Essa é uma das páginas mais completas (e belas) sobre as tradicionais sobremesas de Minas Gerais, muito embora tenha faltado o mineiríssimo doce de leite, colocado em primeiro lugar por Antônio Torres, em seu "Modelo de Jantar Mineiro"[2]. Se faltou nessa página, não faltou em outra, quando o autor descreve almoço filado na casa de uma cliente mineira, o "doce de leite com queijo de minas"[3]. Ele fala também do "doce de leite e queijo curado", após o mexidinho mineiro que Egon experimentou de outro cliente de Taquaraçu, interior de Minas.

Auguste de Saint-Hilare, em sua passagem pelo Estado, não deixou de notar o consumo notável de doces, não obstante tenha reprovado a quantidade de açúcar neles utilizado:

1. Pedro Nava, *Baú de Ossos*, pp. 172-173.
2. "Sobremesa: doce do mais puro leite de Minas; compota de laranjas curtidas em água corrente sob o luar montanhês; figos frescos, cristalizados por alguma senhora idosa, digna continuadora das gloriosas tradições de glutoneria dos capitães-generais das Minas" (Antônio Torres, "Modelo de Jantar Mineiro", p. 123).
3. Pedro Nava, *O Círio Perfeito*, p. 226.

Em nenhum lugar se consome tantos doces como na província de Minas; prepara-se compotas de muitas coisas diferentes; mas na maioria das vezes não se distingue o sabor de nenhuma delas, de tanto açúcar que se utiliza[4].

Para Pedro Nava, a sobremesa mineira teria sido exportada para outros cantos do Brasil, tendo ido parar no já comentado Convento da Ajuda[5], situado no centro do Rio de Janeiro, onde permaneceu até 1911. O convento preparava e vendia doces para a sociedade carioca, que passou a conhecer ainda mais o encanto dessas sobremesas mineiras, simples e cheias de tradição.

RIQUEZA DOS DOCES BRASILEIROS

Mesmo o médico Sigaud, com o olhar desaprovador sobre diversos hábitos alimentares do povo brasileiro (como fez várias vezes em sua obra), ficou impressionado com a variedade dos doces que encontrou por aqui. Para júbilo dos confeiteiros nacionais, comparou-os àqueles das nações em que a arte da *pâtisserie* se encontra em seu estágio mais desenvolvido, a França:

Que grande variedade de doces a das mesas brasileiras em um dia solene; a lista daqueles que podem ser feitos apenas com ovos faria o Carême empalidecer; Berthellemot ficaria surpreso com tudo o que o gênio pode extrair do coco, amêndoas de *menduby*, *sapodilla* e palmeiras; a fruta-pão, alguns cactos, batata-doce, são preservados com tanta arte quanto os que são as delícias dos amadores nas melhores mesas da Europa[6].

O hábito de consumir a sobremesa foi definitivamente adotado pelo brasileiro. "Nunca um brasileiro dispensou o *adoçar a boca* depois de *salgar o estômago*. Muito mais de sessenta por cento dos bolos e doces portugueses seguem no Brasil uso e abuso no plano do consumo"[7].

4. Auguste de Saint-Hilaire, *Voyage dans les Provinces de Rio de Janeiro e de Minas Geraes*, t. 1, pp. 211-212.
5. Cf. "Os Doces do Convento da Ajuda", pp. 377 e ss.
6. J. F. X. Sigaud, *Du Climat et des Maladies du Brésil*, p. 92.
7. Luís da Câmara Cascudo, *História da Alimentação no Brasil*, p. 308.

COMPOTA

No passado, fazia-se muito a compota de frutas em calda. É um doce também em extinção; não é mais encontrado com tanta frequência. A historiadora Hildegardes Vianna fala da popularidade dessa sobremesa: "As compotas são muito apreciadas, notadamente as de araçá [...], abacaxi, caju, laranja-da-terra ou cidrão"[8]. Claudia Lima, por sua vez, define a compota da seguinte forma:

> É um tipo de doce feito com determinadas frutas, como o marmelo, o pêssego, a pera, o figo, encontrados nos cardápios brasileiros. Faz-se uma calda, enche-se o vidro de frutas, colocando a calda, tapa-se e põe-se em banho-maria. Da casca da fruta, faz-se a "gelatina". Cozinha-se a casca junto com os caroços da fruta, depois, escorre-se bem e põe-se o caldo novamente a ferver com açúcar, até ficar no ponto de geleia[9].

O *Doceiro Nacional* também explica:

> Compotas são frutas confeitadas com pouco açúcar, e preparadas para se comerem logo, e não para se guardarem. Deixam-se as frutas inteiras, cortam-se em pedaços, ou reduzem-se também a uma polpa ou massa antes que se misturem com açúcar.

Ele também informa que as compotas não eram utilizadas apenas como sobremesas. "Usam-se muitas vezes destas compotas com assados em lugar de saladas, e principalmente com caças e aves aquáticas"[10]. Na sequência, fornece a receita de várias compotas, como por exemplo de maracujá, tomates, ameixas, bananas, batata-doce, maçã, uva etc.

Não é só em Minas que as compotas ficaram conhecidas; elas eram preparadas, com ingredientes locais, em todo o Brasil. Segundo Gilberto Freyre, "no Pará, são numerosas as compotas de frutas agrestemente amazônicas com deliciosos nomes indígenas: compostas como que supertropicais no que nelas é sabor esquisito"[11]. No Nordeste, também, as compotas são bastante conhecidas.

8. Hildegardes Vianna, "Breve Notícia sobre a Cozinha Baiana", p. 53.
9. Claudia Lima, *Tachos e Panelas*, p. 254.
10. *Doceiro Nacional ou Arte de Fazer Toda a Qualidade de Doces*, p. 65.
11. Gilberto Freyre, *Açúcar. Uma Sociologia do Doce*, p. 25.

Uma das histórias mais divertidas contadas por Pedro Nava consta logo no início do primeiro volume de suas memórias, *Baú de Ossos*. Sua avó paterna (Ana Candida Pamplona) tinha um irmão chamado Icilrérico Narbal Pamplona, que foi casado com Dona Irifila. Ele, tratado pela esposa como Lequinho, gostava de receber amigos em casa para jogar cartas, bater papo, tomar aperitivos e fumar. Ela – Dona Irifila –, não gostava e exigia que ele parasse com as recepções. Ele não a escutou; ela, tida como pessoa amarga e desagradável, preparou uma compota... cheia de cocô, que foi aberta durante uma dessas recepções:

> E que fartura. Chá, chocolate, moscatéis, maderias, portos. Os licores da França, da Hungria e os nacionais de pequi, tamarindo e jenipapo. E a abundância de doces e dos sequilhos: língua de moça, marquinhas, veranistas, patinhas, creme virgem e tudo quanto é biscoito. Biscoitos à Cosme, espremidos, de queijo, de nata, de fubá, de polvilho, de araruta. E no meio da maior bandeja, a mais alta compoteira com o doce do dia – aparecendo todo escuro e lustroso, através das facetas do cristal grosso, de um pardo saboroso como o da banana mole, da pasta de caju, do colchão de passas com ameixas-pretas, do cascão de goiaba com rapadura. O comendador resplandescente destampou a compoteira: estava cheia, até as bordas, de merda viva! Nunca ninguém jamais ousara coisa igual[12].

Nava também menciona as compotas de doce no aparador da casa de Ennes de Souza, lugar devotado à boa mesa[13].

COCADA

Doce preparado basicamente com a polpa do coco e açúcar. Em geral, fabricado em tabletes. Considerado por Gilberto Freyre "doce mais de tabuleiro que de sobremesa fina"[14]. Pode ser escura ou branca, a depender da cor do açúcar utilizado. Doce preferido de Rachel de Queiroz[15]. Há muitas variedades do doce, como aponta Câmara Cascudo:

12. Pedro Nava, *Baú de Ossos*, p. 34.
13. Pedro Nava, *Chão de Ferro*, p. 170.
14. Gilberto Freyre, *Açúcar. Uma Sociologia do Doce*, p. 30.
15. *Idem*, p. 203.

Cocada, coco seco, ralado, cozido e mel de rapadura. Pronto, despejam-na em tabuleiros de flandres, forrados, com folhas de bananeira. Cortados em quadradinho. Cocada de amendoim. Cocada de castanhas. Todas na mesma técnica. Há cocadas mais cuidadas, de mel de açúcar branco, erva-doce, até com baunilha, tingidas de róseo. As veteranas, brutas, arcaicas, derramadas numa geografia consumidora geral, são de coco, mel de rapadura ou açúcar moreno, escuras, ásperas, afiadoras de incisivos e molares, à prova de cor de dentes[16].

Para Claudia Lima, é um

[...] doce feito com a polpa do coco raspada, açúcar branco ou escuro, em ponto consistente para a massa ser cortada em quadradinho ou em forma de discos. É uma das guloseimas mais antigas e espalhadas por todo o Brasil. É um doce de tabuleiro, vendido nas ruas de quase todas as cidades brasileiras[17].

Em seu *Vocabulário Pernambucano*, Pereira da Costa fez constar o verbete:

Cocada. Feridas na cabeça; doce de coco, de açúcar branco ou não, e em ponto forte para ficar consistente ao secar, disposto em forma de discos, a espécie de bolacha, ou cortado em talhas; e pelo mesmo processo, as cocadas de laranja e mamão. "De coco se faz cocada" (*A Marmota Pernambucana* n. 23 de 1850). "A cocada é o doce do povo, é o doce patriótico e democrático, e é a sobremesa dos pobres, e além disto tem a particularidade de excitar o prazer de se beber um bom copo de água fresca; a cocada une-se perfeitamente com os ovos, e então fica parecendo um doce de ouro" (*idem*, n. 47). "Lembre-se que lhe mandei quatro vinténs de cocada" (*Lanterna Magica*, n. 441 de 1894). "Com trabalho embora pouco, faz o seu bolo de coco, que o vulgo chama cocada" (*A Pimenta*, n. 9 de 1902)[18].

FRUTA CRISTALIZADA

É outro doce que não consta mais, com tanta frequência, nos livros de receita de sobremesa. Poucas frutas hoje em dia são servidas cristaliza-

16. Luís da Câmara Cascudo, *História da Alimentação no Brasil*, p. 614.
17. Claudia Lima, *Tachos e Panelas*, p. 254.
18. Francisco Augusto Pereira da Costa, *Vocabulário Pernambucano*, Recife, Imprensa Official, 1937, p. 252.

das. Antigamente, como se pode ver no *Doceiro Nacional*, diversas frutas passavam por esse processo, como a cidra, pera, maçã, jenipapo, goiaba, abacaxi, pêssego, e também outros itens, como o gengibre, vagem, tomate etc. Veja-se o processo de cristalização por ele ensinado:

> Frutas secas e cristalizadas.
>
> Todas as frutas preparadas em doce de calda, podem servir para delas se fazerem doces secos, que também se podem cristalizar. Deve-se porém escolher as frutas que não sejam muito moles, as quais se deixam escorrer depois de tiradas da calda; em seguida envolvem-se de açúcar em pó fino, e secam-se em estufa. Estando secas, enfiam-se repentinamente em água de flores de laranjeira, e enrolam-se de novo em açúcar em pó, tornando-se a secar na estufa. Naturalmente quem não tiver à sua disposição uma estufa, as porá a secar ao sol ou em cima de um forno. Prepara-se depois uma calda de açúcar bem claro até o ponto de espelho, deita-se em uma vasilha, em cujas bordas se atravessam umas varinhas em que se penduram as frutas por meio de uns fios de linha, de maneira que fiquem suspensas na calda, e cobertas por ela. Leva-se este aparelho à estufa, ou dentro de um forno brando que se deve conservar sempre no mesmo grau de calor por três ou quatro dias. Passado este tempo, estarão as frutas cobertas de uma boa camada de cristais de açúcar. Lavam-se nesta ocasião com um pouco de água fresca, e depois de escorridas, secam-se e guardam-se. Geralmente usam-se preparar diretamente as frutas para este fim, porque para ficarem mais duras e vistosas não se curtem tanto como para os doces de calda, e por este motivo, julgamos conveniente indicar a maneira de preparar diretamente as frutas que devem ser cristalizadas, sem se utilizar das que foram preparadas em calda. Portanto apresentaremos a maneira de cristalizar cada substância em artigos separados[19].

O doce de cidra cristalizada teve lugar especial na memória de Pedro Nava. Sua prima Mariana Carolina Pinto Coelho, também conhecida como Marianinha, preparava um doce de cidra, que "parecia vidro por fora e dentro de cada pedaço havia uma moleza em calda. Eram verdes como os olhos da doceira"[20]. Dona Joana Carolina Pinto Coelho Júnior era "grande doceira para peças secas ou em calda"[21]. O doce seco aqui é o cristalizado; em calda, ia para as famosas compotas.

19. *Doceiro Nacional ou Arte de Fazer Toda a Qualidade de Doces*, p. 60.
20. Pedro Nava, *Balão Cativo*, p. 89.
21. Pedro Nava, *Galo-das-Trevas*, p. 350.

CANJICA DE MILHO VERDE

Prato de origem indígena. "Do milho preparavam as cunhãs, além da farinha (*abatiuí*), hoje usada no preparo de vários bolos, a *acanijic*, que sob o nome de canjica tornou-se um dos grandes pratos nacionais do Brasil"[22]. Câmara Cascudo disserta sobre a origem do nome e variações dessa sobremesa, que é apreciada até os dias de hoje:

> Assim a canjica (*caguã-i-yi*, o grão quebrado; *cangi*, mole, brando; *acangic*, grão cozido) era uma pasta espessa de milho cozido que a culinária portuguesa melhorou com o leite de coco ou de gado, e açúcar, enfeitada de canela em pó. Mereceu várias modificações, partindo do milho em grão cozido, com leite (de coco ou de gado) chamado pelo africano de *mungunzá*, até o creme de milho, "canjiquinha", ao *curau* de milho grosso, pilado, quase "canjicão", caminho do bolo de milho verde, no ciclo festivo de São João, em junho[23].

Claudia Lima informa ser a canjica um "creme de milho verde; papa de milho verde. Feita com a massa do milho, leite de vaca ou de coco, açúcar e polvilhado com canela". Também ensina que se trata de um "prato tradicional, indispensável e típico nas festas juninas, no Nordeste. Nos Estados do Sul, chamam canjica um prato feito com milho branco e de curau, a um prato semelhante à canjica do Nordeste"[24].

PAMONHA

Mais um produto indígena, preparado também a partir do milho, "a *pamuna* – hoje pamonha – envolvida, depois de pronta, na própria palha do milho"[25]. Não se trata, contudo, de iguaria nacional. Sua origem é africana e seu consumo é espalhado por diversos locais, conforme ressaltado por Claudia Lima:

> A pamonha de milho, tão famosa nas festas juninas do Nordeste, origina-se do acaçá, comida de milho que parece uma papa grossa e consistente. Seu consumo

22. Gilberto Freyre, *Casa-Grande & Senzala*, p. 194.
23. Luís da Câmara Cascudo, *História da Alimentação no Brasil*, p. 137.
24. Claudia Lima, *Tachos e Panelas*, p. 249.
25. Gilberto Freyre, *Casa-Grande & Senzala*, p. 194.

estende-se também pela África Equatorial, pelo Peru, como *chica*, no Equador e por toda a América Central, desde a época pré-colombiana[26].

Câmara Cascudo aponta para a origem do nome, bem como para os pratos semelhantes:

> A pamonha (*pamong*, pegajoso, grudento, viscoso) de milho ou arroz, bolo gelatinoso, adoçado, envolto em folha de bananeira, tanto pode ser comido isolado quando dissolvido n'água, *garapa de pamonha*, correspondendo ao africano *acaçá*. É o *pacoute* do Sudão, o *akasan* do iorubano, da Costa dos Escravos, onde é pão de milho ralado[27].

QUINDIM

Para Pedro Nava, o quindim tem sua origem no ovo mole de Aveiro; para Claudia Lima, é um "doce da cozinha afro-brasileira que leva coco ralado, gemas e açúcar. Pode ser feito em pequenos e individuais docinhos, para festas e aniversários. É um manjar dos tabuleiros das baianas"[28].

O ovo mole de Aveiro é um doce típico da região que vai no nome, que fica no litoral de Portugal, entre o Porto e Coimbra. É mais uma das invenções – à base de açúcar, água e gema de ovo – provenientes de conventos portugueses. Em 2009, a Comissão Europeia incluiu o doce na lista de produtos alimentares com a denominação de Indicação Geográfica Protegida (IGP).

Para fazer o quindim, basta incluir na receita do doce português o coco ralado e a manteiga; nesse ponto, tem razão Pedro Nava. Duas receitas históricas de quindim são fornecidas por Gilberto Freyre:

> 500g de açúcar refinado, 250g de coco ralado, 1 quarta (120g) de manteiga lavada e escorrida, 15 gemas de ovos, mistura-se tudo e deita-se em fôrmas untadas com bastante manteiga e vai logo ao forno brando[29].
>
> QUINDIM DE IAIÁ. 1 libra (500g) de açúcar, 1 quarta (120g) de manteiga, 16 gemas (sendo 3 com claras), 1 coco ralado, cravo, canela, água de flor de laranjeira. Bate-se tudo, bota-se 1/2 libra de farinha de trigo, torna-se a bater. Depois de pronto, bota-se em forminhas untadas de manteiga e leva-se ao forno[30].

26. Claudia Lima, *Tachos e Panelas*, p. 107.
27. Luís da Câmara Cascudo, *História da Alimentação no Brasil*, p. 137.
28. Claudia Lima, *Tachos e Panelas*, p. 276.
29. Gilberto Freyre, *Açúcar. Uma Sociologia do Doce*, p. 142.
30. *Idem*, p. 144.

7

Tabuleiro de Doces da Sabina

Entre uma aula e outra, os estudantes iam para a porta conversar, olhar o mar, descarrilar os bondes, namorar as lavadeiras de Tangara, quebrar a cara dos burros-sem-rabo ou aglomerar-se em torno ao tabuleiro da Sabina divina, saboreando suas cocadas e *punhetas*. Esse último era o nome de uma gostosura amassada com a mão – um doce, bem entendido! –, feito com tapioca, coco e assadinho no borralho. [...]

Ora, um belo dia, nada de Sabina, de seu xale da costa, de suas saias de goma, de suas chinelas sonoras, de seu pregão merencório. Nada de cocadas, nada de cuscuz, nada de *punhetas*. Nada. A autoridade sanitária tinha proibido os tabuleiros e um tenente da polícia atrabiliário tinha *rapado* o da Sabina. Os estudantes deram outro e, quando o meganha voltou, encontrou a negra garantida pela faculdade. Começou a inana. Pode! Não pode! Fora, puto! Ordens são ordens! Merda pras ordens! Não pode! Pode! Houve pescoções, bengaladas, golpes de refle. Cavalaria e rolha para cavalo planchear. Tentativa de invasão e defesa da cidadela com garrafões de ácido sulfúrico despejados por Guahiba Rache, em cima dos soldados. Finalmente os tiros. Houve feridos e parece que mortos. A revolta ficou chamada a *sabinada* e terminou porque aconteceu que o chefe da polícia não era integralmente cretino e mandou que tornassem ao lugar negra e tabuleiro. Ela voltou e ouviu-se novamente seu pregão todas as tardes. Todas as tardes lá na calçada, lá na calçada da Academia, da Academia de Medicina. (Essa história eu a ouvi de um contemporâneo de meu pai, Levy Coelho da Rocha, médico em Belo Horizonte. Se não estiver conforme, outro, do tempo, que a conte melhor)[1].

1. Pedro Nava, *Baú de Ossos*, pp. 229-230.

Essa é uma das histórias do pai de Pedro Nava, que também era médico. Na época, só havia a Imperial Escola de Medicina, onde teria havido o imbróglio.

DOCE DE TABULEIRO

O tabuleiro de doce na Bahia constitui um verdadeiro fenômeno sociológico, iniciado com as escravas forras ou libertadas. Ao se tornarem exímias doceiras, essas ex-escravas conseguiam muitas vezes juntar um bom dinheiro com a venda de doces típicos, principalmente em Salvador. É o que explica Gilberto Freyre:

> A doçaria de rua aí desenvolveu-se como em nenhuma cidade brasileira, estabelecendo-se verdadeira guerra civil entre o bolo de tabuleiro e o doce feito em casa. Aquele, o das negras forras, algumas tão boas doceiras que conseguiram juntar dinheiro vendendo bolo[2].

O tabuleiro dessas negras é uma das várias marcas culinárias da Bahia. Hildegardes Vianna chega a alegar que, "para saber o que se come na Bahia, o mais prático é começar pelos famosos tabuleiros, em que muitas vezes doces, salgados e frutas se confundem"[3].

Possuíam diversos formatos. "Popular no Brasil, doce de tabuleiro, formando animais, jarrinhos, cachimbos, flores"[4]. São populares pois o preço sempre foi acessível. "No Brasil, são *doces de tabuleiro*, baratos, populares, vendidos nas ruas, nas feiras, pátios das igrejas em noite de novena e festa do orago"[5].

Para Freyre, o doce de tabuleiro é diferente, melhor do que o adquirido em lojas.

> Há comidas que não são as mesmas compradas nos tabuleiros que feitas em casa Arroz-doce, por exemplo, é quase sempre mais gostoso feito por mão de negra de tabuleiro que em casa. E o mesmo é certo de outros doces e de outros quitutes[6].

2. Gilberto Freyre, *Açúcar. Uma Sociologia do Doce*, p. 194.
3. Hildegardes Vianna, "Breve Notícia sobre a Cozinha Baiana", p. 47.
4. Luís da Câmara Cascudo, *História da Alimentação no Brasil*, p. 611.
5. *Idem*, p. 614.
6. Gilberto Freyre, *Açúcar. Uma Sociologia do Doce*, p. 191.

O autor, no livro *Casa-Grande & Senzala*, traz detalhes sobre esse comércio típico e histórico:

> Mas o legítimo doce ou quitute de tabuleiro foi o das negras forras. O das negras doceiras. Doce feito ou preparado por elas. Por elas próprias enfeitado com flor de papel azul ou encarnado. E recortado em forma de corações, de cavalinhos, de passarinhos, de peixes, de galinhas – às vezes com reminiscências de velhos cultos fálicos ou totêmicos. Arrumado por cima de folhinhas frescas de banana. E dentro de tabuleiros enormes, quase litúrgicos, forrados de toalhas alvas como pano de missa. Ficaram célebres as mães-bentas, e ainda hoje se vendem em Garanhuns, no interior de Pernambuco, as "broas das negras do Castainho". Tudo doce de negra. Desses tabuleiros de pretas quituteiras, uns corriam as ruas, outros tinham seu ponto fixo, à esquina de algum sobrado grande ou em um pátio de igreja, debaixo de velhas gameleiras. Aí os tabuleiros repousavam sobre armações de pau escancaradas em x. A negra ao lado, sentada em um banquinho[7].

Era notável o capricho, a preocupação com a limpeza e a higiene com que os doces eram dispostos no tabuleiro. "De noite os tabuleiros iluminavam-se como que liturgicamente de olhos de cera preta; ou então de candeeirinhos de folhas-de-flandres ou de lanternas de papel"[8].

PUNHETA

Esse doce de nome indecente é também conhecido como *bolinho de estudante,* denominação mais cívica e menos estarrecedora, embora Jorge Amado tenha insistido na denominação original: "E tu não sabe menina? Olha que tu sabe muito bem, o nome é punheta, bolinho de estudante é pronúncia de besta!"[9]

É um doce que se encontra (ou se encontrava) nos tabuleiros das baianas, preparado com tapioca, coco e açúcar e variações (sal, óleo, água etc.). Na receita dada por Pedro Nava, o doce é assado em cinzas quentes

7. Gilberto Freyre, *Casa-Grande & Senzala*, p. 543.
8. Gilberto Freyre, *Açúcar. Uma Sociologia do Doce*, p. 195.
9. Jorge Amado, *O Sumiço da Santa*, São Paulo, Companhia das Letras, 2010.

(borralho), mas também pode ser frito em óleo, depois passado no açúcar e canela.

SABINADA

A "revolta da Sabinada" foi organizada por militares da classe média, na Bahia, entre 1837 e 1838. O nome se deve ao líder, o jornalista e médico Francisco Sabino Álvares da Rocha Vieira. Essa revolta militar, porém, nada tem a ver com a sabinada mencionada por Pedro Nava – ocorrida em 25.7.1889 –, que envolveu estudantes da Imperial Escola de Medicina, que se situava na Rua da Misericórdia, no centro do Rio de Janeiro. De acordo com Câmara Cascudo, a revolta se deve ao fato de o delegado de polícia ter proibido a venda de laranjas da quitandeira baiana chamada Sabina[10].

Esse episódio ficou conhecido na época e foi retratado por Artur Azevedo, numa peça escrita 1890 para a revista musical *A República*, chamada *As Laranjas da Sabina*. A peça foi representada por grandes atrizes da época, como Rose Villot (no papel de República), Clélia de Araújo (no papel de Monarquia) e Ana Manarezzi (no papel de Sabina). Também foi cantada em algumas ocasiões: 1902 (pelo cantor Cadete); em 1905 (por Pepa Delgado); nos anos 1940 (Dircinha Batista); em 1999 (Marcienne Costa).

Sou a Sabina, sou encontrada
todos os dias lá na calçada
lá na calçada da Academia
da Academia de Medicina
Um senhor subdelegado
moço muito resingueiro
Ai, mandou, por dois soldados
retirar meu tabuleiro, ai...

Sem banana macaco se arranja
Mas não pasa o Monarca [a mulata] sem canja

10. Luís da Câmara Cascudo, *História da Alimentação no Brasil*, p. 572.

Mas estudante de medicina
nunca pode
passar sem a laranja
a laranja
a laranja da Sabina.

Os rapazes arranjaram
uma grande passeata
Deste modo provaram
como o ridículo mata (como gostam da mulata).

O episódio da Sabinada foi contado em detalhes em carta manuscrita enviada a Pedro Nava por Aluísio Azevedo Sobrinho, em 5.1.1976. Além do episódio em si, Aluísio traz detalhes sobre a música acima comentada, bem como as peças encenadas na época. O original dessa carta está no Inventário do Arquivo Pedro Nava, conservado na Fundação Casa de Rui Barbosa.

8

Doceiros do Rio Comprido

Mas voltemos a Aristides Lobo e ao fim da hora neutra de depois do almoço – pontuada pela avena dos doceiros. Lá vinham eles do Largo do Rio Comprido... A cabeça encimada pela torcida de um pano que lhes dava ares de sipaios. Era sobre esse turbante que descansava a caixa dos doces, envidraçada, aos lados, como o esquife de cristal da Branca de Neve, coberta, em cima, por uma tampa forrada de oleado e tendo quatro pés, como mesa, para a hora comovente da escolha entre as brevidades desérticas, os úmidos quindins, as cocadas brancas e pardas – conforme feitas com açúcar refinado ou rapadura. Os doces de batata-roxa, batata comum, de abóbora, de cidra, de mamão ralado. Os pés de moleque de amendoim inteiro ou pilado, de massa açucarada como vidro ou ressecada como um reboco. Ao levantar-se a tampa, vinha aquele cheiro envolvente e sedativo onde as narinas surpreendiam tonalidades altas do odor do limão e da laranja; as claras, do leite, do coco, das farinhas; as baixas em ais surdas do ovo, do cravo, da baunilha, do melaço. Eram cromáticas como as cascatas de sons que o doceiro tirava do instrumento com que se anunciava[1].

Ao se mudar para o Rio de Janeiro, a família morou numa casa situada na rua Aristides Lobo, n. 106 – Rio Comprido –, ainda na primeira década do século XX. Nesse bairro Nava presenciava esse comércio ambulante de doces, ainda criança, através das grades que cercavam a propriedade, de onde via o mundo.

1. Pedro Nava, *Baú de Ossos*, p. 331.

PÉ DE MOLEQUE

É um doce preparado com amendoim torrado e açúcar ou rapadura (mais tradicional), cortado em tabletes. Em algumas receitas encontra-se a manteiga, que tira um pouco da dureza característica do doce.

Ao contrário de muitos itens da doçaria nacional, que tiveram berço em Portugal, o pé de moleque ostenta certidão brasileira. Para Carlos Drummond de Andrade, era a "pura joia mineira". Essa glória é contada por Câmara Cascudo:

> Se existe um doce *history and story* o pé de moleque, *belive it or not*, é um deles. Título *made in Brazil*. Nunca um português daria esse nome a um doce. Muito vulgar e rasteiro, típico patuleia, não teria curso livre no vocabulário lusitano. No Brasil, é denominação evocadora da figura humana, inquieta, agressiva, povoadora das ruas silenciosas, recriador de chalaças, zombando as sisudezas graves, riscador de *rabos de arraia* e de *balões* fagueiros na dinâmica estonteante da capoeira[2].

Há uma receita de pé de moleque à moda de Pernambuco – que leva massa de mandioca, incomum em outras receitas –, que nos é dada por Gilberto Freyre:

> 4 ovos, 6 xícaras de massa de mandioca, ½ quilo de açúcar de segunda, 1 xícara de castanhas de caju pisadas, 1 coco, 3 colheres de manteiga, erva-doce, cravo e sal. Espreme-se a massa, passa-se numa peneira, depois junta-se o leite de coco tirado com um pouco d'água. Em seguida, os ovos, a manteiga e o açúcar, as castanhas picadas, 1 colherinha de sal e outra de cravo e erva-doce pisados. Leva-se ao forno numa fôrma untada e põem-se em cima de algumas castanhas de caju inteiras[3].

Há também receita histórica de pé de moleque com rapadura, fornecida pelo *Doceiro Nacional*:

> 10. PÉS DE MOLEQUE COM RAPADURA. Tomam-se duas rapaduras, que se derretem em quatro garrafas de água; lança-se-lhes, em seguida, uma clara de ovo batida com água; deixa-se ferver mais um pouco, coa-se em um pano, torna-se a levar ao fogo, até que tome ponto de açúcar; ajunta-se um prato de amendoins torrados,

2. Luís da Câmara Cascudo, *História da Alimentação no Brasil*, p. 613.
3. Gilberto Freyre, *Açúcar. Uma Sociologia do Doce*, p. 107.

e privados da pellinha que os cobre, e um pedacinho de gengibre socado; tira-se do fogo, e bate-se no tacho com uma colher de pau; e quando estiver no ponto de açúcar, despeja-se a mistura em tabuleiros forrados de farinha coada; depois de fria, corta-se em quadrados[4].

Diz-se que o pé de moleque teria esse nome como uma referência às ruas de pedras irregulares de cidades históricas, como Ouro Preto e Parati, dada a semelhança na superfície do doce, também irregular. Apesar do título nacional, encontra-se em outros lugares doces preparados da junção de amendoim com açúcar. É o caso da *palanqueta,* no México; *chikki,* na Índia; e *nogado* (do francês *nougat*), em Portugal.

4. *Doceiro Nacional ou Arte de Fazer Toda a Qualidade de Doces*, pp. 111-112.

9

Baleiros do Rio Comprido

Outros vendedores ambulantes, com outros barulhos. Baleiros – baleiro-baaala – pulando dos estribos dos bondes que subiam, para os passeios e destes, tornando a levitar-se, com seu grito, para os que desciam – realizando o milagre de equilibrar e manter arrumadas as bandejas com os pacotes de biscoitos Brichy; com os peixes, as moedas, os cigarros, os charutos e os cachimbos de chocolate envoltos em lâminas de ouro, prata e púrpura; os enrolados de balas, feitos de papel brilhante e lustroso em que uma rodela de cor indicava a qualidade. Verde-escuro, bala de limão. Verde-claro, bala de hortelã. Alaranjado, de laranja. Amarelo, de mel. Creme, de abacaxi. Branco, de coco. Pardo, de chocolate. Roxo, de violeta. Lembram-se das balas de violeta? que não eram balas, mas as próprias flores, as próprias violetas confeitadas. Dilim-dilim era o nome onomatopaico dado a um cartucho de massa de trigo que se quebrava nos dentes e derretia na língua feito hóstia. Vinham uns enfiados nos outros e seus cones se arrumavam espiralados numa enorme lata redonda que o ambulante trazia às costas, segura por bandoleira para, com as mãos livres, percutir o triângulo de metal que fazia dilim-dilim, dilim-dilim, dilim-dilim... Esse ruído casava-se ao rufo brioso e ovante, tirado com varetas, do baú de folha de flandres que os vendedores de puxa-puxa traziam na cabeça. Azuis, cor-de-rosa, eram escrínios cheios de joias completamente brancas, do coco e do açúcar, ou tendo riscos de anilina sobre sua opalescência. Juntava-se aos dois ruídos o estalar da matraca dado pela batida rápida de um arco de ferro articulado sobre madeira e acionado por pronações e supinações velocíssimas do braço do homem do algodão. Algodão de açúcar, centrifugado na máquina que o fabricava, como estratos, nimbos, cirros e depois cúmulos que viraram naquele caldo de chuva, dentro da boca.

Já tinha anoitecido e já era depois do jantar quando irrompiam da treva quente os gritos dos sorveteiros. Sorveeet'iaiá. Creme, coco, abacaxi[1].

Da grade que cercava a casa em que morou na rua Aristides Lobo, n. 106, ainda criança, Pedro Nava observava o movimento da rua, das pessoas, os sons e as cores, que variavam de acordo com a hora do dia. De manhã, surgiam os vendedores ambulantes, dentre os quais os baleiros.

BALEIROS

A figura do baleiro encontra-se quase que extinta nos dias de hoje. Já desde a década de 1980, compram-se balas industrializadas em lojas, bares e supermercados. Nava resgatou a memória desses vendedores ambulantes que circulavam pelos bairros vendendo a mercadoria que carregavam a pé ou em bicicletas.

Veja-se que o trecho em destaque não é a primeira evocação do autor das balas que marcaram sua infância. Pouco antes, no mesmo volume, ele cita o comércio de outro baleiro, chamado Cristiano Horn:

A compensação do suplício [tratamento na Farmácia Halfeld] era a passagem no Cristiano Horn para a compra de suas floridas balas, em forma de travesseiro. Vermelhas, brancas, amarantes, alaranjadas, encarnadas, verdes, nacaradas, lilás, malva e chocolate. Vinha com elas, dentro do cartucho, aquele aroma de açúcar queimado que era o cheiro da casa adorável do baleiro[2].

No quinto volume de suas memórias, *Galo-das-Trevas*, Nava fala novamente dos baleiros do Rio Comprido.

Na tarde açucarada de Aristides Lobo os bondes sobem e descem derramando dos estribos pencas de baleiros tabuleiros multicores cheios do gosto verde da hortelã, claro das tangerinas, cortante dos abacaxis e pastos dos nugás[3].

1. Pedro Nava, *Baú de Ossos*, p. 332.
2. *Idem*, p. 262.
3. Pedro Nava, *Galo-das-Trevas*, p. 6.

Além dos baleiros ambulantes, o autor também cita a encantadora casa de balas que o primo Egon frequentou na infância, quando morou na rua Schimmelfeld, em Santo Antônio do Desterro[4]:

> Ele tinha ideia de uma casa de balas. Logo a encontrou como boca de forno, ou simplesmente boca de que saía um hálito, uma expiração, um ar, um sopro, um cheiro invasor de açúcar queimando comumescência. Logo encontrou a furna mágica do lado esquerdo e dentro, um bruxo de floresta germânica colhendo flores do ar e crianças no chão que ele logo encantava em estrelas sóis meias-luas multicores e prendia dentro de vidros de cristal com tampa de prata. Vendia sua mercadoria a ogros passantes ávidos de esmeraldas, rubis, safiras, topázios, diamantes-cândi, pérolas-coco – mastigáveis e de todos os gostos. Gostos agudos, alongados como o risco de unha cariciosa, sua lâmina disfarçada pela polpa do dedo e correndo de fio a pavio as costas do parceiro. Ai! filha, assim, devagar diva de vagar. Voga, vaga – do pescoço que se arrepia à suam, suão, suando. Gostos agudos repentinos como dois ácidos. Redondos de ovo e açúcar vitrificado. Os outros sabores – os matinais do limão, os a pino da laranja, crepusculares do chocolate todos envolvidos em nuvem duma doçura invasora e difusível como se fosse uma perfusão venosa carregada de música cor e luz. Ele parou um instante, entrou, pediu, custando a lembrar a palavra que de repente lhe explodiu – SORTIDAS – e saiu com seu cartucho de onde espalharia no seu corpo aquele gosto de para sempre[5].

PUXA-PUXA

Doce tradicional no Nordeste, é preparado a partir do açúcar em forma de caramelo. Leva esse nome devido ao modo de preparo: após pronto na panela, deixa-se esfriar e em seguida a massa é puxada seguidas vezes, até adquirir coloração mais clara.

José de Figueiredo Filho diz que o puxa-puxa é também conhecido como *alfenin*:

> Já o alfenim é feito com a cana raspada e torta, passada diversas vezes, sobre o melaço da gamela, antes de ser batido. Ao ser retirado da cana e puxado, em vaivém para clarificar-se, em presença do ar, forma o apreciadíssimo puxa-puxa[6].

4. Joaquim Alves de Aguiar esclarece que, na verdade, a cidade de Santo Antônio do Desterro corresponde à cidade de Juiz de Fora e que a Rua Schimmelfeld é a Rua Halfeld (Joaquim Alves de Aguiar, *Espaços da Memória: Um Estudo sobre Pedro Nava*, p. 48).
5. Pedro Nava, *Galo-das-Trevas*, pp. 188-189.
6. José de Figueiredo Filho, *Engenhos de Rapadura do Cariri apud* Luís da Câmara Cascudo, *História da Alimentação no Brasil*, p. 930.

Câmara Cascudo alega ser o mesmo doce que a *alféloa*:

> Puxa-puxa, humilde e popular, é a milenar *alféloa,* ensinada pelos árabes que a fabricavam de mel. De *alhelwa* genérico de doces. Em Portugal, dizem-na também caramelo, alféloa, caramelo. Fica um doce torcido, róseo, branco ou amarelo, parecendo pequenina coluna salomônica[7].

D. Maria de Portugal, no mais antigo livro de receita daquele país, fala da origem e a etimologia do doce. "Alféloas (*s. f. pl.*). < át. *al-halāuá* = doce açucarado LVII/1. A alféloa é 'massa de açúcar em ponto e alguma farinha, que serve para enfeitar doces' "[8]. D. Maria também esclarece que a "alféloa era um doce, ao que se vê, populraríssimo, tentação dos meninos medievais"[9]. E também relata consumo bem antigo da iguaria, desde o cerco de Lisboa, em 1384, principalmente nas cortes de Évora[10].

Em regra, o doce é cortado no tamanho de balas para ser degustado. Além do formato tradicional de bala, Hildegardes Vianna esclarece que "a alféloa era apresentada em forma de cones e canudinhos"[11].

7. Luís da Câmara Cascudo, *História da Alimentação no Brasil*, p. 610.
8. Maria, Infanta de Portugal, *O Livro de Cozinha da Infanta D. Maria de Portugal. Primeira Edição Integral do Códice Português I. E. 33. da Biblioteca Nacional de Nápoles*, Coimbra, Por ordem da Universidade, 1967, p. 171.
9. *Idem*, p. CXIX.
10. *Idem*, p. CXVII.
11. Hildegardes Vianna, "Breve Notícia sobre a Cozinha Baiana", p. 48.

10

Sorvete Sem Igual

O Aluísio e eu degustávamos em taças prateadas (porque não dizer de prata? naquele tempo de ouro) as pirâmides verde-abacate, verde-pistache, vermelho-cereja, vermelho-framboesa, brancas de coco, terra de siena de chocolates, amarelas de manga, cremes de creme e arco-íris aurora-boreal dos mistos. Duzentos réis! Tomávamos um, dois, três, até doer o céu da boca, o nariz, os fundos da testa. Até ficarmos roucos-renovadamente rindo da figura pintada na parede (que era ver a de nosso mestre Arthur Thiré) e da legenda que a ilustrava. "Onde vais Lulu? Vou ao *Bar Pérola* tomar um sorvete sem igual!" Sorvete sem igual, sorvete sem igual, idade sem igual[1].

Aluísio Azevedo Sobrinho era amigo de Pedro Nava, da época do Colégio Pedro II, de onde escapavam para degustar os sorvetes vendidos no Pérola, bar antigo que ficava no centro do Rio de Janeiro, em algum trecho da rua Gonçaves Dias, após a Rua do Ouvidor. Esse bar ficava próximo à Confeitaria Colombo e ao Café Glacier.

1. Pedro Nava, *Chão de Ferro*, p. 70.

GELO

Gilberto Freyre afirma que a introdução do gelo se deu em 1834, "trazido pela primeira vez ao Brasil por um navio norte-americano, o Madagascar"[2]. Nesse ano, em carta enviada à Corte de Luís Filipe, o diplomata francês conde Alexis de Saint-Priest descreveu o episódio:

> Uma particularidade que quase não merecia ser relatada, mas, entretanto, bem singular, é a introdução do gelo no Rio de Janeiro. Nunca fora visto aqui. Um navio americano trouxe agora um carregamento. Nos primeiros dias, ninguém o queria; julgavam os brasileiros que o gelo os queimava, mas hoje, já conseguiu grande voga e emprega-se de modo tão agradável quanto útil, neste clima[3].

Outros autores confirmam a versão. "Foi em 1834 que o navio americano Madagascar trouxe uma carga de gelo capturada no Lago Potomac, perto de Boston, para ser vendida no Rio de Janeiro"[4]. Câmara Cascudo também corrobora a tese:

> O conde Saint-Priest, Ministro da França no Brasil, entre 1833 a 1834, informou ter sido esse o período da *introduction de la glace* no Rio de Janeiro. *On n'en avait jamais vue ici.* Um navio americano trouxera carregamento. *Dans les premiers jours personne n'en voulait; les Brésiliens prétendaient que la glace les brûlait, mais aujourd'hui elle prend beaucoup de faveur et on en fait un emploi aussi agréable qu'utile dans pareil climat*[5].

Hélio Viana conta que, a partir da novidade introduzida no Brasil, o italiano José Estevão Grondona teria sido o primeiro a fabricar gelo no Rio, não sem antes enfrentar algumas dificuldades burocráticas:

> O bom resultado da introdução do gelo no Rio de Janeiro fez com que aqui mesmo desejasse fabricá-lo o aventureiro genovês José Estevão Grondona, ex-carbonário na Itália, vice-cônsul da Sardenha. [...] Requereu, em 1834, privilégio para fazer gelo por meio de máquina pneumática. Mas teve o primeiro requerimento indeferido, por referir-se nele, ao *gosto sensual* dos gelados, motivo

2. Gilberto Freyre, *Casa-Grande & Senzala*, p. 547.
3. Alberto Rangel, *No Rolar do Tempo*, Rio de Janeiro, José Olympio, 1937, p. 180.
4. J. F. X. Sigaud, *Du Climat et des Maladies du Brésil*, p. 93.
5. "Nunca o tínhamos visto aqui. Um navio americano trouxera o carregamento. Nos primeiros dias, ninguém o queria; os Brasileiros achavam que o gelo queimava, mas hoje em dia, o gelo faz um grande favor e dele se faz um uso tão agradável quanto útil". (Luís da Câmara Cascudo, *História da Alimentação no Brasil*, p. 693).

pelo qual julgou sua pretensão imoral e inconstitucional o Procurador da Coroa e Fazenda Nacional... Explicou-se melhor em nova petição e enfim obteve a ambicionada licença industrial, não constando, todavia, se dela fez uso[6].

Pedro Nava menciona a falta de conforto – representado pela ausência de aparelhos domésticos – na casa da rua Aristides Lobo, n. 106, Rio Comprido. Não havia geladeria nem eletricidade.

Água fresca era a dos potes e talhas deixados nos lugares sombrios [...]. Em dia de festa, sim, comprava-se uma barra de gelo para fazer sorvete, preparar refrescos e gelar a cerveja[7].

SORVETE

Ainda segundo Hélio Viana, o gelo foi utilizado basicamente na produção de sorvetes:

O referido emprego era principalmente nos sorvetes, vendidos a duzentos réis o copo, na Confeitaria Carceler, à Rua Direita, entre Ouvidor e a Igreja do Carmo. Segundo consta, o próprio Imperador-menino teve licença para degustar a novidade[8].

Sobre a história dessa iguaria, Câmara Cascudo disserta:

Fórmula árabe, *chorbât*, *chorbet* em turco, e que os italianos trouxeram para a Europa desde o século XV. Não esqueçamos que, em 1817, Jean-Baptiste Debret denominava os italianos "primeiros sorveteiros do mundo". O *sorbetto* italiano passou para a França sob Henrique II, à volta de 1553, mas creio mais fosse iniciativa do pai, o rei Francisco I, animados de novidades elegantes e grande divulgador dos encantos da Itália na França. [...]

Os *sorbetti* italianos tinham essências alcoólicas, *Kirsch*, marrasquino, anisete, Málaga e também café, além do âmbar que desapareceu. Foi o caminho para a técnica das *glaces* que não continham álcool e são os sorvetes legítimos na França, *ice-creams*, ingleses e norte-americanos.

Mestre Domingos Rodrigues sabia fazer sorvetes para a Casa Real portuguesa e aqui está uma receita famosa e típica, na edição de 1814, véspera de o Brasil ser elevado a Reino[9].

6. Hélio Vianna, "O que Comia o Imperador", em Luís da Câmara Cascudo (org.), *Antologia da Alimentação no Brasil*, p. 178.
7. Pedro Nava, *Baú de Ossos*, p. 379.
8. Hélio Vianna, "O que Comia o Imperador", p. 177.
9. Luís da Câmara Cascudo, *História da Alimentação no Brasil*, p. 691.

No Brasil, Câmara Cascudo conta sobre a abertura da primeira sorveteria no Rio de Janeiro, especificamente no centro:

> Vivaldo Coaracy indica 1835 como sendo a instalação da primeira sorveteria na cidade, dirigida pelo napolitano Bassini, na atual rua Primeiro de Março. O selo da popularidade foi aparecer, de 18 de dezembro de 1835 a 8 de janeiro de 1836, um jornalzinho politiqueiro denominado *O Sorvete de Bom Gosto*, circulando na capital do império. A grande época do sorvete seria à volta de 1840[10].

Vale apenas ressaltar que o sorvete, nessa época, não era novidade em Portugal, que já o conhecia.

> Quando o Príncipe Regente veio para o Brasil, 1808, gelados e sorvetes eram tradicionais nas recepções fidalgas de Lisboa. Não haviam alcançado o povo como ainda não alcançaram totalmente no Brasil[11].

Na sociedade carioca, o sorvete ganhou amplo espaço:

> Durante o Império, o sorvete era inevitável nas recepções e sua venda avulsa e nas confeitarias divulgou-o até à sociedade. Reinado da Confeitaria do francês Louis Carceller. Doces gelados nas casas particulares. Nas festas, no Paço Isabel, serviam-no fartamente assim como nos demais "recebimentos" da alta sociedade.
>
> Os mais populares, de início, não foram os das frutas brasileiras, aliás raramente feitos, mas os do tipo europeu, baunilha, framboesa, granadina, *vanille*, chocolate, creme de leite, groselha.
>
> Apesar de figurar nos banquetes franceses desde a primeira metade do século XIX, apareceu nos brasileiros na última década da centúria. O povo mantinha-o a distância, desconfiado da *frieza*. Decorrentemente, ainda não está aclimatado nos sertões. Parece, para muitos paladares, uma extravagância[12].

O sorvete – inicialmente julgado imoral pelo procurador da Coroa e Fazenda Nacional – também era o álibi perfeito para paqueras e namoros, conforme explica Claudia Lima:

10. *Idem*, p. 693.
11. *Idem*, p. 692.
12. *Idem*, p. 693.

> No Brasil, nos anos de 1840, as moças elegantes do Rio de Janeiro iam toda sexta-feira à Capela Imperial, não somente para ouvir música religiosa, mas, também tomar sorvete (doce gelado) e conversar com os rapazes. As igrejas católicas no Brasil anteciparam-se às modernas igrejas protestantes dos Estados Unidos, como centros de sociabilidade e até namoro, em torno do sorvete ou do creme gelado[13].

Nava também relata memórias afetivas de vezes em que tomou sorvete com seu pai. Devido a problemas nas amídalas, o autor se submetia a sessões de cauterização, na clínica do Dr. José Kós. Depois desse tratamento horrível, o pai compensava a criança com "sorvete na Lalet"[14]. Havia também as visitas do pai ao Dr. Marinho, na Rua da Quitanda, seguidas de sorvete e sessões cinematográficas[15]. No Bar do Ponto, procurava-se sorvete após as sessões de cinema[16].

Nava conta que ajudava sua mãe no preparo de sorvete caseiro:

> Também ajudávamos a bater sorvete na sorveteira e sentíamos quando ia ficando bom pela manivela cada vez mais resistente. O gelo picado em torno ficava ainda mais polar com punhados de sal grosso. Doía o braço, do frio e da força. Quem ajudava, ganhava um copo inteiro antes do sorvete ir ser apregoado[17].

Outra descrição memorável é o leite merengado que o autor tomava no Café Glacier, que ficava na rua Gonçalves Dias, no atual n. 13. Era um "sorvete de leite, especialidade da casa, servido em grandes taças arranjado em forma de leque, derramado de merengue e salpicado de canela"[18].

O Café Glacier era um dos símbolos do Rio de Janeiro em finais do século XIX. Gilberto Freyre conta que a casa "gabava-se de ser o único estabelecimento no Rio de Janeiro que faz gelados iguais aos da Europa" e também ressaltava sua "variedade de cervejas estrangeiras, vinhos especiais e refrescos estrangeiros". O estabelecimento contava com um

13. Claudia Lima, *Tachos e Panelas*, p. 198/199.
14. Pedro Nava, *Baú de Ossos*, p. 396.
15. *Idem*, p. 397.
16. Pedro Nava, *Beira-Mar*, p. 10.
17. Pedro Nava, *Chão de Ferro*, pp. 99-100.
18. Pedro Nava, *Balão Cativo*, p. 252.

salão (*pièce montée*) luxuoso, onde se preparavam banquetes para a alta aristocracia, diplomatas e jantares belíssimos[19].

Pedro Nava fala também dos sorvetes vendidos na Confeitaria Colombo de Belo Horizonte:

> Sorvete de tamarindo. De abacate. De manga. De pequi, umbu, pitomba, gabiroba, bacuparipanã, pequi tucum sapoti pinha buriti aracá araticum catulé licuri maracujá jatobá araçá goiaba abacaxi amora caju marmelo pêssego[20].

19. Gilberto Freyre, *Ordem e Progresso*, p. 145.
20. Pedro Nava, *Beira-Mar*, p. 100.

11

Bandejas de Doces e Bebidas

Terminadas as partidas, vinham as negras – duas para cada bandeja de prata – com o chá, o chocolate, as garrafas de vinho, a frasqueira dos licores, o pinhão de coco, as mães-bentas, os cartuchos, as fofas, as siricaias, os tarecos e tudo quanto é bolo da doçura luso-brasileira. Bolo ilhéu, bolo da imperatriz, bolos de raiva, esquecidos, brincadeiras, doce do padre, toucinho do céu[1].

Essas bandejas eram servidas após o jogo de cartas que Iclirérico (vulgo Lequinho) promovia com seus amigos, dentro de casa, contra a vontade de sua esposa, Dona Irifila. Há um episódio em que ela se vinga do marido, de forma traumática, que já foi contado antes[2].

SIRICAIA

Também conhecido como sericaia, sericá e cericá, é um doce português, mais especificamente da Ilha de São Miguel, no Arquipélago dos Açores, de onde veio para o Brasil. Câmara Cascudo dedica a esse doce histórico um artigo específico, denominado: "Siricaia, Doce da Índia"[3].

1. Pedro Nava, *Baú de Ossos*, p. 34.
2. Cf. "Compota", pp. 388 e s.
3. Luís da Câmara Cascudo, "Siricaia, Doce da Índia", em Luís da Câmara Cascudo (org.), *Antologia da Alimentação no Brasil*, pp. 151-153.

Diz ser um doce muito popular no Brasil, mas acredito que já não o é mais nos dias de hoje. Em seguida, o autor fala de suas variações no Brasil, atendendo pelo nome de "doce ligeiro" no Rio Grande do Norte; "doce de velhas" no do Sul. Há também receitas da Bahia e de São Paulo.

Conta o historiador pernambucano que o doce teria chegado a Portugal pelas mãos do frei João dos Santos, que foi missionar na Índia por volta de 1597. De lá ele descreve um manjar, chamado *siricaia*, feito de leite e açúcar.

TARECO

É um tipo de biscoito preparado com farinha de trigo, ovos e açúcar, de consistência firme. Acompanha bem café e chá. Também já não se vê muito nos dias de hoje. O *Doceiro Nacional* nos dá a receita:

84. TARECOS. Batem-se dezoito gemas de ovos, com meia libra de açúcar, acrescentando-se doze claras batidas separadamente; continua-se a bater, acrescentando-se meia libra de polvilhos, uma pitada de sal, e o sumo de um limão. Estando a massa bem batida e um pouco rala, da consistência de um mingau, deita-se, às colheres, sobre folhas untadas, e cozinha-se em forno temperado[4].

TOUCINHO DO CÉU

Outro doce tipicamente português, preparado com farinha de trigo, amêndoas, ovos, manteiga e açúcar. Possui uma cor amarela bem marcante. Entre 1790 e 1792, o Convento de Santa Mônica, em Évora, passou por uma crise interna, que foi relatada em vários textos, histórias monásticas. Vários doces são referidos nessas histórias, dentre os quais o toucinho do céu. Acredita-se tenha surgido o doce no referido convento.

O doce entrou largamente na doçaria brasileira, constando em livros clássicos. Reproduzo abaixo duas receitas, a primeira dada por Gilberto Freyre e a segunda pelo *Doceiro Nacional*:

4. *Doceiro Nacional ou Arte de Fazer Toda a Qualidade de Doces*, p. 206.

Toucinho do céu. 2 libras (1 quilo) de açúcar com o ponto bem grosso, de modo que, levantando a calda com a colher, faça pasta. 1/2 libra (250g) de manteiga lavada, 6 claras e 6 gemas, 1/2 libra de castanhas pisadas e 1/2 libra de farinha de trigo. Mistura-se tudo e vai cozinhar em fogo brando. Deixa-se esfriar e corta-se em fatias[5].

10. Toucinho do Céu. Soca-se uma quarta de amêndoas descascadas, até formarem uma pasta homogênea; ajuntam-se, pouco a pouco, meia xícara de leite, seis gemas e duas claras de ovos, uma libra de farinha de trigo; amassa-se tudo bem, põe-se em uma fôrma untada com manteiga, coze-se no forno e serve-se coberto com açúcar e canela[6].

5. Gilberto Freyre, *Açúcar. Uma Sociologia do Doce*, p. 146.
6. *Doceiro Nacional ou Arte de Fazer Toda a Qualidade de Doces*, p. 216.

12

As Frutas de Seu Carneiro

O paladar defende no homem a sua personalidade nacional. E dentro da personalidade nacional, a regional, que prende o indivíduo de modo tão íntimo às árvores, às águas, às igrejas velhas do lugar onde ele nasceu, onde brincou menino, onde comeu os primeiros frutos e os primeiros doces, inclusive os doces e os frutos proibidos[1].

GILBERTO FREYRE

Do outro lado a chácara dos frutos fantásticos cultivados por Seu Carneiro. Ali tinha de tudo que Portugal nos deu durante a colônia, trazido da Pérsia, como as limas, os limões, os pêssegos, os abacates; da China, como as amoras e as laranjas; da Índia, como as mangas, os cocos e as jacas; de outros confins da Ásia, da África e da Oceania como as bananas, os tamarindos, os mamões e a fruta-pão; do Reino, como as nêsperas, as romãs, os morangos, as cidras e os melões. Tudo chegado aqui nas naus e nos galeões, como a prata da cana-de-açúcar e o ouro preto do café, para misturar seu gosto ao das frutas da terra. O dos abacaxis e dos araçás – cortante como o fio duma lâmina. O sabor poliédrico dos cambucás, das carambolas, das pitangas, das guabirobas e das grumixamas. O redondo e grave das jabuticabas, dos abius, dos jambos, das mangabas, dos pequis, dos sapotis, dos muricis, as atas, das pinhas e dos beribás. E o das frutas indiscretas, com cheiro de gente, como as goiabas, os jenipapos e os jatobás. Era de manhã ou de tarde que seu Carneiro e dona Elisa chamavam para as mil-e-uma-noites de sua chácara. Para o fartão das frutas comidas no pé. Subia-se galho acima ou apanhavam-se no chão as que o vento derrubava de noite e que eram mastigadas com um pouco de areia. No ar começava o zinir das cigarras...[2]

O português Manuel da Silva Carneiro, conhecido como Seu Carneiro, era o proprietário da Fazenda de Santa Clara, amigo íntimo do avô

1. Gilberto Freyre, *Açúcar. Uma Sociologia do Doce*, pp. 73-74.
2. Pedro Nava, *Baú de Ossos*, pp. 293-294.

paterno de Pedro Nava, e padrinho de casamento de sua mãe. A fazenda, que existe até hoje, fica na Estrada de Santa Rita, em Minas Gerais.

FRUTAS BRASILEIRAS

Nava traça uma pequena, mas interessante, história das frutas não nativas, trazidas de diferentes lugares. Acredito que, para escrever essa página, o autor tenha se valido das pesquisas realizadas por Câmara Cascudo, que aborda amplamente a história completa dessas frutas, indicando seus nomes científicos e origens[3]. As frutas poderiam constituir objeto de um estudo à parte, contando apenas com os relatos históricos que encontramos em diversos livros publicados por estrangeiros e também por autores nacionais.

A imensa maioria dessas frutas não é mais consumida pela população de cidades maiores. Nunca mais se viu em mercados e feiras frutas nativas como jambo, mangaba, jatobá, guabiroba, grumixama, murici. Elas se tornaram privilégio do povo do interior, onde as respectivas árvores muitas vezes nascem livremente, ao acaso, em chácaras, sítios e fazendas.

Esse não é o único trecho que Pedro Nava dedica às frutas. Especial atenção mereceu a manga, que constou no relato das mangas Raul. Seu Raul Mendes possuía uma chácara onde cultivava e enxertava umas nas outras as mangueiras da cidade. Em consequência, contava com grande variedade da fruta:

> Desde as clássicas carlotinha, rosa, sapatinha, espada, todas as variedades conhecidas no Brasil e mais as novas, obtidas por enxerto. Havia algumas volumosas como os abacaxis de Lagoa Santa; outras sem fibra e só feitas de polpa macia e caldo espesso, em que o caroço reduzido era do tamanho de pevide de pêssego. Todo o resto do fruto era só a riqueza daquele miolo dourado e derretendo e correndo como melado da consistência de azeite fino[4].

Noutro trecho, menciona o autor as frutas que comia na hora do café. Mais uma vez, a manga: "Eu adorava umas mangas enormes como as espa-

3. Luís da Câmara Cascudo, *História da Alimentação no Brasil*, pp. 630-647.
4. Pedro Nava, *Chão de Ferro*, pp. 98-99.

das – as coité – de casca mais dura que couro. Amassava-se até amolecê-las; depois, uma dentada na ponta e chupava-se o caldo grosso e doce como todo o leite dum peito"[5]. Fala também, nesse mesmo trecho, da graviola "de polpa branca com cheiro de flor de laranjeira e gosto ácido. Graviolá ácida. Não seria melhor? dizer *acídula* que é palavra ainda mais cortante – correspondente, em fruta, a um vento frio"[6].

Figura 20. *"Pêssegos"*[7]

Nava também cita os gostos e perfumes de frutas hoje mortas:

> [...] os jambos com gosto de rosa, os sapotis com o de caldo de cana, os abios, as carambolas, amoras, grumixamas, jamelões, cabeluda, araçás e as pitangas, as romãs, os cambucás e os dois cajás – o mirim cortando como navalha e a manga – acerada faca[8].

Há também relato sobre as laranjas seletas, saboreadas por um tal de Manuel Libânio.

> Convidou-me por sua vez a uma casa de frutas na descida de Bahia para saborearmos, como ele fazia todas as tardes, umas laranjas seletas. Superiores – afiançou. Passei a ser convidado e a convidar o novo amigo para essas orgias cítricas[9].

5. *Idem*, p. 225.
6. *Idem, ibidem.*
7. *Doceiro Nacional ou Arte de Fazer Toda a Qualidade de Doces*, p. 48.
8. Pedro Nava, *Galo-das-Trevas*, p. 186.
9. Pedro Nava, *Beira-Mar*, p. 290.

Todas essas frutas, via de consequência, também viravam sucos. "E refrescos de quase todas essas frutas e cocos tão bons e tão finos como os *sucos* de hoje feitos nos liquidificadores. Naquele tempo eram afinados a mão"[10].

Numerosos são os relatos que observadores estrangeiros fizeram das frutas brasileiras ou até das estrangeiras que se desenvolveram aqui. Robert Southey diz ter encontrado por aqui "as mais belas frutas"[11]. George Gardner também fala das frutas que encontrou durante sua viagem ao Brasil. Diz que o *imbu* possui um "agradável sabor ácido adocicado", como a mangaba[12]. Menciona também a pitomba, que dá em cachos como os da uva, com uma polpa ácida e transparente, adocicada e fina[13]. Relata ainda a jabuticaba:

> A jabuticaba é o fruto de uma espécie de *Eugenia* (*E. cauliflora*, Mart.), que cresce selvagem nos bosques do Sul do Brasil e também é cultivada na maioria dos jardins dos distritos de diamante e ouro. É de cor preta, do tamanho de uma ameixa verde, de consistência polpuda e muito refrescante[14].

Kidder – grande entusiasta das frutas brasileiras – relata sobre as qualidades gustativas da jabuticaba: "A fruta é altamente deliciosa, lembrando, na aparência, uma uva roxa grande"[15]. Gardner descreve também as frutas que encontrou na Fazenda do Mr. March, localizada na Serra dos Órgãos:

> O pêssego, a azeitona, o figo, a videira, a maçã, o marmelo, a nespereira, a pera, a laranja e a banana podem ser vistos crescendo lado a lado e todos, com exceção dos dois últimos, dando frutas em abundância. A laranjeira e a bananeira também prosperam, mas o frio raramente permite que as frutas cheguem à perfeição. O morangueiro produz apenas poucas frutas e a groselheira nenhuma. As maçãs são iguais às que eu já provei na Inglaterra, mas os pêssegos são muito inferiores; alqueires deles são dados para alimentar os porcos. Os figos são deliciosos, especialmente uma variedade que produz pequenas frutas de cor verde[16].

10. *Idem*, p. 100.
11. Robert Southey, *História do Brazil*, t. 6, p. 517.
12. George Gardner, *Travels in the Interior of Brazil*, p. 176.
13. *Idem*, *ibidem*.
14. *Idem*, p. 343.
15. Daniel P. Kidder, *Sketches of Residence and Travels in Brazil*, vol. 1, p. 254.
16. George Gardner, *Travels in the Interior of Brazil*, p. 35.

M. Eyriès relata em sua viagem no início do século XIX que as frutas europeias (olivas, uvas, maçãs, pêssegos etc.) que encontrou em São Paulo e no Rio de Janeiro eram *requintadas*, mesmo que as plantações não tivessem nenhum tipo de cuidado[17]. Mas não só; o autor cita a qualidade das frutas nativas e das trazidas de fora em todos os lugares que visitou.

Em seu livro, A. D. Pascual traz um relato do inglês Charles B. Mansfield que trata como uma iguaria saborosa e esplêndida as "grandes laranjas verdes desta terra"; também diz que aqui encontrou "as laranjas mais saborosas do mundo"[18]. John Mawe alega que as laranjas de Santa Catarina seriam "talvez as mais finas do mundo"[19]. Henderson, na contramão, atestou que as laranjas de São Paulo não tinham boa qualidade[20].

Robert Walsh, por sua vez se encantou pelo maracujá. "Também jantamos uma bela conserva; essa era preparada com a casca da *maracouja*, que era brilhante, rica de um verde transparente, de excelente sabor"[21]. O autor relata também a abundância e qualidade das frutas que encontrou. "Abundantes e deliciosas". Fala dos abacaxis; das maçãs e se retém na manga:

> A próxima em excelência é a manga. É uma fruta maior que uma maçã, sempre verde; quando não maduro, exala um suco claro, forte e picante como aguardente de terebintina, da qual nunca perde o sabor. Quando madura, a polpa é de cor laranja-brilhante, mas o caroço é coberto com fibras longas e resistentes, como cabelos grosseiros, que penetram na polpa e dificultam a descolagem. Por conta disso, muitas vezes lamentei por nunca ter conseguido comer mais da metade da fruta[22].

Em seguida, Walsh descreve o jambo como uma bela fruta (cor e formato), a grumixama (que lembra a jabuticaba), pitanga, camboim, fruta-do-conde e sua similar, a cherimoia; o cheiro e sabor peculiares do mamão. Cita o caju como uma fruta particular, fala do simbolismo do maracujá (*passion-fruit*) e finaliza trazendo considerações sobre a banana,

17. M. Eyriès, *Abrégé des Voyages Modernes*, t. 9, p. 344.
18. A. D. Pascual, *Ensaio Crítico sobre a Viagem ao Brasil em 1852 de Carlos B. Mansfield*, t. 1, pp. 39, 42.
19. John Mawe, *Travels in the Interior of Brazil*, p. 47.
20. James Henderson, *History of the Brazil*, p. 181.
21. Robert Walsh, *Notices of Brazil in 1828 and 1829*, vol. 1, p. 85.
22. *Idem*, p. 514.

reputada como sagrada e universal[23]. Por fim, John Luccock mencionou as tangerinas encontradas no Rio Grande do Sul: "As laranjas são principalmente do tipo vermelho pequeno, chamadas tangerinas, e embora deste ponto até o sul elas não sejam encontradas, são bem saborosas"[24].

Figura 21. *Bananas* (*Doceiro Nacional ou Arte de Fazer Toda Qualidade de Doces*, p. 71).

Daniel P. Kidder – outro entusiasta das frutas que aqui experimentou – ressalta a qualidade geral das frutas indígenas:

> A horticultura ainda fez pouco progresso, mas os frutos indígenas do país são extremamente ricos e variados. Além de laranjas, limas, coco e abacaxi, que são bem conhecidos entre nós, existem mangas, bananas, romãs, mamões, goiabas, jambos, araçás, mangabas e muitas outras espécies de frutas, cada uma com uma característica peculiar e um sabor delicioso[25].

Há ainda muitos outros relatos que demonstram o entusiasmo, o espanto, o regalo, a decepção de muitos estrangeiros com as frutas – nativas ou importadas – encontradas por aqui. Fato é que sua fama se espraiou pelo mundo e não raro, até os dias de hoje, muitos peregrinos são flagrados em feiras livres, saboreando frutas para eles exóticas, a um preço bastante acessível.

23. *Idem*, pp. 516-517.
24. John Luccock, *Notes on Rio de Janeiro, and the Southern Parts of Brazil*, p. 241.
25. Daniel P. Kidder, *Sketches of Residence and Travels in Brazil*, vol. 1, p. 97.

Referências Bibliográficas

DE PEDRO NAVA

"A Fabulosa Cozinha de Dona Íris". Original datilografado disponível no Arquivo de Pedro Nava, Fundação Casa de Rui Barbosa.

"A Fabulosa Cozinha de Dona Íris". *In*: Costa Filho, Odylo (org.). *A Cozinha do Arco-da-Velha*. Rio de Janeiro, Nova Fronteira, 1997.

A Medicina de Os Lusíadas. Cotia, SP, Ateliê Editorial, 2004.

Balão Cativo. Memórias 2. Rio de Janeiro, José Olympio, 1973.

Baú de Ossos. Memórias 1. São Paulo, Círculo do Livro, 1983.

Beira-Mar. Memórias 4. Rio de Janeiro, José Olympio, 1978.

Chão de Ferro. Memórias 3. 2. ed. Rio de Janeiro, José Olympio, 1976.

Galo-das-Trevas. Memórias 5. Rio de Janeiro, José Olympio, 1981.

O Círio Perfeito. Memórias 6. 3. ed. Rio de Janeiro, Nova Fronteira, 1983.

Viagem ao Egito, Jordânia e Israel: Anotações Extraídas dos Diários do Autor. Organização de Paulo Penido. Cotia, SP, Ateliê Editorial, 2004.

SOBRE PEDRO NAVA

Aguiar, Joaquim Alves de. *Espaços da Memória: Um Estudo sobre Pedro Nava*. São Paulo, Edusp, 1998.

Aquino Filho, Jorge de. "Pedro Nava: Autorretrato do Artista aos 80 Anos". *Manchete*, Rio de Janeiro, jul. 1983.

Araújo, Dílton Luís de. "Carta a Pedro Nava". Diamantina, 28.2.1984. Arquivo de Pedro Nava, Fundação Casa de Rui Barbosa.

Barbosa, Francisco de Assis. *Pedro Nava. Tempo, Vida e Obra.* Rio de Janeiro, Fundação Casa de Rui Barbosa, 1983.

Bueno, Antônio Sérgio. *Vísceras da Memória. Uma Leitura da Obra de Pedro Nava.* Belo Horizonte, Editora UFMG, 1997.

Cardoso, Marília Rothier & Vasconcelos, Eliane. *Pedro Nava. O Alquimista da Memória.* Rio de Janeiro, Fundação Casa de Rui Barbosa, 2003.

Garcia, Celina Fontenele. *A Escrita Frankenstein de Pedro Nava.* Fortaleza, UFC Edições, 1997.

Maranhão, Jarbas. *Pedro Nava. Médico, Escritor, Memorialista e Enigma.* Rio de Janeiro, Letra Capital, 2014.

Moing, Monique Le. *A Solidão Povoada. Uma Biografia de Pedro Nava.* Rio de Janeiro, Nova Fronteira, 1996.

Nunes, Raimundo. *Pedro Nava. Memória.* São Paulo, Ateniense, 1987.

Panichi, Edina & Contani, Miguel L. *Pedro Nava e a Construção do Texto.* Cotia, SP, Ateliê Editorial, 2003.

Rossi, Rosângela. *Pedro Nava no Divã.* Juiz de Fora, Funalfa, 2014.

Sandes, José Anderson Freire. *Diálogos com Pedro Nava. A Sedução da Palavra na Literatura, na História e no Jornalismo.* Fortaleza, Omni Editora, 2005.

Santilli, Maria Aparecida (org. e sel.). *Literatura Comentada. Pedro Nava.* São Paulo, Abril Educação, 1983.

Santos, Agenor Soares dos. "Francês e Francesismos em Pedro Nava". *Suplemento Literário Minas Gerais*, n. 728, 13.9.1980.

Savietto, Maria do Carmo. *Baú de Madeleines. O Intertexto Proustiano nas Memórias de Pedro Nava.* São Paulo, Nankin Editorial, 2002.

Souza, Maria Eneida de. *Pedro Nava.* Rio de Janeiro, Agir, 2005.

Süssekind, Flora. "A Página do Lado". *In*: Cardoso, Marília Rothier & Vasconcelos, Eliane. *Pedro Nava. O Alquimista da Memória.* Rio de Janeiro, Fundação Casa de Rui Barbosa, 2003.

GERAL

D'Abbeville, [Padre] Cláudio. *História da Missão dos Padres Capuchinhos da Ilha do Maranhão e Circunvizinhanças.* Trad. Cezar Augusto Marques. São Luís, Frias Ed., 1874 [1613].

Adam, Paul. *Les Visages du Brésil.* Paris, Pierre Lafitte et Cie, 1914.

Agassiz, Louis & Agassiz, Elizabeth Cary. *Viagem ao Brasil: 1865-1866.* Brasília, Senado Federal, 2000 [1869].

____. *Voyage au Brésil*. Trad. do inglês por Felix Vogeli. Paris, Hachette, 1869.

Almeida, Fialho de. "A Cozinha Portuguesa" [1891]. *Os Gatos*. Seleção e prefácio de José Lins do Rego. Rio de Janeiro, Edições Livros de Portugal, 1942.

Almeida, Júlia Lopes de. *O Livro das Noivas*. São Paulo, Castorino Mendes, 1929.

Alves Filho, Ivan & Di Giovanni, Roberto. *Cozinha Brasileira (Com Recheio de História)*. 2. ed. Rio de Janeiro, Revan, 2000.

Amado, Jorge. *Bahia de Todos os Santos: Guia de Ruas e Mistérios*. Rio de Janeiro, Record, 1986.

____. *O Sumiço da Santa*. São Paulo, Companhia das Letras, 2010.

Andrews, C. C. *Brazil. Its Conditions and Prospects*. New York, D. Appleton and Company, 1887.

Aron, Jean-Paul. *Le Mangeur du XIXe Siècle*. Alençon, Payot, 1989.

Assunção, Matthias Rohrig. "Maranhão, Terra de Mandinga". *In*: Nunes, Izaurina de A. *Olhar. Memórias e Reflexões sobre a Gente do Maranhão*. São Luís, CMF, 2003.

Avé-Lallemant, Robert. "Sociologia do Mate no Rio Grande do Sul e Paraná de 1858". *In*: Cascudo, Luís da Câmara (org.). *Antologia da Alimentação no Brasil*. São Paulo, Global, 2008.

____. *Viagem pelo Sul do Brasil*. Trad. Teodoro Cabral. Rio de Janeiro, Instituto Nacional do Livro, 1953 [1858].

Azevedo, Artur. "Arroz de Cuxá". *Boletim da Comissão Maranhense de Folclore - CMF*, n. 38, ago. 2007.

Beauchamp, Affonso de. *História do Brazil*. Lisboa, J. B. Morando Ed., 1820, vol. 7.

____. *História do Brazil*. Lisboa, Desidério Marques Leão Ed., 1826, vol. 11.

Beaurepaire-Rohan, Visconde de. *Diccionario de Vocabulos Brazileiros*. Rio de Janeiro, Imprensa Nacional, 1889.

Biard, F. *Deux Années au Brésil*. Paris, L. Hachette, 1862.

Boas, Franz. "Invention". *In*: Boas, Franz (ed.). *General Anthropology*. Boston, New York D.C. Heath and Company, 1938.

Bonnefous, Jean de. *En Amazonie*. Paris, Kugelmann, 1898.

Brillat-Savarin, Jean Anthelme. *Physiologie du Goût*. Paris, Flammarion, 1982.

Brunhes, Jean & Vallaux, Camille. *La Géographie de L'Histoire*. Paris, Felix Alcan, 1921.

Bueno, Francisco da Silveira. *Grande Dicionário Etimológico-Prosódico da Língua Portuguesa*. São Paulo, Saraiva, 1967.

Calasans, José. *Cachaça, Moça Branca*. Salvador, EDUFBA, 2014.

Camba, Julio. *La Casa de Lúculo o El Arte de Comer (Nueva Fisiología del Gusto)*. Brasília, Consejería de Educación de la Embajada de España, Secretaría General Técnica, 2013.

Candler, John & Burgess, Wilson. *Narrative of a Recent Visit to Brazil, by John Candler and Wilson Burgess: To Present an Address on the Slave-Trade and Slavery, Issued by the Religious Society of Friends.* London, Edward Marsh/ Friend's Book and Tract Depository, 1853.

Canella, Daniela Silva *et al.* "Consumo de Hortaliças e sua Relação com os Alimentos Ultraprocessados no Brasil". *Revista de Saúde Pública*, n. 52, vol. 50, 2018. Disponível em: http://www.rsp.fsp.usp.br/

Cascudo, Luís da Câmara. "Açaí, a Bebida do Pará". *In*: Cascudo, Luís da Câmara (org.). *Antologia da Alimentação no Brasil.* São Paulo, Global, 2008.

____. *História da Alimentação no Brasil.* São Paulo, Global, 2011.

____. *Prelúdio da Cachaça.* São Paulo, Global, 2006.

____. "Siricaia, Doce da Índia". *In*: Cascudo, Luís da Câmara (org.). *Antologia da Alimentação no Brasil.* São Paulo, Global, 2008.

____. *Sociologia do Açúcar. Pesquisa e Dedução.* Rio de Janeiro, Instituto do Açúcar e do Álcool, 1971.

Castelot, André. *L'Histoire à la Table. Si la Cuisine m'Était Contée.* Paris, Perrin, 2015.

Castro, Josué de. "Áreas Alimentares do Brasil". *Resenha Clínico-Científica*, ano xiv, n. 4, São Paulo, abr. 1945.

Cavalcanti, Maria Lecticia Monteiro. "Prefácio". *In*: Freyre, Gilberto. *Açúcar. Uma Sociologia do Doce, com Receitas de Bolos e Doces do Nordeste do Brasil.* São Paulo, Global, 2007.

"Centenary of the Hot-dog. Born in Frankfurt, Germany, 1852". *N.Y. Herald Tribune*, 28.8.1952.

Comissão Central do Ceará. *Catálogo dos Produtos do Ceará, Remetidos a Exposição Preparatória do Rio de* Janeiro. Ceará, Typographia Economica, 1893.

Costa, Dante. *Bases da Alimentação Racional. Orientação para o Brasileiro.* São Paulo, Companhia Editora Nacional, 1938.

Costa, Francisco Augusto Pereira da. "Folclore Pernambucano". *Revista do Instituto Histórico e Geográfico Brasileiro*, t. lxx, parte ii, Rio de Janeiro, 1908.

____. *Vocabulário Pernambucano*. Recife, Imprensa Official, 1937.

Coutinho, Ruy. *Valor Social da Alimentação.* Rio de Janeiro, Livraria Agir Editora, 1947.

Cozinheiro Nacional. Rio de Janeiro, Livraria Garnier, 1860-1870.

Cozinheiro Nacional. Coleção das Melhores Receitas das Cozinhas Brasileiras e Europeias. São Paulo, Ateliê Editorial/Editora Senac sp, 2008.

Cunha, Antônio Geraldo da. *Dicionário Etimológico Nova Fronteira da Língua Portuguesa.* Rio de Janeiro, Nova Fronteira, 1982.

Cunha, Euclides da. *Os Sertões.* São Paulo, Abril Cultural, 1979.

DANTAS, Maria Isabel. "Biscoitos de Goma: Um Patrimônio da Doçaria Seridoense". *v Congresso de Pesquisa e Inovação da Rede Norte Nordeste de Educação Tecnológica*, 2010.

DEBRET, Jean-Baptiste. *Voyage Pittoresque et Historique au Brésil*. Paris, Firmin Didot Frères/Imprimeurs de l'Institut de France, 1834, t. 2.

DEERR, Noel. *Cane Sugar*. 2. ed. London, Normal Rodger, 1921.

DELPAL, Jacques-Louis; RIVIÈRE, Alain & SARRAMON, Christian. *Promenades Gourmandes à Paris*. Paris, Casterman, 1994.

DENIS, Ferdinand. *L'Univers. Histoire et Description de Tous les Peuples. Brésil*. Paris, Firmin Didot Frères, 1837.

DOCEIRO Nacional ou Arte de Fazer Toda a Qualidade de Doces. Rio de Janeiro, B. L. Garnier, 1895.

DÓRIA, Carlos Alberto. "Elogio do Torresminho". *Lusofonias*, 12.8.2013.

DUFOUR, Philippe Sylvestre. *Traitez Nouveaux & Curieux du Café, du Thé et du Chocolate*. 2. ed. [s. l.], Ed. Jean-Baptiste Deville, 1688.

DUMAS, Alexandre. *Grand Dictionnaire de Cuisine*. Paris, Alphonse Lemerre Éditeur, 1873.

DURAND, M. *Le Pays du Café*. Paris, Imprimerie Nouvelle, 1882, vol. 1.

EDMUNDO, Luís. "Bebia-se no Rio de Janeiro de 1900". *In*: CASCUDO, Luís da Câmara (org.). *Antologia da Alimentação no Brasil*. São Paulo, Global, 2008.

ESCOFFIER, Auguste. *Souvenirs Culinaires. Le Temps Retrouvé*. Barcelona, Mercure de France, 2016.

EYRIÈS, M. *Abrégé des Voyages Modernes, Depuis 1780 Jusqu'a nos Jours*. Paris, Étienne Ledoux, 1825, t. 9.

FERNANDES, Valentim. *Descriptions de la Côte Occidentale d'Afrique (Sénégal ou Cap de Monte, Archipels)*. Trad. Avelino Teixeira da Mota e Raymond Mauny. Bissau, Centro de Estudos da Guiné Portuguesa, 1951.

FIGUEIREDO, Pedro José de. *História do Brasil desde seu Descobrimento em 1500 até 1810*. Lisboa, Typ. De Desiderio Marques Leão, 1822.

FLAUBERT, Gustave. *L'Éducation Sentimentale*. Paris, Louis Conard Libraire-Éditeur, 1910.

FONSECA, João Severiano da. *Viagem ao Redor do Brasil. Villa Bella, Cidade de Matto-Grosso*. 2. Parte. Rio de Janeiro, Typographia de Pinheiro & C., 1881.

FOX, Robin. "Food and Eating: An Anthropological Perspective". *Social Issues Research Centre*, Oxford, 2003.

FREYRE, Gilberto. *Açúcar. Uma Sociologia do Doce, Com Receitas de Bolos e Doces do Nordeste do Brasil*. São Paulo, Global, 2007.

____. *Casa-Grande & Senzala. Formação da Família Brasileira sob o Regime da Economia Patriarcal*. 48. ed. São Paulo, Global, 2003.

_____. *Ordem e Progresso*. 5. ed. Rio de Janeiro, Record, 2000.

_____. *Sobrados e Mucambos*. 13. ed. Rio de Janeiro, Record, 2002.

Galton, Francis. *Hereditary Genius. An Inquiry into its Laws and Consequences*. London, Macmillan and Co., 1869.

Gardner, George. *Travels in the Interior of Brazil, Principally Through the Northern Provinces and the Gold and Diamonds Districts, During the Years 1836-1841*. 2. ed. London, Reeve, Benham and Reeve, 1849.

Gillet, Philippe. *Le Goût et les Mots. Littérature et Gastronomie (xive-xxe Siècles)*. Paris, Payot et Rivages, 1993.

Gimenes, Maria Henriqueta Sperandio Garcia. *Cozinhando a Tradição: Festa, Cultura e História no Litoral Paranaense*. Tese de doutorado em História, Universidade Federal do Paraná, 2008.

"Glórias Nacionais". *Jornal do Commercio*, 9.10.1930.

Henderson, James. *History of the Brazil*. London, Longman, Hurst, Rees, Orme and Brown, 1821.

Japur, Jamile. "Virados Paulistas". *In*: Cascudo, Luís da Câmara (org.). *Antologia da Alimentação no Brasil*. São Paulo, Global, 2008.

Kidder, Daniel P. *Sketches of Residence and Travels in Brazil, Embracing Historical and Geographical Notices ot the Empire*. London, Wilet & Putnam, 1845, vols. 1-2.

Klein & Saks. *O Problema da Alimentação no Brasil*. [Relatório]. 2. ed. Rio de Janeiro, Departamento de Imprensa Nacional, 1956.

Koster, Henry. *Travels in Brazil*. London, Longman, Hust, Reens, Orme & Brown Ed., 1816.

Leitch, Neil. *Dietetics in Warm Climates*. London, Harrison and Sons Ltd., 1930.

Léry, Jean de. *Histoire d'un Voyage Faict en la Terre du Brésil*. Paris, Alphonse Lemerre, 1880 [1557-1558], vol. 1.

_____. *Viagem à Terra do Brasil*. [s. l.], Editora Biblioteca do Exército, 1961.

Lessa, Clado Ribeiro de. *Viagem de África em o Reino de Dahomé. Escrita pelo Padre Vicente Ferreira Pires no ano de 1800*. São Paulo, Companhia Editora Nacional, 1957 [1800].

Levasseur, E. *Le Brésil*. 2. ed. Paris, H. Lamirault et Cie., 1889.

Lima, Claudia. *Tachos e Panelas*. 2. ed. Recife, Comunicarte, 1999.

Lima, J. I. de Abreu e. *Compêndio da História do Brasil*. Rio de Janeiro, Eduardo e Henrique Laemmert, 1843, t. 1.

Lima, Vivaldo da Costa. *A Anatomia do Acarajé e Outros Escritos*. Salvador, Corrupio, 2010.

Lindley, Thomas. *Voyage au Brésil; où l'on Trouve la Déscription du Pays, de ses Productions, de ses Habitants, et de la Ville et des Provinces de San-Salvadore et Porto-Seguro*. Trad. do inglês por François Soulés. Paris, Leopold-Collin, 1806.

LIRA, Mariza. "Nove Sopas. Barreado. A Origem da Mãe-Benta". *In*: CASCUDO, Luís da Câmara (org.). *Antologia da Alimentação no Brasil.* São Paulo, Global, 2008.

LLOSA, Mario Vargas. *A Orgia Perpétua. Flaubert e Madame Bovary.* Rio de Janeiro, Francisco Alves, 1979.

LOPES, Dias. "O Picadinho Mais Querido do Brasil". *O Estado de S. Paulo*, 14.10.2010.

LOWIE, Robert H. "A Note on the Northern Gê Tribes of Brazil". *American Anthropologist*, n. 43, 1941.

____. "Subsistence". *In*: BOAS, Franz (ed.). *General Anthropology.* Boston, New York D.C. Heath and Company, 1938.

LUCCOCK, John. *Notes on Rio de Janeiro, and the Southern Parts of Brazil; Taken During a Residence of Ten Years in that Country, from 1808 to 1818.* London, Samuel Leigh, in the Strand, 1820.

MAGALHÃES, José Vieira do Couto de. *O Selvagem.* Rio de Janeiro, Typ. da Reforma, 1876.

MARCGRAVE, Jorge. "Cardápio do Indígena Nordestino". *In*: CASCUDO, Luís da Câmara (org.). *Antologia da Alimentação no Brasil.* São Paulo, Global, 2008. (Trecho de *História Natural do Brasil.* Trad. João Procópio de Magalhães, São Paulo, 1942 [1648]).

MARIA, Infanta de Portugal. *O Livro de Cozinha da Infanta D. Maria de Portugal. Primeira Edição Integral do Códice Português I. E. 33. da Biblioteca Nacional de Nápoles.* Coimbra, Por ordem da Universidade, 1967.

MARQUES, Sandro. *Extra Fresco. O Guia de Azeites do Brasil.* São Paulo, Editora Livrobits, 2020.

MAURIZIO, Adam. *Histoire de l'Alimentation Végétale: Depuis la Préhistoire Jus qu'à nos Jours.* Paris, Payot, 1932.

MAWE, John. *Travels in the Interior of Brazil, Particulary in the Gold and Diamond Districts of that Country, by Authority of the Prince Regent of Portugal.* London, Longman, Hurst, Rees, Orme and Brown, 1812.

MAXIMILIEN, S. A. S. *Voyage au Brésil.* Trad. do Alemão de J. B. B. Eyriès. Paris, Arthus Bertrand Ed., 1821, vols. 1-3.

MEDEIROS, Nizeth. "Gengibirra". *Boletim da Comissão Maranhense de Folclore – CMF*, n. 22, jul. 2002 [encarte].

MELLO, A. da Silva. *Alimentação, Instinto, Cultura. Perspectivas para uma Vida Mais Feliz.* 2. ed. Rio de Janeiro, José Olímpio, 1943.

MELLO, Arnon de. *Problema de Alimentação e Nutrição.* Brasília, Senado Federal, 1972.

MENDONÇA, Renato. *A Influência Africana no Português do Brasil.* Brasília, Fundação Alexandre de Gusmão, 2012.

MINTZ, Sidney W. *Sweetness and Power. The Place of Sugar in Modern History.* New York, Viking, 1985.

NAVARRO, Newton. "Cantiga para Fazer Paçoca". *In*: CASCUDO, Luís da Câmara (org.). *Antologia da Alimentação no Brasil.* São Paulo, Global, 2008.

NERY, Frederico José de Santa-Anna [Barão de Santa-Anna Nery]. *Le Brésil en 1889.* Paris, Charles Delagrave, 1889.

____. *Le Pays des Amazones.* Paris, Guillaumin et Cia., 1899.

NIEUHOF, Johannes. *Memorável Viagem Marítima e Terrestre ao Brasil.* Trad. Moacir N. Vasconcelos. São Paulo, Livraria Martins, 1966 [1682].

____. [John]. *Voyages and Travels into Brasil ant the East-Indies.* London, Golden-Ball, 1647.

NOGUEIRA, Maria Dina & WALDECK, Guacira. *Mandioca: Saberes e Sabores da Terra.* Catálogo de Exposição, Galeria Mestre Vitalino, Museu de Folclore Edison Carneiro, Centro Nacional de Folclore e Cultura Popular, 25 de maio – 30 de julho de 2006. Rio de Janeiro, IPHAN/CNFCP, 2006.

O COZINHEIRO dos Cozinheiros. Lisboa, P. Plantier, 1905.

PASCUAL, A. D. *Ensaio Crítico sobre a Viagem ao Brasil em 1852 de Carlos B. Mansfield.* Rio de Janeiro, Typographia Universal de Laemmert, 1864, t. 2.

PECKOLT, Theodoro. *História das Plantas Alimentares e de Gozo do Brasil.* Rio de Janeiro, Eduardo & Henrique Laemmert, 1871, vols. 1-2.

PERDIGÃO, Domingos de Castro. *O Que se Deve Comer.* São Luís, J. Pires & Cia., 1918.

PEREIRA, Manoel Nunes. *A Casa das Minas: Culto dos Voduns Jeje no Maranhão.* 2. ed. Petrópolis, Vozes, 1979.

PEREIRA, Nuno Marques. *Compêndio Narrativo do Peregrino da América.* Lisboa, Ed. Manuel Fernandes da Costa, 1728.

PLANE, Auguste. *L'Amazonie.* 2. ed. Paris, Plon, 1903.

PORTO-ALEGRE, Paulo. *Monographia do Café. História, Cultura e Producção.* Lisboa, Viúva Bertrand & C., 1879.

QUERINO, Manuel. *A Arte Culinária na Bahia.* Salvador, Livraria Progresso Editora, 1957.

RAMOS, Artur. "Notas Sobre a Culinária Negro-Brasileira". *In*: CASCUDO, Luís da Câmara (org.). *Antologia da Alimentação no Brasil.* São Paulo, Global, 2008.

RANGEL, Alberto. *No Rolar do Tempo.* Rio de Janeiro, José Olympio, 1937.

R.C.M. *Cozinheiro Imperial.* Rio de Janeiro, Laemmert & C., 1887.

RODRIGUES, Nina. *Os Africanos no Brasil.* 3. ed. Rio de Janeiro, Companhia Editora Nacional, 1945.

SAINT-HILAIRE, Auguste de. *Viagem às Nascentes do Rio S. Francisco e pela Província de Goyaz.* São Paulo, Companhia Editora Nacional, 1937.

____. *Voyage dans le District des Diamans et sur le Littoral du Brésil*. Paris, Gide, 1833, vol. 2.

____. *Voyage dans les Provinces de Rio de Janeiro et Minas Geraes*. Paris, Grimbert et Dorez Librairies, 1830, t. 1.

____. *Voyage dans les Provinces de Rio de Janeiro et Minas Geraes*. Paris, Grimbert et Dorez Librairies, 1850, t. 2.

____. *Voyage dans les Provinces de Saint-Paul et de Sainte-Catherine*. Paris, Arthus Bertrand, 1851, tomos 1-2.

SAMPAIO, Antônio José de. *A Alimentação Sertaneja e do Interior da Amazônia. Onomástica da Alimentação Rural*. São Paulo, Companhia Editora Nacional, 1944.

SANTOS, Luiz Gonçalves dos. *Memórias para Servir a História do Reino do Brasil*. Rio de Janeiro, Itatiaia, 1981.

SCHENE, Michael G. "Sugar Along the Manatee: Major Robert Gamble, Jr. and the Development of Gamble Plantation". *Tequesta*, vol. 41, n. 1, 1981.

SCHIAFFINO, Rafael. "Guaranismos. Ensayo Etimológico". *Revista Histórica*, t. XXV, n. 73/75, Montevideo, mar. 1956.

SIGAUD, J. F. X. *Du Climat et des Maladies du Brésil*. Paris, Fortin, Masson et C., 1844.

SILVA, J. M. Pereira da. *História da Fundação do Império Brasileiro*. Rio de Janeiro, B. L. Garnier, 1864, vol. 1.

SOUTHEY, Robert. *História do Brazil*. Trad. Luiz Joaquim de Oliveira e Castro. Rio de Janeiro, Livraria Garnier, 1862, tomos 1, 2, 4 e 6.

SOUZA, Gabriel Soares de. *Tratado Descritivo do Brasil*. Rio de Janeiro, João Ignacio da Silva Ed., 1879 [1587].

STADEN, Hans. *D'Un Pays Situé dans le Nouveau Monde, Nommé Amérique*. Paris, Arthus Bertrand Librairie-éditeur, 1837 [1557].

____. *Viagem ao Brasil*. Rio de Janeiro, Officina Industrial Graphica, 1930 [1557].

STRADELLI, Ermano. "Vocabulários da Língua Geral Português-Nheêngatú e Nheêngatú-Português, Precedidos de um Esboço de Grammatica Nheênga-Umbuê-Sáua Mirî e Seguidos de Contos em Língua Geral Nheêngatú Poranduua". *Revista do Instituto Historico e Geographico Brasileiro*, t. 104, vol. 158, 1929.

VOCABULÁRIO PORTUGUÊS-NHEENGATU – *Nheengatu-Português*. São Paulo, Ateliê Editorial, 2014.

TAPIE, Marie Hilaire. *Chez les Peaux-Rouges. Feuilles de Route d'un Missionaire dans le Brésil Inconnu*. Paris, Librairie Plon, 1929.

TAUNAY, Hippolyte & DENIS, Ferdinand. *Le Brésil ou Historie, Moeurs, Usages et Coutumes des Habitants de ce Royaume*. Paris, Nepveu, 1822, tt. 2-3.

THEVET, André. *Les Singularitez de la France Antarctique*. Paris, Maisonneuve & Cia, 1878 [1558].

THOMAS, Louis-Vincent. "Essai d'Analyse Structurale Appliquée à la Cuisine Diola". *Bulletin de l'Institut Française d'Afrique Noire*, t. XXII, série B, n. 1/2, pp. 328-345, Dakar, 1960.

TOLLENARE, Louis François de. *Notas Dominicais Tomadas Durante uma Residência em Portugal e no Brasil nos Anos de 1816, 1817 e 1818*. Trad. Alfredo de Carvalho. Recife, Empresa do Jornal de Recife, 1905.

TORRES, Antônio. "Modelo de Jantar Mineiro". *In*: CASCUDO, Luís da Câmara (org.). *Antologia da Alimentação no Brasil*. São Paulo, Global, 2008.

UKERS, William Harrison. *All About Coffee*. New York, The Tea and Coffee Trade Journal Company, 1922.

VARNHAGEN, Francisco Adolfo de. [Visconde de Porto Seguro]. *História Geral do Brazil Antes da sua Separação e Independência de Portugal*. 2. ed. Rio de Janeiro, E. & H. Laemmert, t. 1.

VASCONCELLOS, [Padre] Simam de. *Notícias Curiosas e Necessárias das Cousas do Brasil*. Lisboa, Ioam da Costa, 1668.

____. [Simão de]. *Chronica da Companhia de Jesus do Estado do Brasil*. 2. ed. Rio de Janeiro, A. J. Fernandes Lopes, 1864, vol. 1.

VIANNA, Francisco Vicente. *Memória Sobre o Estado da Bahia*. Bahia, Diário da Bahia, 1893.

VIANNA, Hélio. "O que Comia o Imperador". *In*: CASCUDO, Luís da Câmara (org.). *Antologia da Alimentação no Brasil*. São Paulo, Global, 2008.

VIANNA, Hildegardes. "Breve Notícia sobre a Cozinha Baiana". *In*: CASCUDO, Luís da Câmara (org.). *Antologia da Alimentação no Brasil*. São Paulo, Global, 2008.

VILHENA, Luís dos Santos. *Recopilação de Notícias Soteropolitanas e Brasílicas*. Bahia, Imprensa Oficial do Estado, 1921, vol. 1.

WALLE, Paul. *Au Brésil. Du Rio São Francisco à l'Amazonie*. Paris, Guilmoto, 1910.

WALSH, Robert. *Notices of Brazil in 1828 and 1829*. London, Frederick Westley And A. H. Davis, 1830, vol. 1.

WEINBERG, Bennett Alan & BEALER, Bonnie K. *The World of Caffeine. The Science and Culture of the World's Most Popular Drug*. New York, Routledge, 2002.

WILSON, Bee. *First Bite. How We Learn to Eat*. New York, Basic Books, 2015.

WÜNSCH, Fery. *Memórias de um Maître de Hotel*. Rio de Janeiro, Edição Particular, 1983.

ZOLA, Émile. *Le Ventre de Paris*. Paris, Gallimard, 2016.

Índice Remissivo

"A Cozinha do Arco-da-Velha" 216
"A fabulosa Cozinha de Dona Íris" 29, 215-216 n
"comida enterrada" 127-128
"feijoada bordada" 67
"Fogão de Lenha" 29
"francesismos" 28
à la coque 223
A
A Orgia Perpétua 25 n
abacate 409, 414, 419
abacaxi 78, 86, 339, 341-342, 353, 360, 385, 388, 391, 405-406, 414, 419-420, 423-424
abiu 419
abóbora 66, 125, 130, 132, 217, 219, 301, 385-386, 401
abobrinha 132
abricó 385
absinto 280, 287
açafrão 68, 250
acarajé 34-35, 85 n, 114, 166, 175, 179, 180-181, 203 n, 244 n
açougue 37, 109, 306
açúcar 28, 32 n-33, 36-37, 47, 54-56, 60, 62-64, 79, 106, 115, 134-135, 156-157, 159-161 n, 171, 181, 183, 189, 2010, 223, 244 n, 269, 276 281-282, 286, 294-298, 301, 311, 318, 322, 325-326, 328, 334, 340-341, 346-348, 351, 354, 357-361, 363-369, 371-373, 376-383, 385-393, 396-398, 401-403, 405-408, 416-417, 419 n
açúcar cristal 369
açúcar cristalizado 364, 377
açúcar de confeiteiro 369
açúcar demerara 369
açúcar impalpável 369
açúcar invertido 369
açúcar *light* 369

açúcar líquido 369
açúcar mascavo 342, 369
açúcar orgânico 369
açúcar refinado 361, 369, 377, 380, 383, 393, 401
África 39, 54, 82, 84, 138, 166 n, 180, 194, 221, 246-247, 250, 292, 297, 340-341, 365-366, 393, 419,
africano 31-34, 38-39, 54, 105, 112, 114, 137-138, 166, 179-180, 185, 193-194, 244-246, 290, 340-341, 366, 392-393
agrião 33, 184, 195, 273, 281
agricultura 40, 44-45
água 36, 53-54, 57-61, 66-67, 69-70, 75, 78-81, 89, 93-97, 99-100, 104-105, 107, 115, 126-131, 135, 138-139, 150-152, 165-167, 170-171, 177-178, 184, 188-189, 201, 207-210, 219, 224, 226, 230-231, 241, 244, 267-268, 271, 275-276, 283, 285-287, 290, 296-297, 303, 312, 318, 325-326, 334, 340-343, 345, 348-350, 353-354, 357, 361-362, 377, 380, 382, 366, 390-391, 393, 397, 402, 411, 419
água pura 57, 188, 207-209, 286
água salobra 343, 362
aguardente 281-185, 287, 289-290, 297, 301, 310-311, 325-326, 423
aguardente de uva 310
aguardente vínica 310-311
aipim 53, 56, 80-81, 147
alambique 279, 282, 295, 297
álcool 42, 79, 250, 280-284, 290-291, 295-296, 299, 310-311, 320-322, 328, 411
alcoolismo 36
alface 137, 191, 193, 195
alface romana 193
alféloa 408
alfenim 407
alho 28-29, 33, 60, 67, 69-71, 83-84, 97, 100, 103, 105, 108, 149, 159, 170-171, 186-188, 208, 220, 249, 346
almoço 30, 54, 67, 69, 73, 89 n, 95, 104, 113, 117, 163-164, 174-175, 180, 189, 191-192, 215, 232, 239, 242-243, 248-249, 267, 272, 275, 279, 285-286, 289, 305, 307, 360, 386, 401
almôndega 175, 219
aluá 301, 339-342, 353
ameixa 197, 379, 385, 388-389, 422
amêndoa 28, 33, 63-64, 223, 387, 416-417
amendoim 55, 134-135, 386, 390, 401-403
amora 385, 395, 414, 419, 421
análise psicológica 25
anemia palúdica 38
angu 93, 99, 103, 105-108, 111-112, 114, 132, 176, 219, 225, 255, 348
anis 231, 287, 371
antropogeografia 41, 49
antropologia 21, 24-25, 31
aperitivo 63, 117, 176, 178, 180, 184, 279-281, 285, 287, 291, 312, 320, 326-327, 358, 389
Appellation d'origine Contrôlée 328
araçá 360, 385, 388, 414, 419, 421, 424
araruta 156, 351, 389
araticum 414
arenque 121

arroz 29, 34 n, 43, 53-56, 69, 80, 85-86, 94, 103, 107, 111-112, 132, 136-137, 163, 171, 173, 175, 184, 188-189, 215, 219, 225-226, 244, 249, 253-255, 272-273, 304-305, 327, 339-342, 353, 377, 381, 393, 396
arroz à maranhense 167
arroz de hauçá 165-166
arroz de batipuru 170
arroz de cuxá 166-170, 173
arroz de pequi 170
arroz de função 171
arroz de leite 171
assaí 241
Associação Paulista de Críticos de Arte 27
atum 195, 321
aveia 42,230-231
azeite 33-34, 38, 55, 60, 70, 83, 90, 96, 165, 179-181, 186, 191, 193, 198, 241, 244-246, 249, 251-260, 275, 305, 420
azeite de cheiro 165, 179-180
azeite de dendê 179, 181, 186, 244-246
azeite doce 33, 244, 246, 249, 251, 305
azeite de dendê 34, 179-181, 186, 244-246, 251-252
azeitona 38, 55, 60, 100, 163, 167, 175, 216-217, 422
B
baba de moça 30, 223, 275, 310, 312, 363, 381-383, 385
bacalhau 33, 36, 47, 163, 175, 267
bacuparipanã 414
bacuri 281
badejo 244
bagaceira 38, 287, 327
baião de dois 165, 257
banana 34, 53, 78, 86, 94, 106, 111, 121, 125, 129-130, 134-135, 175, 254, 268, 270, 360, 377, 385, 388-389, 397-398, 419, 422-424
bananada 175
banha de porco 108, 111, 117, 132, 220, 247, 252, 255, 305
banquete 22, 132, 153, 207, 220, 235, 237, 241, 243, 412, 414
Bar da Brahma 232
Bar das Pombas 276
Bar das Rolas 244, 253, 310, 328
Bar do Ponto 178, 283, 323, 413
Bar do Riri Cardozo 195
Bar Estrela 195, 323
Bar Pérola 409
barreado 129, 377 n
batata 30, 32, 38, 60, 66, 108, 121-122, 125, 137, 145, 147, 169, 175, 205, 215, 219, 253-254, 275-276, 292, 294, 301, 360, 385
batata-roxa 386-388, 401
batida 48, 53, 167, 219, 227, 325-326, 336, 343, 354, 357-359, 362-363, 347, 381, 383, 402, 405, 416
baunilha 390, 401, 412
beiços de moça 383
beiinham 138
beiju 53, 56, 59-60, 140, 217, 294
beiju-ticanga 59
bellota 260-261
beribá 419
beribéri 38
best-seller 27

bife 29, 31, 163, 172 n, 201, 205, 219, 320
bifesteque 42
biroró 53, 60
Biscoitos à Cosme 389
biscoitos Brichy 405
biscoitos de goma 156
bistrôt 197-198
bitter 280, 285
Blutwurst 121
bobó 34 n, 138, 167
bobó de inhame 138
boi 33, 37, 47, 128, 133, 160, 187-188, 236, 258, 260, 267, 270, 272-273, 386
bolinho de estudante 397
bolo 29-30, 32, 44, 59-61, 64, 72, 84, 108, 138-139, 147, 210, 223, 333, 351, 367, 376-377, 379, 382, 387, 390, 392-393, 396, 415
bolo de pé de torresmo 108
bolo da imperatriz 415
Bolo ilhéu 415
bolos de raiva 415
bombas 199
boteco 112, 174, 201, 275, 285-286, 307
botequim 271, 321
boudin 160
boulangeries 198
Brahma 205, 232, 320
Brahma, Confeitaria Colombo 116, 174, 199, 329, 409, 414
brasseries 122, 197-198
brevidade 401
Brie 308
broa 377-378, 397
Bücklinger 121
buriti 360, 414

C

cabeça de novilho 236
cabidela 132, 136, 221
caboclo 33-34, 36, 38, 40, 44, 129, 359
cabra 33, 38-39, 110, 266, 344-345
cabrito 139
caça 47, 77, 106, 126, 133-134, 239, 270, 388
cacau 373
cachaça 42, 64, 108-109, 111, 129, 178, 241, 279, 281-287, 289-291, 294-299, 301, 313, 323, 325-326, 366, 371-372, 381
cachaça de alcatrão 284
cachorro-quente 229, 232-233
cacto 48, 387
café 29, 31, 99, 103, 108, 112, 115-117, 132, 134, 155-157, 204, 211, 213, 225, 231-232, 239, 267 n-268, 271 n, 281, 284, 331, 335, 343-351, 353, 359-360, 362-363, 367, 373, 377-378, 409, 411, 413, 416, 419-420
café à inglesa 347
café carioca 350
café com leite 155, 232, 350-351, 378
café com rapadura 112, 362
café da manhã 108, 204, 211, 213, 231, 268, 347
Café Estrela 25
café expresso 350
Café Glacier 409, 413
café mineiro 115-116, 347, 349, 362
cajá 281, 421
cajá-mirim 385
caju 53, 62-64, 134-135, 186, 281, 292, 360, 388-389, 402, 414, 423

caju doce 64
cajueiro 62, 64
cajuína 64
calda 28, 53, 62, 64, 160-161, 219, 371-372, 380, 382-383, 385-386, 388, 391, 417
caldeirão 69, 104, 146, 270
caldo de cana 296, 421
caldo verde 275-276
cálice 97, 225, 279, 287, 289, 309
camarão 55, 114, 163-164, 166-167, 169, 173-175, 178-181, 183, 244
camarão seco 114
camboeiro 101
cambucá 419, 421
Camembert 308
cana 44-45, 47-48, 282, 291, 294, 296-298, 358, 360-361, 364-366, 386, 407, 419
candomblé 67, 114, 138, 140, 180, 273, 342
caneca 239, 306
canela 122, 161, 171, 225, 244, 280-281, 301, 318, 347, 359, 377, 382-383, 392-393, 398, 413, 417
canja 221-222, 225-227, 398
canjica 78, 163, 223, 385, 392
capim-santo 281
cará 70, 111, 132, 145
carambola 281, 385, 419, 421
caramelo 62, 407-408
cardápio famélico 48
carimã 33, 56
carne assada 101, 129, 134, 175
carne de caça 47, 134
carne de capado 112
carne de colônia 67
carne de peito 71, 191, 243, 328
carne de vaca 37, 43, 73, 171, 205
carne de vento 263, 266
carne do ceará 265-266
carne do sertão 67, 263, 265
carne fresca 30, 45, 71, 135, 173, 265, 268
carne verde 30, 37, 67, 70, 265-267
carne de sol 61, 96, 170-171, 268, 360
carne do aracati 266
carneiro 33, 65, 100, 121, 221, 244, 250, 258, 273
carne seca 30, 62, 67, 78, 91, 94-96, 111, 120, 132, 135-136, 165, 171, 175, 177, 257, 262-272
caruru 34 n, 69, 114, 138, 142, 166, 217
Cassler Rippchen 121
cassoulet 65-66
castanha 53, 60, 62-64, 100, 125, 134-135, 147, 161, 186, 260-261, 386, 390, 402, 417
castanha de caju 63, 135, 402
castanha do Pará 135
catimpueira 80
catulé 414
cauim ou cauin 64, 293-294
caviar 321
caxiri 295
cebola 28-29, 60-61, 67-70, 93-94, 96-97, 100, 103, 107, 119, 131, 135, 142, 149, 159, 163, 165, 170-171, 179-181, 186-188, 195, 220, 249-250, 272, 305
cebolinha 33, 55, 61
ceia 85, 113, 132, 137, 159, 177, 192, 222, 227, 251, 313, 331, 337, 377, 386
cenoura 66, 74, 163, 217, 226

centeio 115, 230-231, 318
cérebro 107, 203, 236-237
cereja 197, 409
cerveja 108, 119, 121-122, 174, 178, 184, 191, 197, 231, 239, 285, 317-323, 340-341, 353-354, 381, 411, 413
cerveja preta 323
chá 155-156, 168, 219, 250, 331-337, 367, 389, 415-416, 419
champagne 287, 354
chanchaca 359
charcuterie 198, 258
charque 24, 36, 47, 61, 70, 73, 166, 171, 262-267
chauruto 372
cheiro-verde 103, 149, 171
cherimoia 423
chianti 275, 303, 307-308, 311, 329
chicha 80
chikki 403
chimarrão 333, 335, 337
chocolate 30, 199, 333, 347, 351 n, 389, 405-407, 409, 412, 415
chope 287, 296, 320
chouriço 159-160, 188, 247
chuchu 219
chucrute 121-123, 191
churrasco 77, 126, 130, 135, 142
cidra 385-386, 391, 401, 419
cinza de palmeira 151
clambake 129
clima tropical 41, 347
Clube Belo Horizonte 320, 323
coalhada 212, 249-250, 347, 360 n
cocada 219, 363, 381, 385-386, 389-390, 395, 401
coco 30, 48, 53, 55-56, 60, 98, 107, 156-157, 161, 171, 179, 181, 183-184, 186, 219, 239, 245, 305, 326, 363, 369, 377, 381-383, 385-387, 389-390, 392-393, 395, 397, 401-402, 405-407, 409, 415, 419, 422, 424
coco da Bahia 386
coco ralado 55, 60, 377, 383, 393
coentro 33, 61, 67-68, 149, 154-155, 186, 231
coentro-de-pasto 154
coentro-do-maranhão 154
cointreau 287
cominho 33, 53, 67, 149, 159, 188, 226
complexo da pimenta 62
compota 375, 380, 385-389, 415
Confeitaria Colombo 116, 174, 199, 329, 409, 414
Congonha 85, 333-334
conhaque 283, 287
conserva 34, 38, 63-64, 134, 176, 379, 423
coq-au-vin 197
coração 107, 121, 188, 191, 284, 304, 321
costela 68, 91, 108, 130, 272
couve 66, 69, 71-72, 105, 112, 121, 132, 138, 145, 171, 194, 215-216, 219, 239, 241, 249, 255, 275, 306, 385
cozido à baiana 189
cozido português 66
cozinha 22, 28-29, 33-36, 40-41, 49, 53, 55 n, 68, 70-71, 78 n, 82, 89 n, 93-95, 99-101, 104, 120-122, 126, 131-132, 137, 139-140, 145, 149, 153, 164-165, 171, 173 n, 175, 179-181, 183, 186, 192, 194, 197-199, 207 n,

215-216, 239-240, 247 n, 249-250, 253-255, 257, 268, 304-305, 321 n, 339, 342 n-343, 354 n, 372, 375, 385-386, 388, 393, 396 n, 408 n
cozinha baiana 34, 55 n, 78 n, 153, 173 n, 179-181 n, 194, 342 n, 354 n, 372 n, 388 n, 396 n, 408 n
cozinha colonial 34
cozinha germânica 122
cozinha sírio-libanesa 257
crambambali 301, 386
craquenel 155, 156
cravo 68, 149, 161, 250, 280, 359, 377, 393, 401-402
creme 29, 33, 199, 317, 347, 351, 382, 389, 392, 405-406, 409, 412-413
croquete 30, 175, 219
crustáceo 93, 173, 193, 259
culinária africana 34, 68, 82
culinária mineira 29, 114, 132, 137, 240
culinária nacional 32, 142, 179, 217, 271, 304-305, 361
cultura negra 34
cunhã 32, 77, 79, 134, 149, 154, 392
curadá 60
cuscuz 34 n, 53-56, 60, 93, 115, 142, 181, 250, 360, 386, 395
cuscuzeira 54
D
dendê 34, 68, 175, 179-181, 186, 243-246, 249, 251-252, 305, 328
Denominação de Origem 308, 311, 315, 328
desjejum 377
dieta mediterrânea 109, 260
digestivo 37, 154, 287, 312, 322, 373
dobradinha 257, 272-273
doçaria portuguesa 156, 258, 376
doce 24, 30, 32-33, 54-55, 60, 62-64, 80, 87, 91, 98, 112, 115, 122, 125, 130, 134-135, 138, 147, 156, 159-161, 164, 171, 183, 208, 210-213, 215, 219, 223, 230, 239, 244, 248-251, 255, 270, 276, 281, 287, 296, 301 n, 305, 307, 309-310, 312, 322, 343 n, 357-360, 363-364, 367-369, 371-372, 375-379, 381, 383, 385-391, 393, 395-397, 401-403, 407-408, 412-413, 415-417 n, 419, 421, 424
doce de coco 30, 183, 239, 363, 369, 381-382, 390
doce de leite 112, 183, 211, 386
doce seco 363, 391
doce do padre 415
Doces de Pelotas 372
doces inocentes 382
Dulce 359
E
eau-de-vie 290
éclair 199
efó 34 n, 138
Eissbein 121
empadinha 174-175, 178
empanada 178
empanzinado 358
engenhos de açúcar 36-37, 295, 297, 360, 367
entrecosto 272
eôfufá 138
eôfunfum 138
equilíbrio trófico 40
erdofen 127

erva-cidreira 281
erva-doce 60, 161, 230, 281, 359, 377, 390, 402
erva-mate 332
ervilha 55, 216, 318
escravidão 39, 95, 106, 366
escravo 32, 34, 36, 38-39, 45, 48, 55, 66, 78, 85, 99, 105-106, 112, 114, 140, 171, 177, 180, 194, 244-246, 265, 268, 270, 296-298, 341, 346, 364, 393
especiaria 156, 189, 220, 239, 376
espelta 230-231
espumante 328-329, 348, 354
estômago 44, 56, 70, 85, 87, 94, 153-154, 202, 221, 272, 275, 280, 285-286, 289, 321-322, 387
estragão 28, 239
etnografia 40, 49
eugenia 24, 42, 45, 422
F
farinha 35-36, 38, 43-44, 47-48, 53-56, 58-62, 69, 71-81, 91, 93-97, 99, 101, 103-107, 111-112, 115-116, 121-122, 129, 132, 134-136, 138, 140-141, 147-148, 156, 159-161, 164, 167, 173, 176-178, 184, 189, 194, 217, 219-220, 226, 231, 245, 266, 268-272, 305-306, 339, 341, 354, 359-360, 362, 376-377, 385, 392-393, 401, 403, 408, 416-417
farinha de mandioca 43-44, 55, 60, 69, 73-78, 80, 94-97, 104-107, 112, 134-135, 140-141, 160, 164, 167, 176, 189, 217, 266, 268-271
farinha de pau 93
farinha de pau-serrote 48
farinha de trigo 38, 54, 72, 74-45, 96, 156, 178, 219, 305-306, 354, 376-377, 393, 416-417
farofa 34, 53, 60-62, 91, 93, 113, 135, 143, 220, 222, 226, 239, 245, 253-254, 273, 305, 360
farofa d´água 61
farofa de bolão 61
fartura 37, 75, 129, 389
fecundidade 40
feijão 31-32, 39, 46-47, 60, 65-73, 78, 86, 91, 93-99, 101, 103-104, 108, 111-113, 121, 132, 164-165, 175, 179-180, 183-184, 215, 219, 225, 253-255, 257, 266-272, 291, 305, 350 n, 385
feijão-branco 65-66, 96-97, 184, 272
feijão fradinho 175, 179-180
Feijão-*mulatinho* 66-68, 70, 73, 111, 175, 184, 219, 255
feijão-preto 70, 72, 78, 95-98, 104, 266-272
feijão-de-tropeiro 31, 78, 99, 101, 103-104, 121, 350 n,
feijoada 24, 31, 65-73, 78, 85-87, 89-91, 93-96, 103, 105, 109, 112, 142, 153, 163, 175, 184, 248, 254, 257, 269, 381
feijoada completa 31, 65-66, 72, 85, 89, 91, 96, 103, 175, 184, 254, 257, 381
fermentação 58, 79-80, 122, 231, 281, 291, 293, 296, 310-311, 328, 341-342
fermento 219, 230-231, 354
Festa do *berarubu* 128
fígado 30, 70, 107, 121-122, 188, 321

figo 385-386 n, 388, 422
fios de ovos 223
flor de laranjeira 393, 421
fogão 29, 33, 131-133, 139, 149, 183, 219, 327
fogueira 125, 127, 129-130, 301, 386
foie gras 98
forno 33, 59, 70, 78, 95, 115, 125-128, 139-141, 149, 153, 168, 183, 219, 232, 239-240, 301, 361, 376-377, 391, 393, 402, 407, 416-417
forno abobadado 33
forno de barro 139-140, 239
forno subterrâneo 127-128
framboesa 385, 409, 412
frigideira 99, 103, 113, 132, 136, 179-180, 216, 255
fritada 131, 183, 223
fromageries 198
frutas indiscretas 419
frutos do mar 61, 129
frutos secos 37
fubá 29, 53, 97, 99, 105, 112, 115, 139, 157, 212, 339, 351, 353, 378, 385-386, 389
G
gabiroba 414
gado 40, 170, 186, 262-263, 265-266, 282, 392
galicismos 28
galinha 30, 33-34, 100, 132, 136-137, 139, 141, 174-175, 178, 194, 219-223, 225-227, 237, 275, 286, 299, 342, 397
galinha ao molho pardo 136-137, 275
galo 33, 131, 286
ganso 33, 65, 122, 216
garapa 291, 294-297, 341, 359, 393
gastronomia nacional 99
geladeira 317, 320-321
gelo 89, 288, 312, 317, 320-321, 325-326, 410-411, 413
gema de ovo 368, 376, 382, 393
gengibirra 353-354
gengibre 68, 122, 161, 250, 281, 318, 342, 354, 391, 403
gergelim 135, 166-167, 169, 249-250
gnocchi 304
goiaba 131, 210, 360, 385-386, 389, 391, 414, 419, 424
goiabada 175, 207, 210-211, 213
gosto sensual 410
gourmandise 109, 180, 197, 199
gourmet 43, 85, 104, 142, 197-198, 373
Grandjó 183, 328
grão-de-bico 249
grumixama 419-421, 423
guabiraba 360
guabiroba 419-420
Guarani 310, 329
guloseima 134-135, 156, 170, 178, 180, 258, 359, 390
H
hábito alimentar 32, 43, 77, 153, 263
haratlocoum 275
hidrocarbonatos 46, 242
higiene 35, 42, 264-265, 322, 341, 397
história 21, 23-25, 31-32, 35, 41, 48, 62, 65, 100, 119-120, 198, 230, 243, 247, 254, 259-260, 262, 281, 283, 285, 290-291, 311, 315, 318-319, 325, 332, 344, 351, 366, 373, 389, 395-396, 411, 416, 420

hortelã 67, 157, 172, 188, 226, 249, 279, 405-406
hóstia 44, 405
hot-dog 232-233
I
iapuna 140-141
ice-creams 411
ignorância gastronômica 35
imbu 360 n, 422
imbuzada 360
impaludismo 36
Indicação Geográfica Protegida 393
inhame 56, 132, 137-138, 145, 360
inquitaia 151-152
insuficiência nutritiva 36
ipetê 138
J
jabá 262, 264
jabuticaba 385, 419, 422-423
jaca 385, 419
jacu 227
jambo 419, 420-421, 423-424
jambu 217
jamelão 385
jamón iberico de bellota 261
jamón ibérico de Montanera 261
jantar 30, 78, 84, 87, 89, 94, 104, 142, 163, 171-172, 175, 180, 183, 191-192, 204, 207, 240, 244, 279, 303, 308-309, 311-312, 320, 328, 349, 360, 372-373, 383, 385-386, 406, 414
jatobá 414, 419-420
javali 260-262
jenipapada 53, 62
jenipapo 62, 151, 372, 385, 389, 391, 419
jerimum 70, 194, 360
jeropiga 287,
jiló 70, 281
jucá 281
K
karacu 80
Kartoffelsalat 121
khubz 250
kirsch de cereja 197
kümmel 287
L
l'heure verte 280
La Bouteille d'Or 199
La Petite Chaise 199
La Tour d'Argent 199
labni 249-250
lagosta 244, 259,
lanche 132, 157, 178, 211, 231-232, 350, 377
laranja 54, 78, 85-87, 94, 97, 106, 131, 175, 191, 193, 231, 241, 268, 281, 360, 379, 381, 385-386, 388, 390, 398-399, 401, 405, 407, 419, 421-424
lasagna 304
Le Grand Vefour 199
Le Procope 199
Le Ventre de Paris 142, 197 n, 199
Leberwurst 121
legume 37, 42, 45-47, 54, 65-67, 81, 93, 95, 100, 106, 122, 130, 138, 164, 172, 187, 194-195, 199,
leitão 97, 139, 183, 239-241, 383
leite 29, 31, 33, 37, 42, 45-46, 54-56, 60, 80, 94, 98, 105, 110, 112, 122, 155-156, 161, 169, 171, 177, 179, 183-184, 186, 211-212, 231-232, 250, 292-293, 305, 322, 333, 349-351, 360,

363, 377-378, 382-383, 386, 392, 401-402, 412-413, 416-417, 421
leite de coco 55-56, 60, 98, 171, 179, 183, 186, 305, 377, 382, 392, 402
levedura 231, 311
licor 64, 74, 79-81, 112, 282, 287, 292-293, 310, 367, 371-373, 389, 415
licuri 414
lima 279, 285-286, 291, 301, 342, 419, 424
limão 71, 122, 138, 157, 188-189, 231, 272, 276, 281, 301, 325-326, 340, 401, 405, 407, 416
língua de moça 389
linguiça 30, 33, 60, 67, 70-71, 73, 91, 96-97, 99-100, 103, 105, 111, 113, 120-121, 131, 159, 171, 188, 191, 226, 229, 257, 271-272, 323
linguiça de sangue 121
Lipton 333
literatura 23-24, 26-27, 30, 41, 104, 199
literatura particular da gastronomia 30
literatura sensorial 30
lombo 24, 37, 66, 71-72, 86, 91, 94, 97, 103, 132, 139, 142, 222, 225, 236, 239-240, 257, 317
lombo de gomo 236, 239, 317
long-drink 288
louça 53, 106, 136, 191-192, 283, 286, 295, 306, 331
louro 67-68, 70, 73, 107, 149, 159, 187-188, 252
luxo 37, 47, 241, 270
M
maçã 62-63, 175, 191, 379, 388, 391, 422-423
macarronada 93, 222, 303, 306-308
macaxeira 53, 59, 70, 295, 360
Madame Bovary 25
madeleine 27 n, 29, 257,
mãe-benta 129 n, 376-378
malagueta seca 165, 179-180
mamão 219, 255, 363, 385-386, 390, 401, 423
mamica 279, 284-286
mandiga 58
mandioca 32, 43-46, 48, 55-61, 69, 73-80, 93-97, 104-105, 107, 112, 117, 121, 129, 134-135, 140-141, 145-148, 155-156, 160, 164, 167, 176-177, 189, 217, 247-248, 262, 266, 268-271, 281, 290, 292-295, 347, 377, 402
mandioca brava 147
manga 78, 385, 409, 414, 419-424
mangaba 419-420, 422, 424
maniçoba 48
manipuera 58, 91, 243, 247-249, 328
manjar 32, 122, 154, 199, 276, 393, 416
manteiga 29, 33, 46, 54, 56, 59-60, 96-97, 103, 107, 135, 137, 156, 175, 224, 231-232, 237, 247, 250, 252, 258, 303, 306, 317, 320-321, 347, 376-378, 393, 402, 416-417
maracujá 281, 388, 414, 423
marapuama 281
Marc da Borgonha 287
marc de uvas 197
Marcel Proust 27, 357
marisco 93, 183
marmelada 175, 210, 312, 369, 375, 378-381
marmelo 145, 217, 378-380, 385, 388, 414, 422

martíni 287
massa filó 376
massa podre 178
matapa 247
maturi 186
mazacote 358
medicamento 83, 290, 368
mel 28, 30, 33, 47, 54, 193, 211, 213, 231, 280, 292, 294, 296, 341, 359-360, 368-369, 390, 405, 408
mel de abelha 33
mel de furo 47
melaço 125, 401, 407
melancia 78
memória involuntária 29, 85
menta 250
merenda 180, 359-360
merguez 250
mexidinho mineiro 111-112, 386
mezombo 34
mijadra 249-250
milho 32, 39, 46, 54-56, 69, 72, 80, 93, 96-97, 99, 105-106, 131-132, 134, 164, 172, 176, 219, 230, 266, 276, 292-294, 340-342, 357, 362, 378, 385, 392-393
mingau 33, 48, 60, 212, 223, 235, 271, 318-319, 378, 416
mingau de palmatória 48
ministra 304
mirabelle de ameixa 197
miscigenação 41, 249
miséria 30, 38, 245, 269, 321
mocororó 340
mocotó 121, 184, 187-189, 247-248, 257, 385
molho 30, 57-59, 61, 82-83, 86, 91, 94, 107-108, 122, 131-132, 136-137, 142, 152-153, 165-166, 168, 175, 179-181, 184-186, 189, 191, 199, 215, 217, 221, 239, 241, 249, 272-273, 275, 303, 305, 354
molho de ferrugem 30, 86, 175, 215
molho de pimenta 91, 152, 181, 241
molho sírio 249
monocultura 46-48, 366
monumento literário 25-26
moqueca 61, 91, 168, 183-187, 245
moqueca enfolhada 185
moquém 133-134
morcela 159
morfologia 41
mortadela 232
mortalidade 40
moscatel 157
mostarda 119, 122, 142, 149, 188, 191, 195, 275
mungunzá 34 n, 392
murici 419-420
Museu de Literatura de São Paulo 27
N
nabo 66, 74, 107, 171, 216-217
nagô 34, 180
Natal 33, 143, 160, 215, 231, 258, 341, 366
Nebiolo Gran Espumante 328
néctar 287, 303, 309, 329
nêspera 419
nhambi 154
nheengatu 135, 140, 176
nogado 403
nozes 30, 33, 63, 250
nutrição 24 n, 32, 39, 42, 44-46, 48, 138, 195 n, 202, 245, 306

O

œuf à cheval 205
Old-Tom-Gin 287
olla podrida 66
omelete 131, 215, 219
orelha-de-elefante 194
ossobuco 257
ouricuri 48, 245
ovelha 33, 110, 187, 250
ovo 33, 37, 42, 45, 55, 60, 91, 93, 97, 103-104, 111, 117, 122, 137, 156, 175, 184, 189, 193, 195, 201, 205, 215, 219-224, 226, 231, 235, 253-255, 257, 270, 272, 310, 321, 325-326, 360, 367-368, 376-377, 381-383, 386-387, 390, 393, 401-402, 407, 416-417
ovos moles de Aveiro 91, 223, 310, 376, 383

P

paçoca 91, 101, 132, 134-136, 165, 360
paio 30, 33, 65-66, 91, 96, 171, 191, 272, 275
Pakoby 292
palanqueta 403
palmeira 151, 244-246, 318, 387
palmito 175, 178
pamonha 181, 385, 392-393
panceta 306
panela 22, 33, 36, 55, 61 n, 65, 67, 70, 79-81, 99, 107-108, 113, 115, 126 n-127, 129, 133, 146, 152, 154, 163, 165, 170-171, 176, 184, 187, 248, 250 n, 272 n-273 n, 276 n, 295, 301 n, 326 n, 332 n-333 n, 348, 359, 361, 378 n, 388 n, 390 n, 392 n-393 n, 407, 413 n
pão 35, 37, 48, 55, 59-60, 72, 75-76, 83, 100, 103, 108, 113, 115-117, 119, 121, 138, 164, 171, 178, 189, 194, 211, 229-232, 250-251, 306, 308, 314, 317-318, 320-321, 331, 359, 387, 393, 419
pão de queijo 116-117
pão de São José 116
pão folha 250
pão francês 116, 232
pão negro 121
pão pita 250
pão tatu 116
pão alemão 115, 232
pão de provença 115-116
pão de queijo 116-117
papa grossa 176
papelon 358
pastasciutta 305
pastel 376
pastel de santa clara 376
pato 30, 33, 57, 65, 122, 139, 215-217, 308
pato no tucupi 57, 217
pé de moleque 402-403
pé de porco 132, 257
peixada à Leão Veloso 187
peixe 34, 37, 53, 55, 58, 82, 90-91, 93-94, 100-101, 114, 120, 127-130, 133-136, 141, 150, 152, 163-164, 173, 175-176, 184-187, 193-194, 199, 224, 244-245, 247, 252, 259, 263-264, 270-271, 305, 327, 397, 405
peixeboi 264
Pen Clube 27
Pensão Suíça 205
pequi 112, 170, 373, 389, 414, 419

pequiá 170, 385
pera 63, 373, 378-379, 388, 391, 422
peru 30, 135, 139, 141-143, 163
pessegada 175
pêssego 131, 261, 385, 388, 391, 414, 419-423
picadinho 30, 108, 132, 163, 219, 225, 253-255, 328 n
picadinho meia-noite 254-255
pieds-de-porc 197
pilão 132, 134-136, 138, 141, 153, 167, 343
pimenta 28-29, 34, 53, 57, 60, 67-68, 70-72, 80, 82-83, 86-87, 91, 97, 100, 103, 105, 108, 142, 149-154, 159, 161, 165, 170, 177, 179-181, 186-189, 193, 220, 226, 229, 239, 241, 243, 245, 247, 249-250, 275, 281, 289, 305, 328, 390
pimenta verde 107, 150, 177, 187
pimenta-de-cheiro 289
pimenta-do-reino 70, 159, 187-188, 220, 239, 275
pimenta-malagueta 34, 68, 82-83, 165, 179-180, 189
pimentão 55, 67, 107, 119, 149, 163, 186, 191, 243
pinga 103, 112-113, 121, 132, 152, 184, 225, 275, 281, 284-286, 289, 291, 295, 299, 301, 317, 326, 358
pinha 414, 419
pinhão 260, 415
pirão 53, 175-177, 273
pirarucu 268-269
pistache 409
pitomba 414, 422
pitu 243-244, 249, 327-328
pizza 304
plasta 386
polenta 105, 114, 176, 273, 275, 304
policultura 45
Polígono das Secas 48
polvilho 56-57, 59, 77, 117, 139, 155-156, 389, 416
porco 24, 33, 46, 65-67, 69-70, 73, 83, 86, 91, 94, 96-97, 99-100, 107-109, 111-113, 117, 120-122, 131-132, 139, 142, 159-160, 175, 184, 220-221, 225-226, 229, 235-236, 239-241, 247-248, 250, 252, 255, 257-262, 272-273, 281, 285 n, 305, 385, 422
pornografia 28, 115
pratos nacionais 24, 41, 49, 82, 91, 269, 392
presunto 66, 122, 232, 259-261, 320
psicologia 24 n, 41, 49
psicologia social 49
pudim 106, 177, 215, 385
pumpernickel 116
punheta 181, 395, 397
puxa-puxa 362, 405, 407-408
Q
Quaresma 33, 215
queijo 29, 31, 38, 96, 99, 103, 108, 110, 112, 115-117, 119, 121, 165, 175, 178, 197-199, 207, 211-213, 232, 239-240, 255, 304-306, 308, 312-313, 320-321, 347, 349-350, 358, 378, 386, 389
queijo coalho 165
queijo da Serra da Estrela 110
queijo de porco 121
queijo do reino 115, 119
quiabo 34, 108, 111, 114, 132, 163, 167, 169, 194, 253-254

quibe 249-250
quibebe 34, 217
quimbebé 340
quindim 363, 381, 383, 385-386, 393
quitute 32-33, 77, 86, 117, 138, 165, 168-169, 174, 180-181, 194, 250, 349, 378, 396-397

R

rabada 68, 184, 257, 273
rábano 66
rabo de porco 132, 273
ramostirrine 249-250
rapadura 47, 91, 99, 103, 112, 125, 130, 135, 160, 225-226, 301, 341-342, 348, 357-363, 369, 386, 389-390, 401-402, 407 n
rapadura encerada 362
raspaúra 359
ravioli 304
refeição 32, 40, 43, 55, 66, 69, 82, 89 n, 94-96, 98, 104, 117, 129, 164, 178, 193, 202, 204, 222, 251, 253-254, 258, 268, 271, 279, 285, 305, 307, 312, 346, 359
refresco 64, 411, 413, 422
regime alimentar 32, 34, 39-40, 42, 45-47, 76, 113, 194, 221, 360
repolho 66, 106, 119, 122-123, 184, 186, 191, 217, 244, 249, 327
restaurante Colosso 308, 329
retrogosto 286
rim 188
Rollmops 121
romã 419, 421, 424
roquefort 308, 320
rum 283, 298

S

Sabinada 395, 398-399
sais minerais 35, 42, 44, 151, 195
sal 33, 42, 53, 55, 96-97, 103, 113, 119, 138, 150-152, 167, 170, 179, 183, 189, 212, 220, 223, 226, 231, 249, 262-263, 342
sal grosso 53, 413
sal indiano 367
salada 91, 121-122, 164, 178, 183, 191-195, 211, 249, 321, 377, 388
salada de batatas 121-122
salada de fruta 192
salame 113, 191
salgado 33, 86, 98-99, 116, 150, 178, 219, 223, 266, 362, 396
salmoura 83, 100, 122, 191, 237
salsa 33, 55, 94, 96-97, 103, 107, 154, 187-188, 230, 272
salsalho 68
salsicha 66, 119, 171, 250
sanduíche 83, 98, 232, 251, 320
sanduíche de feijão 98
sangue 77, 121, 137, 159-161, 178, 267, 284, 299, 307-308, 372
São João 33, 85, 130, 184, 215, 301, 341, 386, 392
sapoti 414, 419, 421
sarapó 53, 60
sardinha 33, 55, 91, 100, 109, 164, 195, 321
saúde geral 40
sauerkraut 121, 123, 191, 306
Schwartemagen 121
Schwarzbrot 121
semente de papoula 230

senzala 36, 38
sequilho 29, 155-157, 389
Serro 103, 110
siricaia 415-416
sobremesa 53, 55, 76, 164, 171, 175, 183, 193, 199, 207, 210-211, 213, 250, 307, 312, 328, 359, 363, 367-368, 381-382, 385-390, 392
sociologia 21, 24-25, 30-31, 35, 49, 296
sopa 58, 71, 76, 80, 98, 122, 171, 183, 217, 226, 270, 304
sorvete 213, 367, 406, 409, 411-414
souflé 213
spaghetti 305
steak à cheval 205
steinhäger 287
stone boiling 127
stone cooking 127
strozzapreti 304
suco 54, 57-58, 64, 78, 80, 86, 112, 147, 184, 280, 290, 292, 303, 310, 354, 361, 422-423
suspiro 139, 325, 375, 377
T
tabule 249-250
tabuleiro 55, 181, 250, 276, 363, 372, 386, 389-390, 393, 395-398, 403, 406
tacacá 57
taioba 69, 194, 217
tâmara 54, 250
tamarindo 281, 296, 389, 414, 419
tangerina 175, 291, 326, 406, 424
tapioca 33, 53, 55-56, 58-60, 74, 76-77, 147, 181, 217, 395, 397
tapirussú 133
tareco 415-416
tartaruga 61-62, 221, 223-224, 237
tassalho 263
tempero 28-29, 57, 69-70, 83, 96, 98-100, 103, 105, 112, 137, 140, 149-153, 160-161, 170, 173, 177, 179-180, 184, 187-189, 193, 220, 226, 231, 241, 248-250, 271-272, 283
terra roxa 45
terroir 198
tête de veau 236-237
tiquira 290, 294
tira-gosto 180
tomate 67, 70, 94, 107, 171, 186, 188, 195, 198, 250, 272, 304-305, 388, 391
toranja 385
torresminho 105, 108-110, 112, 260,
torresmo 69, 71, 93, 103, 108-110, 112, 184, 257, 272
torresmo de vinha de alhos 108
toucinho 33, 39, 65-67, 70, 72-73, 91, 95-97, 99-100, 108-109, 111-113, 120-121, 171, 177, 187-188, 229, 268, 385, 415-417
toucinho do céu 415-417
touro 33
tradição alimentar 40, 59
tradição culinária 34-35, 140, 185
trigo 33, 38, 43-46, 54, 72, 74-78, 96, 156, 178, 219, 230-232, 249-250, 268, 292, 304-306, 318, 331, 354, 376-377, 393, 405 416-417
tripa 159-160, 247, 272
triperies 198
tripes à la mode de Caen 273
trufa 142, 261
tucum 414

tucupi 57-58, 217
turtle-egg butter 224
tutu 97, 132, 142, 184, 241, 257, 271-272
U
uguape 281
uísque 283, 287-288
umbu 360 n, 414
umbuzada 48, 360 n
uva 54, 197, 281-282, 287, 290, 303, 310-311, 314-315, 328, 379, 388, 422-423
V
vaca 33, 37, 43, 66, 68, 73, 86, 110, 171, 187-189, 205, 212, 258, 279, 284-286, 392
vagem 66, 391
vatapá 34, 142, 168
veneno 57-58, 147-148, 247
verdura 37, 46, 66-67, 96, 193-195
vermelho 96, 131, 160, 175, 184, 191, 220, 230-231, 244, 267, 269, 311, 331, 409, 424
vermicelli 304
verminose 36, 38
vermute 281, 287
Veuve Clicquot 329
vício 55, 280, 297-299, 346
vinagre 38, 60, 67, 70-71, 82, 96, 137, 142, 188, 191-193, 225, 241-242, 284
vinagreira 166-170
vinho 33, 38, 63-64, 75-76, 79-81, 83, 108, 125, 130, 142, 157, 177, 183, 195, 197-198, 208, 217, 223, 237, 245, 250-252, 276, 280-282, 290, 292-294, 301, 303-304, 306-315, 320-322, 327-329, 339, 358, 368, 381, 383, 413, 415
vinho do Porto 125, 130, 157, 223, 301, 310-312, 383
vinícola 307, 310-311, 314-315, 368
virado à paulista 272
virado de feijão 272
vitamina 35, 42, 44, 100, 164, 195, 242
vitela 100, 121, 236-237, 273
W
Wurst 160
X
xarope 284, 361, 380, 383
Z
zimbro 318
Zuckerruebesalat 121

Título	*Baú de Receitas*
Autor	Luciano Gomes Filippo
Editor	Plinio Martins Filho
Revisão	Plinio Martins Filho
	Vera Lucia Belluzzo Bolognani
	Carolina Bednarek
Produção Editorial	Millena Machado
Editoração Eletrônica	Victória Cortez
Formato	18 x 25 cm
Tipologia	Minion Pro
Capa	Victória Cortez
Papel	Chambril Avena 80 g/m²
Número de Páginas	456
Impressão e Acabamento	Lis gráfica